JN120024

心理学の
専門予備校

長年多くの公認心理師・臨床心理士を輩出

心理学専門校ファイブアカデミー 著

公認心理師 一問一答1091 改訂版

これで合格!

Z-KAI

はじめに

2017年に公認心理師法が施行され、日本で初の心理職の国家資格である公認心理師が誕生しました。人々のこころの健康の問題が複雑化・多様化する中で、この心理職の国家資格制度が始まったことにより、今後は公認心理師を目指す方が増えてくるでしょう。

国家試験である公認心理師試験では、出題範囲が明確に定められています。それは、公認心理師として備えておくべき知識及び技能です。また、試験は、公認心理師としての業務を行うために必要な知識や技能の到達度の確認をねらいとしています。

試験はマークシート形式で、４～５つの選択肢から正しいもの、あるいは正しくないものを１～２つ選択します。つまり、公認心理師試験に合格するためには、一つひとつの選択肢が正しいか誤っているかを判断できることが重要です。そのため、試験対策として一問一答形式での学習が有効であると考えます。

本書は、ブループリント（公認心理師試験設計表）や現任者講習会テキスト、過去問題等を踏まえて、公認心理師試験を受験するに当たりまずおさえておかなければならない問題から、今後出題が予想される問題まで1,091問を出題し、分かりやすく解説しています。また、各領域の概要及び重要事項、領域別の対策についても盛り込み、試験対策書籍として充実させています。

本書が、公認心理師を目指し、この本を手にしてくださった方々への合格のお手伝いになれば幸いです。

心理学専門校ファイブアカデミー

目　次

第3章 精神疾患とその治療

第6章 基礎心理学

※ 本書は原則として、2019年10月現在の情報に基づき編集を行っております。

公認心理師試験概要

1 公認心理師試験受験資格

公認心理師になるための受験資格としては、おおむね以下のパターンがあります。

①大学において必要な科目を修めて卒業、かつ、大学院において必要な科目を修めてその課程を修了した者
②大学において必要な科目を修め、卒業後に一定期間の実務経験を積んだ者
③①および②と同等以上の技能を有すると認めた者

ただし、公認心理師法施行後５年間は、特例措置によって、実務経験５年を有し、かつ公認心理師現任者講習会に参加した者は、受験資格が得られます。

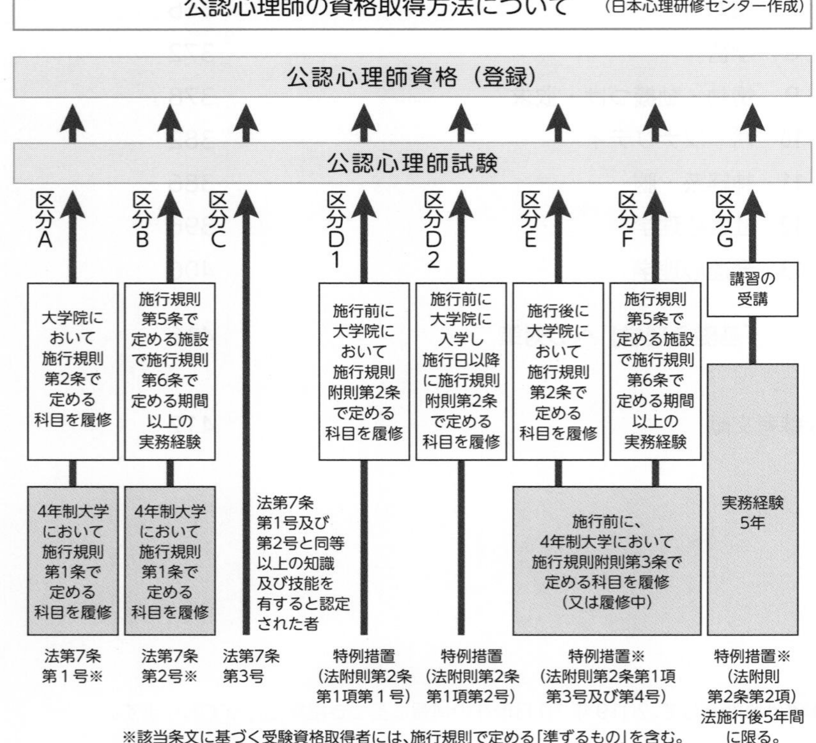

＊　詳細は、厚生労働省 HP（https://www.mhlw.go.jp/index.html）あるいは一般財団法人日本心理研修センター HP（http://shinri-kenshu.jp/）を参照してください。

2 公認心理師試験

①実施時期

公認心理師試験は、1年に1回実施されます。第1回試験は2018年9月（北海道で発生した地震による追加試験が2018年12月）、第2回試験は2019年8月に実施されました。今後については、第3回試験は2020年6月頃、第4回試験は2021年5月頃、第5回試験は2022年4月頃、第6回試験は2023年3月頃、第7回試験（2024年）以降は2月頃に実施される予定です。

②出題範囲

公認心理師として備えておくべき知識及び技能

③出題基準

出題基準は公認心理師試験の範囲とレベルが項目によって整理されたものであり、試験委員が出題に際して準拠する基準です。全体を通じて、公認心理師としての業務を行うために必要な知識及び技能の到達度を確認することに主眼が置かれています。

また、ブループリント（公認心理師試験設計表）は、出題基準の各大項目の出題割合を示したものです。これに基づいて、社会変化に伴う国民の心の健康の保持増進に必要な分野を含めた幅広い分野から出題するほかに、頻度や緊急性の高い分野についても優先的に出題されます。

④出題方法

全問はマークシート形式で、4～5つの選択肢から正しいものあるいは正しくないものを1～2つ選択します。出題数は150～200問程度とされています。事例問題は1問3点で重みづけがされています。ちなみに、第1回試験（追加試験も同様）と第2回試験は、午前の部が77問、午後の部が77問の計154問でした。

⑤合格基準

正答率60％程度とされています。

⑥試験時間

合計300分程度とされています。第1回試験（追加試験も同様）と第2回試験では、午前120分、午後120分でした。ただし、弱視受験者等の場合、試験時間は長く設定されます。

試験の詳細については、一般財団法人日本心理研修センターHP（http://shinri-kenshu.jp/）を参照してください。

3 試験に合格するための勉強法

公認心理師試験を受験される方の多くが、仕事や家庭生活で忙しくされているかと思います。ここでは、限られた時間の中で合格するための勉強法についてお伝えします。

①学習プランを立てる

まずは、試験日から逆算して学習プランを立て、日々のスケジュールを決めるとよいでしょう。ただし、その際に心に留めていただきたいのは、「あまり細かく計画を立てすぎないこと」です。

社会人の場合、急な仕事や家庭の事情によって、プラン通りにいかないこともよくあると思います。そのため、あまり細かく計画を立ててしまうと、プランを修正するのに手間がかかり、モチベーションが下がってしまうおそれがあります。

そうならないためにも、例えば、「今月は○○を勉強する」と大まかな学習プランを立てて、それを達成するための１週間の学習スケジュール、さらにそれを達成するための今日や明日の学習の予定を立てるとよいでしょう。また、１日の学習量はあまり欲張らずに、確実にこなせる量にしましょう。そうすることで達成感が生まれ、モチベーションを維持することができます。

また、学習スケジュールとしてありがちなのが、「週末に集中して勉強する」というものです。ある領域について内容をしっかり理解するという目的の場合、集中学習は有効だとされています。しかし、細かな用語や人名といった項目を記憶する場合は、「毎日少しずつ覚える」という分散学習の方が適しているとされています。そのため、平日と週末を分けて考えて、それぞれ勉強できる時間によって、「何をするか」を決めるとよいでしょう。

②勉強内容に優先順位をつける

勉強内容については、優先順位をつけてとりかかるとよいでしょう。その際、ブループリントの出題割合が１つの目安になります。つまり、出題割合が高い領域から学習していくことで、効率的な試験対策ができます。あるいは、自分が苦手だと思う領域から勉強しておくと、後から取り組むよりも気持ちがラクかもしれません。

また、勉強するときは、満点をとることではなく、70％くらい正解できることを目標にしましょう。そのためには、まずは多くの受験生が知っていることについて、自分も知っておく必要があります。反対に、ほとんどの受験生が知らないようなことについては、余裕があれば取り組みましょう。あまり完璧主義にならない方が、不必要に不安や焦りを抱かなくてすむでしょう。

③自分が勉強する場所を決める

自分の勉強場所を決めましょう。リビング、図書館、カフェ、通勤電車の中など、それぞれの事情に合わせて、「ここで勉強する」という場所を決めましょう。つまり、「ここは勉強するところ、今は勉強する時間」というものを意識的に作り出します。そうすることで自然と勉強するペースがつかめたり、習慣化することができたりします。

④自分の認知特性に合った暗記法を用いる

試験勉強として、いくつかの参考書の内容をノートにまとめたり、過去問題や予想問題などを解いて、その正解について調べながら理解を深めていったり、さまざまな方法があります。

どのような方法でも暗記できればよいのです。その際、どのような暗記の仕方をすると覚えやすいかは、人それぞれです。

例えば、図やイメージを用いて視覚的に覚える、声に出して聴覚的に覚えるなど、個人によって記憶に残りやすい方法があります。そのため自分の認知特性を踏まえて、それに適した暗記法を用いるのが効率的でしょう。

⑤「再認」よりも「再生」を目指す

暗記した内容の想起の仕方には、再認と再生があります。再認とは、呈示された内容が以前覚えたものであるかどうかを判断することです。また、再生とは覚えた内容をそのまま思い出すことです。例えば、ある項目についてそれが何であるかを説明するよりも（再生）、ある問題について「正しいかそうでないか」を判断する方（再認）が行いやすいかと思います。しかし、自分が学習したことについて思い出す再生の方が、学習内容について自分の理解の深さや度合いが分かり、今後の学習の指針にもなります。

本書についても、問題が「○か×か（再認）」だけに留まらず、「なぜそうなのか（再生）」について答えられることを目指してお使いいただくとよいでしょう。

⑥繰り返し学習する

記憶に関わる脳の部位として、海馬があります。海馬は短期記憶を司っています。海馬は同じ情報が何回も入ってくると、「何度も入ってくる情報なのだから重要にちがいない」と考え、その情報を長期記憶へ転送します。単なる暗記だけでなく、実際にその情報に関する問題を解いたり、人に説明したりすることで、記憶はより強く定着していきます。

海馬が情報を一時的に保存しておくことができる期間は、1カ月程度だとされています。それを過ぎると短期記憶に保存し続けていられません。そのため、はじめに覚えた時から1カ月以内に同じ情報を何度も繰り返し学習することが、記憶を定着させる上で重要です。

第1章
公認心理師としての職責

1　公認心理師とは

公認心理師法は、2015（平成27）年９月16日に公布され、2017（平成29）年９月15日に施行された。

この法律は文部科学省と厚生労働省との共管である。

1　目　的

公認心理師法第１条には、法制定の目的が定められている。

第１条　この法律は、公認心理師の資格を定めて、その業務の適正を図り、もって国民の心の健康の保持増進に寄与することを目的とする。

2　業　務

公認心理師法第２条には、公認心理師が「心理学に関する専門的知識及び技術をもって」行うべき業務が４つ挙げられている。

第２条　この法律において「公認心理師」とは、…中略…公認心理師の名称を用いて、保健医療、福祉、教育その他の分野において、心理学に関する専門的知識及び技術をもって、次に掲げる行為を行うことを業とする者をいう。

一　心理に関する支援を要する者の心理状態を観察し、その結果を分析すること。

二　心理に関する支援を要する者に対し、その心理に関する相談に応じ、助言、指導その他の援助を行うこと。

三　心理に関する支援を要する者の関係者に対し、その相談に応じ、助言、指導その他の援助を行うこと。

四　心の健康に関する知識の普及を図るための教育及び情報の提供を行うこと。

また、第３条には、公認心理師の欠格事由が明記されている。

第３条　次の各号のいずれかに該当する者は、公認心理師となることができない。

一　成年被後見人又は被保佐人

二　禁錮以上の刑に処せられ、その執行を終わり、又は執行を受けることがなくなった日から起算して２年を経過しない者

三　この法律の規定その他保健医療、福祉又は教育に関する法律の規定であって政令で定めるものにより、罰金の刑に処せられ、その執行を終わり、又は執行を受けることがなくなった日から起算して２年を経過しない者

四　…中略…登録を取り消され、その取消しの日から起算して２年を経過しない者

3 義務

公認心理師の義務として、第40条では信用失墜行為の禁止が定められている。信用失墜行為とは、違法行為や不法行為だけでなく、社会的信用を失うような行為も含まれている。また、このような行為は業務内だけでなく、業務外の行為も対象となる。

第40条　公認心理師は、公認心理師の信用を傷つけるような行為をしてはならない。

第41条には厳格な秘密保持義務が規定されており、それは公認心理師でなくなった後も継続する。

第41条　公認心理師は、正当な理由がなく、その業務に関して知り得た人の秘密を漏らしてはならない。公認心理師でなくなった後においても、同様とする。

また、第41条における秘密保持義務の例外的状況に当たる「正当な理由」には、以下のような状況が想定されている。

■秘密保持義務の例外的状況

生命の危険が明らかに差し迫っており、攻撃される相手が分かっている
自殺や自傷など、自分自身に対して深刻な危害を加えるおそれがある
虐待が行われている、または行われているおそれがある
ケース・カンファレンスなどにおいて、そのクライエントの援助に直接関わっている専門家同士で話し合う
法による定めがある
クライエントが自らへの心理的問題などについて提訴する
医療保険による支払いが行われる
クライエントによる明確な意思表示がある

また、第42条には連携の義務が規定されている。チーム医療における連携においても、生物心理社会モデルの視点から、主治の医師の治療方針を公認心理師が理解し、尊重することが求められている。

多職種連携や地域連携を適切に行うためには、秘密保持義務を守りつつ、心理の専門用語ではなく日常の共通言語による情報共有が大切である。

第42条　公認心理師は、その業務を行うに当たっては、その担当する者に対し、保健医療、福祉、教育等が密接な連携の下で総合的かつ適切に提供されるよう、これらを提供する者その他の関係者等との連携を保たなければならない。
2　公認心理師は、その業務を行うに当たって心理に関する支援を要する者に当該支援に係る主治の医師があるときは、その指示を受けなければならない。

2 職業倫理

職業倫理とは、「ある特定の職業集団が自らによって定めた、専門家の役割や責任を果たすために課される行動の基準や規範」を指す。職業倫理には２つの水準があり、「しなければならない」「してはならない」という命令倫理と、「こうありたい」という理想追求倫理である。公認心理師における職業倫理では、命令倫理の水準は満たした上で、クライエントだけでなく、国民全体の幸福や健康、基本的人権を尊重するという心理職としての理想を心に留めて、業務を遂行することが求められる。

職業倫理の代表的なものとして、インフォームド・コンセント、秘密保持、多重関係の禁止などが挙げられる。職業倫理は、専門家として業務を遂行するに当たっての判断の指針となる。その一方で、ある倫理規定を守ろうとすると、別の規定が守れなくなるという倫理的ジレンマを体験することもある。

1 インフォームド・コンセント

臨床家とクライエントがその関係を結ぶ際には、臨床家が十分な説明をした上でクライエントと意見を交換し、同意を得るというインフォームド・コンセント（informed consent：説明に基づく同意）が行われる必要がある。

契約の際には、援助の目的や内容、援助を受けるメリットやリスク、援助の日程・場所、費用、キャンセルの取り扱い、秘密保持義務とその例外的状況などがクライエントに伝えられる。これらについて十分な説明を行い、クライエントのインフォームド・コンセントを得ることは、公認心理師の職業倫理や義務に関わるだけでなく、ラポール形成にも寄与するために重要である。

2 秘密保持

秘密保持は原則ではあるが、自傷他害のおそれがある場合や、裁判や司法手続きを行う場合など、状況によってはクライエントの秘密を他者に話すことが認められる、あるいは話すことが必要とされる秘密保持の例外も認められている。

学校などにおいては、チームで援助を行うことも増えており、各職種によって「秘密」の捉え方が異なることがある。チーム内守秘義務として、クライエントの秘密をどのように扱うかについて公認心理師が葛藤を抱える可能性もある。

3 多重関係の禁止

臨床家とクライエントが、それ以外の関係を現在持っている、かつては持っていた、今後持つようになることを多重関係という。多重関係がある場合、公認心理師とクライエントの関係に必要な中立性や客観性が妨げられたり、クライエントが既知の人物である場合、既に持っている認識から、公認心理師が予断や偏見を持ってしまったりする可能性がある。また、クライエントにとっても、面接の場で話す内容が他の場に影響するかもしれないという不安から、十分な自己開示ができなくなる可能性がある。

3 心理職としての訓練と生涯学習

心理職は、生涯続く継続学習を通じて、その職業的成長が支えられる。

1 心理職としての職業的成長

心理職の訓練は、心理学の科学性を重視し、臨床場面において臨床的な知見や技法を批判的に選択できる十分な知識の獲得と、心理的援助に関する臨床的技法の熟達を目指す科学者―実践家モデルに基づいてなされている。

スーパービジョン、教育分析などが心理職としての能力を高める方法として挙げられる。また、クライエントは、臨床家の職業的成長に大きな影響を与える存在である。

①スーパービジョン

スーパービジョンとは、経験の浅い臨床家であるスーパーバイジーが、より知識や技能の熟達した臨床家であるスーパーバイザーに、自らの事例について指導や助言を受けることをいう。スーパービジョンは、経験の浅い時期だけでなく、中級者・上級者になってからも必要に応じて受けることが望ましいとされている。

クライエントと臨床家の関係が、スーパーバイジーとスーパーバイザーの関係に持ち込まれることもあり、これをパラレルプロセスという。スーパービジョンは個人で受けるだけではなく、グループで受けることもある。また、仲間同士で互いに行い合う、ピア・スーパービジョンも有効とされている。

②教育分析

教育分析とは、もともとは精神分析において、臨床家が精神分析家になるための訓練として受けるものをいう。臨床家自身の抱える未解決の問題がクライエントへの援助の弊害にならないために、臨床家自身の無意識や心理的傾向について十分に理解することが目的である。

教育分析では、一般的な心理面接と同様に、生活史の聴取から始まることが多い。このような体験から、クライエントの気持ちを体験することになる。心理療法や心理面接が激しく深い感情を伴う営みであることを、自らの体験を通して理解する教育分析の意義は大きいとされる。

2 心理職の生涯学習

心理職の生涯学習は、次の４つの形態に分けられており、生涯にわたる継続的な学習を支えている。最近は専門家としての説明責任の観点から、学習の目的や内容、達成度などが明確に示されたフォーマルな学習を基礎としている。

1－1 公認心理師とは

Q 1 □□□

●●●

公認心理師法は、公認心理師の業務の適正を図り、それによって心理に関する支援を要する者のみの心の健康の保持増進に寄与することを目的としている。

Q 2 □□□

●●●

公認心理師の業務とは、心理に関する支援を要する者の心理状態を観察し、その結果を分析し、診断することである。

Q 3 □□□

●●●

公認心理師の業務には、心だけでなく、身体の健康に関する知識の普及を図るための教育や情報の提供を行うことも定められている。

Q 4 □□□

●●●

公認心理師の養成に関わる制度に関する主務官庁は、文部科学省と厚生労働省である。

■生涯学習の４つの形態

フォーマルな継続学習	職能団体による正規の研修を指す。学習効果はテストや受講満足度などによって評価される。正規の単位が与えられる
インフォーマルな継続学習	専門分野に関連する書籍を読むなどして行われる。正規の単位は与えられない
偶発的学習	講義の講師や職能団体の委員などとして業務を行うことが、結果として学習になるものをいう。正規の単位や評価は与えられない
ノンフォーマルな継続学習	講演会や事例検討会への参加などによって行われる。受講生として学習するが、正規の単位や評価は与えられない

公認心理師とは

A 1 □□□

×

公認心理師法第１条に、「この法律は、公認心理師の資格を定めて、その業務の適正を図り、もって国民の心の健康の保持増進に寄与することを目的とする」と明記されている。そのため、公認心理師の業務の対象は、心理に関する支援を要する者のみではなく国民全体である。

A 2 □□□

×

公認心理師法第２条第１号に、「心理に関する支援を要する者の心理状態を観察し、その結果を分析すること」と定められている。診断は、公認心理師の業務ではない。

A 3 □□□

×

公認心理師法第２条第４号に、「心の健康に関する知識の普及を図るための教育及び情報の提供を行うこと」と定められている。身体の健康に関する教育や情報の提供までは定められていない。

A 4 □□□

○

設問の通り。公認心理師の養成に関わる制度に関する主務官庁は、文部科学省と厚生労働省である。

Q 5

公認心理師の登録取消しの事由として、自己研鑽の怠慢が挙げられる。

Q 6

公認心理師の欠格事由として、懲役以上の刑に処せられ、その執行を終わり、又は執行を受けることがなくなった日から起算して２年を経過しない者が挙げられる。

Q 7

公認心理師試験に合格した者は、公認心理師として登録される。

Q 8

公認心理師法において、公認心理師は公認心理師の信用を傷つけるような行為をしてはならないことが明記されているが、それは業務内の行為に限られている。

Q 9

公認心理師法第 41 条には、秘密保持義務が規定されているが、これは公認心理師でなくなった後も適用される。

Q10

公認心理師は、その業務を行う際に、クライエントに主治医がいるときは、その指示を受けなければならない。

A 5 □□□

×

公認心理師の登録取消しの事由に、自己研鑽の怠慢は含まれない。公認心理師の登録取消しの事由は公認心理師法第 32 条に規定されており、欠格事由に該当する場合や、登録時に虚偽や不正があった場合などが挙げられる。また、信用失墜行為の禁止や秘密保持義務に違反したり、主治医の指示に従わなかったりした場合は、その登録を取り消されたり、一定期間公認心理師の名称の使用停止を命じられたりする可能性がある。

A 6 □□□

×

公認心理師法第 3 条に公認心理師の欠格事由が規定されている。第 3 条第 2 号に「禁錮以上の刑に処せられ、その執行を終わり、又は執行を受けることがなくなった日から起算して 2 年を経過しない者」と明記されている。

A 7 □□□

×

公認心理師法第 4 条に、「公認心理師試験に合格した者は、公認心理師となる資格を有する」とあり、公認心理師試験に合格したからといって、公認心理師として登録されるわけではない。登録については、第 28 条に、「公認心理師となる資格を有する者が公認心理師となるには、公認心理師登録簿に、氏名、生年月日その他文部科学省令・厚生労働省令で定める事項の登録を受けなければならない」と定められている。

A 8 □□□

×

公認心理師法第 40 条において、信用失墜行為の禁止が規定されている。公認心理師の信用を傷つけるような行為とは、業務内だけでなく、業務外の行為も対象とされている。

A 9 □□□

○

公認心理師法第 41 条に、「公認心理師は、正当な理由がなく、その業務に関して知り得た人の秘密を漏らしてはならない。公認心理師でなくなった後においても、同様とする」と明記されている。

A 10 □□□

○

公認心理師法第 42 条の 2 に、「公認心理師は、その業務を行うに当たって心理に関する支援を要する者に当該支援に係る主治の医師があるときは、その指示を受けなければならない」と定められている。

Q11 ●●● □□□

公認心理師は、業務独占資格である。

Q12 ●●● □□□

心理的支援における多職種連携は、生物心理社会モデルに基づいて理解しておくことが望ましい。

Q13 ●●● □□□

心理臨床家が実践で用いているアセスメント能力は、多職種との連携に生かすことが可能である。

Q14 ●●● □□□

多職種連携においては、情報共有に基づく意思疎通が十分になされるため、専門家同士による葛藤はまったくみられない。

1-2 職業倫理

Q15 ●●● □□□

心理臨床家は、教育や訓練によって身につけた専門的な行為の範囲において、対象者の福利に資することが求められる。

Q16 ●●● □□□

インフォームド・コンセントとは、専門家が契約相手との紛争を避けることのみを目的とした手続きである。

Q17 ●●● □□□

インフォームド・コンセントは、医療におけるパターナリズムに基づいている。

A11 □□□

×

公認心理師は、名称独占資格である。名称独占資格とは、資格がなくてもその業務に従事することはできるが、資格取得者のみが特定の資格名称を名乗ることができ、資格を所有していない者はその名称を名乗ることができない資格を指す。また、まぎらわしい名称を名乗ることも禁止されている。業務独占資格とは、その資格を取得していなければ、その業務に従事することが禁止されている資格を指す。

A12 □□□

○

心理的支援においては、クライエントを多面的に理解し、アプローチすることが求められる。そのため、個人の問題を、生物・心理・社会的な要因が相互作用し合うシステムとして捉える生物心理社会モデルの視点は有用である。生物心理社会モデルはEngel, G.（エンゲル）によって提唱された。

A13 □□□

○

心理臨床家が実践で用いているクライエント理解のためのアセスメント能力は、多職種連携のネットワークの中で起きていることや足りないことへの理解に寄与することができる。

A14 □□□

×

各専門家が持つ専門性は各職種の治療観や人間観に基づいている。そのため、専門性の違いは治療観や人間観の違いとして現れ、専門家同士の葛藤がみられることがある。

職業倫理

A15 □□□

○

心理臨床家は、教育や訓練によって身につけた専門的な行為の範囲において、対象者の福利に資することが求められる。自らの能力や技術の範囲を超えた援助を引き受けたりしてはならない。

A16 □□□

×

インフォームド・コンセントの主体は専門家ではなく、対象者（契約相手）である。専門家が対象者との紛争を回避するための手続きでもあるが、本来は対象者の人権を守るための手続きである。

A17 □□□

×

インフォームド・コンセントは、人権擁護と自己決定権の尊重の考えに基づいている。医療におけるパターナリズムとは、「患者の最善の利益のために医師が治療方針の決定を行うべきであり、患者は全て医師に委ねればよい」という考え方である。

Q18 ●●● □□□

インフォームド・コンセントは、援助関係の開始時に口頭による説明に対する同意や署名を得ることによって十分に保障されるため、それ以降は行わなくてもよい。

Q19 ●●● □□□

インフォームド・コンセントを得るに当たっては、対象者に分かりやすい言葉を用い、質疑応答の場を設け、対象者が内容を理解していることを確認する必要がある。

Q20 ●●● □□□

インフォームド・コンセントにおいては、対象者が説明されたことを理解して、これに同意する能力を有していることが条件である。この条件について対象者に支障がある場合は、インフォームド・コンセントを行わなくてもよい。

Q21 ●●● □□□

タラソフ判決は、インフォームド・コンセントに関わる歴史的判決として、現在もさまざまに議論されている。

Q22 ●●● □□□

秘密保持の例外的状況として、当該クライエントの支援に直接関わっている専門家同士によるケース・カンファレンスが挙げられる。

Q23 ●●● □□□

クライエントが自殺の計画を告白した場合、直ちにクライエントの関係者に連絡を取らなくてはならない。

Q24 ●●● □□□

クライエントの家族から面接の過程や心理検査の結果などの情報開示を求められた場合は、それについて常に応じなくてはならない。

A18 □□□
×
インフォームド・コンセントは、援助関係の開始時の説明に対する同意や署名によって保障されるのではなく、関係の開始から終了までのプロセス全体にわたって、適宜なされることが求められる。

A19 □□□
○
インフォームド・コンセントを得るには、相手にとって平易な言葉を用いたり、疑問点や不明点についてはよりわかりやすく説明したりするなど、与えられた情報をクライエントが理解できるように、その内容と提示の仕方について配慮することが求められる。

A20 □□□
×
対象者が説明されたことを理解して、これに同意する能力に支障がある場合、通常は対象者の利益を代弁し得る保護者や後見人に対して、インフォームド・コンセントが行われる。ただし、対象者自身に対してもできる限り理解してもらう努力をすることが望ましい。

A21 □□□
×
タラソフ判決とは、女子大学生のタラソフが精神科に通院していた男子大学生に殺害された事件についての判決を指す。男子大学生を担当していたカウンセラーが、クライエント（男子大学生）が危害を加える可能性がある者（タラソフ）に対して警告を発する義務と、その者を保護する義務を怠ったとして訴えられた。判決は、公衆が危険にさらされるのであれば、クライエントに対する守秘義務は解除されるとし、カウンセラーは狙われているタラソフに対して警告義務があったとした。

A22 □□□
○
秘密保持の例外的状況として、ケース・カンファレンスなどの当該クライエントの支援に直接関わっている専門家同士による話し合いが挙げられる。

A23 □□□
×
クライエントが自殺の計画を告白した場合、すぐにクライエントの関係者に連絡を取るのではなく、まずはその危険性をアセスメントすることが求められる。

A24 □□□
×
クライエントの家族から面接の過程や心理検査の結果などの情報開示を求められた場合、原則として、クライエント本人の同意を得てから開示する。

Q25 □□□

やむを得ない事情により心理臨床家とクライエントが多重関係になってしまう場合には、そのリスクをクライエントに十分に説明し、同意を得た上で援助を行うこともある。

Q26 □□□

多重関係の禁止では、心理臨床家―クライエント関係以外の、友人関係や恋人・婚姻関係、性的関係といった関係性に限り、禁じられている。

1-3 心理職としての訓練と生涯学習

Q27 □□□

心理臨床家の養成に関わる方針として、エビデンス・ナラティブバランスモデルがある。

Q28 □□□

スーパービジョンは、経験の浅い時期に限定して受け、その後は自分自身の臨床スタイルを確立することが望まれる。

Q29 □□□

スーパービジョンは、スーパーバイジーが自分の担当するケースについて、理論的な理解と実践的な理解を融合させていく上で有用な研鑽方法である。

Q30 □□□

クライエントと心理臨床家の関係が、スーパーバイジーとスーパーバイザーの関係に持ち込まれることがある。

Q31 □□□

心理的支援の過程において、起こった出来事の最終責任はスーパーバイザーが有する場合がある。

A25 ○ □□□

へき地などで心理的援助を提供する者が当該心理臨床家しかおらず、既に知人であるクライエントに対して、やむを得ず心理的援助を提供することがある。その際には、可能な限り他の専門家や専門機関を紹介することとあわせて、既に他の関係性を有している心理臨床家が心理的援助を提供することの問題点についても十分な説明をし、同意を得ることが必要である。

A26 × □□□

多重関係の禁止では、心理臨床家―クライエント関係以外のあらゆる他の関係性について禁じられている。

心理職としての訓練と生涯学習

A27 × □□□

心理臨床家の養成に関わる方針として、心理学研究者としての科学性と、心理臨床家としての実践性をあわせ持つ科学者―実践家モデル（サイエンティスト・プラクティショナー・モデル）が提唱されている。

A28 × □□□

スーパービジョンは、経験の浅い臨床家だけでなく、経験を積んだ臨床家も、より一層の知識や技能の熟達のために生涯にわたって受けることが望まれる。

A29 ○ □□□

スーパービジョンには、知識―体験、一般性―個別性の仲介といった意義がある。具体的なケースから理論を再確認し、その上で実践的なクライエントへの対応を理解していく有用な研鑽方法である。

A30 ○ □□□

クライエントと心理臨床家の関係が、スーパーバイジーとスーパーバイザーの関係に持ち込まれることをパラレルプロセスという。このような関係性になったときに、それに気づくことが、ケースを理解していく上で重要である。

A31 ○ □□□

例えば、教育課程における臨床実習でケースを担当した際に、スーパービジョンを受ける場合について、ケースの最終責任はスーパーバイザーが持ち得る。

Q32 □□□

●●● 教育分析とは、経験の浅い心理臨床家が経験豊かな心理臨床家から自分の担当するケースについて分析してもらうことを指す。

Q33 □□□

●●● 複数名の心理臨床家によって、ケースについての見立ての検討やクライエント理解、より適切な援助方法の検討などを行うことをコンサルテーションという。

Q34 □□□

●●● 心理臨床家にとって、セルフケアを行うことは、クライエントに適切な援助を提供することと同じくらいに、援助者として重要なことである。

Q35 □□□

●●● 講座の講師や職能団体の委員などとして業務を行うことが、結果として学習になることもある。

Q36 □□□

●●● 生涯学習には、講演会や事例検討会への参加などによって学習がなされるが、正規の単位や評価は与えられない形態がある。

Q37 □□□

●●● 事例検討会は、ケースを担当し始めたばかりの経験の浅い臨床家を対象に限定して行われる。

Q38 □□□

●●● 事例検討会において特定の事例を検討することにより、他の事例にも役立つ視点が得られる。

A32 ×

教育分析とは、心理臨床家になる訓練のために、心理療法を体験することをいう。心理療法が激しく深い感情を伴う営みであることを、自らの体験を通して理解するその意義は大きいとされる。

A33 ×

複数名の心理臨床家によって、より適切な援助方法を検討することを事例検討会という。事例検討会では、事例提供者が担当しているケースを発表し、参加者は助言やコメントをする。

A34 ○

心理臨床家として、クライエントとの相互作用の中で生じる疲労感や負担感を完全に避けることはできない。心のエネルギーの消耗へのケアを怠ると、疲労が積み重なり、仕事への意欲は低下し、バーンアウトに陥る可能性がある。それによって、クライエントに適切な援助を提供できなくなるおそれがある。

A35 ○

学習を目的としない活動から、結果として偶然に何かが学習されることを偶発的学習という。

A36 ○

講演会や事例検討会の受講生として参加するが、正規の単位や評価は与えられないノンフォーマルな継続学習がある。

A37 ×

事例検討会は、ケースを担当し始めたばかりの経験の浅い臨床家から実践で長く活動している経験を重ねた臨床家まで、多くの人々の間で行われる。

A38 ○

事例検討会は、特定の事例を検討することで、例えば、事例を見立てる方法や臨床場面で生じるさまざまな事態への対応などといったケース・マネジメントの技能を身につけることができる重要な機会である。

「公認心理師としての職責」への対策

これまでの試験の出題内容を分析すると、「公認心理師としての職責」の領域から出題される内容は、

- 公認心理師法
- 職業倫理
- 多職種連携
- 危機対応
- スーパービジョン

に大きく分かれると考えられます。

公認心理師法については、まず第何条に何が規定されているかをおさえておきましょう。公認心理師法の全ての条文を覚える必要はないでしょう。目的や定義などが規定されている第１章「総則」、信用失墜行為の禁止や秘密保持義務などが規定されている第４章「義務等」は、公認心理師としての業務に深く関わるため、出題されやすいと予想されます。

職業倫理については、秘密保持や多重関係、インフォームド・コンセントなどについて理解を深めておきましょう。具体的な内容については、例えば、各職能団体が定めている倫理綱領を参照してもよいでしょう。多職種連携については、その意義や連携における望ましい対応について確認しておきましょう。具体的には、チーム医療やチーム学校、福祉分野における公認心理師としてのあり方について理解しておくとよいでしょう。

危機対応については、自殺をほのめかされた場合や児童虐待が疑われる場合、DV を受けている場合などの状況について、公認心理師としてどのように対応すべきなのかを把握しておきましょう。これらの状況については、児童虐待防止法や DV 防止法などの関連法令を理解することが、公認心理師として求められる対応を理解することにつながります。

スーパービジョンについては、スーパーバイザーとスーパーバイジーの関係性、スーパービジョンの形式、スーパービジョンの中で起こり得る事象について確認しておきましょう。

また、これらの項目は公認心理師として活動していく上でも非常に重要な内容です。試験対策としてだけではなく、日々の業務の中でも生きた知識として役立てられるようにすることが大切です。

第2章
関係行政論

1　保健医療分野
2　福祉分野（児童）
3　福祉分野（障害児・者）
4　福祉分野（高齢者）
5　教育分野
6　司法・犯罪分野
7　産業・労働分野

1 保健医療分野

1 精神保健福祉法

精神保健福祉法（精神保健及び精神障害者福祉に関する法律）は、精神障害者の福祉の増進及び国民の精神保健の向上を図ることを目的として制定された法律である。第５条には精神障害者の定義が規定されている。

第５条　この法律で「精神障害者」とは、統合失調症、精神作用物質による急性中毒又はその依存症、知的障害、精神病質その他の精神疾患を有する者をいう。

①入院形態

精神保健福祉法に規定されている精神障害者の入院形態としては、任意入院、措置入院、医療保護入院、応急入院がある。

■精神保健福祉法における入院形態

任意入院	本人の同意に基づく入院であり、原則として本人が退院を申し出た場合は退院できる
医療保護入院	自傷他害の恐れはないが、精神保健指定医が入院が必要と認める場合に、家族等の同意に基づいて行われる入院である
措置入院	都道府県の職員の立ち会いのもと、２人以上の精神保健指定医が、自傷他害の恐れがあり入院が必要と一致して認める場合、都道府県知事の権限で行われる入院である
応急入院	精神保健指定医による診察の結果、自傷他害の恐れはないものの、直ちに入院させなければ本人の医療及び保護を図る上で著しく支障があるが、家族等の同意を得ることができない場合、本人の同意なしに、72 時間に限り病院管理者の責任で行われる入院である

なお、医療保護入院における「家族等」とは、配偶者、親権を行う者、扶養義務者、後見人、保佐人である。

また、都道府県では、入院している精神障害者の処遇等について専門的かつ独立的に審査を行う精神医療審査会を設置することができる。精神障害者の医療に関し学識経験を有する者２名以上、精神障害者の保健または福祉に関し学識経験を有する者１名以上、法律に関し学識経験を有する者１名以上の、都道府県知事が任命した５名で構成され、任期は２年間である。

②精神障害者保健福祉手帳

精神障害者が都道府県知事に申請し、審査によって認められると交付される。2年ごとに更新することが定められている。手帳には、名前、住所、障害の等級（1～3級）などが記される。

2 医療法

医療法は医療の提供体制を規定している法律である。第1条の4は、医師、歯科医師、薬剤師、看護師などの医療の担い手の責務について規定している。

第1条の4　医師、歯科医師、薬剤師、看護師その他の医療の担い手は、第1条の2に規定する理念に基づき、医療を受ける者に対し、良質かつ適切な医療を行うよう努めなければならない。
2　医師、歯科医師、薬剤師、看護師その他の医療の担い手は、医療を提供するに当たり、適切な説明を行い、医療を受ける者の理解を得るよう努めなければならない。
(以下、省略)

また、第1条の5及び第2条において病院や診療所、助産所は以下のように定義される。

■病院、診療所、助産所の定義

病院	医師または歯科医師が、公衆または特定多数人のため医業または歯科医業を行う場所であって、20人以上の患者を入院させるための施設を有するもの
診療所	医師または歯科医師が、公衆または特定多数人のため医業または歯科医業を行う場所であって、患者を入院させるための施設を有しないものまたは19人以下の患者を入院させるための施設を有するもの
助産所	助産師が公衆または特定多数人のためその業務（病院または診療所において行うものを除く）を行う場所であり、妊婦、産婦または産褥婦10人以上の入所施設を有してはならない

また、第6条の10では医療事故の報告、第6条の11で医療事故調査について規定している。

第6条の10　病院、診療所又は助産所（以下この章において「病院等」という）の管理者は、医療事故（当該病院等に勤務する医療従事者が提供した医療に起因し、又は起因すると疑われる死亡又は死産であって、当該管理者が当該死亡又は死産を予期しなかったものとして厚生労働省令で定めるものをいう。以下この章において同じ）が発生した場合には、厚生労働省令で定めるところにより、遅滞なく、当該医療事故の日時、場所及び状況その他厚生労働省令で定める事項を第6条の15第1項の医療事故調査・支援センターに報告しなければならない。
2　病院等の管理者は、前項の規定による報告をするに当たっては、あらかじめ、医療事故に係る死亡した者の遺族又は医療事故に係る死産した胎児の父母その他厚生労働省令で定める者（以下この章において単に「遺族」という）に対し、厚生労働省令で定める事項を説明しなければならない。ただし、遺族がないとき、又は遺族の所在が不明であるときは、この限りでない。

第6条の11　病院等の管理者は、医療事故が発生した場合には、厚生労働省令で定めるところにより、速やかにその原因を明らかにするために必要な調査（以下この章において「医療事故調査」という）を行わなければならない。
2　病院等の管理者は、医学医術に関する学術団体その他の厚生労働大臣が定める団体（法人でない団体にあっては、代表者又は管理人の定めのあるものに限る。次項及び第6条の22において「医療事故調査等支援団体」という）に対し、医療事故調査を行うために必要な支援を求めるものとする。
3　医療事故調査等支援団体は、前項の規定により支援を求められたときは、医療事故調査に必要な支援を行うものとする。
4　病院等の管理者は、医療事故調査を終了したときは、厚生労働省令で定めるところにより、遅滞なく、その結果を第6条の15第1項の医療事故調査・支援センターに報告しなければならない。
5　病院等の管理者は、前項の規定による報告をするに当たっては、あらかじめ、遺族に対し、厚生労働省令で定める事項を説明しなければならない。ただし、遺族がないとき、又は遺族の所在が不明であるときは、この限りでない。

3　医療観察法

医療観察法（心神喪失等の状態で重大な他害行為を行った者の医療及び観察等に関する法律）は、心神喪失または心神耗弱の状態で、殺人や放火、強盗などの重大な他害行為を行った人に対して、適切な医療を提供し、病状の改善と再他害行為の防止を図り、社会復帰を促進することを目的として制定された法律である。

■心神喪失・心神耗弱の定義

心神喪失	精神の障害により事物の理非善悪を弁識する能力またはその弁識に従って行動する能力のない状態
心神耗弱	精神の障害により事物の理非善悪を弁識する能力またはその弁識に従って行動する能力が欠如する程度には達しないが著しく減退した状態

この法律に基づく医療観察制度では、心神喪失または心神耗弱の状態で重大な他害行為を行い、不起訴処分あるいは無罪等が確定した人について、検察官は地方裁判所に対して適切な医療の決定を求める申立てを行う。申立てがなされると、鑑定入院の結果などをもとに、裁判官と精神保健審判員（精神科医）の各１名からなる合議体による審判が行われる。

審判の結果、入院処遇を受けた者は、厚生労働大臣が指定する指定入院医療機関において、専門的な医療を受けるとともに、保護観察所に配置されている社会復帰調整官により、退院後の生活環境の調整が実施される。また、通院処遇を受けた者及び退院許可がなされた者は、社会復帰調整官が中心となって作成する処遇実施計画に基づいて、原則として３年間、厚生労働大臣が指定する指定通院医療機関による医療を受ける。

4 自殺対策基本法

自殺対策基本法は、日本における自殺者数が高水準で推移する状況に対して、自殺対策を講じることで国民が生きがいを持って暮らすことのできる社会の実現に寄与することを目的として制定された法律である。その基本理念は第２条に規定されている。

第２条　自殺対策は、生きることの包括的な支援として、全ての人がかけがえのない個人として尊重されるとともに、生きる力を基礎として生きがいや希望を持って暮らすことができるよう、その妨げとなる諸要因の解消に資するための支援とそれを支えかつ促進するための環境の整備充実が幅広くかつ適切に図られることを旨として、実施されなければならない。

２　自殺対策は、自殺が個人的な問題としてのみ捉えられるべきものではなく、その背景に様々な社会的な要因があることを踏まえ、社会的な取組として実施されなければならない。

３　自殺対策は、自殺が多様かつ複合的な原因及び背景を有するものであることを踏まえ、単に精神保健的観点からのみならず、自殺の実態に即して実施されるようにしなければならない。

４　自殺対策は、自殺の事前予防、自殺発生の危機への対応及び自殺が発生した後又は自殺が未遂に終わった後の事後対応の各段階に応じた効果的な施策として実施されなければならない。

5　自殺対策は、保健、医療、福祉、教育、労働その他の関連施策との有機的な連携が図られ、総合的に実施されなければならない。

5　健康増進法

健康増進法は、日本における急速な高齢化の進展や疾病構造の変化に伴い、国民の健康の増進の総合的な推進に関する基本的な事項を定め、そのための措置を講じることで、国民保健の向上を図ることを目的として制定された法律である。

第７条・第８条（要約）　厚生労働大臣は、国民の健康の増進の総合的な推進を図るための基本方針を定める。都道府県は、基本方針に基づいて、当該都道府県の住民の健康の増進の推進に関する施策について都道府県健康増進計画を定める。また、市町村は、基本方針及び都道府県健康増進計画に基づいて、当該市町村の住民の健康の増進の推進に関する施策についての市町村健康増進計画を定めるよう努める。

基本方針とは、以下の事項に関するものである。

一　国民の健康の増進の推進に関する基本的な方向

二　国民の健康の増進の目標に関する事項

三　都道府県健康増進計画及び市町村健康増進計画の策定に関する基本的な事項

四　国民健康・栄養調査その他の健康の増進に関する調査及び研究に関する基本的な事項

五　健康増進事業実施者間における連携及び協力に関する基本的な事項

六　生活、運動、休養、飲酒、喫煙、歯の健康の保持その他の生活習慣に関する正しい知識の普及に関する事項

七　その他国民の健康の増進の推進に関する重要事項

具体的には、国民健康・栄養調査の実施や、生活習慣病の発生状況の把握、保健指導、受動喫煙防止、特別用途表示などについて規定されている。

健康増進法に基づいて策定されたのが、健康日本 21（第２次）である。健康日本 21（第２次）では、栄養・食生活、身体活動・運動、休養・こころの健康づくり、たばこ、アルコール、歯の健康、糖尿病、循環器病、がんの９分野の目標が設定されている。

6　医療保険制度

医療保険制度は、医療機関の受診によって発生した医療費のその一部あるいは全部を保険者が給付する制度をいう。日本における医療保険制度の特徴は、全て

の国民がいずれかの医療保険に加入する国民皆保険制度、自分自身の判断で自由に医療機関を選択できるフリーアクセスの２点にある。医療保険は、会社員や公務員など被用者が加入する被用者保険と、自営業者などが加入する国民健康保険、75 歳以上で加入する後期高齢者医療制度の３つに大きく分けられる。被保険者が支払う一部負担金はかかった医療費の１～３割である。

医療保険制度では、医療機関で被保険者証を提示すると、医療行為が提供される。被保険者はそれに対して一部負担金を支払い、医療機関は一部負担金を除いた医療費を審査支払機関に請求する。審査支払機関は、医療機関からの医療費の請求が正しいかを審査した上で保険者に請求し、保険者から支払われた金額を医療機関へ支払う。

7 地域保健法・母子保健法

地域保健法は、地域保健対策の推進に関する基本指針や保健所の設置などの地域保健対策の推進に関する基本事項を定めることにより、母子保健法などの地域保健対策に関する法律に基づく対策が総合的に推進されることを確保することで地域住民の健康の保持及び増進に寄与することを目的とする法律である。

第６条では保健所の業務が定められている。また、第 18 条の２に規定される市町村保健センターは、地域住民に対して、健康相談や保健指導、健康診査などの地域保健に関する必要な事業を行う施設である。

母子保健法は、母性及び乳児・幼児の健康の保持及び増進を図るため、母子保健に関する原理を明らかにするとともに、母性及び乳児･幼児に対する保健指導、健康診査、医療などの措置を講じることで国民保健の向上に寄与することを目的とする法律である。

第 12 条では健康診査が規定され、満１歳６カ月を超え満２歳に達しない幼児（１歳６カ月児健診）、満３歳を超え満４歳に達しない幼児（３歳児健診）が対象とされる。

2-1 保健医療分野

Q 1 □□□

●●●

精神保健福祉法は、精神障害者の医療及び保護を行い、その社会復帰の促進及びその自立と社会経済活動への参加の促進のために必要な援助を行うことで、精神障害者の福祉の増進を図ることのみを目的とする。

Q 2 □□□

●●●

精神保健福祉法における精神障害者とは、統合失調症や精神作用物質による急性中毒またはその依存症、知的障害、精神病質その他の精神疾患を有する者と定義されており、パーソナリティ障害は含まれない。

Q 3 □□□

●●●

精神保健福祉法において、精神障害者が自ら入院する場合、精神保健指定医の診察の結果、入院の必要があると認められることが要件に含まれる。

Q 4 □□□

●●●

任意入院の患者から退院の申出があるものの、精神保健指定医の診察により、病状から入院を継続する必要があるとの判断があれば、48時間を限度に退院を制限することができる。

Q 5 □□□

●●●

精神保健福祉法において、医療保護入院とは、精神保健指定医が必要と認めた場合に、家族等の同意があれば本人の同意がなくても、精神科病院の管理者が入院させることができるものである。

Q 6 □□□

●●

精神保健福祉法において、応急入院とは、精神保健指定医の診察の結果、自傷他害の恐れはないものの、緊急に入院措置を取らなければ、本人の医療及び保護に著しい支障が生じると判断するが、家族等の同意を得ることができない場合、本人の同意がなくても、48時間に限って病院の管理者が入院させることができるものである。

Q 7 □□□

●●●

精神保健福祉法において、措置入院とは、２名以上の精神保健指定医の診察の結果、自傷他害の恐れがあり、本人の医療及び保護のために入院措置を取らなければならないと一致して判断された場合に、市町村長の権限によって入院させることができるものである。

A1 ………………………………………… □□□

×

精神保健福祉法第1条では、「精神障害者の医療及び保護を行い、障害者総合支援法と相まってその社会復帰の促進及びその自立と社会経済活動への参加の促進のために必要な援助を行い、並びにその発生の予防その他国民の精神的健康の保持及び増進に努めることによって、精神障害者の福祉の増進及び国民の精神保健の向上を図ることを目的とする」と明記されている。

A2 ………………………………………… □□□

×

第5条に「この法律で『精神障害者』とは、統合失調症、精神作用物質による急性中毒又はその依存症、知的障害、精神病質その他の精神疾患を有する者」と定義されている。明記されてはいないが、パーソナリティ障害や発達障害も含まれる。

A3 ………………………………………… □□□

×

任意入院とは、精神障害者本人の同意に基づく入院であり、精神保健指定医の診察は不要である。また、任意入院者の場合、原則として、その行動を制限することができない。

A4 ………………………………………… □□□

×

72時間である。精神科病院の管理者は、精神保健指定医の診察によって、任意入院者の医療と保護のために退院を制限することができる。精神保健福祉法第21条第3項に明記されている。

A5 ………………………………………… □□□

○

医療保護入院は、精神保健福祉法第33条に規定されている。「家族等」とは、配偶者、親権を行う者、扶養義務者、後見人または保佐人をいい、該当者がいない場合には市町村長の同意によって入院がなされる。

A6 ………………………………………… □□□

×

48時間ではなく、72時間である。応急入院は、精神保健福祉法第33条の7に規定されている。

A7 ………………………………………… □□□

×

都道府県知事の権限による入院である。精神保健福祉法第29条に規定されている。また、措置入院における精神保健指定医による診察には、都道府県の職員の立ち会いが必要である。

Q 8 ●●● □□□

精神保健福祉法において、都道府県知事は、措置診察を行う精神保健指定医が所属する病院に対象者を措置入院させるように配慮することが望ましいとされる。

Q 9 ●●● □□□

措置入院における精神保健指定医の診察には、行政機関の職員も立ち会う必要がある。

Q10 ●● □□□

自傷他害の恐れがあり、急速を要するが、措置入院の正規の手続きをとることができない場合に、72 時間に限って精神保健指定医２名の診察の結果に基づいて緊急措置入院をさせることができる。

Q11 ●●● □□□

精神医療審査会とは、精神障害者の医療に関し学識経験を有する者が２名以上、精神障害者の保健または福祉に関し学識経験を有する者が１名以上、法律に関し学識経験を有する者が１名以上の委員６名で構成する合議体である。

Q12 ●●● □□□

精神保健審査会は、全ての入院形態における入院患者やその家族等からの退院請求について、その入院が必要であるか、その処遇が適切であるかを審査する。

Q13 ●● □□□

精神医療審査会は、医療保護入院者の退院後の生活環境に関して、本人及びその家族等からの相談に応じ指導を行う退院後生活環境相談員を選任しなければならない。

Q14 ●● □□□

退院後生活環境相談員には、精神保健福祉士の資格を有する者のみが選任される。

Q15 ●●● □□□

精神障害者保健福祉手帳は、精神障害者が家庭裁判所に申立てをし、審判を経て交付される。

A 8 □□□

×

「措置入院の運用に関するガイドライン」によれば、都道府県知事は措置診察を行う精神保健指定医が所属する病院に対象者を措置入院させることを避けるように配慮すべきであるとされている。

A 9 □□□

○

措置入院は行政処分である。都道府県職員を立ち会わせなければならないと精神保健福祉法第27条第3項に規定されている。

A10 □□□

×

緊急措置入院では、診察する精神保健指定医は1名でよい。精神保健福祉法第29条の2第1項に定められている。

A11 □□□

×

6名ではなく5名である。精神保健福祉法第14条に明記されている。精神医療審査会では、人権に配慮しつつ、適正な医療や保護を確保するために、入院している精神障害者の処遇などについて専門的かつ独立的に審査を行う。

A12 □□□

○

都道府県知事は、退院等の請求を受けたときは、当該請求の内容を精神医療審査会に通知し、当該請求に係る入院中の者について、その入院の必要があるかどうか、またはその処遇が適当であるかどうかに関し審査を求めなければならない。精神保健福祉法第38条の5に定められている。

A13 □□□

×

退院後生活環境相談員は、医療保護入院者を入院させている精神科病院の管理者が選任する。精神保健福祉法第33条の4に明記されている。

A14 □□□

×

退院後生活環境相談員には、精神保健福祉士だけでなく、看護師、保健師、作業療法士、社会福祉士として精神障害者に関する業務の経験を有する者、もしくはこれらの職種以外で精神障害者やその家族等への退院後の生活環境についての相談や指導に関する業務に従事した経験を3年以上有する者で一定の研修を修了した者も選任される。

A15 □□□

×

精神障害者保健福祉手帳は、都道府県知事に申請し、審査を経て交付を受ける。精神保健福祉法第45条に明記されている。

Q16 □□□

●●●

精神障害者保健福祉手帳は、統合失調症や精神作用物質による急性中毒またはその依存症、知的障害、精神病質その他の精神疾患を有する者であれば、その交付を申請することができる。

Q17 □□□

●●●

精神障害者保健福祉手帳の交付の可否や、障害等級の判定は精神保健福祉センターが行う。

Q18 □□□

●●●

医療は、生命の尊重と個人の尊厳の保持を旨とし、医師、歯科医師、薬剤師、看護師その他の医療の担い手と医療を受ける者との信頼関係に基づき、及び医療を受ける者の心身の状況に応じて行われるとともに、その内容は、治療的観点のみにおいて良質かつ適切なものでなければならない。

Q19 □□□

●●●

医療法では、インフォームド・コンセントについては言及されていない。

Q20 □□□

●●

保健所は、医療法にて規定されている。

Q21 □□□

●●

市町村保健センターは、地域住民に対して、健康相談、保健指導、健康診査など、地域保健に関する事業を行う。

Q22 □□□

●●●

医療観察法における心神耗弱とは、精神の障害により事物の理非善悪を弁識する能力またはその弁識に従って行動する能力のない状態のことを指す。

Q23 □□□

●●●

医療観察法における審判は、家庭裁判所裁判官１名と精神保健審判員１名の合議体によって行われる。

A16 ×

知的障害者は精神障害者保健福祉手帳の交付を申請できない。知的障害者は療育手帳（地方公共団体によって名称が異なる場合がある）の交付を申請できる。知的障害と精神障害を両方有する場合は、両方の手帳を受けることが可能である。

A17 ○

精神保健福祉センターは、精神保健福祉法第６条に規定されている。精神障害者保健福祉手帳の判定業務の他に、精神保健福祉相談や精神医療審査会の事務などを行っている。

A18 ×

医療法第１条の２には、「医療は、生命の尊重と個人の尊厳の保持を旨とし、医師、歯科医師、薬剤師、看護師その他の医療の担い手と医療を受ける者との信頼関係に基づき、及び医療を受ける者の心身の状況に応じて行われるとともに、その内容は、単に治療のみならず、疾病の予防のための措置及びリハビリテーションを含む良質かつ適切なものでなければならない」と明記されている。

A19 ×

第１条の４第２項において、「医師、歯科医師、薬剤師、看護師その他の医療の担い手は、医療を提供するに当たり、適切な説明を行い、医療を受ける者の理解を得るよう努めなければならない」としている。

A20 ×

地域保健法である。保健所は、地域保健法に基づき、都道府県や政令指定都市、特別区等に設置される、地域住民の健康や衛生を支える公的機関である。

A21 ○

地域保健法第 18 条において、「市町村は、市町村保健センターを設置することができる」と定められている。その業務は、母子保健事業、健康増進事業、予防接種などの地域住民に対する総合的な対人保健サービスが中心となっている。

A22 ×

設問は心神喪失についてである。心神耗弱とは、精神の障害により事物の理非善悪を弁識する能力またはその弁識に従って行動する能力が欠如する程度には達しないが著しく減退した状態のことをいう。

A23 ×

地方裁判所裁判官である。医療観察法第 11 条に、地方裁判所は、１名の裁判官と１名の精神保健審判員の合議体で処遇事件を取り扱うと明記されている。

Q24 □□□

医療観察法における精神保健審判員は、医師、保健師その他の厚生労働省令で定める者の中から任命される。

Q25 □□□

医療観察法において、審判の結果入院決定を受けた場合、指定入院医療機関は地方裁判所裁判官により指定される。

Q26 □□□

政府は、推進すべき自殺対策の指針として、自殺総合対策大綱を定めなければならない。

Q27 □□□

自殺対策基本法では、自殺は個人的な問題として捉えられるべきものであり、自殺の実態に即してその対策が講じられなければならないとされている。

Q28 □□□

自殺対策基本法では、自殺対策に対する国の責務、地方公共団体の責務、医療従事者の責務及び国民の責務について明記されている。

Q29 □□□

自殺対策基本法では、心の健康の保持に関わる教育及び啓発の推進等における学校の役割について明記されている。

A24 …………………………………… □□□

×

医師（精神科医）である。医療観察法第６条第２項に、「精神保健審判員の職務を行うのに必要な学識経験を有する医師」（精神保健判定医）と規定されている。

A25 …………………………………… □□□

×

指定入院医療機関は厚生労働大臣により指定される。医療観察法第43条に明記されている。

A26 …………………………………… □□□

○

自殺総合対策大綱とは、政府が推進すべき自殺対策の指針として定めた、基本的かつ総合的な自殺対策の大綱である。自殺対策基本法の第12条に規定されている。都道府県は自殺総合対策大綱と地域の実情を勘案して、都道府県自殺対策計画を定める。また、市町村は自殺総合対策大綱と都道府県自殺対策計画、地域の実情を勘案して、市町村自殺対策計画を定める。

A27 …………………………………… □□□

×

自殺対策基本法第２条では、「自殺対策は、自殺が個人的な問題としてのみ捉えられるべきものではなく、その背景に様々な社会的な要因があることを踏まえ、社会的な取組として実施されなければならない」としている。

A28 …………………………………… □□□

×

医療従事者の責務ではなく、事業主の責務である。自殺対策基本法第４条に、事業主は、国や地方公共団体の自殺対策に協力するとともに、雇用する労働者の心の健康の保持を図るための必要な措置を講ずるよう努めることが規定されている。

A29 …………………………………… □□□

○

自殺対策基本法第17条第３項に、「学校は、当該学校に在籍する児童、生徒等の保護者、地域住民その他の関係者との連携を図りつつ、当該学校に在籍する児童、生徒等に対し、各人がかけがえのない個人として共に尊重し合いながら生きていくことについての意識の涵養等に資する教育又は啓発、困難な事態、強い心理的負担を受けた場合等における対処の仕方を身に付ける等のための教育又は啓発その他当該学校に在籍する児童、生徒等の心の健康の保持に係る教育又は啓発を行うよう努めるものとする」と明記されている。

Q30 □□□

●● 診療記録の方法であるSOAP形式は、チーム医療における円滑な情報共有を可能にする。

Q31 □□□

●●● 医療倫理の４原則とは、自律尊重（respect for autonomy)、善行(beneficence)、無危害(non-maleficence)、正義(justice)である。

Q32 □□□

●● 日本の医療保険制度は、会社員や公務員などの被用者が加入している被用者保険、自営業者などが加入している国民健康保険の２つに大きく分けられる。

Q33 □□□

●● 日本の医療保険制度では、保険証を使用して医療機関で受診した場合、一般的に受けられる保険給付の方法は現金給付である。

Q34 □□□

●● 健康日本21（第２次）では、健康の増進に関する基本的な方向として、健康寿命の延伸と健康格差の縮小が挙げられる。

Q35 □□□

●● 健康日本21（第２次）は、医療法に基づいてその方針が定められている。

Q36 □□□

●● １歳６カ月児健診や３歳児健診が規定されているのは、児童福祉法である。

A30 ……………………………………………………………………□□□

○

SOAP 形式における S（subjective）は患者の主観的な訴え、O（objective）は身体診察や検査から得られた客観的情報、A（assessment）は S と O に基づく評価や判断、P（plan）は A に基づく治療方針や治療計画である。SOAP 形式には、記載内容を整理することができ、患者が抱える問題点や、医師等の所見、治療方針が明確になるという長所がある。

A31 ……………………………………………………………………□□□

○

医療倫理の４原則とは、自律的な患者の意思決定を尊重する自律尊重、患者の考える利益をもたらす善行、患者に危害を及ぼすのを避ける無危害、医療資源を平等に分配する正義である。

A32 ……………………………………………………………………□□□

×

設問にある被用者保険、国民健康保険に加えて、75 歳以上の人が加入している後期高齢者医療制度の３つに大別される。

A33 ……………………………………………………………………□□□

×

現物給付である。日本の医療保険制度において、保険証を医療機関に提示し、診療や検査、投薬、入院などの医療行為で支給されるものを現物給付という。一方、出産育児一時金などの現金で支給されるものを現金給付という。

A34 ……………………………………………………………………□□□

○

生活習慣の改善や社会環境の整備によって達成すべき最終的な目標として、健康寿命の延伸と健康格差の縮小が掲げられている。また、生活習慣の改善や社会環境の整備が必要な分野として、栄養・食生活、身体活動・運動、休養、飲酒、喫煙、歯・口腔が挙げられる。

A35 ……………………………………………………………………□□□

×

健康増進法である。健康増進法は 2003 年に施行され、「国民の健康の増進の総合的な推進に関し基本的な事項を定めるとともに、国民の栄養の改善その他の国民の健康の増進を図るための措置を講じ、もって国民保健の向上を図ること」を目的としている。

A36 ……………………………………………………………………□□□

×

母子保健法である。１歳６カ月児健診は、満１歳６カ月を超え満２歳に達しない幼児が対象であり、３歳児健診は満３歳を超え満４歳に達しない幼児が対象とされている。母子保健法第 12 条に規定されている。

2　福祉分野（児童）

1　児童福祉法

児童福祉法は、児童がその心身の健やかな成長や発達、自立及び福祉を等しく保障される権利を有することを規定した法律である。第２条に、国民や児童の保護者、国及び地方公共団体の責任が定められている。

第２条　全て国民は、児童が良好な環境において生まれ、かつ、社会のあらゆる分野において、児童の年齢及び発達の程度に応じて、その意見が尊重され、その最善の利益が優先して考慮され、心身ともに健やかに育成されるよう努めなければならない。
２　児童の保護者は、児童を心身ともに健やかに育成することについて第一義的責任を負う。
３　国及び地方公共団体は、児童の保護者とともに、児童を心身ともに健やかに育成する責任を負う。

なお、児童福祉法における「児童」とは、18 歳未満の者を指す（第４条）。

また、児童福祉法第 25 条の２では、地方公共団体は要保護児童やその保護者に対して適切な保護や支援を図るために、関係機関などにより構成される要保護児童対策地域協議会を置くように努めなければならないと定められている。

要保護児童とは、保護者のない児童または保護者に監護させることが不適当であると認められる児童をいう。また、出産後の養育について出産前において支援を行うことが特に必要と認められる妊婦である特定妊婦も要保護児童対策地域協議会における支援対象として含まれる。

2　児童虐待防止法

児童虐待防止法（児童虐待の防止等に関する法律）は、児童虐待の防止などに関する施策を促進し、児童の権利利益の擁護に資することを目的として制定された法律である。第２条において、児童虐待とは、身体的虐待、ネグレクト、心理的虐待、性的虐待の４つであることが定められている。

第６条には、児童虐待の通告義務が規定されている。

第６条　児童虐待を受けたと思われる児童を発見した者は、速やかに、これを市町村、都道府県の設置する福祉事務所若しくは児童相談所又は児童委員を介して市町村、都道府県の設置する福祉事務所若しくは児童相談所に通告しなければならない。

児童虐待を行っているおそれがある保護者に対して、児童の安全確認及び安全確保のために、都道府県知事は以下のような措置を採ることができる。

出頭要求	児童虐待が行われているおそれがあると認めるときは、保護者に対し児童を同伴して出頭することを求め、児童相談所の職員などに必要な調査、質問をさせることができる
立入調査	保護者が出頭要求に応じない場合に実施する。なお、出頭要求を経ることなく実施することも可能である。また、立入調査や臨検などにおいて、児童相談所長は、必要があると認めるときは、警察署長に対し援助を要請することができる。保護者が正当な理由なく立入調査を拒否する場合、罰則規定が定められている
再出頭要求	保護者が正当な理由なく立入調査を拒否した場合において、児童虐待が行われているおそれがあると認めるときは、保護者に対し児童を同伴して出頭することを求め、児童相談所の職員などに必要な調査、質問をさせることができる
臨検・捜索	保護者が再出頭要求を拒否した場合において、児童虐待が行われている疑いがあるときは、児童の安全確認または安全確保のため、児童の住所または居所の所在地を管轄する地方裁判所、家庭裁判所または簡易裁判所の裁判官の許可を得て、児童相談所の職員などに児童の住所・居所に臨検させ、または児童を捜索させることができる

3 DV防止法

DV防止法（配偶者からの暴力の防止及び被害者の保護等に関する法律）は、配偶者からの暴力に係る通報、相談、保護、自立支援などの体制を整備することにより、配偶者からの暴力の防止及び被害者の保護を図るために制定された法律である。第１条において、配偶者からの暴力及び配偶者の定義が定められている。

第１条　この法律において「配偶者からの暴力」とは、配偶者からの身体に対する暴力又はこれに準ずる心身に有害な影響を及ぼす言動をいい、配偶者からの身体に対する暴力等を受けた後に、その者が離婚をし、又はその婚姻が取り消された場合にあっては、当該配偶者であった者から引き続き受ける身体に対する暴力等を含むものとする。

２　（省略）

３　この法律にいう「配偶者」には、婚姻の届出をしていないが事実上婚姻関係と同様の事情にある者を含み、「離婚」には、婚姻の届出をしていないが事実上婚姻関係と同様の事情にあった者が、事実上離婚したと同様の事情に入ることを含むものとする。

なお、生活の本拠を共にする交際相手からの暴力も対象に含まれる。

①通報

第６条において、配偶者から身体に対する暴力を受けている者を発見した場合の通報の努力義務が規定されている。また、医療関係者は、DV を受けている者を発見した場合、守秘義務違反に問われることなくこれを通報することができるが、その際に被害者の意思を尊重することが求められている。

第６条　配偶者からの暴力（配偶者又は配偶者であった者からの身体に対する暴力に限る）を受けている者を発見した者は、その旨を配偶者暴力相談支援センター又は警察官に通報するよう努めなければならない。
２　医師その他の医療関係者は、その業務を行うに当たり、配偶者からの暴力によって負傷し又は疾病にかかったと認められる者を発見したときは、その旨を配偶者暴力相談支援センター又は警察官に通報することができる。この場合において、その者の意思を尊重するよう努めるものとする。

配偶者暴力相談支援センターは、配偶者からの暴力の防止及び被害者の保護を図るために設置された施設である。その主な業務として､以下が挙げられている。

被害者に関する各般の問題について、相談に応ずること、または婦人相談員もしくは相談を行う機関を紹介すること
被害者の心身の健康を回復させるため、医学的または心理学的な指導その他の必要な指導を行うこと
被害者の緊急時における安全の確保及び一時保護を行うこと
被害者が自立して生活することを促進するため、就業の促進、住宅の確保、援護等に関する制度の利用等について、情報の提供、助言、関係機関との連絡調整その他の援助を行うこと
保護命令の制度の利用について、情報の提供、助言、関係機関への連絡その他の援助を行うこと
被害者を居住させ保護する施設の利用について、情報の提供、助言、関係機関との連絡調整その他の援助を行うこと

②保護命令

配偶者からの身体に対する暴力または生命等に対する脅迫を受けた者で、その生命や身体に重大な危害を受けるおそれが大きいときは、地方裁判所へ保護命令の申立てをすることによって、加害者に接近禁止命令や退去命令が発せられる。

■保護命令

接近禁止命令	6カ月間、被害者の住居その他の場所において被害者の身辺につきまとうことや、被害者の住居、勤務先その他通常所在する場所の付近を徘徊してはならない
退去命令	2カ月間、被害者と共に生活の本拠としている住居から退去し、当該住居の付近を徘徊してはならない

接近禁止命令は、被害者と同居する未成年の子ども（15歳以上は本人の同意による）や親族などに対しても適用される。

4 児童相談所

児童相談所は、児童福祉法第12条に基づく、児童福祉に関する行政機関である。都道府県、政令指定都市、児童相談所設置市に設置されている。

児童相談所の基本的機能は、市町村による子どもや家庭に関する相談への対応について、市町村相互間の連絡調整や市町村への情報の提供などの援助を行う市町村援助機能、子どもに関する相談のうち、専門的な知識や技術を必要とするものについて、さまざまな角度から総合的に調査、診断、判定し、それに基づいて援助指針を定めて一貫した援助を行う相談機能、必要に応じて子どもを家庭から一時的に離して保護する一時保護機能、子どもや保護者を児童福祉司、児童委員、児童家庭支援センターなどに指導させたり、子どもを児童福祉施設等に入所させたり、里親に委託したりする措置機能がある。

児童相談所では、児童と家庭に関するさまざまな相談を扱っている。具体的には、①心身に障害がある児童に関する障害相談、②しつけや性格行動などの児童の育成上の問題に関する育成相談、③養育が困難な児童や養育環境に問題のある児童に関する養護相談、④触法行為や問題行為のある児童に関する非行相談などが挙げられる。

児童福祉法第33条の規定に基づき、児童相談所長または都道府県知事が必要と認める場合には、子どもを一時保護所に一時保護したり、児童福祉施設や里親などの児童福祉に深い理解と経験を有する適当な機関や法人、私人に一時保護を委託することができる。なお、一時保護の期間は2カ月を超えてはならない。ただし、児童相談所長または都道府県知事は、必要があると認めるときは、引き続き一時保護を行うことができる。

5 児童福祉施設

児童福祉法に規定されている児童福祉施設には、以下のようなものがある。

母子生活支援施設	配偶者のない女子またはこれに準ずる事情にある女子及びその者の監護すべき児童を入所させて、これらの者を保護するとともに、これらの者の自立の促進のためにその生活を支援し、あわせて退所した者について相談その他の援助を行うことを目的とする施設である
児童厚生施設	児童遊園、児童館等児童に健全な遊びを与えて、その健康を増進し、または情操をゆたかにすることを目的とする施設である
児童養護施設	保護者のない児童（乳児を除く。ただし、安定した生活環境の確保その他の理由により特に必要のある場合には、乳児を含む）、虐待されている児童その他環境上養護を要する児童を入所させて、これを養護し、あわせて退所した者に対する相談その他の自立のための援助を行うことを目的とする施設である
児童発達支援センター	主に未就学の障害のある児童またはその可能性のある児童に対し、個々の障害の状態及び発達の過程・特性等に応じた発達上の課題を達成させていくための本人への発達支援を行うほか、児童の発達の基盤となる家族への支援、また地域における中核的な支援機関として、保育所等訪問支援や障害児相談支援、地域生活支援事業における巡回支援専門員整備や障害児等療育支援事業等を実施することにより、地域の保育所等に対し、専門的な知識・技術に基づく支援を行うことを目的とする施設である
児童心理治療施設	家庭環境、学校における交友関係その他の環境上の理由により社会生活への適応が困難となった児童を、短期間、入所させ、または保護者の下から通わせて、社会生活に適応するために必要な心理に関する治療及び生活指導を主として行い、あわせて退所した者について相談その他の援助を行うことを目的とする施設である

児童自立支援施設	不良行為をなし、またはなすおそれのある児童及び家庭環境その他の環境上の理由により生活指導等を要する児童を入所させ、または保護者の下から通わせて、個々の児童の状況に応じて必要な指導を行い、その自立を支援し、あわせて退所した者について相談その他の援助を行うことを目的とする施設である
児童家庭支援センター	地域の児童の福祉に関する各般の問題につき、児童に関する家庭その他からの相談のうち、専門的な知識及び技術を必要とするものに応じ、必要な助言を行うとともに、市町村の求めに応じ、技術的助言その他必要な援助、指導を行うほか、児童相談所、児童福祉施設等との連絡調整その他の援助を総合的に行うことを目的とする施設である

6 社会的養護

社会的養護とは、保護者のない児童や、保護者に監護させることが適当でない児童を、公的責任で社会的に養育し、保護するとともに、養育に大きな困難を抱える家庭への支援を行うことである。社会的養護は、「子どもの最善の利益のために」と「社会全体で子どもを育む」を理念として行われる。社会的養護は、乳児院や児童養護施設などの施設で子どもを養育する施設養護と、特別養子縁組や里親、ファミリーホームなど家庭的な環境で子どもを育てる家庭養護に分けられる。児童福祉法第３条の２では、実親による養育が困難であれば、児童ができる限り良好な家庭的環境において養育されるよう、家庭養育優先の理念が規定されている。

2-2 福祉分野（児童）

Q 1 ●●● □□□

児童福祉法において、満 18 歳の者は児童と見なされる。

Q 2 ●● □□□

児童福祉法では、児童を、新生児、乳児、幼児、少年の４つに分けている。

Q 3 ●●● □□□

児童福祉法では、民法に則り、児童が適切に養育され、その生活を保障されるなどその心身の健やかな成長や発達が保障される権利を有することを定めている。

Q 4 ●● □□□

児童福祉法において、国及び地方公共団体と児童の保護者に対して、児童を心身ともに健やかに育成することへの責任が言及されているが、国民の責任については言及されていない。

Q 5 ●●● □□□

児童福祉法では、市町村は児童相談所を設置しなければならないと定められている。

Q 6 ●●● □□□

児童福祉法において、要保護児童とは保護者のない児童または保護者に監護させることが不適当であると認められる児童と定義されている。そのため、虐待を受けた子どもは相当するが、非行児童は当てはまらない。

Q 7 ●●● □□□

児童虐待は、身体的虐待、ネグレクト、心理的虐待、性的虐待の４種類があり、最近では身体的虐待の比率が急激に上昇しているといわれている。

A 1 …… □□□

×

児童福祉法第４条において、満 18 歳に満たない者を児童と呼ぶと定められている。児童は満１歳に満たない者を乳児、満１歳～小学校就学の始期に達するまでの者を幼児、小学校就学の始期～満 18 歳に達するまでの者を少年という。

A 2 …… □□□

×

児童福祉法では、児童を、満１歳に満たない者である乳児、満１歳から小学校就学の始期に達するまでの者である幼児、小学校就学の始期から満 18 歳に達するまでの者である少年に分ける。母子保健法では、新生児とは出生後 28 日を経過しない乳児と定義される。

A 3 …… □□□

×

児童福祉法は、児童の権利に関する条約の精神に則っている。児童の権利に関する条約は、子どもの基本的人権を国際的に保障するために定められた条約である。

A 4 …… □□□

×

第２条第１項において、「全て国民は、児童が良好な環境において生まれ、かつ、社会のあらゆる分野において、児童の年齢及び発達の程度に応じて、その意見が尊重され、その最善の利益が優先して考慮され、心身ともに健やかに育成されるよう努めなければならない」と国民の努力義務が明記されている。

A 5 …… □□□

×

児童福祉法第 12 条では、都道府県は児童相談所を設置しなければならないと定められている。児童相談所は、市町村と適切な役割分担・連携を図りつつ、子どもに関する家庭などからの相談に応じ、その問題や状況などを的確に捉え、個々の子どもや家庭に最も効果的な援助を行うことで、子どもの福祉を図るとともに、その権利を擁護することを主たる目的とする行政機関である。

A 6 …… □□□

×

要保護児童については、児童福祉法第６条の３第８項に規定されている。虐待を受けた子どもや非行児童などが相当する。

A 7 …… □□□

×

児童虐待防止法第２条に、児童虐待の定義として、身体的虐待、ネグレクト、心理的虐待、性的虐待の４つが規定されている。最近では心理的虐待の比率が急激に上昇しているといわれている。

Q 8 □□□
●●● 心理的虐待とは、児童に対する著しい暴言または著しく拒絶的な対応に加え、児童が家庭内において親の配偶者に対する暴力を目撃することも含まれている。

Q 9 □□□
●●● 児童虐待を受けたと思われる児童を発見した際に速やかにその旨を通告することは、国民の義務である。

Q10 □□□
●●● 児童相談所長は、児童虐待が行われているおそれがあると認めるときは、当該児童の保護者に対して、当該児童を同伴して出頭することを求めることができる。

Q11 □□□
●●● 児童虐待を受けた児童について一時保護が行われた場合、当該児童の保護のために必要があるときは、都道府県知事は児童虐待を行った保護者について、当該児童との面会や通信の全部または一部を制限することができる。

Q12 □□□
●●● DV 防止法に規定されている「配偶者からの暴力」には、心理的な暴力も含まれる。

Q13 □□□
●●● DV 防止法では、配偶者からの暴力に関わる通報や相談、保護の体制についてのみ定められている。

Q14 □□□
●●● DV 防止法による緊急時の一時保護施設として、母子生活支援施設が委託されることがある。

Q15 □□□
●●● DV 防止法において、配偶者からの暴力を受けたと思われる者を発見した場合、速やかに、その旨を配偶者暴力相談支援センターまたは警察官に通報しなければならないと定められている。

Q16 □□□
●●● 配偶者からの暴力を受けた者を発見した際の通報が求められる場合の「暴力」は身体的暴力に限られている。

A 8 ○

児童虐待防止法第2条では、保護者が児童に対し暴言や拒絶的対応を行うことだけでなく、児童が同居する家庭における配偶者への暴力を目撃すること（面前 DV）も児童に対する心理的虐待とされている。

A 9 ○

児童虐待防止法第6条に規定されている。児童虐待の通告において、秘密漏示罪の規定その他の守秘義務に関する法律の規定は適用外とされる。

A10 ×

都道府県知事が出頭要求をすることができる。児童虐待防止法第8条の2に規定されている。

A11 ×

面会・通信の制限は、児童相談所長及び児童の入所している施設の長によってなされる。児童虐待防止法第12条に明記されている。

A12 ○

DV 防止法第1条において、「配偶者からの暴力」とは、配偶者からの身体に対する暴力またはこれに準ずる心身に有害な影響を及ぼす言動と規定されている。

A13 ×

DV 防止法は、配偶者からの暴力に関わる通報や相談、保護、自立支援などの体制を規定することにより、配偶者からの暴力の防止及び被害者の保護を図ることを目的としている。

A14 ○

母子生活支援施設は、児童福祉法第38条に規定される。配偶者のない女子またはこれに準ずる事情にある女子及びその者の監護すべき児童を入所させて、保護するとともに、その自立の促進のために生活を支援し、あわせて退所した者について相談その他の援助を行う施設である。DV 防止法における一時保護施設として委託されることがある。

A15 ×

DV 防止法第6条において、配偶者からの暴力を受けている者を発見した者は、その旨を配偶者暴力相談支援センターまたは警察官に通報するよう努めなければならないと明記されている。

A16 ○

DV 防止法第6条において、発見者が通報するべき「暴力」は身体に対する暴力に限ることが明記されている。

Q17 □□□

保護命令とは、配偶者等からの身体に対する暴力や生命等に対する脅迫を受けた被害者が、その生命または身体に重大な危害を受けるおそれが大きいときに、被害者の申出により、家庭裁判所が加害者に対して被害者へのつきまとい等をしてはならないことなどを命ずるものである。

Q18 □□□

保護命令における退去命令とは、配偶者等に対して、6カ月間、被害者と共に生活の本拠としている住居からの退去及び住居の付近の徘徊の禁止を命ずるものである。

Q19 □□□

被害者と同居する子どもに対する接近禁止命令は、その子どもが13歳以上の場合において、その同意があるときに限られる。

Q20 □□□

児童相談所の業務として、療育手帳の取得や更新の判定がある。

Q21 □□□

児童相談所で受け付けられる相談において、育成相談とは心身に障害がある児童に関する相談を指す。

Q22 □□□

虐待が深刻な場合、児童相談所は一時的に児童を家庭から離し、保護することが可能である。その期間は、原則2週間までである。

Q23 □□□

児童自立支援施設とは、保護者のない児童や虐待されている児童など、環境上養護を必要とする児童を入所させて養護し、また退所した者に対する相談や自立のための援助等を行うことを目的とする施設である。

A17 ×

保護命令を発するのは、地方裁判所である。DV 防止法第 11 条に、加害者の住所の所在地を管轄する地方裁判所が担当することが明記されている。

A18 ×

退去命令は 2 カ月間である。接近禁止命令とは、配偶者等に対して、6 カ月間、被害者やその同居する未成年の子ども、親族等につきまとったり、住居や勤務先など被害者等が通常いる場所の近くを徘徊したりすることを禁止するものである。DV 防止法第 10 条に規定されている。

A19 ×

DV 防止法第 10 条第 3 項において、被害者と同居する子どもに対する接近禁止命令は、その子どもが 15 歳以上の場合はその同意があるときに限られることが明記されている。

A20 ○

療育手帳は知的障害者・児が一貫した指導や相談等を受けるとともに、さまざまな援助サービスを受けやすくするために、都道府県や指定都市が独自に要綱を策定して実施している制度である。療育手帳の申請は市町村の窓口で行う。18 歳未満の場合は児童相談所、18 歳以上の場合は知的障害者更生相談所で障害の程度等の判定を受け、その結果に基づき、都道府県知事や指定都市市長から交付される。

A21 ×

障害相談である。育成相談とは、しつけや性格、行動などの児童の育成上の問題に関する相談を指す。

A22 ×

一時保護の期間は、原則 2 カ月を超えない。児童福祉法第 33 条に規定されている。一時保護により、児童の安全確保や、児童の心身の状態や親子・家族関係の把握を行う。それに基づいて、当該家庭への援助指針を決定する。

A23 ×

児童養護施設である。児童福祉法第 41 条に規定されている。児童自立支援施設とは、児童福祉法第 44 条に規定されており、不良行為を行う、または行うおそれのある児童など、環境上の理由により生活指導等を必要とする児童を入所させたり、通所させたりして、必要な指導を行うことでその自立を支援し、あわせて退所した者について相談や援助を行うことを目的とする施設である。

Q24 ●●● □□□

児童心理治療施設は、社会生活への適応が困難となっている児童を短期間入所させたり、保護者の下から通わせたりして、社会生活に適応するために必要な心理治療や生活指導を行う施設である。

Q25 ●●● □□□

母子生活支援施設は、配偶者のいない女子やこれに準ずる女子、及びその者の監護すべき児童を入所させ、これらの者を保護し、自立促進のための支援を行うことを目的とした施設である。その利用対象となるのは満 18 歳未満の児童がいる母子家庭のみである。

Q26 ●●● □□□

自立援助ホームとは、義務教育終了後、児童養護施設や児童自立支援施設等を退所し就職する児童等に対して、共同生活を営む住居を提供して自立を支援する施設であり、満 18 歳未満の児童が利用対象となる。

Q27 ●● □□□

ファミリーホームは、社会的養護において施設養護に当てはまる。

Q28 ●● □□□

里親の種類は、養育里親、専門里親、養子縁組里親、親族里親である。

Q29 ●● □□□

特別養子縁組の条件としては、実親の同意、養親の年齢、養子の年齢の３つがある。

A 24 ○

児童心理治療施設は、何らかの環境上の理由で社会生活への適応が困難となった児童に対して、社会生活への適応のための心理治療や生活指導を行うことを主な目的とする施設である。児童福祉法第 43 条の 2 に規定されている。

A 25 ×

母子生活支援施設は、場合によっては監護すべき児童が満 20 歳になるまでは利用可能となる。児童福祉法第 31 条・第 38 条に規定されている。

A 26 ×

自立援助ホームの利用対象は、原則 20 歳未満の者である。ただし、大学就学中の者など、場合によっては満 22 歳になる年度末まで利用可能とされている。

A 27 ×

家庭養護に当てはまる。ファミリーホーム（小規模住居型児童養育事業）は、養育者の家庭に子どもを迎え入れて家庭養護を行い、子ども間の相互作用を生かしつつ、子どもの自主性を尊重し、基本的な生活習慣を確立するとともに、豊かな人間性及び社会性を養い、子どもの自立を支援する制度である。

A 28 ○

里親の種類として、養子縁組を目的とせずに、要保護児童を預かって養育する養育里親、虐待された児童や非行などの問題を有する児童、障害児など一定の専門的ケアを必要とする児童を養育する専門里親、保護者のない子どもや家庭での養育が困難で実親が親権を放棄する意思が明確な場合の養子縁組を前提とした養子縁組里親、3 親等以内の親族の児童の親が死亡、行方不明、入院や疾患などで養育できない場合の親族里親がある。

A 29 ×

特別養子縁組とは、子どもの福祉の増進を図るために、養子となる子どもの実親との法的な親子関係を解消し、実の子と同じ親子関係を結ぶ制度である。特別養子縁組の条件として、実親の同意、養親の年齢、養子の年齢、半年間の監護の４つがある。これらの条件を満たした上で、子どもの利益のため特に必要があると家庭裁判所の決定を受けることで特別養子縁組が成立する。

3 福祉分野（障害児・者）

1 障害者基本法

障害者基本法は、国民が障害の有無に関係なく、相互に人格と個性を尊重し合いながら共生する社会を実現するために、障害者の自立や社会参加の支援等のための施策を総合的、計画的に推進することを目的として制定された法律である。第２条では、障害者の定義がなされている。

第２条　この法律において、次に掲げる用語の意義は、それぞれに定めるところによる。
一　障害者　身体障害、知的障害、精神障害（発達障害を含む）その他の心身の機能の障害がある者であって、障害及び社会的障壁により継続的に日常生活又は社会生活に相当な制限を受ける状態にあるものをいう。

また、第４条には、障害を理由とする差別の禁止や合理的配慮が定められている。

第４条　何人も、障害者に対して、障害を理由として、差別することその他の権利利益を侵害する行為をしてはならない。
２　社会的障壁の除去は、それを必要としている障害者が現に存し、かつ、その実施に伴う負担が過重でないときは、それを怠ることによって前項の規定に違反することとならないよう、その実施について必要かつ合理的な配慮がされなければならない。

2 障害者総合支援法

障害者総合支援法（障害者の日常生活及び社会生活を総合的に支援するための法律）は、障害者基本法の基本的な理念に則り、障害者・児にとって必要な支援を総合的に行い、もって障害者・児の福祉の増進を図るとともに、障害の有無に関係なく国民が相互に人格と個性を尊重し安心して暮らすことのできる地域社会の実現に寄与するために制定された法律である。

障害者総合支援法における障害者福祉サービスは、自立支援給付と地域生活支援事業を中心として構成されている。自立支援給付とは、自宅訪問によって受けるサービスや、施設への通所や入所によって利用するサービス、自立促進のための就労支援など利用者の状態やニーズに応じて個別に給付されるサービスである。介護給付、訓練等給付、自立支援医療、補装具などに分かれる。地域生活支援事業とは、都道府県及び市町村が地域の特性や利用者の状況に応じ、柔軟な事業形態によって行われるサービスである。

3 発達障害者支援法

発達障害者支援法は、発達障害者の心理機能の適正な発達や円滑な社会生活の促進のために、発達障害の早期発見と発達支援を行い、発達障害者の自立及び社会参加のための生活全般にわたる支援を図ることでその福祉の増進に寄与するために制定された法律である。第２条において、発達障害、発達障害者（児）の定義がなされている。

第２条　この法律において「発達障害」とは、自閉症、アスペルガー症候群その他の広汎性発達障害、学習障害、注意欠陥多動性障害その他これに類する脳機能の障害であってその症状が通常低年齢において発現するものとして政令で定めるものをいう。

２　この法律において「発達障害者」とは、発達障害がある者であって発達障害及び社会的障壁により日常生活又は社会生活に制限を受けるものをいい、「発達障害児」とは、発達障害者のうち 18 歳未満のものをいう。

また、発達障害の早期発見のために、市町村に対して、１歳６カ月児健診や３歳児健診、就学時健診などの健康診査・健康診断に当たり、その発見に留意しなければならないことを規定している（第５条第１項・第２項）。

発達障害者支援法第 14 条に定められている発達障害者支援センターの主な業務は、以下の通りである。

発達障害者支援センターの主な業務
発達障害の早期発見、早期の発達支援等に資するよう、発達障害者及びその家族その他の関係者に対し、専門的に、その相談に応じ、または情報の提供もしくは助言を行う
発達障害者に対し、専門的な発達支援及び就労の支援を行う
医療、保健、福祉、教育、労働等に関する業務を行う関係機関及び民間団体並びにこれに従事する者に対し発達障害についての情報の提供及び研修を行う
発達障害に関して、医療、保健、福祉、教育、労働等に関する業務を行う関係機関及び民間団体との連絡調整を行う

4 障害者虐待防止法

障害者虐待防止法（障害者虐待の防止、障害者の養護者に対する支援等に関する法律）は、障害者虐待の防止、養護者に対する支援等に関する施策を促進し、障害者の権利利益の擁護に資することを目的として制定された法律である。

第２条において、障害者虐待とは、養護者による障害者虐待、障害者福祉施設従事者等による障害者虐待、使用者による障害者虐待をいうと規定されている。また、虐待行為としては、身体的虐待、ネグレクト、心理的虐待、性的虐待、経済的虐待の５つがあると明記されている。

障害者虐待防止法においては、障害者虐待の通報義務が規定されている。

第７条　養護者による障害者虐待を受けたと思われる障害者を発見した者は、速やかに、これを市町村に通報しなければならない。
第16条　障害者福祉施設従事者等による障害者虐待を受けたと思われる障害者を発見した者は、速やかに、これを市町村に通報しなければならない。
第22条　使用者による障害者虐待を受けたと思われる障害者を発見した者は、速やかに、これを市町村又は都道府県に通報しなければならない。

5 障害者差別解消法

障害者差別解消法（障害を理由とする差別の解消の推進に関する法律）とは、障害者基本法の基本的な理念に則り、障害を理由とする差別の解消を推進し、国民が障害の有無に関係なく、相互に人格と個性を尊重し合いながら共生する社会の実現に資するために制定された法律である。第４条には、国民の責務として、障害を理由とする差別の解消の推進に寄与するよう努めることが定められている。

第７条では、行政機関における障害を理由とする差別の禁止と、社会的障壁を除去するための合理的配慮を義務づけている。

第７条　行政機関等は、その事務又は事業を行うに当たり、障害を理由として障害者でない者と不当な差別的取扱いをすることにより、障害者の権利利益を侵害してはならない。
２　行政機関等は、その事務又は事業を行うに当たり、障害者から現に社会的障壁の除去を必要としている旨の意思の表明があった場合において、その実施に伴う負担が過重でないときは、障害者の権利利益を侵害することとならないよう、当該障害者の性別、年齢及び障害の状態に応じて、社会的障壁の除去の実施について必要かつ合理的な配慮をしなければならない。

第８条では、事業者における障害を理由とする差別の禁止と、社会的障壁を除去するための合理的配慮について努力義務を規定している。

第８条　事業者は、その事業を行うに当たり、障害を理由として障害者でない者と不当な差別的取扱いをすることにより、障害者の権利利益を侵害してはならない。

２　事業者は、その事業を行うに当たり、障害者から現に社会的障壁の除去を必要としている旨の意思の表明があった場合において、その実施に伴う負担が過重でないときは、障害者の権利利益を侵害することとならないよう、当該障害者の性別、年齢及び障害の状態に応じて、社会的障壁の除去の実施について必要かつ合理的な配慮をするように努めなければならない。

6 障害者雇用促進法

障害者雇用促進法（障害者の雇用の促進等に関する法律）は、障害者の雇用の促進等のための措置、雇用の分野における障害者と障害者でない者との均等な機会や待遇の確保、職業リハビリテーション等、障害者がその職業生活において自立することを促進するための措置を総合的に講じ、障害者の職業の安定を図ることを目的として制定された法律である。

第５条、第６条において、事業主、国及び地方公共団体の責務が規定されている。

第５条　すべて事業主は、障害者の雇用に関し、社会連帯の理念に基づき、障害者である労働者が有為な職業人として自立しようとする努力に対して協力する責務を有するものであって、その有する能力を正当に評価し、適当な雇用の場を与えるとともに適正な雇用管理を行うことによりその雇用の安定を図るように努めなければならない。

第６条　国及び地方公共団体は、障害者の雇用について事業主その他国民一般の理解を高めるとともに、事業主、障害者その他の関係者に対する援助の措置及び障害者の特性に配慮した職業リハビリテーションの措置を講ずる等障害者の雇用の促進及びその職業の安定を図るために必要な施策を、障害者の福祉に関する施策との有機的な連携を図りつつ総合的かつ効果的に推進するように努めなければならない。

また、全ての事業主に対して、雇用する労働者の一定割合（法定雇用率）以上に相当する障害者（対象障害者）を雇用することを義務づけている（障害者雇用率制度）。

これを満たさない企業からは納付金を徴収し、この納付金をもとに雇用義務数より多くの障害者を雇用する企業に対して調整金を支払ったり、障害者を雇用するために必要な施設設備費等の助成を行っている（障害者雇用納付金制度）。

第37条　全て事業主は、対象障害者の雇用に関し、社会連帯の理念に基づき、適当な雇用の場を与える共同の責務を有するものであつて、進んで対象障害者の雇入れに努めなければならない。

２　…中略…「対象障害者」とは、身体障害者、知的障害者又は精神障害者をいう。

2-3 福祉分野（障害児・者）

Q 1 ●● □□□

障害者基本法の成立によって、これまで医療の対象とされてきた知的障害者が、身体障害者や精神障害者とともに、障害者施策の対象となった。

Q 2 ●●● □□□

障害者への合理的配慮は、障害者基本法において規定されている。

Q 3 ●●● □□□

障害者総合支援法において、障害者とは身体障害者、知的障害者、精神障害者、難病患者等のうち、20 歳以上の者を指す。

Q 4 ●● □□□

障害者総合支援法による福祉サービスは、自立生活支援事業と地域支援給付に大きく分かれる。

Q 5 ●● □□□

就労定着支援では、一般就労等を希望する障害者に対して、知識や能力の向上に必要な実習等の訓練を行う。

Q 6 ●●● □□□

就労継続支援とは、一般企業等での就労が困難な人に、働く場を提供するとともに、知識や能力の向上のために必要な訓練を行うものである。事業所と雇用契約を結ばない A 型と、雇用契約を結ぶ B 型に分かれる。

Q 7 ●● □□□

共同生活援助（グループホーム）とは、自宅で障害者を介護する人が病気になった場合などに、その障害者を短期間入所させ、入浴、排せつ、食事の介護等を行うサービスをいう。

A 1 □□□

×

障害者基本法の成立によって、障害者施策の対象となったのは精神障害者である。第２条では、「身体障害、知的障害、精神障害（発達障害を含む）その他の心身の機能の障害がある者であって、障害及び社会的障壁により継続的に日常生活又は社会生活に相当な制限を受ける状態にあるもの」という障害者の定義がなされている。

A 2 □□□

○

第４条第２項に、「社会的障壁の除去は、それを必要としている障害者が現に存し、かつ、その実施に伴う負担が過重でないときは、それを怠ることによって前項の規定に違反することとならないよう、その実施について必要かつ合理的な配慮がされなければならない」と明記されている。

A 3 □□□

×

障害者とは身体障害者、知的障害者、精神障害者、厚生労働大臣が定める難病患者等のうち、18歳以上の者を指す。第４条に規定されている。

A 4 □□□

×

障害者総合支援法による福祉サービスは、自立支援給付と地域生活支援事業に大きく分かれる。それらはさらに多くのサービスに区分される。

A 5 □□□

×

設問は就労移行支援である。就労定着支援では、就労移行支援等を利用して一般就労に移行した障害者に対して、就労に伴う生活面の課題に対応するための支援を行う。

A 6 □□□

×

就労継続支援は、事業所と雇用契約を結ぶＡ型と、雇用契約を結ばないＢ型に分かれる。

A 7 □□□

×

短期入所（ショートステイ）である。共同生活援助（グループホーム）は、主に夜間において共同生活を行う住居で、相談や日常生活上の援助を行う。また、介護等の必要性が認められている場合には介護サービスも提供する。

Q 8 □□□

発達障害者支援法において、発達障害とは、自閉症、アスペルガー症候群その他の広汎性発達障害、学習障害、注意欠陥多動性障害その他これに類する脳機能の障害であってその症状が通常低年齢において発現し、かつ標準化された知能検査の実施の結果、知能指数がおおむね70 以下のものをいう。

Q 9 □□□

発達障害者支援法において、国及び地方公共団体の責務として、発達障害者の心理機能の適正な発達及び円滑な社会生活の促進のために、発達障害者の障害特性を取り除くよう努めなければならないと明記されている。

Q10 □□□

障害者虐待防止法における障害者虐待とは、養護者による障害者虐待及び障害者福祉施設従事者による障害者虐待に限られる。

Q11 □□□

障害者差別解消法では、国民の責務として、障害を理由とする差別の禁止を義務づけている。

Q12 □□□

障害者差別解消法において、「行政機関等及び事業者は、社会的障壁の除去の実施についての必要かつ合理的な配慮を的確に行うため、自ら設置する施設の構造の改善及び設備の整備、関係職員に対する研修その他の必要な環境の整備に努めなければならない」と規定されている。

Q13 □□□

障害者雇用促進法において、「全て事業主は、対象障害者の雇用に関し、社会連帯の理念に基づき、適当な雇用の場を与える共同の責務を有するものであって、進んで対象障害者の雇入れに努めなければならない」と規定されている。

Q14 □□□

障害者雇用促進法において、事業主に対して、障害者の特性に配慮した募集及び採用、設備、援助などの合理的配慮の提供義務が定められている。

Q15 □□□

障害者雇用率の算定において、算定対象者には規定がなく、全ての障害者が対象となる。

A 8 ×

発達障害者支援法における発達障害の定義において、知能指数についての言及はされていない。発達障害の定義は、第２条に「自閉症、アスペルガー症候群その他の広汎性発達障害、学習障害、注意欠陥多動性障害その他これに類する脳機能の障害であってその症状が通常低年齢において発現するものとして政令で定めるもの」と規定されている。

A 9 ×

第３条に、国及び地方公共団体の責務として、発達障害をできるだけ早期に発見し、発達支援を行うことを規定しているが、障害特性を取り除くことについては言及していない。

A10 ×

養護者による障害者虐待、障害者福祉施設従事者等による障害者虐待、使用者による障害者虐待を指す。第２条第２項に規定されている。

A11 ×

第４条において、国民の責務として、障害を理由とする差別の解消の推進に寄与するよう努めなければならないと明記されている。

A12 ○

社会的障壁の除去の実施についての必要かつ合理的な配慮に関する環境の整備は第５条に規定されている。

A13 ○

第 37 条に明記されている。対象障害者とは、身体障害者、知的障害者、精神障害者を指す。

A14 ○

障害者雇用促進法において、第 36 条の２では障害者の募集及び採用における合理的配慮、第 36 条の３では職務の円滑な遂行に必要な施設の整備、援助を行う者の配置などの必要な措置についての合理的配慮が規定されている。

A15 ×

障害者雇用率の算定において、その対象となる障害者とは、身体障害者手帳、療育手帳、精神障害者保健福祉手帳の所有者である。障害者雇用促進法では、民間企業、国、地方公共団体に対して、常時雇用している労働者数の一定の割合以上の人数の身体障害者、知的障害者、精神障害者を雇用することが義務づけられている。

4 福祉分野（高齢者）

1 老人福祉法

老人福祉法は、高齢者に対し、その心身の健康の保持や生活の安定のために必要な措置を講じることで高齢者の福祉を図ることを目的として制定された法律である。第３条の基本的理念においては、高齢者は社会的活動へ参加するよう努力すべきであることと、高齢者の希望と能力に応じて就業や社会的活動への参加の機会が提供されるべきであることが定められている。

第３条　老人は、老齢に伴って生ずる心身の変化を自覚して、常に心身の健康を保持し、又は、その知識と経験を活用して、社会的活動に参加するように努めるものとする。
２　老人は、その希望と能力とに応じ、適当な仕事に従事する機会その他社会的活動に参加する機会を与えられるものとする。

2 介護保険制度

介護保険制度とは、40 歳以上の国民から徴収する保険料を財源に、市町村が介護を必要とする高齢者等に介護サービスを提供する制度である。

介護保険の保険料の支払い義務があり、介護保険の給付対象となる資格を有する者を被保険者という。被保険者のうち、65 歳以上の者を第１号被保険者、40 歳以上 65 歳未満の医療保険加入者を第２号被保険者という。介護保険制度では、全ての被保険者が介護保険の給付を受けられるとは限らず、市町村から介護が必要な状態であると認定される必要がある。

■被保険者

	年齢	保険料の徴収方法	介護保険の利用要件
第１号被保険者	65歳以上の者	市町村が基準額を設定し、年間の所得に応じて保険料を年金から徴収する	要介護、要支援の認定を受けた者
第２号被保険者	40歳以上 65歳未満の医療保険加入者	医療保険の保険料とあわせて給与から徴収する	特定疾病が原因で要介護、要支援状態になったと認定された者

なお、特定疾病とは、老化に伴う心身の変化に起因し、要介護状態の原因となる心身の障害を生じさせると認められた疾病であり、末期がんや、骨折を伴う骨粗しょう症などが挙げられる。

3 新オレンジプラン

厚生労働省は、団塊の世代が75歳以上となる2025年を見据えて、認知症の人ができる限り住み慣れた地域のよい環境で自分らしく暮らし続けることができる社会の実現を目指して、「認知症施策推進総合戦略～認知症高齢者等にやさしい地域づくりに向けて～」（新オレンジプラン）を関係府省庁と共同で策定した。関係府省庁とは、厚生労働省、内閣官房、内閣府、警察庁、金融庁、消費者庁、総務省、法務省、文部科学省、農林水産省、経済産業省、国土交通省の12府省庁である。施策は、以下の7つの柱に沿って進められる。

■新オレンジプランにおける7つの柱

Ⅰ　認知症への理解を深めるための普及・啓発の推進
社会全体で認知症の人を支える基盤として、認知症の人の視点に立って、認知症への理解を深めるための普及・啓発の推進を図る
Ⅱ　認知症の容態に応じた適時・適切な医療・介護等の提供
早期診断・早期対応を基本に、本人主体の医療・介護等の有機的連携によって、認知症の容態の変化に応じて、切れ目なく、その時の容態に最適な場所で医療・介護等が提供される循環型の仕組みを構築する
Ⅲ　若年性認知症施策の強化
若年性認知症の人については、就労や生活費、子どもの教育費等の経済的な問題が大きいことや、主介護者が配偶者となる場合が多く、時に複数介護になる等の特徴があることから、居場所づくり、就労・社会参加支援等のさまざまな分野にわたる支援を総合的に講じる
Ⅳ　認知症の人の介護者への支援
認知症の人の介護者への支援が、認知症の人の生活の質の改善にもつながるという視点に立ち、介護者の精神的・身体的負担を軽減するための支援や介護者の生活と介護の両立を支援する取り組みを推進する
Ⅴ　認知症の人を含む高齢者にやさしい地域づくりの推進
高齢者全体にとって暮らしやすい環境を整備することが、認知症の人が暮らしやすい地域づくりにつながると考え、生活支援（ソフト面）や生活しやすい環境の整備（ハード面）、就労・社会参加支援及び安全確保の観点から、認知症の人を含む高齢者にやさしい地域づくりの推進に取り組む

Ⅵ　認知症の予防法、診断法、治療法、リハビリテーションモデル、介護モデル等の研究開発及びその成果の普及の推進
認知症をきたす疾患それぞれの病態解明や行動・心理症状（BPSD）を起こすメカニズムの解明を通じて、認知症の予防法、診断法、治療法、リハビリテーションモデル、介護モデル等の研究開発の推進を図る
Ⅶ　認知症の人やその家族の視点の重視
これまでの認知症施策は、認知症の人を支える側の視点に偏りがちであったとの観点から、認知症の人やその家族の視点を重視した取り組みを進めていく

4　高齢者虐待防止法

高齢者虐待防止法（高齢者虐待の防止、高齢者の養護者に対する支援等に関する法律）は、高齢者虐待の防止、養護者に対する支援等に関する施策を促進し、高齢者の権利利益の擁護に資することを目的として制定された法律である。

第２条において、高齢者とは65歳以上の者であると定義され、高齢者虐待とは、養護者による高齢者虐待、養介護施設従事者等による高齢者虐待と規定されている。また、虐待行為としては、身体的虐待、ネグレクト、心理的虐待、性的虐待、経済的虐待の５つがあると明記されている。

高齢者虐待防止法では、養護者による虐待によって高齢者の生命や身体に重大な危険が生じている場合において、発見者の通報義務が規定されている。また、養介護施設従事者等は、その従事している施設において、他の養介護施設従事者等による高齢者虐待を発見した場合、その緊急性の程度に関わらず、通報義務がある。

第７条　養護者による高齢者虐待を受けたと思われる高齢者を発見した者は、当該高齢者の生命又は身体に重大な危険が生じている場合は、速やかに、これを市町村に通報しなければならない。
第21条　養介護施設従事者等は、その業務に従事している養介護施設又は養介護事業において業務に従事する養介護施設従事者等による高齢者虐待を受けたと思われる高齢者を発見した場合は、速やかに、これを市町村に通報しなければならない。

また、市町村は、養護者による高齢者虐待の防止や、養護者による高齢者虐待を受けた高齢者の保護、または養護者の負担の軽減のために、高齢者及び養護者に対して、相談、指導及び助言その他必要な措置を講ずることが定められている。

第６条　市町村は、養護者による高齢者虐待の防止及び養護者による高齢者虐待を受けた高齢者の保護のため、高齢者及び養護者に対して、相談、指導及び助言を行うものとする。

第14条　市町村は、第6条に規定するもののほか、養護者の負担の軽減のため、養護者に対する相談、指導及び助言その他必要な措置を講ずるものとする。

2　市町村は、前項の措置として、養護者の心身の状態に照らしその養護の負担の軽減を図るため緊急の必要があると認める場合に高齢者が短期間養護を受けるために必要となる居室を確保するための措置を講ずるものとする。

5 高齢者福祉施設

老人福祉法に規定されている高齢者福祉施設には、以下のようなものがある。

施設	内容
老人デイサービスセンター	通所によって入浴や食事、レクリエーションなどの介護サービスを提供する施設である
老人短期入所施設	介護者の疾病やその他の理由で、自宅での介護が一時的に困難になった高齢者を短期間入所させ、養護する施設である
養護老人ホーム	65歳以上で、健康状態、家庭の状況、経済的な理由などで自宅での生活が困難な高齢者が利用できる施設である
特別養護老人ホーム	在宅での生活が困難になった要介護認定を受けた高齢者が入居できる施設である
軽費老人ホーム	無料または低額な料金で老人を入所させ、食事の提供その他日常生活上必要な便宜を供与することを目的とする施設である
老人福祉センター	地域の高齢者に対して、無料または低額な料金で各種相談に応じたり、健康増進や教養の向上、レクリエーションのための便宜を総合的に提供するための施設である
老人介護支援センター	地域の高齢者福祉に関するさまざまな問題について、高齢者とその家族、地域住民その他の者からの相談に応じ、必要な助言を行うとともに、主として居宅において介護を受ける高齢者やその家族と、市町村や高齢者福祉を目的とする事業を行う者等との連絡調整その他の必要な援助を総合的に行うことを目的とする施設である

2-4 福祉分野（高齢者）

Q 1 □□□

●●●

老人福祉法において、老人とは65歳以上の者であると定義されている。

Q 2 □□□

●●

老人福祉法において、老人福祉施設とは老人デイサービスセンター、老人短期入所施設、養護老人ホーム、特別養護老人ホーム、軽費老人ホーム、老人福祉センター、老人介護支援センターと定められている。

Q 3 □□□

●●

介護保険法では、国民の努力や義務として、要介護状態とならないために、加齢による心身の変化を自覚して常に健康の保持増進に努めるとともに、要介護状態となった場合においても、進んでリハビリテーションその他の適切な保健医療及び福祉サービスを利用することにより、その能力の維持向上に努めることが定められている。

Q 4 □□□

●●●

介護保険法において、被保険者は、65歳以上である第1号被保険者、40歳以上65歳未満の医療保険加入者である第2号被保険者、第2号被保険者に扶養されている配偶者である第3号被保険者に分かれる。

Q 5 □□□

●●●

介護保険の被保険者であれば、いつでも介護保険サービスを受けることができる。

Q 6 □□□

●●●

介護保険制度における保険者とは、都道府県である。

Q 7 □□□

●●●

今後の高齢化に伴って認知症患者が増加すると見込まれることを踏まえ、認知症患者の意思が尊重され、できるだけ地域の住み慣れた環境で生活し続けることができる社会を実現するために、10の関係府省庁が共同で新オレンジプランを策定した。

A 1 □□□

×

老人福祉法において、老人は定義されていない。ただし、高齢者虐待防止法第２条において、高齢者とは 65 歳以上の者であると定義されている。

A 2 □□□

○

老人福祉法第５条の３に定められている。また、老人福祉法第５条の２では、老人居宅生活支援事業とは、老人居宅介護等事業、老人デイサービス事業、老人短期入所事業、小規模多機能型居宅介護事業、認知症対応型老人共同生活援助事業及び複合型サービス福祉事業と定められている。

A 3 □□□

○

第４条第１項に明記されている。また、第４条第２項には、「国民は、共同連帯の理念に基づき、介護保険事業に要する費用を公平に負担するものとする」と明記されている。

A 4 □□□

×

65 歳以上である第１号被保険者、40 歳以上 65 歳未満の医療保険加入者である第２号被保険者に分かれる。

A 5 □□□

×

利用要件を満たしていなければ介護保険を利用できない。第１号被保険者の要件は、要介護状態や要支援状態であると認定されることである。また、第２号被保険者の要件は、老化に起因した特定疾病によって介護が必要であると認定されることである。

A 6 □□□

×

介護保険における保険者は、市町村及び特別区である。介護保険法第３条に定められている。

A 7 □□□

×

12 の関係府省庁である。具体的には、厚生労働省、内閣官房、内閣府、警察庁、金融庁、消費者庁、総務省、法務省、文部科学省、農林水産省、経済産業省、国土交通省である。新オレンジプランは、「認知症高齢者等にやさしい地域づくり」を推進していくため、７つの柱に沿って、施策を総合的に推進していく。

Q 8

認知症初期集中支援チームにおける支援対象者とは、60 歳以上で、在宅で生活しており、認知症が疑われる人または認知症の人である。

Q 9

認知症ケアパスとは、認知症患者に対する適切なサービス提供の流れを示すものである。

Q10

高齢者虐待防止法において、高齢者とは 60 歳以上の者をいう。

Q11

介護保険施設等における高齢者に対する身体拘束は、いかなる状況においても身体的虐待と見なされる。

Q12

養護者による高齢者虐待を受けたと思われる高齢者を発見した場合の通報は、虐待の程度のいかんにかかわらず、義務である。

Q13

地域包括支援センターは、地域住民の保健・福祉・医療の向上、虐待防止、介護予防マネジメントなどを包括的に行うための老人福祉法に基づく施設である。

Q14

特別養護老人ホームとは、身体や精神に著しい障害があるために常に介護を必要とし、自宅で介護を受けることが困難な高齢者を入所させて、入浴、排せつ、食事等の介護や、機能訓練、健康管理及び療養上の援助などを行う施設である。

A 8 ✕

認知症初期集中支援チームとは、複数の専門職が家族の訴えなどにより、認知症が疑われる人や認知症の人またはその家族を訪問し、アセスメントや家族支援等の初期の支援を包括的・集中的に行い、自立生活のサポートを行うチームである。その支援対象者は、40 歳以上で、在宅で生活しており、認知症が疑われる人または認知症の人である。

A 9 ○

認知症ケアパスとは、発症予防から終末期の段階まで、生活機能障害の進行状況にあわせて、認知症患者がその人らしい生活を営むために、いつ、どこで、どのような医療・介護サービスを受けるのかについての標準的な流れを示すものである。認知症ケアパスを作成することは、多職種連携の基礎にもなる。

A10 ✕

65 歳以上の者をいう。第２条第１項に定義されている。

A11 ✕

介護保険施設等においては、高齢者本人やその他の者の生命や身体を保護するために、「緊急やむを得ない場合」の身体拘束は高齢者虐待とは見なされない。「緊急やむを得ない場合」とは、①切迫性、②非代替性、③一時性を全て満たし、十分な手続きを踏んだ場合に限られる。

A12 ✕

高齢者虐待防止法第７条第１項に、「養護者による高齢者虐待を受けたと思われる高齢者を発見した者は、当該高齢者の生命又は身体に重大な危険が生じている場合は、速やかに、これを市町村に通報しなければならない」と規定されている。

A13 ✕

地域包括支援センターは、介護保険法第 115 条の 46 において定められた、地域住民の保健・福祉・医療の向上、虐待防止、介護予防マネジメントなどを包括的に行う施設である。

A14 ○

特別養護老人ホームは、老人福祉法第 11 条及び第 20 条の５に基づく高齢者福祉施設である。原則として、要介護３以上の高齢者が入所できる。

Q15 □□□

養護老人ホームとは、自宅での生活は困難であるが、日常生活動作に多くの介護を必要としない60歳以上の者を、無料あるいは低額な料金で入所させて、食事の提供や、日常生活上必要な支援を提供する施設である。

Q16 □□□

シルバー人材センターは、高年齢者の職業の安定のために老人福祉法に規定された福祉組織である。

Q17 □□□

高年齢者雇用安定法では、全ての事業主に対して、その雇用する労働者の定年を65歳とすることを義務づけている。

Q18 □□□

高年齢者雇用安定法に基づく継続雇用制度では、定年後も引き続いて雇用されることを希望する高年齢者全員が対象となる。

Q19 □□□

生活保護法により規定される基本原則とは、申請保護の原則、基準及び程度の原則、必要即応の原則の３つである。

Q20 □□□

生活保護法に定められる生活保護の種類は、８種類である。

A15 ×

軽費老人ホームである。養護老人ホームとは、環境上の理由や経済的理由により自宅において養護を受けることが困難な65歳以上の者を入所させて、養護するとともに、自立した日常生活を営み、社会的活動に参加するために必要な指導や訓練、援助などを行うことを目的とする施設である。

A16 ×

高年齢者雇用安定法（高年齢者等の雇用の安定等に関する法律）に規定されている。シルバー人材センターは、高年齢者に対する就業の機会の確保等によって、高年齢者の職業の安定や福祉の増進等を図ることで、地域社会の活性化に寄与する組織である。原則として市町村単位で設置されている。

A17 ×

定年を65歳とすることは義務づけられていない。ただし、65歳未満を定年と定めている事業主に対して、雇用する高年齢者の65歳までの安定した雇用を確保するために、①当該定年の引上げ、②継続雇用制度の導入、③当該定年の定めの廃止のいずれかの措置を講じなければならないとしている。

A18 ○

高年齢者雇用確保措置の一つである継続雇用制度は、希望者全員が対象となる。継続雇用制度の代表的な例として、定年でいったん退職として新たに雇用契約を結ぶ再雇用制度、定年で退職とせずに引き続き雇用する勤務延長制度が挙げられる。

A19 ×

生活保護法における基本原則とは、要保護者が急迫した状況にあるときは申請がなくても必要な保護を行う申請保護の原則、基準により測定した要保護者の金銭または物品で満たすことのできない不足分を補う程度において保護を行う基準及び程度の原則、要保護者の年齢や性別、健康状態など個人または世帯の実際の必要の相違を考慮して、有効かつ適切に保護を行う必要即応の原則、世帯を単位として保護の要否及び程度を定める世帯単位の原則の４つである。

A20 ○

設問の通りである。生活保護法第11条に、生活保護の種類として、生活扶助、教育扶助、住宅扶助、医療扶助、介護扶助、出産扶助、生業扶助、葬祭扶助が定められている。

5 教育分野

1 スクールカウンセラー

スクールカウンセラーは、1995年に、いじめや不登校に対応するために、学校におけるカウンセリング機能の充実を図ることを目的として配置が開始された。

スクールカウンセラーは、教職員だけでは対応することが難しい児童生徒の問題等について教職員を支え、学校運営や学級運営を円滑に進めるための、いわば下支え的な役割を果たしている。スクールカウンセラーの業務には、以下のようなものがある。

■スクールカウンセラーの主な業務

児童生徒に対する相談・助言 保護者に対する相談・助言 教職員に対するコンサルテーション 校内会議等への参加 教職員や児童生徒への研修や講話 相談者への心理的な見立てや対応 ストレスチェックやストレスマネジメント等の予防的対応 事件・事故等の緊急対応における被害児童生徒等への心のケア

①スクールカウンセリング

スクールカウンセリングには、一般的なカウンセリングとは異なる点が多くある。一般的なカウンセリングでは、時間や場所といった治療構造を設定し、それを守ることが原則である。しかし、学校場面では、相談をもちかけられた時にはいつでも応じられるように、治療構造を柔軟に捉えて、臨機応変に対応することが求められる。また、スクールカウンセラーは、「学校」というチームの中で活動している。そのため、担任教諭や養護教諭などの関係者とのあいだで、クライエントについての情報を共有することがある程度求められる。これはチーム内守秘義務と呼ばれ、スクールカウンセラーに葛藤をもたらすことがある。

②コンサルテーション

スクールカウンセラーの業務において、特に、教職員に対するコンサルテーションが重要になる。コンサルテーションとは、相談に応じる専門家であるコンサルタント（スクールカウンセラー）が、相談をする立場の専門家であるコンサルティ（教職員）に対して、コンサルティの担当するクライエントの問題について専門的かつ間接的な援助を行うことを指す。コンサルテーションでは、カウンセリングとは異なり、コンサルタントはコンサルティに対して、具体的な助言を与える。

学校においては、日常的に児童生徒に接しているのは教職員である。スクールカウンセラーは教職員への援助を優先し、児童生徒や保護者に対する直接的な支援は慎重に行うことが求められる。そのため、コンサルテーションは、教職員を支援することが児童生徒を支援することにつながるという視点から行われている。

また、スクールカウンセラーは、教職員へのコンサルテーションは行うがカウンセリングは行わず、教職員の個人的な問題は取り扱わない。

③危機介入

児童生徒が巻き込まれる災害や事故、事件が起こると、教職員は児童生徒の心のケアや、保護者への説明などの多くの対応に追われることになる。そのため、スクールカウンセラーが心理の専門家として、学校に対して危機介入を行うことが求められる。

早期の介入として、これから生じる可能性のあるストレス反応とその対処方法について、教職員や児童生徒に心理教育を行うことがある。心のケアは、基本的には、日常的に児童生徒に関わっている教職員が行い、必要に応じてスクールカウンセラーが同席することもある。ただし、ストレス反応が特に強い児童生徒や教職員に対しては、個別に専門的な支援に当たる。

また、保護者に対しては、学校と一定の距離を置く心理の専門家であるスクールカウンセラーが、第三者として児童生徒の心の状態やケアについて説明することは、保護者の安心感にもつながる。初期の介入後は、教職員や養護教諭とともに、中長期的なフォローを行っていくことになる。

2 いじめ防止対策推進法

いじめ防止対策推進法は、いじめが、いじめを受けた児童等の教育を受ける権利を著しく侵害し、その心身の健全な成長や人格の形成に重大な影響を与えるだけでなく、その生命や身体に重大な危険を生じさせるおそれがあることを踏まえ、いじめの防止等のための対策を総合的かつ効果的に推進することを目的として制定された法律である。第２条に、いじめや学校についての定義がなされている。

第２条　この法律において「いじめ」とは、児童等に対して、当該児童等が在籍する学校に在籍している等当該児童等と一定の人的関係にある他の児童等が行う心理的又は物理的な影響を与える行為（インターネットを通じて行われるものを含む）であって、当該行為の対象となった児童等が心身の苦痛を感じているものをいう。
2　この法律において「学校」とは、学校教育法第１条に規定する小学校、中学校、義務教育学校、高等学校、中等教育学校及び特別支援学校（幼稚部を除く）をいう。

また、第４条では児童に対していじめの禁止が規定されており、第９条ではいじめに関する保護者の責務が規定されている。

第４条　児童等は、いじめを行ってはならない。
第９条　保護者は、子の教育について第一義的責任を有するものであって、その保護する児童等がいじめを行うことのないよう、当該児童等に対し、規範意識を養うための指導その他の必要な指導を行うよう努めるものとする。
２　保護者は、その保護する児童等がいじめを受けた場合には、適切に当該児童等をいじめから保護するものとする。

また、第28条において、いじめによる「重大事態」とは、いじめにより児童等の生命や心身、財産に重大な被害が生じた疑いがあると認めるときと、いじめにより児童等が相当の期間学校を欠席することを余儀なくされている疑いがあると認めるときであると定められている。

第28条　学校の設置者又はその設置する学校は、次に掲げる場合には、その事態（以下「重大事態」という。）に対処し、及び…中略…同種の事態の発生の防止に資するため、速やかに、…中略…組織を設け、質問票の使用その他の適切な方法により当該重大事態に係る事実関係を明確にするための調査を行うものとする。
一　いじめにより当該学校に在籍する児童等の生命、心身又は財産に重大な被害が生じた疑いがあると認めるとき。
二　いじめにより当該学校に在籍する児童等が相当の期間学校を欠席することを余儀なくされている疑いがあると認めるとき。

3 特別支援教育

特別支援学校は、学校教育法に規定されている。特別支援学校では、小・中学校等に準ずる教育とともに、障害による学習上や生活上の困難を改善、克服するための自立活動という領域が特別に設定されている。 また、障害の状態などに応じて、教科等をあわせた指導を行うなど弾力的な教育課程を編成することが可能である。

第72条　特別支援学校は、視覚障害者、聴覚障害者、知的障害者、肢体不自由者又は病弱者（身体虚弱者を含む）に対して、幼稚園、小学校、中学校又は高等学校に準ずる教育を施すとともに、障害による学習上又は生活上の困難を克服し自立を図るために必要な知識技能を授けることを目的とする。

また、学校教育法施行規則において、通級による指導が第140条に規定されている。

第140条　小学校、中学校若しくは義務教育学校…中略…において、次の各号のいずれかに該当する児童又は生徒（特別支援学級の児童及び生徒を除く。）のうち当該障害に応じた特別の指導を行う必要があるものを教育する場合には、…中略…特別の教育課程によることができる。

一　言語障害者　　　　　　　二　自閉症者
三　情緒障害者　　　　　　　四　弱視者
五　難聴者　　　　　　　　　六　学習障害者
七　注意欠陥多動性障害者
八　その他障害のある者で、この条の規定により特別の教育課程による教育を行うことが適当なもの

また、障害を持った児童生徒への適切な支援のために、教員の中から特別支援教育コーディネーターが指名され、保護者や関係機関との間で連絡・調整し、協働的に対応するための役割を担う。

4　教育分野の関連法規

教育分野に関連する法律としては、教育基本法や学校教育法、学校保健安全法などが挙げられる。

■教育分野の関連法規

教育基本法	日本の教育に関する根本的・基礎的な法律である。第１条では、教育の目的として、「教育は、人格の完成を目指し、平和で民主的な国家及び社会の形成者として必要な資質を備えた心身ともに健康な国民の育成を期して行われなければならない」と明記されている
学校教育法	日本における学校教育制度の根幹を定める法律である。第１条では、「学校とは、幼稚園、小学校、中学校、義務教育学校、高等学校、中等教育学校、特別支援学校、大学及び高等専門学校とする」と定められている。また、第16条では、保護者が子に９年の普通教育を受けさせる義務を負うことを規定している
学校保健安全法	学校における児童生徒等及び職員の健康の保持増進を図るための法律である。第９条では、「養護教諭その他の職員は、相互に連携して、健康相談又は児童生徒等の健康状態の日常的な観察により、児童生徒等の心身の状況を把握し、健康上の問題があると認めるときは、遅滞なく、当該児童生徒等に対して必要な指導を行うとともに、必要に応じ、その保護者に対して必要な助言を行うものとする」と定めている

5 学校心理学における心理教育的援助サービス

学校心理学における心理教育的援助サービスは、①全ての児童生徒を援助対象とし、予防的援助と開発的援助を行う一次的援助サービス、②配慮を必要とする児童生徒を対象とし、初期の段階で問題を発見し、それに取り組む能力をつけ、乗り越えながら成長し、児童生徒の発達を妨害するほど重大にならないことを目

2-5 教育分野

Q 1 □□□

●● 教育基本法第３条では、教育の機会均等について述べられており、「すべて国民は、ひとしく、その能力に応じた教育を受ける機会を与えられなければならない」とされている。

Q 2 □□□

●● 教育基本法第５条では、義務教育について、国民はその保護する子どもに普通教育を受けさせる義務を負うことが定められている。

Q 3 □□□

●● 教育基本法第２条において、教育は、この法律で規定されている教育の目的を実現するために、学問の自由を尊重しつつ行われるものであるとされ、教育によって達成されるべき５つの目標を掲げている。

Q 4 □□□

●● 教育基本法では、生涯学習の理念について述べられている。

指す二次的援助サービス、③特別な重大な援助ニーズをもつ特定の児童生徒を対象とし、援助チームをつくり、児童生徒の状況についてのより適確なアセスメントの実施とそれに基づく個別プログラムの作成を行う三次的援助サービスの３段階から構成される。

教育分野

A 1 ×

教育の機会均等について述べられているのは第４条である。また、人種、信条、性別、社会的身分、経済的地位または門地によって、教育上差別されないことが明記されている。

A 2 ○

設問の通りである。義務教育として行われる普通教育は、「各個人の有する能力を伸ばしつつ社会において自立的に生きる基礎を培い、また、国家及び社会の形成者として必要とされる基本的な資質を養うことを目的として行われる」とされている。

A 3 ○

①「幅広い知識と教養を身につけ、真理を求める態度を養い、豊かな情操と道徳心を培うとともに、健やかな身体を養うこと」、②「個人の価値を尊重して、その能力を伸ばし、創造性を培い、自主及び自律の精神を養うとともに、職業及び生活との関連を重視し、勤労を重んずる態度を養うこと」、③「正義と責任、男女の平等、自他の敬愛と協力を重んずるとともに、公共の精神に基づき、主体的に社会の形成に参画し、その発展に寄与する態度を養うこと」、④「生命を尊び、自然を大切にし、環境の保全に寄与する態度を養うこと」、⑤「伝統と文化を尊重し、それらをはぐくんできた我が国と郷土を愛するとともに、他国を尊重し、国際社会の平和と発展に寄与する態度を養うこと」である。

A 4 ○

第３条において、「国民一人一人が、自己の人格を磨き、豊かな人生を送ることができるよう、その生涯にわたって、あらゆる機会に、あらゆる場所において学習することができ、その成果を適切に生かすことのできる社会の実現が図られなければならない」と定めている。

Q 5 □□□
●●●
学校教育法において、学校とは「小学校、中学校、義務教育学校、高等学校、中等教育学校、大学及び高等専門学校である」と定義されている。

Q 6 □□□
●●●
学校教育法では、義務教育として行われる普通教育について、教育基本法に規定される目的を実現するための目標が掲げられている。

Q 7 □□□
●●●
義務教育は学校教育法第 16 条に記載されており、保護者は子に６年の普通教育を受けさせる義務を負うとされている。

Q 8 □□□
●●●
校長及び教員は、教育上必要があると認めるときは、児童、生徒及び学生に懲戒を加えることができる。

Q 9 □□□
●●●
健康診断は、毎学年定期的に行わなければならないと学校に義務づけられており、授業の受講形態にかかわらず全ての児童生徒等が対象となっている。

Q10 □□□
●●
健康相談または児童生徒等の健康状態の日常的な観察により、児童生徒等の心身の状況を把握し、健康上の問題があると認めるときは、養護教諭に限って、当該児童生徒等に対して必要な指導を行うとともに、必要に応じ、その保護者に対して必要な助言を行うことが可能である。

Q11 □□□
●●
学校保健安全法第 20 条では、学校の臨時休業について述べられている。感染症の予防上必要がある時には、臨時に学校の全部または一部の休業を行うことができるとされ、これは学校の設置者が有する権利である。

Q12 □□□
●●●
いじめ防止対策推進法は、いじめの防止等のための対策に関し、基本理念を定め、国及び地方公共団体等の責務を明らかにし、基本的な方針や施策等について定めることにより、いじめの防止等のための対策を総合的かつ効果的に推進することで、児童等の尊厳を保持することを目的としている。

A 5 ……………………………………………… □□□

×

学校には、幼稚園と特別支援学校も含まれる。第１条に定義されている。

A 6 ……………………………………………… □□□

○

第 21 条に 10 の目標が規定されている。具体的には、「学校内外における社会的活動を促進し、自主、自律及び協同の精神、規範意識、公正な判断力並びに公共の精神に基づき主体的に社会の形成に参画し、その発展に寄与する態度を養うこと」などがある。

A 7 ……………………………………………… □□□

×

義務教育は第 16 条以降に規定されているが、普通教育は小学校６年と中学校３年の９年である。

A 8 ……………………………………………… □□□

○

校長及び教員の懲戒権については、学校教育法第 11 条に明記されている。ただし、体罰を加えることはできない。

A 9 ……………………………………………… □□□

×

学校において、健康診断を毎学年定期的に行わなければならない。しかし、通信による教育を受ける学生は対象外であり、授業の受講形態にかかわらず全ての児童生徒等が対象となっているわけではない。

A 10 ……………………………………………… □□□

×

学校保健安全法第９条において、「養護教諭その他の職員は、相互に連携して、健康相談又は児童生徒等の健康状態の日常的な観察により、児童生徒等の心身の状況を把握し、健康上の問題があると認めるときは、遅滞なく、当該児童生徒等に対して必要な指導を行うとともに、必要に応じ、その保護者に対して必要な助言を行うものとする」とされている。

A 11 ……………………………………………… □□□

○

感染症の予防上、児童生徒等個人を出席停止させることは校長の権利であるが、学校の全部または一部を休業させる権利は、学校の設置者が有している。

A 12 ……………………………………………… □□□

○

いじめ防止対策推進法では、いじめは、いじめを受けた児童等の教育を受ける権利を著しく侵害し、その心身の健全な成長及び人格の形成に重大な影響を与えるのみならず、その生命または身体に重大な危険を生じさせるおそれがあるものであると見なしている。

Q13 □□□

いじめ防止対策推進法におけるいじめとは、児童等に対して他の児童等が行う心理的、物理的な影響を与える行為（インターネットを通じて行われるものを含む）であって、当該行為の対象となった児童等が心身の苦痛を感じているものをいう。

Q14 □□□

いじめとは、学校場面で行われる行為で、当該児童等が心身の苦痛を感じているものを指す。

Q15 □□□

いじめ防止対策推進法では、児童等に対して、いじめ行為を禁止している。

Q16 □□□

いじめ防止対策推進法第９条では、保護者の責務について述べられている。保護者は、その保護する児童等がいじめを行わないように指導するだけではなく、当該児童等がいじめを受けている場合は保護しなければならないとされている。

Q17 □□□

いじめ防止のための対策は、学校や保護者のみで行うのではなく、さまざまな機関で連携して行っていく必要がある。地方公共団体は、学校、教育委員会、児童相談所、都道府県警察の４機関からなるいじめ問題対策連絡協議会を置くことができる。

Q18 □□□

学校及び学校の教職員は、学校全体でいじめの早期発見に取り組むとともに、児童等がいじめを受けていると思われる時には適切かつ迅速に対処する責務を有する。

Q19 □□□

学校は、いじめにより学校に在籍する児童等に重大な被害が発生したと認められる場合は、学校の下に組織を設けていじめの事実関係を把握しなければならない。

A13 ○

いじめとは、当該児童等と一定の人的関係にある他の児童等が行う心理的または物理的影響を与える行為（インターネットを通じて行われるものを含む）であって、当該行為の対象となった児童等が心身の苦痛を感じているものをいう。

A14 ×

学校の内外を問わず、いじめ行為はいじめであると見なされる。いじめ防止対策推進法第３条では、いじめ防止等のための対策は、学校の内外を問わずいじめが行われなくなるようにすることを旨として行われなければならないとされている。

A15 ○

第４条において、「児童等は、いじめを行ってはならない」と明記されている。これは、児童等の義務である。

A16 ○

第９条における保護者の義務では、「その保護する児童等がいじめを行うことのないよう、当該児童等に対し、規範意識を養うための指導その他の必要な指導を行うよう努めるものとする」という記載と、「その保護する児童等がいじめを受けた場合には、適切に当該児童等をいじめから保護するものとする」という記載がある。

A17 ×

地方公共団体はいじめ問題対策連絡協議会を置くことができる。しかし、その構成員は学校、教育委員会、児童相談所、都道府県警察の４機関だけではなく、法務局または地方法務局やその他の関係者も含まれる。

A18 ○

学校や学校の教職員には、いじめに対処する責務がある。その際、学校のみが独自で行動するのではなく、在籍する児童等の保護者、地域住民、児童相談所その他の関係者との連携を図りつつ対応することが求められる。

A19 ○

いじめ防止対策推進法第 28 条に規定されている。重大事態とは、児童等の生命、心身または財産に重大な被害が生じた疑いがあると認める場合や、児童等が相当の期間学校を欠席することを余儀なくされている疑いがあると認める場合である。重大事態の事実関係を明確にするための調査では質問票が用いられることがある。

Q20 □□□

教育支援センターは、不登校の児童生徒等を支援するための場である。学校生活への復帰を支援するために、個別カウンセリング等の活動を行っている。

Q21 □□□

不登校の定義は、学校を年間 90 日以上欠席した者であり、その中でも病気や経済的な理由による者を除いたものを指す。けがの治療等により登校できない場合は不登校とは呼ばれない。

Q22 □□□

学校心理学における一次的援助サービスとは、全ての児童等を対象に行う予防的サービスを指す。二次的援助サービスとは、今後学力低下等を示す可能性のある児童等に対し、そうなる以前に予防するものをさす。

Q23 □□□

学校心理学における三次的援助サービスとは、問題が発生し、対応が必要な児童等に対して行われるサービスのことである。これは専門的知識が求められるため、原則はスクールカウンセラーのみが行うこととされている。

Q24 □□□

コンサルテーションでは、コンサルティの抱える個人的な問題を扱うことで、コンサルティの問題解決能力を高めることがある。

Q25 □□□

コンサルテーションについて、コンサルティはコンサルタントに指導を受け、問題状況への対応の指示を受ける立場にある。

Q26 □□□

コンサルティが問題の発生しているクライエントに対して対処しきれないと判断した場合、その代わりにコンサルタントが直接クライエントに面接し、介入を行う場合がある。

Q27 □□□

スクールカウンセラーが児童等の中で虐待と思われる状況を発見した場合、速やかに自ら児童相談所に通告し、必要であれば関係機関への情報提供の準備を行う必要がある。

A 20 ○

教育支援センターでは、個別カウンセリング以外にも、集団での指導、教科指導等も行っており、総合的に当該児童等の学校生活への復帰を目指し、支援していくものである。適応指導教室と呼ばれることもある。

A 21 ×

何らかの心理的、情緒的、身体的あるいは社会的要因・背景により、登校しないあるいはしたくてもできない状況にあるために年間 30 日以上欠席した者のうち、病気や経済的な理由による者を除いたものを不登校と定義する。

A 22 ○

一次的援助サービスは全ての児童等への予防であり、二次的援助サービスはその中でも今後リスクが認められる可能性のある児童等に対する予防である。

A 23 ×

三次的援助サービスはスクールカウンセラーが必ずしも単独で行うのではなく、多職種間の連携が重要となってくる可能性が高いものである。そのため、スクールカウンセラーのみが行うものではない。

A 24 ×

コンサルテーションでは、コンサルティの抱える職務上の問題を扱う。コンサルティの抱える職務上の問題について、具体的な方略や助言を得ることで職務上の問題解決能力の向上を図る。コンサルティの個人的な問題を扱うことはない。

A 25 ×

コンサルテーションにおいて、コンサルティはコンサルタントとは対等の関係性である。コンサルタントからの指示や指導を受けるといった上下の関係性ではない。

A 26 ×

コンサルテーションにおいて、コンサルタントは原則クライエントに面接し直接介入を行うことはない。コンサルティに対して助言を行う立場であり、あくまでもクライエントに対応するのはコンサルティである。

A 27 ×

学校での臨床心理活動は教職員等との連携が重要である。そのため、スクールカウンセラーが虐待と思われる状況を発見した場合でも、管理職との情報共有を優先し、状況に応じて管理職から通告する。

Q28 □□□

スクールカウンセラーが児童生徒等との面接内で知り得た情報は守秘義務が発生しているため、原則として他の教職員等とも共有してはならない。情報共有が必要と思しき状況でも、当該児童等の同意がなければ開示してはいけない。

Q29 □□□

スクールカウンセリングでは、一般的なカウンセリングと同様に、治療構造の堅固さが求められる。

Q30 □□□

スクールカウンセラーは、その業務において、心の専門家として、児童生徒等およびその保護者に対して直接的な支援を行うことが優先される。

Q31 □□□

学校運営協議会を設置するのは PTA である。

Q32 □□□

特別支援教育における自立活動とは、幼児・児童・生徒等が自発的に横断的、総合的な課題学習に取り組む活動をいう。

Q33 □□□

特別支援教育は、障害のある児童等を支援しつつ一人ひとりに合わせた支援、指導を行うものである。知的障害者、肢体不自由者、弱視者、難聴者に限りその対象となり、特別支援教育を受けることが可能である。

A28 ……………………………… □□□

×

スクールカウンセラーは多職種との連携が重要である。また、学校内での面接等で知り得た情報についてはチーム内守秘義務というかたちによって共有することがある。

A29 ……………………………… □□□

×

スクールカウンセリングでは、一般的なカウンセリングとは異なり、いつどこでででも相談に乗れるような柔軟で臨機応変な対応が求められる。廊下でたまたますれ違った際など、学校生活における偶然の機会を利用して行う相談をチャンス相談という。

A30 ……………………………… □□□

×

児童生徒等およびその保護者と日常的に接しているのは教職員である。そのため、学校コミュニティの支援として、教職員の援助能力や問題解決能力の向上を支援するような下支え的な役割が求められる。心の専門家として、児童生徒等およびその保護者に対して直接的な支援を行うことについては慎重であることが適切である。

A31 ……………………………… □□□

×

学校運営協議会（コミュニティ・スクール）を設置するのは教育委員会である。地方教育行政の組織及び運営に関する法律第 47 条の 6 に規定されている。その役割としては、校長が作成する学校運営の基本方針を承認すること、学校運営に関する意見を教育委員会または校長に述べること、教職員の任用に関して教育委員会規則に定める事項について、教育委員会に意見を述べることが挙げられる。

A32 ……………………………… □□□

×

自立活動は、幼児・児童・生徒等の障害に由来するさまざまな困難を改善・克服し、社会によりよく適応していくための資質を伸ばす指導を指す。特別支援教育において、各教科や道徳、特別活動とは別に、特別の指導領域として設けられたものである。

A33 ……………………………… □□□

×

特別支援教育の対象には、病弱・身体虚弱者や情緒障害者、自閉症者、学習障害者なども対象となる。特別支援教育には、特別支援学校や特別支援学級だけでなく、通級による指導や通常の学級における指導も含まれる。

Q34 □□□

障害のある児童生徒の就学において、最終的には教育委員会が就学先を決定する。

Q35 □□□

いじめについて、地方公共団体は各地方において独自の手法によって独立したいじめ防止対策を行うこととされている。

Q36 □□□

国と地方公共団体にはいじめ防止対策が義務づけられているが、学校の設置者には義務づけられていない。

Q37 □□□

特別支援教育コーディネーターは、障害をもつ児童生徒等への適切な支援のために、関係機関等に連絡・調整し、協働的に対応するための役割として、スクールカウンセラーが兼務している。

Q38 □□□

特別支援教育コーディネーターとは、学校内や福祉、医療等の関係機関との間の連絡・調整を行い、学校内の関係者や関係機関との連携の強化を図るための役割を担うが、保護者に対する学校の窓口は担任が行うため、保護者と接することはない。

Q39 □□□

特別支援学級や通級による指導は、小学校・中学校の教員免許状を持っていれば担当することが可能である。

Q40 □□□

生徒指導とは、一人ひとりの児童生徒の人格を尊重し、個性の伸長を図りながら、社会的資質や行動力を高めることを目指して行われる教育活動を指す。

Q41 □□□

教育相談とは、一人ひとりの生徒の教育上の問題について、本人またはその保護者などに、その望ましいあり方を助言することである。また、その方法は、１対１の相談活動に限定される。

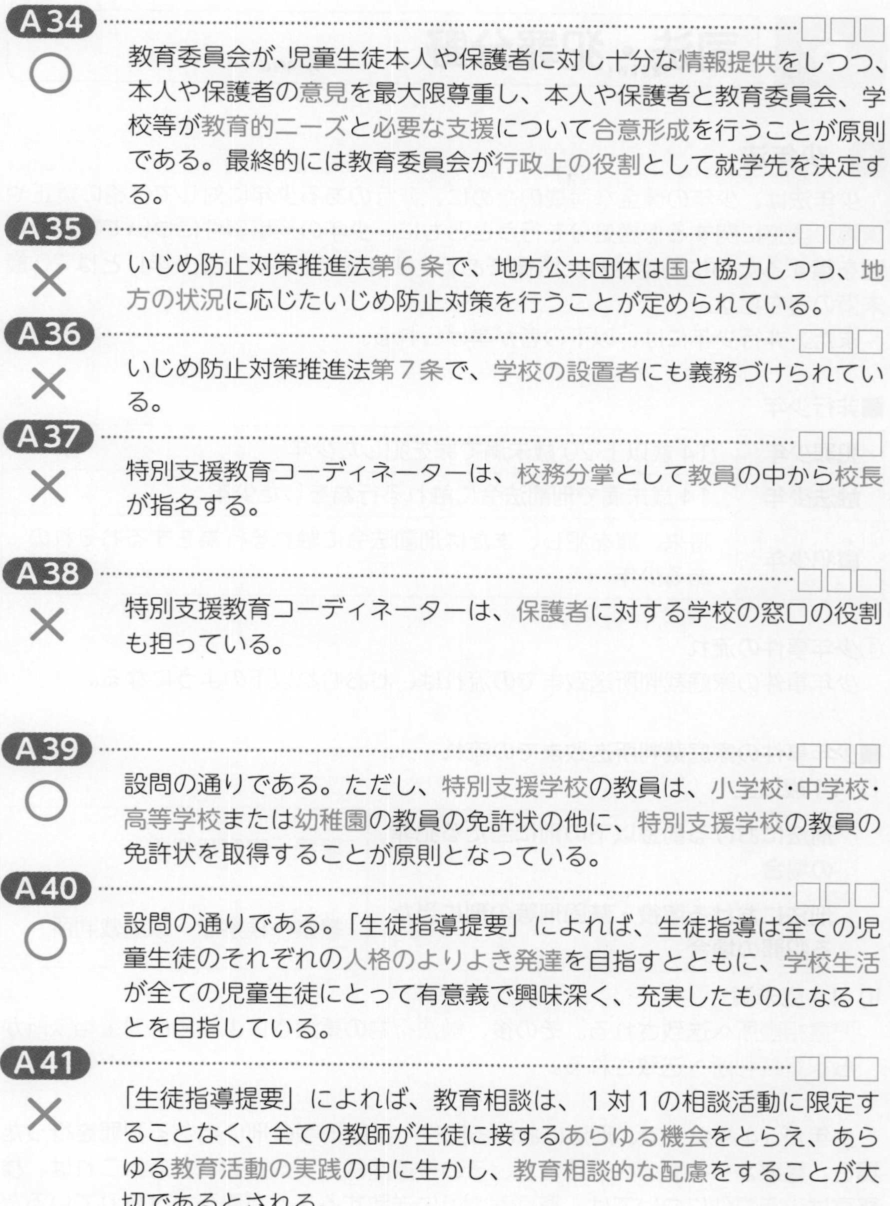

A34 ○

教育委員会が、児童生徒本人や保護者に対し十分な情報提供をしつつ、本人や保護者の意見を最大限尊重し、本人や保護者と教育委員会、学校等が教育的ニーズと必要な支援について合意形成を行うことが原則である。最終的には教育委員会が行政上の役割として就学先を決定する。

A35 ×

いじめ防止対策推進法第６条で、地方公共団体は国と協力しつつ、地方の状況に応じたいじめ防止対策を行うことが定められている。

A36 ×

いじめ防止対策推進法第７条で、学校の設置者にも義務づけられている。

A37 ×

特別支援教育コーディネーターは、校務分掌として教員の中から校長が指名する。

A38 ×

特別支援教育コーディネーターは、保護者に対する学校の窓口の役割も担っている。

A39 ○

設問の通りである。ただし、特別支援学校の教員は、小学校・中学校・高等学校または幼稚園の教員の免許状の他に、特別支援学校の教員の免許状を取得することが原則となっている。

A40 ○

設問の通りである。「生徒指導提要」によれば、生徒指導は全ての児童生徒のそれぞれの人格のよりよき発達を目指すとともに、学校生活が全ての児童生徒にとって有意義で興味深く、充実したものになることを目指している。

A41 ×

「生徒指導提要」によれば、教育相談は、１対１の相談活動に限定することなく、全ての教師が生徒に接するあらゆる機会をとらえ、あらゆる教育活動の実践の中に生かし、教育相談的な配慮をすることが大切であるとされる。

6 司法・犯罪分野

1 少年法

少年法は、少年の健全な育成のために、非行のある少年に対して性格の矯正や環境の調整に関する保護処分を行うとともに、少年の刑事事件について特別の措置を講ずるために制定された法律である。少年法において、「少年」とは20歳未満の者を指す。

また、非行少年には、以下の者が挙げられる。

■非行少年

犯罪少年	14歳以上20歳未満で罪を犯した少年
触法少年	14歳未満で刑罰法令に触れる行為をした少年
虞犯少年	将来、罪を犯し、または刑罰法令に触れる行為をするおそれのある少年

①少年事件の流れ

少年事件の家庭裁判所送致までの流れは、おおむね以下のようになる。

■少年事件の家庭裁判所送致までの流れ

i）14歳以上

刑法における罰金以下の刑に当たる犯罪の場合	警察→家庭裁判所
刑法における懲役・禁固刑等の刑に当たる犯罪の場合	警察→検察庁→家庭裁判所

ii）14歳未満

児童相談所へ送致される。その後、触法行為の重大さによっては児童相談所から家庭裁判所へ送致される。

少年が14歳以上で、刑法における懲役・禁固刑等の刑に当たる犯罪を行った場合、警察から検察庁へ送致され、その後家庭裁判所へ送致される。これは、検察官は少年事件については、家庭裁判所に送致することが義務づけられているためであり、全件送致主義とも呼ばれる。また、少年が14歳未満の場合、児童福祉法上の措置が優先されることから児童相談所に送られるが、重大な触法行為については、その後家庭裁判所へ送致される。

家庭裁判所では、送致されてきた少年事件について審判開始・不開始の判断を行うが、その際に家庭裁判所調査官による調査や、場合によっては少年鑑別所において鑑別が行われる。これらの調査によって、家庭裁判所裁判官は審判開始・不開始の判断を行い、審判が開始された場合における少年の処分を決定する。なお、少年法では、審判の方式が規定されている。

第22条　審判は、懇切を旨として、和やかに行うとともに、非行のある少年に対し自己の非行について内省を促すものとしなければならない。
2　審判は、これを公開しない。

審判は原則非公開であるが、少年の故意の犯罪行為などによって被害者が死亡したり重傷を負ったりした場合、本人やその家族が審判の傍聴を申し出ることができる。審判の傍聴は、少年が事件当時12歳以上で、少年の心身の状態や事件の性質、審判の状況などから、少年の健全な育成を妨げるおそれがないと家庭裁判所が認めた場合に許可される。

②少年鑑別所

少年鑑別所とは、2015年に少年法が改正され、新たに制定された少年鑑別所法に基づく行政機関である。その業務には、家庭裁判所等の求めに応じて、鑑別対象者の鑑別を行うことが挙げられる。鑑別とは、医学、心理学、教育学、社会学などの専門的知識及び技術に基づいて、鑑別対象者の非行や犯罪に影響を及ぼした資質や環境上問題となる事情を明らかにした上で、それらの改善に寄与するための処遇に対して適切な指針を示すためのアセスメントをいう。なお、鑑別所への収容期間は2週間以内であるが、必要な場合には、最大3回、つまり8週間まで更新することが可能である。

③少年院

審判による保護処分の1つに少年院送致がある。少年院は、以下の4つに分類されている。

■少年院の種類

種類	対象
第1種少年院	心身に著しい障害のないおおむね12歳以上23歳未満の者
第2種少年院	心身に著しい障害のない犯罪的傾向が進んだおおむね16歳以上23歳未満の者
第3種少年院	心身に著しい障害があるおおむね12歳以上26歳未満の者
第4種少年院	少年院において刑の執行を受ける者

2 犯罪被害者等基本法

犯罪被害者等基本法は、犯罪被害者等のための施策を総合的かつ計画的に推進し、犯罪被害者等の権利利益の保護を図ることを目的として制定された法律である。第２条において、「犯罪等」や「犯罪被害者等」などの定義が定められている。

第２条　この法律において「犯罪等」とは、犯罪及びこれに準ずる心身に有害な影響を及ぼす行為をいう。
２　この法律において「犯罪被害者等」とは、犯罪等により害を被った者及びその家族又は遺族をいう。
３　この法律において「犯罪被害者等のための施策」とは、犯罪被害者等が、その受けた被害を回復し、又は軽減し、再び平穏な生活を営むことができるよう支援し、及び犯罪被害者等がその被害に係る刑事に関する手続に適切に関与することができるようにするための施策をいう。

また、第３条に基本理念が規定されている。

第３条　すべて犯罪被害者等は、個人の尊厳が重んぜられ、その尊厳にふさわしい処遇を保障される権利を有する。
２　犯罪被害者等のための施策は、被害の状況及び原因、犯罪被害者等が置かれている状況その他の事情に応じて適切に講ぜられるものとする。
３　犯罪被害者等のための施策は、犯罪被害者等が、被害を受けたときから再び平穏な生活を営むことができるようになるまでの間、必要な支援等を途切れることなく受けることができるよう、講ぜられるものとする。

3 裁判員裁判制度

裁判員裁判は、無作為抽出によって選ばれた一般市民が裁判員となって、裁判官と一緒に被告人の有罪・無罪、また有罪の場合にどれくらいの刑を課すべきかを決める制度である。裁判員裁判は刑事裁判のなかでも、殺人罪や強盗致死傷罪、現住建造物等放火罪、身代金目的誘拐罪などの重大事件について行われる。

裁判員裁判では、６人の裁判員と３人の裁判官が１つのチームとして、法廷で提出された証拠に基づいて評議を行う。

裁判員及び裁判員であった者には、評議における裁判官や裁判員の意見の内容、評議の際の多数決の数、裁判員の名前などに守秘義務が課せられる。なお、裁判官の言動や印象、裁判所の施設や雰囲気、公開の法廷で行われた手続きやそこで説明された内容、言い渡された判決の内容、裁判員として参加した感想などは守秘義務の対象にはならない。

4 更生保護

更生保護とは、犯罪者や非行少年が社会の一員として自立し改善更生することができるように必要な指導や援護の措置を行うことにより、社会を保護し、個人と公共の福祉を推進することを目的とする施策である。更生保護は社会内処遇とも呼ばれ、保護観察や仮釈放、生活環境の調整、恩赦、犯罪予防活動などが挙げられる。

保護観察とは、犯罪者や非行少年が社会の一員として更生するように、国の責任において指導監督や補導援護を行うことである。保護観察の対象は、保護観察処分少年、少年院仮退院者、仮釈放者、保護観察付執行猶予者、婦人補導院仮退院者である。国家公務員である保護監察官と民間ボランティアである保護司が協働する。

保護観察中、保護観察対象者には必ず守らなければならないルールである遵守事項が課される。保護観察官や保護司が保護観察対象者を指導、監督するときには、まず、この遵守事項に違反していないかについて確認する。遵守事項には、保護観察対象者全員に課せられるルールである一般遵守事項、事件の内容や経緯などを踏まえ、保護観察対象者個人の問題に合わせて課せられるルールである特別遵守事項の2つがある。

保護観察対象者が遵守事項に違反していた場合、保護観察官から面接調査などが行われ、違反に対する措置が検討される。保護観察官が保護観察対象者の身柄を拘束し、刑務所や少年院に収容するための手続きをとる場合もある。

5 司法面接

司法面接とは、誘導や暗示にかかりやすい子どもの特性に配慮しつつ、専門的な訓練を受けた面接者が、児童虐待等の被害を受けた子ども等に対して、その供述結果を司法手続で利用することを想定して実施する事実確認のための面接を指す。

司法面接は、繰り返しの聴取による二次被害を避けるために、原則として1回に限り、面接者から子どもへ聴取を行う。質問及び供述、それらの状況はDVD等の記録媒体によって全て記録される。司法面接を行う際には、子どもにとって精神的にも物理的にも安心かつ安全な場所であることが大切であり、聴取の前に出来事を思い出して話す練習をしてもらう。

2-6 司法・犯罪分野

Q 1 □□□

●●●

少年の犯罪事件について、家庭裁判所は、保護処分と刑事処分のいずれが相当かについて判断し、保護処分やその他の保護的措置を相当とするときはその旨自ら裁判し、刑事処分を相当とするときは、その量刑について裁判する。

Q 2 □□□

●●

検察官は、犯罪少年の被疑事件について、必ず家庭裁判所に送致しなければならない。

Q 3 □□□

●●●

14 歳未満の者の行為は刑法上の犯罪にはならないが、少年審判の対象にはなり得る。

Q 4 □□□

●●●

虞犯少年とは、14 歳に満たない年齢で、その性格または環境に照らして、将来、犯罪を犯すおそれのある者のことをいう。

Q 5 □□□

●●●

少年審判は原則非公開であるが、殺人や傷害等の故意の犯罪行為や、自動車運転過失致死傷等の交通事件などによって被害者が死亡したり重傷を負った場合、本人やその家族が審判の傍聴を申し出ることができる。

Q 6 □□□

●●

少年事件の被害者等は、家庭裁判所に申し出れば、損害賠償請求のために必要があると認められる場合に限り、加害少年の事件の記録を閲覧・謄写することが認められる。

Q 7 □□□

●●●

家庭裁判所は、故意の犯罪行為により被害者を死亡させた罪の事件であって、その罪を犯すとき 16 歳以上の少年に係るものについては、検察官送致の決定をしなければならない。

Q 8 □□□

●●●

検察官は、家庭裁判所から送致を受けた少年の犯罪事件について、刑事裁判所に公訴するか起訴猶予にするか、速やかに判断しなければならない。

Q 9 □□□

●●

触法少年はまず児童相談所に送られ、場合によっては、その後に家庭裁判所に送られる。

A1 ×

刑事処分相当との判断がなされた場合、家庭裁判所は、自ら最終判断をくだすことはせず、検察官に送致する（いわゆる「逆送」である）。少年法第20条第1項に規定されている。

A2 ○

検察官は、全ての少年事件を家庭裁判所に送致しなければならない。これを全件送致主義という。

A3 ○

刑法第41条は、14歳に満たない者の行為は罰しないと規定している。しかし、家庭裁判所は、14歳に満たないで刑罰法令に触れる行為をした少年も審判の対象とする（少年法第3条第1項）。

A4 ×

虞犯少年は、犯罪を犯すおそれのある20歳未満の少年を指す。虞犯少年も家庭裁判所に送致され、少年審判に付されることがある。

A5 ○

審判の傍聴は、少年が事件当時12歳以上で、少年の心身の状態や事件の性質、審判の状況などから、少年の健全な育成を妨げるおそれがないと家庭裁判所が認めた場合に許可される。

A6 ×

被害者等による事件記録の閲覧・謄写は、事件終局決定の確定後3年以内の申出であれば、原則として認められる。ただし、加害少年の健全育成に対する影響等を考慮して、家庭裁判所の判断で認められない場合も例外的にある。

A7 ○

原則逆送制度である。ただし、犯行の動機や犯行後の情況、少年の性格、行状及び環境などの事情によっては、逆送後に保護処分の判断が下る場合もあり得る。

A8 ×

検察官は、家庭裁判所から送致された事件については、原則として地方裁判所に公訴しなければならない。そのため、一般的な事件のように起訴猶予の権限は認められない。

A9 ○

触法少年については児童福祉法上の措置が優先され、まずは児童相談所に送られる。

Q10 □□□

触法少年は児童福祉法上の措置が優先され、家庭裁判所は検察官または児童相談所長から送致を受けたときに限り、審判に付すことができる。

Q11 □□□

虞犯少年の場合は、14 歳以下であってもまずは家庭裁判所に送致される。

Q12 □□□

審判は、懇切を旨として和やかに、非行のある少年に対して自己の非行について内省を促すものとして行われる。

Q13 □□□

不処分とは、少年が非行を克服し、保護処分の必要がないと認められた場合に、審判を開かずに保護に処さない旨の決定をすることである。

Q14 □□□

家庭裁判所による処分として、児童自立支援施設等への送致がある。

Q15 □□□

保護処分の１つである保護観察において、その期間は２年間であり、20 歳を超えることがある。

Q16 □□□

少年院に受刑者を収容することはできない。

Q17 □□□

14 歳未満の者でも、少年院に送致されることがある。

Q18 □□□

１つの少年院に、少年を２年を超えて収容することはできない。

Q19 □□□

少年院は 20 歳を超える前に少年を出院させなければならない。

Q20 □□□

少年鑑別所の審判によって少年の処遇が決定される。

A10 □□□

×

検察官ではなく都道府県知事である。

A11 □□□

×

虞犯少年の場合、14 歳以下は児童相談所に送致される。

A12 □□□

○

審判は罪を裁くところではなく、少年が非行を克服するための処遇を決定する場である。少年法第 22 条に規定されている。

A13 □□□

×

審判自体は開かれ、不処分が決定される。審判を開かない審判不開始とは区別される。

A14 □□□

○

児童自立支援施設は、児童福祉法第 44 条に規定される、非行行為があったり、またはするおそれのある児童が入所あるいは通所する施設である。家庭裁判所による保護処分の１つである。

A15 □□□

×

家庭裁判所で保護観察に付された少年について、保護観察期間は 20 歳まであるいは２年間である。

A16 □□□

×

第４種少年院は刑の執行を受ける者が入所する。少年院法第４条に定められている。

A17 □□□

○

少年院送致の下限は「おおむね 12 歳」とされている（少年院法第４条）。

A18 □□□

×

２年以上収容できる。特に第３種少年院は上限が 26 歳とされていることから、長期にわたって収容される者も存在する。

A19 □□□

×

各種少年院の入所の上限は 20 歳を超えている。

A20 □□□

×

少年鑑別所の役割は、おもに家庭裁判所の観護措置により送致された少年を収容し、医学、心理学、社会学、教育学等の専門知識に基づいて、その資質や環境の調査を行うことである。その結果は鑑別結果通知書として家庭裁判所に送付され、少年の処遇に資することになる。

Q21 □□□

少年鑑別所の収容期間は最長８週間である。

Q22 □□□

裁判員裁判制度は、地方裁判所で行われるすべての刑事裁判について実施される。

Q23 □□□

裁判員裁判において、選任される裁判員は６名である。

Q24 □□□

選任された裁判員は犯罪の事実認定のみを行い、量刑については裁判官が決定する。

Q25 □□□

犯罪被害者への支援は、危機介入的な視点から短期的に心理的なサポートを行う公認心理師のみで対応するべきである。

Q26 □□□

犯罪被害直後には直接的な支援が有効であり、危機介入的な心理的支援、情報提供、生活支援、公共機関への付き添い支援などを犯罪被害者等早期援助団体が行っている。

Q27 □□□

保護観察中、保護観察対象者が転居をする場合には、事前に保護観察所長の許可を受ける必要があるが、旅行については許可は不要である。

Q28 □□□

司法面接は、子どものプライバシー保護のために、音声のみを記録する。

A21 □□□

○

少年鑑別所の収容期間は、原則2週間である。しかし、継続の必要がある場合、3回まで更新することが可能である。

A22 □□□

×

裁判員制度は、地方裁判所で行われる刑事裁判のうちの一定の重大事件（殺人罪、強盗致死罪、現住建造物等放火罪、身代金目的誘拐罪、危険運転致死傷罪、傷害致死罪など）の裁判について実施される。

A23 □□□

○

無作為抽出によって選任される裁判員は6名である。裁判官3名と一緒に評議を行う。

A24 □□□

×

選任された裁判員は犯罪の事実認定だけでなく、量刑の決定にも参加する。

A25 □□□

×

犯罪被害者への支援は、被害直後から通常の生活への復帰まで長期的な視点で多くの専門職が連携して対応することが重要である。

A26 □□□

○

犯罪被害者等早期援助団体とは、犯罪被害等を早期に軽減するとともに、犯罪被害者等が再び平穏な生活を営むことができるように支援することを目的として設置され、犯罪被害者支援に関する事業を適正かつ確実に行うことができると認められる営利を目的としない法人であって、都道府県公安委員会から指定を受けた団体をいう。

A27 □□□

×

保護観察中、保護観察対象者が７日以上の旅行をする場合には、事前に保護観察所長の許可を受ける必要がある。保護観察対象者が必ず守らなければならない決まりごとを遵守事項という。遵守事項違反は、保護観察官に拘束され、刑務所や少年院に収容するための手続がとられる場合もある。

A28 □□□

×

司法面接では、質問及び供述、それらの状況を映像及び音声を同時に記録することができる記録媒体に全て記録する。子どもは、言葉による表現能力が未熟であり、特に幼児の場合は身体表現で補完する場合もある。また、面接者が身体を使って誘導してしまう可能性もある。面接の経過を確認できるように、記録媒体を用いる必要がある。

7 産業・労働分野

1 安全配慮義務

安全配慮義務とは、使用者が負う、労働者が安全で健康に働くことができるように必要な配慮を行う義務をいう。労働契約法の第５条において、労働契約上の付随的義務として、信義則上、使用者が負うことが定められている。

第５条　使用者は、労働契約に伴い、労働者がその生命、身体等の安全を確保しつつ労働することができるよう、必要な配慮をするものとする。

「必要な配慮」とは、職種や職務内容、就業場所などの労働者それぞれの状況に応じて、行うことが求められる。労働者に損害が生じる可能性を予見できたにもかかわらず、使用者が安全配慮義務を果たさなかったり、怠ることを安全配慮義務違反という。裁判の結果、使用者側の安全配慮義務違反が認定され、その違反と発生した労働者側の損害とのあいだに因果関係が認められた場合、使用者側に賠償義務が課される可能性がある。

2 労働安全衛生法

労働安全衛生法とは、労働災害の防止に関する総合的、計画的な対策を推進することにより、職場における労働者の安全と健康を確保するとともに、快適な職場環境の形成を促進するために制定された法律である。従業員の健康の保持増進に対する企業の努力義務が第69条に定められている。

第69条　事業者は、労働者に対する健康教育及び健康相談その他労働者の健康の保持増進を図るため必要な措置を継続的かつ計画的に講ずるように努めなければならない。
２　労働者は、前項の事業者が講ずる措置を利用して、その健康の保持増進に努めるものとする。

① THP（トータル・ヘルスプロモーション・プラン）

労働安全衛生法に基づいて、厚生労働省では、働く人の健康の保持増進を進めるため、THPによる働く人の心と身体の健康づくりを推進している。

THPでは、事業者が中心となって、個人の生活習慣を見直し、継続的で計画的な健康づくりを推進することによって、従業員がより健康になることを目指す。

THPにおける従業員の健康保持増進措置を担うスタッフとは、産業医、運動指導担当者、運動実践担当者、心理相談担当者、産業栄養指導担当者、産業保健指導担当者である。また、従業員の健康保持増進措置の実施方法は、原則として以下になるが、事業場の実態に即したかたちで取り組むことが望ましいとされている。

■健康保持増進措置の内容

①**健康測定**：各労働者に対して、産業医が中心になって健康測定を行い、その結果を評価し、指導票を作成する。なお、健康測定の一部に定期健康診断結果を活用することも可能である
②**運動指導**：運動指導担当者が、労働者それぞれについて、運動指導プログラムを作成し、運動指導担当者及び運動実践担当者が運動実践の指導援助を行う
③**メンタルヘルスケア**：メンタルヘルスケアが必要とされた場合に、心理相談担当者が産業医の指示のもとに、ストレスに対する気づきへの援助やリラクセーションの指導などを行う
④**栄養指導**：食生活上問題が認められた労働者に対して、産業栄養指導担当者が食習慣や食生活の評価と改善の指導を行う
⑤**保健指導**：産業保健指導担当者が、睡眠、喫煙、飲酒、口腔保健などの指導及び教育を行う

②労働者の心の健康の保持増進のための指針

労働安全衛生法に基づいて、厚生労働省は従業員の健康保持増進措置の適切かつ有効な実施を図るための指針として、「労働者の心の健康の保持増進のための指針」（メンタルヘルス指針）を定めて、職場におけるメンタルヘルス対策を推進している。

第70条の2　厚生労働大臣は、第69条第1項の事業者が講ずべき健康の保持増進のための措置に関して、その適切かつ有効な実施を図るため必要な指針を公表するものとする。

また、メンタルヘルスケアは、4つのケアが継続的かつ計画的に行われることが重要である。4つのケアが適切に実施されるように、事業場内の関係者が相互に連携し、事業場の実態に合った取組みを積極的に推進することが求められる。

■４つのケア

	ケアの主体	具体例
セルフケア	労働者自身	ストレスへの気づき、ストレス対処など
ラインケア	職場の管理監督者	職場環境などの改善、労働者に対する相談対応など
事業場内産業保健スタッフなどによるケア	産業保健スタッフ、心の健康づくり専門スタッフ、人事労務管理スタッフなど	セルフケア、ラインケアに対する支援の提供、職場環境の改善、メンタルヘルスケアの実施に関する企画立案、事業場外資源とのネットワーク形成とその窓口など
事業場外資源によるケア	地域産業保健センター、医療機関など	メンタルヘルスに関わるサービス、ネットワーク形成、職場復帰支援など

③ストレスチェック制度

2014年の労働安全衛生法の改正により、医師等による労働者の心理的な負担の程度を把握するための検査と、高ストレスと認められ、労働者が希望する場合の面接指導の実施等を義務づけるストレスチェック制度が施行された。この制度は、労働者に対して自分自身のストレスの程度への気づきを促すとともに、職場改善によって、労働者が働きやすい環境づくりを進めることによって、労働者のメンタルヘルス不調を未然に防止する第１次予防を目的としている。

なお、労働者数50人未満の事業場は当分のあいだ、努力義務とされている。

第66条の10　事業者は、労働者に対し、厚生労働省令で定めるところにより、医師、保健師その他の厚生労働省令で定める者（以下この条において「医師等」という）による心理的な負担の程度を把握するための検査を行わなければならない。

検査内容としては、仕事のストレス要因、心身のストレス反応、周囲のサポートの３領域が含まれていることが求められており、職業性ストレス簡易調査票の使用が推奨されている。

検査は、医師、保健師、検査を行うために必要な知識についての研修を修了した歯科医師、看護師、精神保健福祉士、公認心理師が実施することができる。また、検査結果は、検査を実施した医師等から直接本人に通知され、本人の同意なく事業者に提供することは禁じられている。

検査の結果、高ストレスと評価された労働者から申出があった場合、事業者は医師による面接指導を実施することが義務づけられている。面接指導の結果に基づいて、事業者はその結果の記録を作成し、5年間保存しなければならない。また、事業者は医師の意見を聞いて、必要に応じ就業上の措置を講じる必要がある。また、検査及び面接指導の実施状況等を所轄労働基準監督署長に報告することが義務づけられている。

事業者は、実施者に検査の結果を一定規模の集団ごとに分析させて、その結果に基づき、必要と認められる場合は当該集団の労働者の心理的な負担を軽減するために、実情に応じた適切な措置を講ずるよう努めなければならない。なお、分析の単位が10人以下の場合、その対象となる全ての労働者の同意を得ない限り、事業者にその結果は提供されない。

3 EAP

EAP（従業員支援プログラム）とは、企業が従業員個人のさまざまな問題を解決するための専門的なサポートを労働者に提供するプログラムである。企業がEAP機関と契約を結び、従業員のメンタルヘルスケアを委託し、問題を抱えた従業員はEAPカウンセラーに連絡し、カウンセリングや医師の紹介などのサービスを受けられる。

もともとは、1950年代のアメリカにおけるアルコール依存症の従業員への対策がその始まりである。従業員が抱える心理社会的な問題の解決を支援することによって、職場のパフォーマンスを向上させることを目的としている。そのため、EAPでは、クライエントとしての従業員だけでなく、費用を負担している企業についても意識し、従業員と企業の両者の利益になるような支援が求められる。

EAPの形態としては、以下が挙げられる。

■ EAPの形態

内部EAP	企業内にEAPカウンセラーが常駐して従業員の相談を受ける
外部EAP	EAP機関が企業の業務委託を受ける

また、EAPでは、対面カウンセリングや電話カウンセリング、専門機関への紹介といったサービスだけでなく、問題のある部下を抱える上司に対しても相談を受け付け、上司の紹介を受けた部下が相談に訪れることもある。

ストレスの多い職場では、休職していた従業員が職場復帰しても再発する場合が少なくない。そのため、EAPカウンセラーが上司や人事部門と連携を取りながら、職場へのコンサルテーションを行い、再発予防の支援を行うこともある。

4 過労死

2014年に過労死等対策推進法が施行された。「過労死等」とは、業務における過重な負荷による脳血管疾患や心臓疾患を原因とする死亡、業務における強い心理的負荷による精神障害を原因とする自殺による死亡、死亡には至らないが、これらの脳血管疾患、心臓疾患、精神障害である。

過重労働による脳・心臓疾患の労災認定基準では、週40時間を超える時間外・休日労働がおおむね月45時間を超えて長くなると、業務と発症の関連性が次第に高まり、発症前1カ月間100時間または発症前2カ月～6カ月間にわたって1カ月あたりおおむね80時間を超える時間外・休日労働が認められる場合は、業務と発症との関連性が強いと評価される。

また、心理的負荷による精神障害の労災認定基準では、①認定基準の対象となる精神障害を発病している、②精神障害の発病おおむね6カ月の間に、業務による強い心理的負荷が認められる、③業務以外の心理的負荷や個体側要因により発病したとは認められないといった要件がある。

5 職場復帰支援

厚生労働省は、メンタルヘルス不調により休職した従業員の職場復帰支援を促進するために「心の健康問題により休業した労働者の職場復帰支援の手引き」を作成している。この手引きによれば、職場復帰は5つのステップによって行われる。

第1ステップ	病気休業開始及び休業中のケア
労働者が病気休業期間中に安心して療養に専念できるよう情報提供等の支援を行う	
第2ステップ	**主治医による職場復帰可能の判断**
主治医の判断と職場で必要とされる業務遂行能力の内容等について、産業医等が精査した上で採るべき対応を判断し意見を述べる	
第3ステップ	**職場復帰の可否の判断および職場復帰支援プランの作成**
安全で円滑な職場復帰を支援するために、最終的な決定の前段階として必要な情報の収集と評価を行ったうえで適切に判断し、職場復帰支援プランを作成する。	
第4ステップ	**最終的な職場復帰の決定**
事業者による最終的な職場復帰の決定を行う	
第5ステップ	**職場復帰後のフォロー**
職場復帰後は、管理監督者による観察と支援、事業場内産業保健スタッフ等によるフォローアップを実施し、職場復帰支援プランの評価や見直しを行う	

職場復帰の際の留意点としては、主治医との連携が挙げられる。連携に当たっては、まずは事前に労働者への説明と同意を得ておく必要がある。また、主治医には労働者に求められる業務の状況や、職場復帰支援に関する事業場の制度などについて十分な説明を行う。主治医と情報交換を行う場合、労働者に対して職場で配慮すべき事項を中心に必要最小限とする。

職場復帰の可否は、個々のケースに応じて総合的な判断が必要である。労働者の業務遂行能力が完全に回復していないことを考慮し、試し出勤制度等を活用することで、労働者の不安を和らげることができる。職場復帰は元の慣れた職場へ復帰させることが原則である。

6 ワーク・ライフ・バランス

ワーク・ライフ・バランスとは、仕事と生活の調和である。内閣府が策定したワーク・ライフ・バランス憲章において、それが実現した社会とは、「国民一人ひとりがやりがいや充実感を感じながら働き、仕事上の責任を果たすとともに、家庭や地域生活などにおいても、子育て期、中高年期といった人生の各段階に応じて多様な生き方が選択・実現できる社会」とされている。

具体的には、就労による経済的自立が可能な社会、健康で豊かな生活のための時間が確保できる社会、多様な働き方・生き方が選択できる社会を目指すべきであるとされる。

ワーク・ライフ・バランスを推進していくためには、働き方を見直すことが大切である。働く人々がそれぞれの事情に応じた多様な働き方を選択できる社会を実現する「働き方改革」を総合的に推進することを目的として、長時間労働の是正、多様で柔軟な働き方の実現、雇用形態に関わらない公正な待遇の確保等のための措置を講じるために、8つの労働法の改正を行う働き方改革関連法（働き方改革を推進するための関係法律の整備に関する法律）が 2019 年4月より順次施行された。

改正される8つの労働法とは、労働基準法、労働安全衛生法、労働時間等の設定の改善に関する特別措置法、じん肺法、雇用対策法、労働契約法、パートタイム労働法（短時間労働者の雇用管理の改善等に関する法律）、労働者派遣法（労働者派遣事業の適正な運用の確保及び派遣労働者の保護等に関する法律）である。

2-7 産業・労働分野

Q 1 ●●● □□□

労働安全衛生法は、職場における労働者の安全と健康を守り、労働災害を防止することを目的とする法律である。

Q 2 ●● □□□

労働安全衛生法において、事業者は総括安全衛生推進者、安全管理者、衛生管理者、安全衛生推進者、産業医などから構成される安全衛生管理体制を確立する義務を負う。

Q 3 ●●● □□□

労働安全衛生法において、常時 100 人以上の労働者を使用する事業場では衛生委員会の設置が義務づけられている。

Q 4 ●●● □□□

労働三法とは、労働契約法、労働基準法、労働安全衛生法である。

Q 5 ●●● □□□

安全配慮義務は、労働安全衛生法に明記されている。

Q 6 ●●● □□□

安全配慮義務違反と判断されうる要件は、結果の予見可能性と結果回避義務違反の２つである。

Q 7 ●●● □□□

ストレスチェック制度は、早期発見、早期予防を目的とした二次予防である。

Q 8 ●●● □□□

ストレスチェック制度は雇用者が 100 人以上の場合は義務で、100 人未満の場合は努力義務である。

A 1 ……………………………………………… □□□

○

労働安全衛生法の目的は第１条に規定されている。労働基準法と相まって、職場における労働者の安全と健康を確保するとともに、快適な職場環境の形成を促進することを目的としている。

A 2 ……………………………………………… □□□

○

労働安全衛生法では、事業場を一つの適用単位として、各事業場の業種や規模などに応じて、総括安全衛生管理者、安全管理者、衛生管理者及び産業医等から構成される安全衛生管理体制を義務づけている。

A 3 ……………………………………………… □□□

×

常時 50 人以上の労働者を使用する事業場では衛生委員会の設置が義務づけられている。さらに、労働者の健康管理等を行う産業医の選任が義務づけられている。

A 4 ……………………………………………… □□□

×

労働三法とは、労働基準法、労働組合法、労働関係調整法である。労働基準法は労働条件の最低基準を定めたものである。労働組合法は労働者が使用者との交渉において対等な立場に立つことを促進するために労働組合や団体交渉権などについて定めた法律である。労働関係調整法は労働争議による紛争を予防・解決するための手続きなどを定めた法律である。

A 5 ……………………………………………… □□□

×

安全配慮義務とは、使用者には従業員が安全で健康に働くことができるように必要な配慮をする義務があることをいう。労働契約上の付随的義務として、労働契約法第５条に明記されている。

A 6 ……………………………………………… □□□

×

安全配慮義務違反と判断されうる要件は、結果の予見可能性と結果回避義務違反、業務と結果の因果関係の３つである。

A 7 ……………………………………………… □□□

×

メンタルヘルス不調の未然防止を目的とした一次予防である。副次的に二次予防にも関連するとされている。

A 8 ……………………………………………… □□□

×

雇用者が 50 人以上の事業場の場合が義務で、50 人未満の場合は努力義務である。

Q 9 □□□

ストレスチェック制度は1年以内ごとに1回、定期的に実施される必要がある。

Q10 □□□

ストレスチェック制度で使用される質問紙は①ストレス要因、②ストレス反応、③周囲の支援の3領域が含まれている必要がある。

Q11 □□□

ストレスチェック制度で使用される質問紙は、信頼性と妥当性が確保されていなければならない。

Q12 □□□

ストレスチェックの実施者は医師または保健師のほか、一定の研修を修了した看護師または精神保健福祉士、歯科医師、臨床心理士が実施することができる。

Q13 □□□

事業者は、ストレスチェックの結果を一定規模の集団ごとに集計・分析させ、必要に応じて、その集団の労働者の実情を考慮して、業務の軽減等の適切な措置を講ずるよう努めなければならない。

Q14 □□□

ストレスチェックの結果、一定の要件に該当する労働者は必ず医師による面接指導を実施することが義務づけられている。

Q15 □□□

事業者は、ストレスチェック制度に基づく検査及び面接指導の実施状況等を所轄労働基準監督署長に報告しなければならない。

Q16 □□□

過労死等とは、「業務における過重な負荷による脳血管疾患若しくは心臓疾患を原因とする死亡若しくは業務における強い心理的負荷による精神障害を原因とする自殺による死亡又はこれらの脳血管疾患若しくは心臓疾患若しくは精神障害」である。

Q17 □□□

過労死ラインとは、時間外労働が月60時間を指す。

A 9 ……□□□
○
ストレスチェック制度は労働安全衛生法第66条の10に基づく。「事業者は、労働者に対し、厚生労働省令で定めるところにより、医師、保健師その他の厚生労働省令で定める者による心理的な負担の程度を把握するための検査を行わなければならない」と定められている。

A 10 ……□□□
○
設問の3領域が含まれていることが法的には定められている。職業性ストレス簡易調査法の使用が推奨されている。

A 11 ……□□□
×
法的には信頼性・妥当性の確保は必要ないが、有していることが望ましい。

A 12 ……□□□
×
臨床心理士ではなく公認心理師である。

A 13 ……□□□
○
事業者は個人の結果は知ることができないが、集団ごとの分析はフィードバックされ、適切な措置を講じなければならない。

A 14 ……□□□
×
該当する労働者から申出があった場合に、医師による面接指導を実施するのが事業者の義務である。

A 15 ……□□□
○
事業者は、労働基準監督署に報告書を提出しなければならない。また、その書式も定められている。

A 16 ……□□□
○
設問の定義は、過労死等防止対策推進法第2条に定められている。過労死等防止対策推進法は、過労死等がなく、仕事と生活を調和させ、健康で充実して働き続けることのできる社会の実現に寄与することを目的として制定された。

A 17 ……□□□
×
健康障害の発症前2～6カ月間で平均80時間を超える時間外労働をしている場合、健康障害と長時間労働の因果関係を認めやすいとされている。また、発症前1カ月間に100時間を超える時間外労働をしている場合も、同様に健康障害と長時間労働の因果関係を認めやすいとされている。

Q18 □□□
●●●

心理的負荷による精神障害の認定基準は、ICD-10「精神及び行動の障害」に分類される精神障害が対象疾患であり、対象疾病を発病し、その発病前おおむね３カ月の間に業務による強い心理的負荷が認められ、業務以外の心理的負荷及び個体側要因により対象疾病を発病したとは認められない場合である。

Q19 □□□
●●●

内閣府が提唱する、仕事と生活の調和が実現した社会とは、「国民一人ひとりがやりがいや充実感を感じながら働き、仕事上の責任を果たすとともに、家庭や地域生活などにおいても、子育て期、中高年期といった人生の各段階に応じて多様な生き方が選択・実現できる社会」のことである。

Q20 □□□
●●●

仕事と生活の調和（ワーク・ライフ・バランス）憲章には、仕事と生活の調和推進のための行動指針として数値目標を設定し、政策への反映を図ることが明記されている。

Q21 □□□
●●

仕事と生活の調和（ワーク・ライフ・バランス）憲章では、仕事と生活の調和実現のために役割を果たすことが求められる関係者としては、国、地方公共団体、企業の３者である。

Q22 □□□
●●●

ダイバーシティとは、性別や人種の違いに限らず、年齢、性格、学歴、価値観などの多様性を受け入れ、広く人材を活用することで生産性を高めようとするマネジメントをいう。

Q23 □□□
●●●

かつてはセクシャルハラスメントに対する訴えが多かったが、今はパワーハラスメントをはじめ、職場における多くのハラスメントが社会問題となっている。

Q24 □□□
●●●

厚生労働省はパワーハラスメントを、身体的な攻撃や精神的な攻撃といった５つに分類している。

Q25 □□□
●●●

心の健康問題で休職した労働者に対する職場復帰支援は、主治医の職場復帰可能の判断からはじまる。

A18 ……□□□

×

3カ月ではなく6カ月である。つまり、精神障害の労災認定要件とは、①認定基準の対象となる精神障害を発病していること、②認定基準の対象となる精神障害の発病前おおむね6カ月の間に、業務による強い心理的負荷が認められること、③業務以外の心理的負荷や個体側要因により発病したとは認められないことである。

A19 ……□□□

○

「ワーク・ライフ・バランス」と呼ばれる。2019年4月より、働く人々がそれぞれの事情に応じた多様な働き方を選択できる社会を実現する「働き方改革」を総合的に推進することを目的として、8つの労働法の改正を行う働き方改革関連法が順次施行された。

A20 ……□□□

○

仕事と生活の調和した社会の実現に向けた企業、労働者、国民、国及び地方公共団体の取組を推進するための社会全体の目標として、政策によって一定の影響を及ぼすことができる項目について数値目標が設定された。

A21 ……□□□

×

国、地方公共団体、企業と働く者、国民である。仕事と生活の調和（ワーク・ライフ・バランス）憲章では、主な関係者の果たすべき役割が示され、具体的には行動指針（数値目標）で定められている。

A22 ……□□□

○

ダイバーシティとは「多様性」という意味である。多くの企業がダイバーシティを推進するようになってきた。

A23 ……□□□

○

職場のパワーハラスメントとは、「同じ職場で働く者に対して、職務上の地位や人間関係などの職場内の優位性を背景に、業務の適正な範囲を超えて、精神的・身体的苦痛を与える又は職場環境を悪化させる行為」と定義される。

A24 ……□□□

×

厚生労働省におけるパワーハラスメントの類型は、身体的な攻撃、精神的な攻撃、人間関係からの切り離し、過大な要求、過小な要求、個の侵害の6つである。

A25 ……□□□

×

心の健康問題で休職した労働者に対する職場復帰支援は、休職開始の段階からはじまる。休職中、労働者が安心して療養に専念できるように情報提供などの支援を行うことが求められる。

Q26 □□□

主治医による職場復帰可能の判断が得られた場合、それをもって職場復帰に関する最終的な決定とし、事業場内産業保健スタッフは早急に職場復帰支援プログラムを作成する必要がある。

Q27 □□□

職場復帰の際は、復帰する労働者の心機一転を図り、これまでとは別の部署にて復帰させるのが原則である。

Q28 □□□

リワークとは復職支援のことを指し、休職していた労働者の復帰に際し、企業、団体が多くの支援を行っている。

Q29 □□□

キャリアコンサルティングとは、休職者をいかに職場にスムーズに復帰させるかということをコンサルティングすることである。

Q30 □□□

THP とは、個人の生活習慣を見直し、若い頃から継続的で計画的な健康づくりをすすめることで、働く人がより健康になることを目標にしたプランのことである。

Q31 □□□

THP スタッフは産業医、心理相談担当者、産業栄養指導担当者、産業保健指導担当者、運動指導担当者、産業薬剤指導担当者で構成されている。

Q32 □□□

THP スタッフの心理相談担当者は、公認心理師あるいは臨床心理士の資格が必須である。

Q33 □□□

男女雇用機会均等法（雇用の分野における男女の均等な機会及び待遇の確保等に関する法律）では、セクシャル・ハラスメント防止のための雇用管理上の措置を事業主に義務づけている。

Q34 □□□

男女雇用機会均等法では、妊娠中の女性労働者や出産後一年を経過しない女性労働者に対してなされた解雇は無効とすることを定めている。

A26 ×

最終的な職場復帰の判断の前に、情報収集と評価を行う必要がある。また、主治医の判断は、病状の回復の程度に基づく場合もあり、その職場における業務遂行能力の回復に基づいて判断しているとは限らない。そのため、産業医等はその判断を精査した上で、しかるべき対応について意見を述べることが求められる。

A27 ×

職場復帰の際は、元の慣れた職場へ復帰させることが原則である。ただし、異動等を誘因として心の健康問題が発症したと考えられるケースにおいては、別の部署にて復帰させる方がよい場合もある。

A28 ○

例えば、時短勤務や、試し出勤、通勤訓練などの支援が代表的である。

A29 ×

休職者に限らず、クライエントの能力や適性などを考えて、そのキャリアパスを支援することである。

A30 ○

THP は労働安全衛生法に基づく。具体的な健康保持推進措置として、健康測定、運動指導、メンタルヘルスケア、栄養指導、保健指導が行われる。

A31 ×

産業薬剤指導担当者ではなく、運動実践担当者である。また、その実施方法は、事業場の実態に即したかたちで取り組むことが望ましいとされている。

A32 ×

現時点では資格は必須ではない。また、THP スタッフの配置は事業者の努力義務である。

A33 ○

男女雇用機会均等法第 11 条において、「事業主は、職場において行われる性的な言動に対するその雇用する労働者の対応により当該労働者がその労働条件につき不利益を受け、又は当該性的な言動により当該労働者の就業環境が害されることのないよう、当該労働者からの相談に応じ、適切に対応するために必要な体制の整備その他の雇用管理上必要な措置を講じなければならない」と明記されている。

A34 ○

男女雇用機会均等法第 9 条第 4 項に規定されている。第 9 条では、女性労働者に対して、婚姻、妊娠、出産等を理由として不利益な取り扱いをしてはならないことを定めている。

Q35 □□□
●●●
男女雇用機会均等法では、セクシャル・ハラスメントの被害者・加害者の性別は問われていない。

Q36 □□□
●●●
性的な事実関係を尋ねることは、セクシャル・ハラスメントに当たる。

Q37 □□□
●●●
性的な関係を求めたが、拒否されたためにその従業員を解雇するような場合は、通常「環境型セクシャル・ハラスメント」と呼ばれる。

Q38 □□□
●●●
セクシャル・ハラスメントによって発症した精神障害は、労災認定され得る。

Q39 □□□
●●●
EAP の目的は、個々の社員が抱える心理社会的な問題の解決を支援し、職場のパフォーマンスを向上させることである。

Q40 □□□
●●●
EAP の組織形態には、内部 EAP・外部 EAP・中部 EAP の３つがある。

Q41 □□□
●●●
EAP では、問題のある部下を抱える上司に対する相談にも対応する。

Q42 □□□
●●●
EAP は、対面カウンセリングや訪問カウンセリングが中心であり、電話カウンセリングは行わない。

Q43 □□□
●●●
EAP におけるカウンセラーの守秘義務は、企業内におけるチーム内守秘義務として、労働者の勤務する企業の人事部と情報共有が行われる。

A35 ……………………………………………… □□□

○ 2007年の改正によって、セクシャル・ハラスメントの被害者・加害者の性別は問われなくなった。

A36 ……………………………………………… □□□

○ 男女雇用機会均等法第11条に規定される「性的な言動」には、性的な事実関係を尋ねることや性的な内容のうわさを意図的に流すことといった性的な内容の発言や、性的な関係を強要することや必要なく身体に触れることといった性的な行動が該当する。

A37 ……………………………………………… □□□

× 性的な関係を求めたが、拒否されたためにその従業員を解雇するような場合は、「対価型セクシャル・ハラスメント」と呼ばれる。「環境型セクシャル・ハラスメント」とは、労働者の意に反する性的な言動によりその就業環境が不快なものとなったため、能力の発揮に重大な悪影響が生じることなどを指す。

A38 ……………………………………………… □□□

○ 厚生労働省では、労働者に発病した精神障害が業務上として労災認定できるかを判断するために、「心理的負荷による精神障害の認定基準」を定めている。セクシャル・ハラスメントについても明記されている。

A39 ……………………………………………… □□□

○ 職場のベストパフォーマンスは、個人が十分に能力を発揮し、組織が健全に機能しているときに引き出されるという考えはEAPの基本である。

A40 ……………………………………………… □□□

× EAPの組織形態には、企業内にEAPカウンセラーが常駐して社員の相談を受ける内部EAP、独立したEAPサービス提供会社が業務委託を受ける形態の外部EAPの2つがある。

A41 ……………………………………………… □□□

○ EAPでは、マネジメント・コンサルテーションと呼ばれる、問題のある部下をもつ上司に対する相談も行う。

A42 ……………………………………………… □□□

× EAPのサービス内容は、①電話カウンセリング、②対面カウンセリング、③訪問カウンセリング、④マネジメント・コンサルテーション、⑤専門機関への紹介、⑥研修、⑦復職サポート、⑧ストレス診断などがある。

A43 ……………………………………………… □□□

× EAPにおけるカウンセラーの守秘義務は、自傷他害等の例外的状況を除き、他者と共有されることはない。

「関係行政論」への対策

全体的な試験対策としては、まず各分野の法律や制度を理解することが重要です。また、各分野の重要概念や支援のあり方について確認しておきましょう。これまでの過去問題の出題傾向を踏まえると、おおむね以下の内容になります。

●保健医療分野

- チーム医療
- がん患者やその家族に対する支援
- 自殺防止やひきこもり支援
- 災害時における初期支援（サイコロジカルファーストエイド）
- 医療法、精神保健福祉法等の関連法規

●福祉分野

- 児童虐待
- アウトリーチ
- 児童福祉施設や高齢者福祉施設等の役割
- 児童福祉法、児童等への虐待防止法、DV 防止法、発達障害者支援法等の関連法規

●教育分野

- 動機づけや自己効力感等の児童生徒の学習に関する諸概念
- スクールカウンセリングや生徒指導などの学校支援
- コンサルテーション
- いじめ防止対策推進法、学校教育法、特別支援教育等の関連法規・制度

●司法・犯罪分野

- 司法面接
- 少年法や医療観察法、裁判員制度、犯罪被害者等基本法等の関連法規・制度

●産業・労働分野

- 過労死やセクシャル・ハラスメント等の問題
- ワーク・ライフ・バランス
- 職場復帰支援
- 労働安全衛生法、労働者の心の健康保持増進のための指針、ストレスチェック制度等の関連法規・制度

公認心理師の活動は、各分野における法律や制度の下で行われています。試験対策としてだけではなく、公認心理師として適切な支援を行っていくためにもしっかり理解しておきましょう。

第３章
精神疾患とその治療

1　心身機能と身体構造
2　さまざまな疾病とその支援
3　ストレス理論
4　神経発達症群
5　統合失調症
6　双極性障害・抑うつ障害群
7　不安症群
8　強迫症
9　PTSD（心的外傷後ストレス障害）
10　解離症群
11　身体症状症及び関連障害群
12　摂食障害群
13　睡眠―覚醒障害群
14　依存症
15　認知症
16　パーソナリティ障害
17　てんかん
18　向精神薬による薬理作用

1 心身機能と身体構造

1 身体的な発達

身体的な発達には一定の方向や順序がある。ただし、身体的な発達には個人差があり、遺伝や環境の影響を受ける。

①身体の発達

人間の身体は、以下のように発達していく。

■身体の発達

身長	人間は約 50cm の大きさで生まれる。生後１年には出生時の約 1.5 倍の大きさになるが、その後は成長の程度は次第に低下し、４歳頃で出生時の約２倍の身長になる。その後、思春期に入ると再び急激に伸び、12 歳頃で出生時の約３倍の身長になる
体重	人間は約 3000g の重さで生まれる。生後３～４カ月頃には出生時の約２倍、１歳で約３倍に増加する

②運動発達

運動は、粗大運動と微細運動に分かれる。粗大運動とは、姿勢や移動などについて胴体と四肢を合わせた全身を用いる動きを指す。微細運動とは、何かを操作する動作について腕や手を使った動きを指す。それぞれの運動機能の発達については、以下のように発達していく。

■運動機能の発達

●粗大運動の発達

３～４カ月	首がすわる
５～６カ月	寝返り
７～８カ月	おすわり
８カ月	ハイハイ
12 カ月前後	立つ
12 ～ 15 カ月	歩く

●微細運動の発達

生後～２カ月	触れたものを握る
４～５カ月	ものに手を伸ばす
４～６カ月	手全体で握る、両手でつかむ
１歳	つまむ
１歳半	なぐり描き

③ Scammon, R. E.（スキャモン）の発育曲線

身体的な発達は、連続的ではあるが、一定の早さで進むのではない。臓器やその他の器官についても同じように、一定の早さで発達するのではなく、各器官によって特徴的な発達の仕方がみられる。その発達の仕方をグラフで示したものが Scammon,R.E. の発育曲線である。この発育曲線は、20 歳時点での発育を100%としたときの発育パターンを一般型、神経型、生殖型、リンパ型に分けている。

■ Scammon, R. E. の発育曲線

	身体の関連部位	発達の特徴
一般型	身長や体重、筋肉や骨格、呼吸器や消化器	乳幼児期まで急速に発達するが、その後は次第にその程度が緩やかになり、思春期に再び急激に発達する
神経型	脳や脊髄、視覚器	出生直後から急激に発達し、4～5歳までには成人の 80%程度に達する
生殖型	生殖器、乳房、咽頭	小学校前半まではわずかに成長するだけだが、思春期に急激に発達する
リンパ型	胸腺、リンパ節、扁桃腺	生後から 12 歳くらいまでにかけて急激に発達し、成人の水準を超えるが、それ以降は成人の水準に下がっていく

④加齢による影響

加齢によって、さまざまな身体的な変化がみられる。加齢に伴い、身体の予備能力が低下して健康障害を起こしやすくなった状態をフレイルという。ただし、性別や日常的な活動量の程度などによって、低下の程度や早さには個人差がみられる。

■加齢の影響

運動機能	**筋肉**	筋肉を構成する筋繊維数の減少と、筋繊維の萎縮により筋肉量が低下することで運動機能が低下していく
	骨	加齢により、古い骨が破壊される骨吸収が増加するとともに、骨形成が減少することで、骨密度や骨量が低下する。骨粗鬆症を発症する場合もある
	関節	関節の軟骨が次第にすり減ってくることで、関節の形や動きが変化する変形性関節症を起こしやすくなる

感覚機能	視覚	視力は20歳頃がピークとされており、それ以降は次第に低下していく。40歳以降になると、水晶体の弾力性が低下することでピントを調節しにくくなり、いわゆる老眼になる人が多くなる。水晶体の物質変化によって老人性白内障に罹る人もいる
	聴覚	聴力は20歳頃がピークとされており、それ以降は内耳のコルチ器官や蝸牛神経伝導路の機能低下などによって聴力が低下し、老人性難聴がみられるようになる。特に高周波数の音を聞く力が低下する
	その他	味覚や嗅覚、平衡感覚といった感覚機能も全般的に低下する
認知機能	記憶	意味記憶や手続き記憶は加齢に影響を受けにくいとされている。一方、エピソード記憶は加齢によって低下する
	知能	結晶性知能は加齢による低下が少ないとされる一方、流動性知能は加齢による低下が大きいとされている

2 身体の部位

身体の各部位とその主な機能は、以下のようにまとめられる。

①骨格：からだの軸としての骨が骨格を形成する

体幹	頭部、頸部、胸部、腹部、骨盤部	体幹には多くの内臓があり、体幹の骨は内臓を収めるためのいれものとして機能する
体肢	上肢と下肢	中心に軸となる骨があり、その周りに筋肉がついている。また、骨と骨はお互いに動けるように関節によってつながれていて、骨格筋が縮むことで骨が動かされる

②血液：体重の約８％を占め、全身の細胞に栄養や酸素を運搬し、二酸化炭素や老廃物を運び出す

液体成分	血漿	やや黄白色がかった透明の液体で、血液の浸透圧や凝固、さまざまな物質の運搬に関わる
細胞成分	赤血球、白血球、血小板	赤血球はガス交換、白血球は免疫、血小板は止血に関わる

③呼吸器系：肺動脈を流れてくる二酸化炭素を含んだ血液が肺胞壁にある毛細血管を流れる際に、二酸化炭素が肺胞内に放出され、肺胞内の空気から酸素が血液中に溶け込んでヘモグロビンと結合する「外呼吸」と、全身の細胞が血液中から酸素を取り込み、不要な二酸化炭素を排出する「内呼吸」がある

気道	空気の通路である。気道にある咽頭は空気の通り道であるとともに、食物の通り道でもあるため、区分けして空気だけを肺に送る
肺胞	血液との間で酸素や二酸化炭素を取り交わしている

④消化器系：その機能として、体内に取り入れた食物をからだが取り込めるかたちに分解する「消化」と、分解された栄養素を体内に取り込む「吸収」がある

口腔から小腸	炭水化物は単糖類、たんぱく質はアミノ酸、脂質はモノグリセリドと脂肪酸に分解され、吸収される
大腸	食物の残りかすから水分が吸収されて、残りが便となって肛門から排泄される

⑤泌尿器系：老廃物などの不要なものを体外に排出する

腎臓	血液をろ過して尿をつくりだす。そら豆のようなかたちをした握りこぶしくらいの大きさの臓器で、腰のあたりに左右対称に２つある
尿管	腎臓でつくられた尿を膀胱まで運ぶ
膀胱	尿を排泄するまで一時的にためておく
尿道	膀胱内の尿を体外に排出する管である

⑥循環器系：大動脈から酸素を多量に含んだ動脈血を全身に流し、全身の細胞に酸素を供給し、二酸化炭素を多量に含んだ静脈血を大静脈から心臓に戻す経路を「体循環」、肺動脈を通して静脈血を肺に送り、動脈血として肺静脈から心臓に戻す経路を「肺循環」という

心臓	血液を流すためのポンプの働きをしている
動脈	心臓から血液が出ていく経路をいう。心臓から出る動脈は２本あり、１つは肺に向かう肺動脈、もう１つは全身に向かう大動脈である
静脈	心臓に向かって血液が流れていく経路をいう。静脈は毛細血管が合流することで生じ、各部位からの静脈が合流することでさらに太くなり、最終的には上半身の血液を集める上大静脈と、下半身の血液を集める下大静脈となり、心臓に入る

⑦リンパ系：血管から漏出した水分を回収して血管内に戻したり、体外から侵入した異物を排除したりする

リンパ球	リンパ管を流れながら、全身を巡り、パトロールをする
リンパ節	異物の侵入を確認すると、血液へ侵入するのを防ぐために免疫細胞によってそれらが排除される

3－1 心身機能と身体構造

Q 1 □□□
●●●

心身機能の発達は遺伝要因と環境要因の相互作用のみの影響を受ける。

Q 2 □□□
●●●

加齢により心身の活力が低下し、複数の慢性疾患などの影響も受けて生活機能が障害され、心身の脆弱性が出現した状態をサルコペニアという。

Q 3 □□□
●●●

定型発達における粗大運動の獲得順序は、「首がすわる→ハイハイ（四つん這い）をする→おすわりができる」である。

Q 4 □□□
●●●

自律神経系においては、交感神経と副交感神経が拮抗して機能することで恒常性が保たれている。このことをホメオスタシスという。

Q 5 □□□
●●

内分泌系は加齢の影響を受けにくいものと受けやすいものがある。受けやすいものの代表として、甲状腺ホルモンがある。

Q 6 □□□
●●

睡眠覚醒リズム（概日リズム）は生理的加齢の影響を受けない。

Q 7 □□□
●●●

神経系の最小構成単位である神経細胞をシナプスと呼ぶ。

⑧内分泌系：ホルモンを分泌することで体内の特定の臓器に作用し体内のホメオスタシスを維持する

内分泌機能のみを有する器官	下垂体や松果体、甲状腺、副腎
ホルモン分泌細胞が含まれる器官	すい臓のランゲルハンス島、精巣や卵巣

心身機能と身体構造

A 1 ……………………………… □□□

×

遺伝要因と環境要因の相互作用のみならず、家庭や教育、個人的経験など、生物・心理・社会的影響を受ける。

A 2 ……………………………… □□□

×

フレイルである。多くの高齢者は健常な状態から、筋力が衰えるサルコペニアという状態を経て、さらに生活機能が全般に衰えるフレイルとなり、要介護状態に至る。

A 3 ……………………………… □□□

×

首がすわる（3～4カ月）→おすわりができる（7～8カ月）→ハイハイ（四つん這い）をする（8カ月）の順序である。

A 4 ……………………………… □□□

○

交感神経は身体活動の促進を、副交感神経は休息の促進を行っている。両者が拮抗することで、体内のホメオスタシスは保たれている。

A 5 ……………………………… □□□

×

加齢の変化を受けやすいのは、テストステロンやエストロゲンといった性ホルモンで、加齢とともに減少する。この減少に伴い、精神的に不安定になってしまうことがある。

A 6 ……………………………… □□□

×

加齢に伴い、体内時計の位相の前進や睡眠効率の低下など、睡眠に変化が生じる。

A 7 ……………………………… □□□

×

神経系の最小構成単位である神経細胞はニューロンとも呼ばれる。シナプスは神経細胞の接続部を指す。

Q 8 ●● □□□

可動性のある骨格を動かす筋を骨格筋といい、体幹を支える筋を平滑筋という。

Q 9 ●●● □□□

間脳は平衡感覚や協調運動に関与している。

Q10 ●●● □□□

一般的に、老化に伴って聴力は高い音から先に聞こえにくくなるとされる。

Q11 ●●● □□□

加齢に伴う身体機能の変化として、筋力の変化は身体の下部、まずは脚力の低下から始まるとされる。

Q12 ●●● □□□

加齢とともに知能は低下する。ただし、結晶性知能は流動性知能と比べて、低下の速度は緩やかであるとされる。

Q13 ●●● □□□

加齢とともに感覚器官の機能は衰えてくるとされるが、ストループ効果については、一般に青年期と老年期で差は認められないとされる。

Q14 ●● □□□

白血球の中のヘモグロビンは免疫機能に関わる。

Q15 ●●● □□□

身長が出生時の約２倍になるのは、２歳前後である。

Q16 ●●● □□□

体重が出生時の約２倍になるのは、１歳前後である。

Q17 ●● □□□

乳歯は生えそろうと 20 本である。

Q18 ●●● □□□

リンパ系組織が成長ピークをむかえるのは児童期である。

A 8 ………………………………………………………………□□□

×

体幹を支えるのは体幹筋である。平滑筋は内臓や血管の壁をつくっている。また、全身には400以上の骨格筋があり、体重の約40％を占めている。

A 9 ………………………………………………………………□□□

×

平衡感覚や協調運動に関与しているのは小脳である。間脳とは視床下部と視床から構成される部位である。視床下部は自律神経系や内分泌系の中枢であり、視床は嗅覚以外の感覚の中継部である。

A10 ………………………………………………………………□□□

○

老化に伴い、聴力はまず、高周波の音（高音）から聞こえにくくなるとされる。

A11 ………………………………………………………………□□□

○

加齢に伴う変化として、筋力の変化は脚力の低下から始まるとされる。手の指先の筋力の低下は最も遅いとされる。

A12 ………………………………………………………………□□□

○

結晶性知能とは、過去の経験を土台とする個人的または専門的な知識や能力をいう。具体的には、一般的知識や理解力などが挙げられる。流動性知能とは、新しい場面への適応に必要な能力をいう。具体的には、処理スピード、推論などが挙げられる。

A13 ………………………………………………………………□□□

×

ストループ効果についても、老年期の方が青年期よりもよくみられるとされる。

A14 ………………………………………………………………□□□

×

ヘモグロビンは、赤血球の中にあり、酸素の運搬に関わる。

A15 ………………………………………………………………□□□

×

身長が出生時の約２倍になるのは、４歳頃である。

A16 ………………………………………………………………□□□

×

体重が出生時の約２倍になるのは、生後３～４カ月頃である。

A17 ………………………………………………………………□□□

○

乳歯は生後６カ月頃から生え始め、３歳頃には全て生えそろう。

A18 ………………………………………………………………□□□

×

リンパ系組織が成長ピークとなるのは思春期初期（12～13歳頃）である。

2 さまざまな疾病とその支援

1 さまざまな疾病

①がん

正常な細胞の遺伝子の変異によってがん細胞が発生し、自律的に制御できない細胞が分裂を続けた結果、がん細胞が発生した臓器や周囲の臓器に障害を与えたり、別の場所にある臓器にも転移し、身体に必要な栄養素を奪い衰弱させる病気である。がんの名称は、一般的には発生した臓器、組織などにより分類される。治療は、手術、薬物療法、放射線治療を単独あるいはいくつか組み合わせた方法で行うことが標準的である。がんそのものに対する治療に加えて、がんに伴う身体と心の辛さを和らげる緩和ケアも行われる。日本人の死因の第1位である。

②循環器系疾患

がんに次いで、日本人の死因において大きな割合を占めている。

脳血管疾患	脳の血管の詰まりや破裂によって起こる疾患である。血管が詰まることで血液の流れが悪くなり引き起こされる脳梗塞と、脳内の細かい血管が破れて起こる脳出血、くも膜と軟膜のあいだのくも膜下腔にある血管が切れて起こるくも膜下出血がある
虚血性心疾患	心臓に血液を送る冠動脈の狭窄や閉塞によって起こる疾患である。狭心症は冠動脈が狭くなって発症する。一般的には、強い胸の痛みや圧迫感、息切れなどの症状がみられる。心筋梗塞は、冠動脈が完全に閉塞して起こる。典型的な症状としては、激しい胸の痛みや圧迫感、息苦しさがあり、場合によっては冷や汗や嘔吐、意識喪失もみられる

③呼吸器系疾患

慢性閉塞性肺疾患（COPD）	主にタバコの煙に含まれる有害物質を長期に吸入することで生じる肺の炎症性の疾患である。喫煙習慣を背景に中高年に発症する生活習慣病の一つでもある
気管支ぜんそく	気道の慢性炎症から、さまざまな刺激に対して気道が敏感になり、発作的に気道が狭くなる。咳や痰が出て、ゼーゼー、ヒューヒューという音を伴い息苦しくなる

睡眠時無呼吸症候群（SAS）	睡眠中に無呼吸が繰り返されることで、さまざまな合併症が引き起こされる。空気の通り道である上気道が狭いことによって起こる。首まわりの脂肪が多いと上気道は狭くなりやすいことから、肥満との関連が指摘されている

④筋・骨格系疾患

関節リウマチ	関節が炎症を起こし、痛みや腫れ、こわばりなどが生じる。進行すると、軟骨や骨が破壊されて関節の機能障害が生じる
骨粗鬆症	骨の構造が海綿状になり、強度が低下し骨折しやすくなる状態をいう。女性ホルモンであるエストロゲンは、骨吸収を緩やかにして骨からカルシウムが溶けだすのを抑制する働きがある。閉経後に女性ホルモンの分泌が低下すると、急激に骨密度が減少しやすいため、中高年の女性に多い
ロコモティブシンドローム	運動器の障害により移動機能が低下し、要介護になるリスクの高い状態をいう。関節リウマチや変形性膝関節症など運動器自体の疾患によるものと、四肢や体幹の筋肉の低下など加齢に伴って起こる運動器の機能低下によるものがある

⑤感染症

ウイルスや細菌などの病原体が体内に侵入して増殖し、さまざまな症状が発現する病態を指す。病原体の持つ病原性がヒトの抵抗力よりも強い場合に感染が成立する。病原体の数が増えて病原性自体が強くなったり、もともとの病原性が非常に強い場合は多くの人が感染する。その一方で、ヒトの抵抗力が非常に弱い場合、健康な人では問題にならないような菌に感染し、症状が発症することもあり、これを日和見感染という。

⑥先天性疾患

出生前に身体の形態的・機能的病態が生じる疾患をいう。遺伝的要因によって発症するものもあるが、遺伝的要因と環境的要因の相互作用によって発症するものもあり、出生時には認められなくても、しばらくしてから現れる異常も含まれる。先天異常、染色体異常、先天代謝異常などに分類される。

先天異常	無脳症、水頭症、口唇・口蓋裂、心室中隔欠損症、先天性腸閉鎖症など
染色体異常	ダウン症（21 トリソミー）、13 トリソミー、18 トリソミー、5p モノソミーなど

先天代謝異常	フェニルケトン尿症、メープルシロップ尿症、ガラクトース血症、ミトコンドリア病、ムコ多糖症など

⑦生活習慣病

食事や運動、喫煙、飲酒、ストレスなどの生活習慣が深く関与し、発症の原因となる疾患の総称である。生活習慣病の多くは、食べ過ぎや運動不足、喫煙などの積み重ねによって生じる内臓脂肪型肥満が原因となって引き起こされる。生活習慣病の予防と早期治療のためにメタボリックシンドローム（内臓脂肪症候群）という状態が提唱されている。これは内臓脂肪型肥満に加えて、①高血圧である、②血糖値が高い、③ HDL コレステロール値が低いあるいは中性脂肪値が高い、の３つのうちいずれか２つ以上に当てはまる状態をいう。

食習慣	Ⅱ型糖尿病、肥満、高脂血症、痛風、循環器系疾患、大腸がん、歯周病など
運動習慣	Ⅱ型糖尿病、肥満、高脂血症、高血圧症など
喫煙	肺扁平上皮がん、循環器系疾患、慢性気管支炎、肺気腫、歯周病など
飲酒	アルコール性肝疾患など

Ⅱ型糖尿病は、インスリンの分泌不足や作用不足によって、血液中の血糖値が高くなる疾患である。血糖値を高いまま放置すると、次第に全身の血管や神経が障害され、糖尿病網膜症や糖尿病腎症、糖尿病神経障害といった合併症が引き起こされる。Ⅱ型糖尿病は、遺伝的要因に、食べ過ぎや運動不足などの環境的要因が組み合わさって発症すると考えられている。

3-2 さまざまな疾病とその支援

Q 1 □□□

●●

近年の日本人の死因は、がん（悪性腫瘍）よりも自殺が多くの割合を占めている。

Q 2 □□□

●●

がん医療における「心」を専門とする活動を、サイコオンコロジーという。これは疾病や治療に関する適切な情報提供のみを行う心理教育のことである。

⑧難病

発症の原因が不明で、治療法も確立されておらず、かつ後遺症を残すおそれが少なくない疾病であり、経過が慢性にわたるものをいう。難病は、長期療養が必要であり、患者は大きな負担を強いられる。2015年に難病法（難病の患者に対する医療等に関する法律）が施行され、難病患者に対する医療費助成制度が大きく変わった。難病法の対象疾患として指定を受けた難病のことを指定難病という。難病法による医療費助成の対象となるのは、原則として指定難病と診断され、かつ病状の程度が一定程度以上の場合である。

2 緩和ケア

がんは日本人の死因の第1位であり、がん罹患者数は年々増加している。がんが日本国民の生命や健康にとって重大な課題になっている現状から、2007年にがん対策基本法が施行された。

がん対策の中で取り組むべき課題として挙げられていることの一つに、治療の初期段階からの緩和ケアの実施がある。これまでの緩和ケアとは、抗がん剤治療が難しくなった患者や終末期の患者などに提供されていたものであった。しかし、現在では、緩和ケアはがんの早期からの対応と位置付けられ、病気の全過程を通じた全人的ケアであると考えられている。WHOは「緩和ケアとは、生命を脅かす疾患による問題に直面している患者とその家族に対して、疾患の早期より痛み、身体的問題、心理社会的問題、スピリチュアルな問題に関してきちんとした評価を行い、それが障害とならないように予防したり対処したりすることで、QOLを改善するためのアプローチである」という提言を行っている。

また、サイコオンコロジー（精神腫瘍学）とは、腫瘍学や心身医学、心理学や精神医学などのさまざまな学問領域にわたって、がんが患者やその家族、または医療従事者に与える影響や、患者やその家族をとりまく環境ががんに与える影響を明らかにすることで、がん患者及びその家族に適切なケアを提供することを目的とする学問領域である。

さまざまな疾病とその支援

A 1 □□□

×

がん（悪性腫瘍）が現在日本人の死因第1位となっている。

A 2 □□□

×

情報提供も行うが、治療継続の支障となる不眠や不安、抑うつなどに対する精神医療を含む医学的支援も行っている。

Q 3 □□□

緩和ケアとは、余命宣告をされている患者やその家族に対して、最期の時間を穏やかに過ごせるように支援することを目標としている。

Q 4 □□□

糖尿病は、砂糖などの糖分を摂りすぎることによって肥満になることが直接的な原因だとされている。

Q 5 □□□

糖尿病の３大合併症は、神経の障害、目の障害、腎臓の障害である。それ以外にも心臓病や脳卒中などにも関連する動脈硬化を引き起こすことが明らかにされてきた。

Q 6 □□□

母親から胎盤や母乳を通して子どもに直接伝播する母子感染のことを垂直感染という。

Q 7 □□□

遺伝カウンセリングは、遺伝子診断を受ける人のみを対象にしている。

Q 8 □□□

難病とは、がんのように致死率の高い病気のことで、指定難病については医療費助成の対象となっている。

Q 9 □□□

メタボリックシンドロームとは、内臓脂肪蓄積を基盤とした、糖尿病、高脂血症、高血圧の複合リスク病態のことをいう。

Q10 □□□

がん対策を総合的かつ計画的に推進することを目的として、2007 年にがん対策基本法が施行された。

A 3 ……………………………………………… □□□

×

緩和ケアは、生命を脅かす疾患による問題に直面している患者とその家族に対して行われる。これは疾患の早期から痛みや身体的問題、心理社会的問題、スピリチュアルな問題に関して適切に評価し、問題の予防と対処によって、人生の質（QOL）を改善するためのアプローチである。

A 4 ……………………………………………… □□□

×

糖尿病にはインスリンがまったく分泌されないⅠ型糖尿病と、インスリンが分泌されるが量が少ないか十分に作用しないⅡ型糖尿病がある。Ⅱ型糖尿病は生活習慣病の一つでもあり肥満はその原因になり得るが、遺伝要因も含まれる。

A 5 ……………………………………………… □□□

○

糖尿病腎症が悪化すると、人工透析を行わなければならなくなる慢性腎臓病となることもある。透析導入の原因となる疾患の第1位は糖尿病腎症で、透析患者の約50%がこのケースに当たる。

A 6 ……………………………………………… □□□

○

垂直感染による疾患としてＣ型肝炎やHIV/AIDSなどが挙げられる。

A 7 ……………………………………………… □□□

×

遺伝カウンセリングは遺伝子診断を受ける人に限定していない。遺伝子診断を受けるか否か迷っている人や、遺伝性疾患患者及びその家族、遺伝に関する不安や悩みを抱えている人が対象となる。

A 8 ……………………………………………… □□□

×

難病とは、発病の機構が明らかでなく、治療法が確立していない希少な疾病であって、長期療養を必要とするものをいう。致死率は関係ない。

A 9 ……………………………………………… □□□

○

肥満によって内臓脂肪が蓄積すると、身体の代謝機能が低下し、脂質異常・高血糖・高血圧などを引き起こす。一つひとつの症状は軽くても、これらのリスクが重なると、血管が傷つき動脈硬化が急速に進行する可能性があり、脳卒中や心臓病など命に関わる重大な疾患を引き起こす原因となる。

A10 ……………………………………………… □□□

○

がん患者数が増加している現状から、がん対策を総合的かつ計画的に推進することを目的として、2007年にがん対策基本法が施行された。

Q11 □□□

●●● 小児がんとは子どもが罹るがんの総称であり、種類や性質は成人のがんと変わりがない。

Q12 □□□

●●● 家族への心理的支援は、患者が亡くなってから初めて行うことが望ましい。

Q13 □□□

●●● 緩和ケアは、以前は抗がん治療の効果がなくなった患者や終末期の患者に対して提供されるものと考えられてきたが、現在では疾患の早期から行うケアと位置付けられている。

Q14 □□□

●● 声帯の障害は、誤嚥を引き起こすことがある。

Q15 □□□

●● 死期が近い時の医療に関する本人の希望を記したリヴィングウィル（Living Will）や事前指示書は、1度作成すると本人の意思による破棄・撤回はできない。

Q16 □□□

●● 対麻痺とは、左右どちらか半身に麻痺が起こる状態をいう。

Q17 □□□

●●● 死別に伴う心理的反応が6カ月以上遷延し、複雑化して日常生活に影響を及ぼす悲嘆のことを複雑性 PTSD と呼ぶ。

Q18 □□□

●● Kübler-Ross, E.（キューブラー＝ロス）は、死に至る心理過程を4段階で論じた。

Q19 □□□

●●● Ⅰ型糖尿病の方が、Ⅱ型糖尿病よりも患者数が多い。

A11 ×

成人のがんでは環境や生活習慣、嗜好などの外的要因が発がんに深く関与しているが、小児がんのほとんどは細胞から個体への発生過程で偶然起こる異常に起因する。そのため、胎児組織や前駆細胞に由来する芽細胞腫や肉腫などが多いという特徴がある。

A12 ×

愛する人との永遠の別れなど、喪失を予期して嘆き悲しむことを予期的悲嘆という。看取る家族の不安や絶望感を和らげつつ、患者への援助力を引き出すとともに、残される家族のその後の生活についても視点をおいて、予期的悲嘆への援助が行われることが望ましい。

A13 ○

現在、緩和ケアは、疾患の早期から行う全人的ケアとされている。

A14 ○

誤嚥とは、食物などが何らかの理由で、誤って気管に入ってしまうことをいう。誤嚥は肺炎の原因にもなる。声帯の麻痺によって、誤嚥が起こることがある。

A15 ×

本人の意思により、いつでも撤回や変更が可能とされている。

A16 ×

対麻痺は、両下肢に運動麻痺がみられるが、上肢は正常な状態である。

A17 ×

このような悲嘆は複雑性悲嘆と呼ばれる。

A18 ×

①否認、②怒り、③取引、④抑うつ、⑤受容の計５段階のプロセスを経るとしている。

A19 ×

Ⅰ型糖尿病患者数は糖尿病患者全体の約５％である。生活習慣と関連の深いⅡ型糖尿病患者数の方が圧倒的に多い。

Q20 ●●●

Ⅰ型糖尿病患者の体型は、やせ型よりも肥満型が多いとされている。

Q21 ●●●

Ⅱ型糖尿病は、インスリンの作用不足によって発症するとされる。

Q22 ●●●

Ⅱ型糖尿病は、Ⅰ型糖尿病より遺伝性が低いとされている。

Q23 ●●●

メタボリックシンドロームとは、内臓脂肪型肥満に加えて、高血圧、高血糖、脂質異常の全てが当てはまる状態を指す。

Q24 ●●●

国際生活機能分類における健康状態とは、課題や行為に関する個人の遂行水準のみを指す。

Q25 ●●●

国際生活機能分類は、2001 年に IOM が提唱した理念である。

Q26 ●●●

国際生活機能分類における対象は障害のある人に限られている。

Q27 ●●●

国際生活機能分類は、生きることの全体像を示す共通言語として、多職種連携におけるクライエントに対する共通理解に役立つことを目指している。

Q28 ●●

脳死臓器提供において、本人の生前の意思が不明な場合は臓器提供はできない。

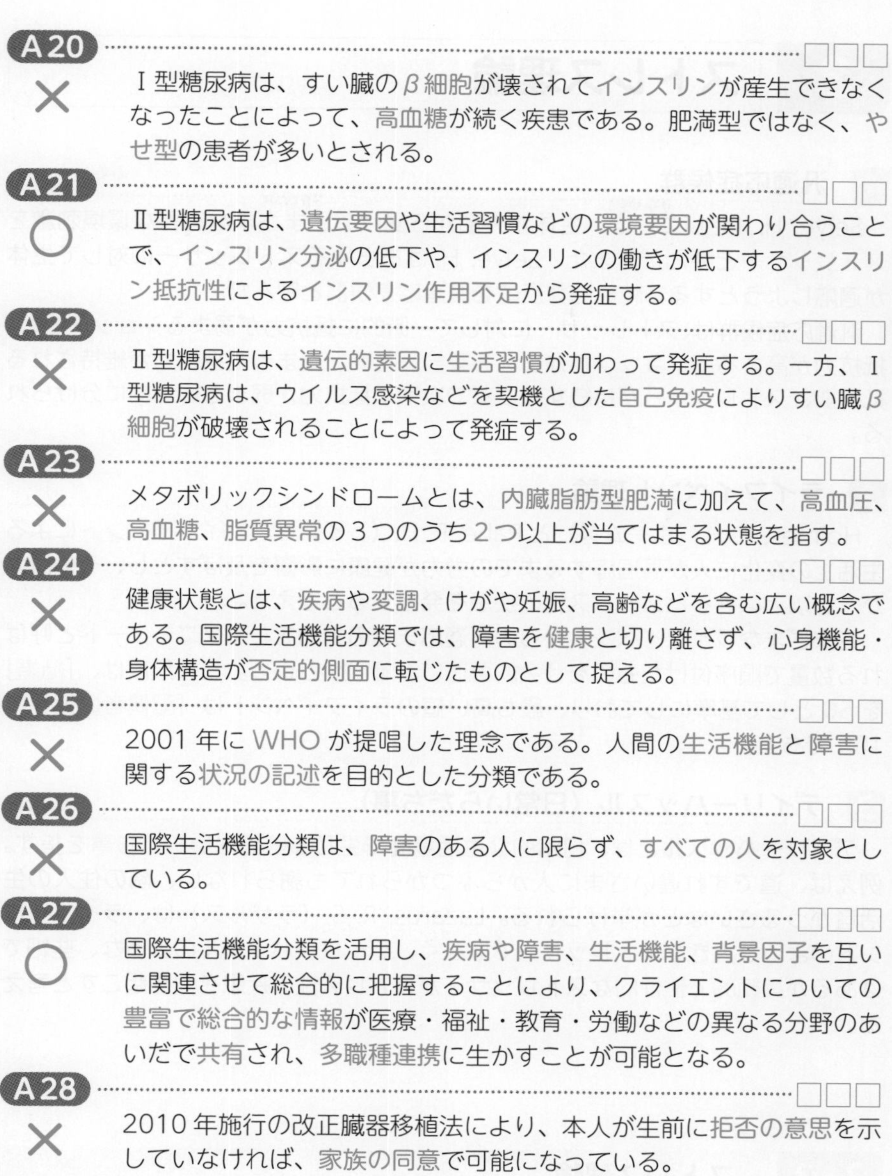

A20

×

Ⅰ型糖尿病は、すい臓のβ細胞が壊されてインスリンが産生できなくなったことによって、高血糖が続く疾患である。肥満型ではなく、やせ型の患者が多いとされる。

A21

○

Ⅱ型糖尿病は、遺伝要因や生活習慣などの環境要因が関わり合うことで、インスリン分泌の低下や、インスリンの働きが低下するインスリン抵抗性によるインスリン作用不足から発症する。

A22

×

Ⅱ型糖尿病は、遺伝的素因に生活習慣が加わって発症する。一方、Ⅰ型糖尿病は、ウイルス感染などを契機とした自己免疫によりすい臓β細胞が破壊されることによって発症する。

A23

×

メタボリックシンドロームとは、内臓脂肪型肥満に加えて、高血圧、高血糖、脂質異常の３つのうち２つ以上が当てはまる状態を指す。

A24

×

健康状態とは、疾病や変調、けがや妊娠、高齢などを含む広い概念である。国際生活機能分類では、障害を健康と切り離さず、心身機能・身体構造が否定的側面に転じたものとして捉える。

A25

×

2001 年に WHO が提唱した理念である。人間の生活機能と障害に関する状況の記述を目的とした分類である。

A26

×

国際生活機能分類は、障害のある人に限らず、すべての人を対象としている。

A27

○

国際生活機能分類を活用し、疾病や障害、生活機能、背景因子を互いに関連させて総合的に把握することにより、クライエントについての豊富で総合的な情報が医療・福祉・教育・労働などの異なる分野のあいだで共有され、多職種連携に生かすことが可能となる。

A28

×

2010 年施行の改正臓器移植法により、本人が生前に拒否の意思を示していなければ、家族の同意で可能になっている。

3 ストレス理論

1 汎適応症候群

Selye, H.（セリエ）は、生体が外部から受けるさまざまな有害な環境刺激をストレッサーと呼んだ。また、Selye, H. はあらゆるストレッサーに対して生体が適応しようとする非特異的な反応を汎適応症候群と呼んだ。

汎適応症候群は、ストレッサーに対して一時的に抵抗力が弱まるショック相と、抵抗力が高まる反ショック相からなる警告反応期、高まった抵抗力が維持される抵抗期、ストレッサーが持続することで次第に抵抗力が弱まる疲憊期に分けられる。

2 ライフイベント理論

Holmes, T. H.（ホームズ）と Rahe, R. H.（レイ）は、ライフイベントによる生活上の変化に人が再適応するまでの労力が健康に影響を及ぼすとし、その労力が一定以上になるとストレス性の疾患を発症すると考えた。

さまざまなライフイベントからの再適応までの労力を、マグニチュードと呼ばれる数量で順序付けたものを社会的再適応評価尺度という。この尺度は、「結婚」を 50 として基準にしており、最も高い値のライフイベントは「配偶者の死」で 100 である。

3 デイリーハッスル（日常いらだち事）

デイリーハッスルとは、日常的な生活場面で生じる些細ないらだち事を指す。例えば、道ですれ違いざまに人からぶつかられても謝られない、隣の住人の生活音がうるさいなどが挙げられる。Lazarus, R. S.（ラザルス）は、ライフイベントのような大きなストレッサーではなく、デイリーハッスルのような、些細ではあるが持続的で慢性的なストレッサーがストレス性の疾患を引き起こすと考えた。

3-3 ストレス理論

Q 1 ●●● □□□

Selye, H. は、ストレスという言葉を初めて心理学的に用い、その定義を、外部環境からの刺激によって起こるゆがみに対する非特異的反応とした。

4 ストレスの認知的評価理論

Lazarus, R. S. が提唱した、ストレッサーに対する認知的評価が個人の経験するストレスの程度を規定するという心理学的なストレス理論である。

ストレッサーを受けた人間は、まずはそれが脅威であるかの一次的評価を行う。「脅威でない」と評価した場合はストレス反応は生じない。しかし、「脅威である」と評価した場合、それに対して対処できるかの二次的評価が行われる。その評価によって、ストレス反応を低減するための対処行動であるコーピングが選択され、それによってストレス反応が規定される。

■認知的評価理論

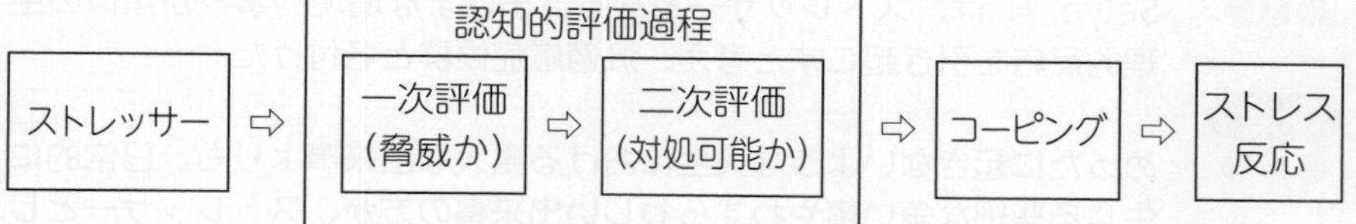

■コーピング

	内容	具体的方法
問題焦点型	ストレッサーそのものを除去することを目的として行われる。ストレッサーに関する情報や対応の仕方に関する情報を収集し、具体的な対処方法を考える方略である	解決方法を考える、解決策を実行する
情動焦点型	ストレスによって生じた情動反応を和らげることを重視して行われる。認知を変えたりして、情動の発散を試みる方略である	友人に話を聞いてもらう、気晴らしをする

ストレス理論

A 1 □□□

○ この考えに基づいて、警告反応期、抵抗期、疲憊期からなる汎適応症候群を提唱した。

Q 2

Lazarus, R. S. によれば、同じストレッサーを受けていると、同じようなストレス反応を起こすとされる。

Q 3

コーピングには、問題焦点型コーピングと情動焦点型コーピングがある。問題焦点型コーピングを行う人の方がストレス反応は必ず低くなる。

Q 4

社会的再適応評価尺度において、最も労力を要するライフイベントとされているのは「結婚」である。

Q 5

Selye, H. は、ストレッサーとなるさまざまな環境的事象が類似の生理的反応を引き起こすと考え、汎適応症候群と名付けた。

Q 6

めったに起きないような人生における重大な出来事よりも、日常的に生じる些細な争い事やわずらわしい出来事の方が、ストレッサーとして重大であるという考えもある。

Q 7

Lazarus, R. S. の認知的評価理論では、一次的評価の段階でストレッサーに対して対処できるかが評価される。対処できないと評価された場合に、二次的評価の段階でストレッサーが脅威的であるかが評価される。

Q 8

Selye, H. の提唱した汎適応症候群において、直面するストレッサーの性質によって引き起こされる心身の反応は異なる。

Q 9

オプティマル・ストレスとは、コーピングの困難な過剰なストレスのことである。

Q10

ストレスへの対処法としてソーシャルサポートが重要視されている。

A 2 ……………… □□□

×
同じストレッサーにさらされていても、それについての認知的評価やコーピングによって、ストレス反応は変わる。

A 3 ……………… □□□

×
常に問題焦点型コーピングがストレス反応を軽減させるとは限らない。あるコーピングに失敗したときに、柔軟にコーピングを変化させることがストレス反応を低くすることにつながる。

A 4 ……………… □□□

×
最も再適応に労力を要するとされているのは「配偶者の死」である。

A 5 ……………… □□□

○
Selye, H. は、ストレッサーとなるさまざまな環境的事象が非特異的な生理的反応を引き起こすと考え、汎適応症候群を提唱した。

A 6 ……………… □□□

○
Lazarus, R. S. は、ライフイベントのようなめったに起きない人生の重大な出来事よりも、日常生活における些細ないらだち事の方が健康に影響を及ぼすと考えた。

A 7 ……………… □□□

×
Lazarus, R. S. の認知的評価理論によれば、一次的評価の段階でストレッサーが脅威であるかが評価される。脅威であると評価された場合に、二次的評価の段階でストレッサーに対処できるかが評価される。

A 8 ……………… □□□

×
汎適応症候群は、過酷な気温、外傷、過重運動など、受ける刺激が異なっていても、それは一様にストレッサーとして生体に負荷をかけ、消化器官の潰瘍や副腎疲労などの共通症状につながるとする概念である。

A 9 ……………… □□□

×
オプティマル・ストレスとは、人間の仕事効率や活動性を高める「最適なストレス」のことである。

A10 ……………… □□□

○
ソーシャルサポートがなく孤独であることは、大きなストレッサーとなり得る。

Q11 ●●● □□□

ストレッサーとなるのは、配偶者の死亡や突然の解雇といった不幸な突然の出来事であり、結婚や昇進のような喜ばしい出来事はストレッサーとはなり得ないとされる。

Q12 ●●● □□□

Cannon, W. B. は、生体が外敵に襲われるような緊急事態には、自律神経系や内分泌系、免疫系などを総動員して防御機能を発揮することを発見し、この反応を「闘争―逃走反応」と呼んだ。

Q13 ●●● □□□

ストレッサーにさらされると、視床下部から下垂体へと指令が送られ、副腎皮質刺激ホルモン（ACTH）の分泌が増加する。

Q14 ●●● □□□

ストレッサーによって副腎皮質刺激ホルモン（ACTH）の分泌が増加すると、副腎髄質からコルチゾールが分泌される。

Q15 ●●● □□□

強いストレッサーに直面すると、交感神経が優位になり、副腎髄質からアドレナリンやノルアドレナリンが血液中に放出される。

Q16 ●● □□□

諦めや思考回避などの回避的なコーピングは、どのようなストレッサーに対してもストレス軽減効果がみられず、むしろストレス反応を常に高めることが明らかにされている。

Q17 ●●● □□□

あらゆる状況において、問題焦点型コーピングのストレス軽減効果が最も高いことが知られている。

Q18 ●● □□□

ストレス反応の軽減方法として、リラクセーション法の有効性が示されている。

Q19 ●●● □□□

ストレッサーの解消に対して積極的なコーピングを行い続けていることで疲労が蓄積されることをコーピングのリスクという。

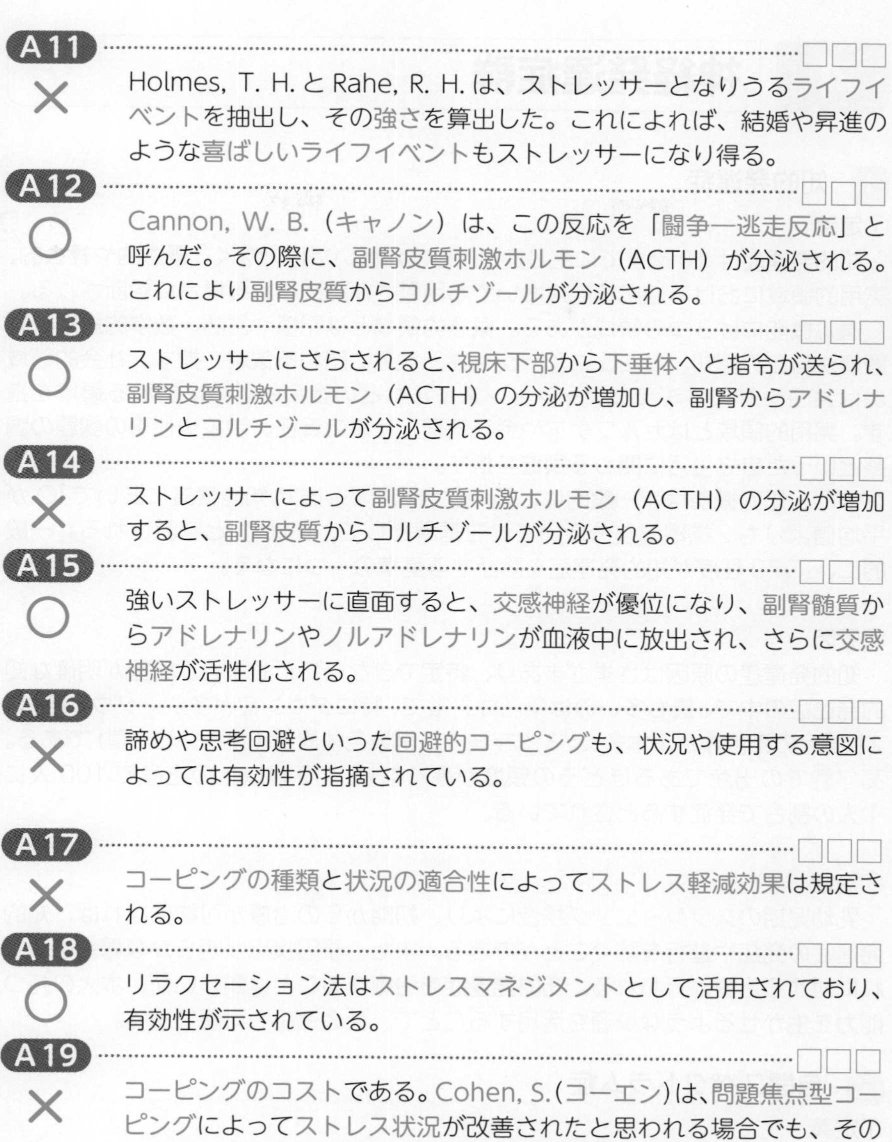

A11 ×

Holmes, T. H. と Rahe, R. H. は、ストレッサーとなりうるライフイベントを抽出し、その強さを算出した。これによれば、結婚や昇進のような喜ばしいライフイベントもストレッサーになり得る。

A12 ○

Cannon, W. B.（キャノン）は、この反応を「闘争—逃走反応」と呼んだ。その際に、副腎皮質刺激ホルモン（ACTH）が分泌される。これにより副腎皮質からコルチゾールが分泌される。

A13 ○

ストレッサーにさらされると、視床下部から下垂体へと指令が送られ、副腎皮質刺激ホルモン（ACTH）の分泌が増加し、副腎からアドレナリンとコルチゾールが分泌される。

A14 ×

ストレッサーによって副腎皮質刺激ホルモン（ACTH）の分泌が増加すると、副腎皮質からコルチゾールが分泌される。

A15 ○

強いストレッサーに直面すると、交感神経が優位になり、副腎髄質からアドレナリンやノルアドレナリンが血液中に放出され、さらに交感神経が活性化される。

A16 ×

諦めや思考回避といった回避的コーピングも、状況や使用する意図によっては有効性が指摘されている。

A17 ×

コーピングの種類と状況の適合性によってストレス軽減効果は規定される。

A18 ○

リラクセーション法はストレスマネジメントとして活用されており、有効性が示されている。

A19 ×

コーピングのコストである。Cohen, S.（コーエン）は、問題焦点型コーピングによってストレス状況が改善されたと思われる場合でも、そのコーピングに伴うコストが個人の健康に悪影響をもたらすと考えた。

第3章 精神疾患とその治療

4 神経発達症群

1 知的発達症

①定義

知的発達症は18歳までに生じ、知的機能が低いだけでなく、概念的や社会的、実用的領域における適応機能においても困難さが認められる場合に診断される。

適応機能には3つの領域がある。概念的領域とは記憶や言語、数学的思考、問題解決などの認知、コミュニケーション、学業に関わる領域を指す。社会的領域とは共感や対人コミュニケーションスキルなどの社会的能力に関わる領域を指す。実用的領域とはセルフケアや金銭管理、仕事の責任、学校や仕事の課題の調整といった自立生活に関わる領域を指す。

また、知的機能は、一般的に、標準化された個別式の知能検査においてIQが平均値よりも2標準偏差分低いことを基準として、「低い」と判断される。一般的に、IQ70程度が知的発達症を診断する基準の一つになる。

②原因

知的発達症の原因はさまざまあり、特定できないことも多い。原因が明確な知的発達症の中で、最も多いのは染色体異常で、特にダウン症が多い。ダウン症は、21番目の染色体が1本多く、3本存在する常染色体異常（トリソミー型）である。高年齢での出産であるほどその頻度が高くなり、40歳以上の出産で100人に1人の割合で発症するとされている。

③治療

乳幼児期のスクリーニング検査により、初期からの治療が可能になれば、知的発達症の発症や進行を防ぐことができる。また、原因疾患が明らかな場合は、それに対する治療が行われる。知的発達症を治癒することは難しいが、本人の持つ能力を生かせるような資源を活用することで、社会適応も可能である。

2 自閉スペクトラム症

①定義

DSM-5における自閉スペクトラム症は、社会的コミュニケーションと社会的相互作用の特異的な障害と、行動、興味または活動の限定された反復的な様式という2つの診断基準から定義される。

■自閉スペクトラム症の特徴

社会的コミュニケーションと社会的相互作用の特異的な障害	対人的に異常な近づき方、通常の会話のやりとりができないこと、興味・情動・感情を共有することの少なさ、社会的相互反応を開始したり応じたりすることができないこと
	まとまりの悪い言語的・非言語的コミュニケーション、視線をあわせることと身振りの異常、身振りの理解やその使用の欠陥、顔の表情や非言語的コミュニケーションの完全な欠陥
	さまざまな社会的状況にあった行動に調整することの困難さ、想像上の遊びを他者と一緒にすること、友人をつくることの困難さ、仲間に対する興味の欠陥
行動、興味または活動の限定された反復的な様式	常同的または反復的な身体の運動、物の使用、会話
	同一性への固執、習慣への頑ななこだわり、言語的・非言語的な儀式的行動様式
	強度や対象について、異常なほど、極めて限定された執着する興味
	感覚刺激に対する敏感さまたは鈍感さ、または環境の感覚的側面に対する並外れた興味

②原因

自閉スペクトラム症の原因は、本人の素因や母親の養育態度など、これまでさまざまなものが議論されてきたが、現在では、中枢神経系の機能障害であるとされている。ただし、明らかにされていないことも多い。

③治療

ソーシャル・スキル・トレーニング（SST）による社会的スキルの獲得や、応用行動分析（ABA）による問題行動の消去、自閉スペクトラム症及び関連するコミュニケーション障害をもつ子どもたちのための治療と教育（TEACCH）による行動形成などのアプローチが行われている。

3 注意欠如・多動症（AD/HD）

①定義

DSM-5における注意欠如・多動症とは、不注意と多動性・衝動性という２つの特徴を有する。これらの特徴が、本人の年齢や発達水準に比べて著しく高く、12歳以前にみられ、かつ２つ以上の状況においてみられる場合に診断される。

不注意は成長後も維持されやすいが、多動性は成長とともに目立たなくなるとされている。また、衝動性は環境やパーソナリティの影響を受けやすいとされている。

■注意欠如・多動症の特徴

不注意	活動に集中できず、注意の持続性が低い
多動性・衝動性	静止状態を保ちにくく、過度に落ち着きがない

②原因

注意欠如・多動症は、遺伝的要因と環境的要因の両方が関連するとされている。発症には、ドーパミン神経系や実行機能の機能不全が指摘されている。また、男児に多くみられる。

③治療

注意欠如・多動症の治療には、メチルフェニデートなどの薬物療法が一定の効果を上げている。

また、オペラント条件づけに基づく行動療法であるトークンエコノミーや、ペアレント・トレーニング、ソーシャル・スキル・トレーニングが適しているとされている。家族や周囲の人たちの協力を得ながら、集中しやすい環境を整えることも重要である。

注意欠如・多動症の子どもは、その行動上の特徴によって大人からの叱責を受けやすく、自己評価が低いとされている。青年期や成人期においては、症状が持続することでうつ病や不安症などを発症しやすいとされている。また、周囲の人たちの理解不足や不適切な対応によって、自分を受け入れてくれない周囲に対する敵意や怒り、嫌悪が募り、反抗挑戦症や、反社会性がより強まった素行症が現れる場合もある。適切な支援によって、問題行動だけでなく、このような二次障害の予防をすることもできる。

4 限局性学習症

①定義

DSM-5において限局性学習症とは、知的能力に全般的な障害が認められないにもかかわらず、学習面において読字、書字表出、算数に障害がみられる状態をいう。

もともとは、教育分野における用語であり、聞く、話す、読む、書く、計算するまたは推論する能力のうち、特定のものの習得と使用に困難を示す状態を指す。

■限局性学習症の症状の例

読字の障害	書かれた単語の意味が理解できない
	行を飛ばして読んだり、同じところを読んだりするなど、読んでいるところがわからなくなる
	漢字を間違えて読む
書字表出の障害	鏡文字になる
	漢字を自己流の書き順で書く
	句読点の使い方がわからない
	文法の誤りが多い
算数の障害	数を正確に数えられない
	計算問題はできても文章問題ができない
	グラフが読み取れない

②原因

医学的には微細脳機能不全の一種と考えられていたが、はっきりとした原因は明らかにされていない。中枢神経系に何らかの機能障害が生じ、その結果として、学習能力の習得に困難が生じているとされている。

③治療

限局性学習症の支援においては、学習上の支援がその中心となる。その際、一人ひとりの子どもの認知特性について、苦手なことだけでなく得意なことについてもアセスメントした上で、それに応じた個別の支援計画を立て、行う。苦手な部分は課題をスモールステップに分けて丁寧に指導することで、その能力を引き上げていく。また、パソコンや電卓など補助的な機器などを用いて、苦手な面を補うことも有効である。

就学中は学業成績の優劣によって自己評価が行われることから、限局性学習症の子どもは自分に自信が持てず自己評価が低いとされている。周囲や本人が障害を理解し、得意なことをさらに伸ばすことで自信を持たせることが重要である。それが二次障害を予防することにもつながる。

3-4 神経発達症群

Q 1 □□□

知的発達症は、全般的な知能の障害であり、10 歳以下の学童期に明らかになる。

Q 2 □□□

一般的に、知能検査にて IQ が 85 以下のときに、知的発達症と診断される。

Q 3 □□□

知的発達症は、標準化された知能検査の結果のみならず、日常生活や社会生活における適応機能も含めて診断される。

Q 4 □□□

DSM-5 において、知的発達症の診断基準に IQ の値も含まれている。

Q 5 □□□

トゥレット症候群は、音声チックと運動チックが短期的に頻発する疾患である。

Q 6 □□□

Wing, L. は自閉症の特徴として、社会性の問題、コミュニケーションの問題、常同行動の問題の３つを三つ組障害として挙げている。

Q 7 □□□

自閉スペクトラム症では､全ての子どもに何らかの感覚過敏がみられ､特に音に対する過敏さがある。

Q 8 □□□

PARS-TR は、自閉スペクトラム症の発達・行動症状について、本人への面接を通して査定する検査である。

Q 9 □□□

自閉スペクトラム症におけるコミュニケーションの問題の中には、冗談や比喩が理解できず､言葉通りに受け取ってしまうことが含まれる。

Q10 □□□

注意欠如・多動症（AD/HD）の主症状は、不注意と多動性・衝動性である。

A 1 □□□

×

知的発達症は、18 歳以下の発達期に明らかになる。全般的な知能の障害で、教育や福祉による支援が中心となる。

A 2 □□□

×

一般的に、IQ70 を目安として、65 ～ 75 の幅をもって判断されることが多い。

A 3 □□□

○

知能検査の結果のみでは診断されず、生活上の適応機能もあわせて臨床的に診断される。

A 4 □□□

×

DSM-5 では IQ の値は診断基準には含まれていない。DSM-5 では、相対的な知的能力だけでなく、概念的領域、社会的領域、実用的領域といった適応機能も含めて診断するようになっている。

A 5 □□□

×

トゥレット症候群は、音声チックと運動チックが 1 年以上、慢性的に経過する。

A 6 □□□

×

Wing, L.（ウィング）の三つ組障害は、社会性の問題、コミュニケーションの問題、想像力の問題である。その他の特有の症状として、感覚過敏や鈍感などがある。

A 7 □□□

×

全ての子どもにみられるわけではない。感覚刺激に対する過敏さだけでなく鈍感さがみられることもある。

A 8 □□□

×

PARS-TR は、対象者の母親あるいは養育者への面接を通して、対象者の適応困難の背景に自閉スペクトラム症が存在する可能性を把握するものである。

A 9 □□□

○

他には、自分の興味のあることを一方的に話してしまうことや、他者の表情や場を読むことに対する苦手さが挙げられる。

A10 □□□

○

DSM-5 では、不注意、多動性・衝動性の症状のいくつかが 2 つ以上の状況で存在していることが診断基準となっている。

Q11 □□□

注意欠如・多動症（AD/HD）と自閉スペクトラム症は併存することはない。

Q12 □□□

注意欠如・多動症（AD/HD）の評価には、WISCや田中ビネー式知能検査を用いることができる。

Q13 □□□

注意欠如・多動症（AD/HD）の治療には薬物療法が有効である。

Q14 □□□

注意欠如・多動症（AD/HD）において、不注意は大人になってからもみられることがある。

Q15 □□□

限局性学習症は、知的発達症を伴うことがある。

Q16 □□□

限局性学習症における書字表出の障害は、漢字の間違いなどが多いが、練習を繰り返すことで改善するので、毎日練習することが重要である。

Q17 □□□

愛着障害はしばしば自閉スペクトラム症や注意欠如・多動症（AD/HD）に類似した特徴を示す。

Q18 □□□

発達障害は、成人期になってから診断されることがあるが、発達早期から問題があったと考えられるため、保護者からの成育歴などの聴取が必要となる。

Q19 □□□

発達障害の子どもは、失敗や叱責が繰り返されても落ち込むことがないため、抑うつや不登校などの問題が生じることは少ない。

A11 ……………………………………………………… □□□

×

注意欠如・多動症（AD/HD）と自閉スペクトラム症は併存し得る。自閉スペクトラム症や注意欠如・多動症、限局性学習症などの発達障害は、程度の差はあっても、多くは重複して存在する。

A12 ……………………………………………………… □□□

×

評価方法には、小児にはADHD-RS-Ⅳ、成人にはCAARSなどが用いられる。ADHD-RS-Ⅳには保護者や学校への聴取が含まれている。

A13 ……………………………………………………… □□□

○

薬物療法は標準治療の中に含まれている。メチルフェニデートやアトモキセチンなどが挙げられる。あわせて、環境調整や心理療法なども標準治療となっている。

A14 ……………………………………………………… □□□

○

大人になってからも不注意は持続されやすいことが知られている。多動性や衝動性は、経験や学習などからコントロールされることによって目立たなくなるとされている。

A15 ……………………………………………………… □□□

×

限局性学習症は知的発達症を伴わない。教育分野においては、聞く・話す・読む・書く・計算する・推論するなどの機能が特異的に障害され、困難がある病態を指す。

A16 ……………………………………………………… □□□

×

練習を繰り返してもできるようにならないことで、二次障害を引き起こすことがある。助詞の使い方や句読点を理解できなかったり、手書きの文字が極端に下手だったりすることがある。

A17 ……………………………………………………… □□□

○

類似した特徴を示すため、慎重な鑑別・診断が求められる。また、自閉スペクトラム症や注意欠如・多動症（AD/HD）を併発している場合もある。

A18 ……………………………………………………… □□□

○

幼少期に特徴的な行動や様子がみられなかったか、過去の学校での様子や家庭での様子を家族に聴取することもある。

A19 ……………………………………………………… □□□

×

失敗や叱責が繰り返されることで自己評価が低下し、二次障害が引き起こされる可能性がある。不登校や反抗といった問題行動や、抑うつや不安などの心理的問題がみられることがある。

5 統合失調症

①定義

統合失調症スペクトラム障害とは、妄想や幻覚、まとまりのない思考や発語、ひどくまとまりのないまたは異常な運動行動、陰性症状などを特徴とする疾患を指す。代表的なものとして、統合失調症が挙げられる。

統合失調症は、内因性精神疾患の一つであり、好発期は思春期から青年期であるが、それ以前あるいはそれ以後に発症する例もみられる。

統合失調症の症状は、陽性症状と陰性症状に大きく分けられる。陽性症状は、妄想や幻覚など、健常者には体験されない特異な症状を指す。陰性症状は、感情の平板化や意欲の低下、思考の貧困化など、通常あるべき機能が失われている症

3-5 統合失調症

Q 1 □□□

●●● 統合失調症は 0.8% 程度の有病率を持つ主要な精神疾患である。10 代後半からの青年期が好発期である。

Q 2 □□□

●●● 統合失調症における 1 級症状を唱えたのは Freud, S.（フロイト）である。

Q 3 □□□

●●● 統合失調症の症状の一つである自我障害では、作為体験などがあるが自他境界は保たれており、現実検討力は低下しない。

Q 4 □□□

●●● プレコックス感とは、統合失調症者に接した際に、その人に生じる言いようのない特有な感情のことである。

Q 5 □□□

●●● 統合失調症の再発に関して、統合失調症者に対する家族の感情表出が低いと、再発率が高くなるとされている。

Q 6 □□□

●●● 統合失調症は、ドーパミンの分泌が極めて少ないことによると考えられている。

Q 7 □□□

●●● 妄想は統合失調症に特有の症状であるため、妄想があるか否かが診断の指標となる。

状を指す。

②原因

原因については、ドーパミンの放出異常によるドーパミン仮説など、これまでさまざまな仮説が提唱されてきたが、明確にはなっていない。

③治療

治療は薬物療法が中心であり、これまでは主に陽性症状の軽減に効果のある定型抗精神病薬が用いられてきたが、近年では陰性症状にも効果のある非定型抗精神病薬が用いられている。また、薬物療法と並行して、ソーシャル・スキル・トレーニング（SST）や作業療法を行うことも多い。

統合失調症

A 1 □□□

○

遺伝の影響が強く、世界各国での有病率に差はみられない。

A 2 □□□

×

１級症状を唱えたのは Schneider, K.（シュナイダー）である。今日の統合失調症の診断に大きな影響を及ぼした。

A 3 □□□

×

自我障害では、作為体験など思考や行動における能動感の喪失や、自他境界の喪失によって、現実検討力が低下する。

A 4 □□□

○

主観的な感覚ではあるが、実際の臨床場面において重要視する立場も存在する。

A 5 □□□

×

家族の感情表出が高い場合、感情表出が低い場合よりも再発率が高くなるとされている。

A 6 □□□

×

ドーパミンの分泌が過剰なことにより陽性症状が引き起こされると考えられている。

A 7 □□□

×

統合失調症だけではなく、抑うつ状態の場合でも、貧困妄想や罪責妄想などの妄想が現れる場合がある。

Q 8 ●●● □□□

統合失調症の慢性期においては、デイケアなどの社会心理的支援も有効な手立てのうちの一つである。

Q 9 ●●● □□□

統合失調症の治療で用いられる主な抗精神病薬は、ドーパミンに作用するものが多い。

Q10 ●●● □□□

統合失調症の患者はまとまりのない会話や行動など、目標に向けて思考や行動を統合することが困難になり、社会的生活に支障がみられるため、入院治療が必須となる。

Q11 ●●● □□□

統合失調症は再燃・再発しやすいが、症状が緩和し、その人らしい社会生活が可能な状態に至ることも多い。

Q12 ●●● □□□

統合失調症は、病因として遺伝的要因が関与していると考えられている。

Q13 ●●● □□□

統合失調症は有意に女性よりも男性に多くみられる。

Q14 ●●● □□□

統合失調症ではせん妄などの意識障害が生じる。

Q15 ●●● □□□

統合失調症では知的障害が生じる。

Q16 ●●● □□□

統合失調症の主な症状として幻覚があるが、中でも幻視が見られる場合が多い。

Q17 ●●● □□□

統合失調症の前駆症状として、抑うつ気分や思考力・記憶力の低下、易疲労感などがあり、うつ病や不安症との鑑別がつきにくい。

A 8 ○

デイケアなどでの作業療法やソーシャル・スキル・トレーニング（SST）なども有効とされている。

A 9 ○

抗精神病薬は定型抗精神病薬と非定型抗精神病薬に大きく分けられていて、非定型抗精神病薬の方が、副作用（有害事象）が比較的少ないといわれている。

A 10 ×

入院も治療の一つではあるが、入院治療が必須になるとは限らない。現在では薬物療法を中心としつつ、心理社会的支援を受けながら地域社会の中で生活し、治療することも可能である。

A 11 ○

再燃・再発しやすいため、薬物治療とあわせて心理社会的支援を受けながら自己効力感を回復させることも社会適応のために大切である。

A 12 ○

家族研究や双生児研究から、発症に対する遺伝的要因の影響が明らかにされている。

A 13 ×

性差や文化差はないとされている。

A 14 ×

せん妄などの意識障害は生じない。陽性症状として幻覚・妄想を生じることがある。

A 15 ×

知的障害は生じない。思考や行動に不統合が生じることがあるが、知的機能が低下するわけではない。

A 16 ×

幻視よりも幻聴が聞こえる場合が多いとされている。

A 17 ○

統合失調症の発病初期には、抑うつ気分、思考力や記憶力の低下、易疲労感、不眠などの症状があり、これらの症状はうつ病や不安症とよく似ているため鑑別が難しいとされる。

6 双極性障害・抑うつ障害群

1 双極性障害

① DSM-5 による定義

双極性障害は、躁病エピソードのみ、あるいは躁病エピソードと抑うつエピソードを繰り返す疾患である。躁病エピソード、抑うつエピソードとは、以下の通りである。

■躁病エピソード

気分が異常かつ長い時間高揚する
自尊心の肥大・誇大
睡眠欲求の減少
多弁
注意散漫
観念奔逸
困った結果につながる可能性が高い活動への熱中
目標指向性の活動または精神運動焦燥

■抑うつエピソード

抑うつ気分、あるいは興味や喜びの減退
食欲低下または増加
不眠または過眠
疲労感・気力の減退
無価値感、罪責感
思考力や集中力の減退、決断困難
希死念慮や自殺企図

躁病エピソードに該当する行為が１週間続くと躁病エピソードとされ、４日間続くと軽躁エピソードとされる。

また、主な双極性障害群は、以下の通りである。

■主な双極性障害群

双極Ⅰ型	躁病エピソードのみ、または躁病エピソードと抑うつエピソードの反復
双極Ⅱ型	軽躁病エピソードと抑うつエピソードの反復
気分循環性障害	軽躁症状と抑うつ症状を反復する期間が２年以上続く

②治療

双極性障害の治療には、気分の波を和らげる気分安定薬をベースとした薬物療法が行われる。炭酸リチウムやカルバマゼピン、バルプロ酸ナトリウムが使用され、エピソードの予防効果が期待される。抑うつエピソードに転じた場合には、気分安定薬を継続しながら抗うつ薬を処方していく。

双極性障害では、遺伝的要因の影響の強さから、薬物療法の重要性が指摘されている。クライエントやその家族が双極性障害を理解し、症状を管理できるようにするための心理教育が重要である。

2 抑うつ障害群

① DSM-5 による定義

うつ病は､抑うつエピソードが２週間続くことが診断基準となっている。また、主な抑うつ障害群は、以下の通りである。

■主な抑うつ障害群

うつ病	抑うつエピソードが２週間以上続く
持続性抑うつ障害（気分変調症）	抑うつ気分が２年以上続く
重篤気分調整症	慢性的で激しい持続的な易怒性がみられ、７～18 歳で診断される

②治療

うつ病は､遺伝的要因や環境的要因がからみあって発症すると考えられている。また、多くの抗うつ薬がモノアミン伝達系であることから、うつ病のモノアミン仮説が提唱されている。

うつ病は、基本的に薬物療法と休養によって治癒するとされている。うつ病に対する心理療法としては、認知行動療法が挙げられる。

3-6 双極性障害・抑うつ障害群

Q1 ●●● □□□

双極性障害とは、躁状態とうつ状態を繰り返す疾患で、遺伝の影響は否定されている。

Q2 ●●● □□□

双極性障害にはⅠ型とⅡ型があり、それぞれ躁病エピソードの様子で分類されている。

Q3 ●●● □□□

うつ状態の時に受診することが多いために、双極性障害と診断されずに、うつ病と診断されている患者が一定数いるといわれている。

Q4 ●●● □□□

双極性障害の治療の中心は、心理社会的支援である。

Q5 ●●● □□□

双極性障害の患者に投与される薬物は、抗うつ剤であるSSRIが中心となる。

Q6 ●●● □□□

双極性障害においては、抑うつエピソードの段階では必ず気分安定薬を中断し、抗うつ薬に切り替える必要がある。

Q7 ●●● □□□

うつ病においては妄想や思考障害はみられない。

Q8 ●●● □□□

うつ病の診断には、「抑うつ気分」と「活動への興味・喜びの減退」の両方が必須症状である。

Q9 ●●● □□□

うつ病の診断要件の一つとして、1カ月で10%以上の変化といった有意な体重変化が挙げられる。

Q10 ●●● □□□

うつ病の症状が寛解したら、直ちに薬物治療を中止し、これまで通りの日常生活を送ることができる。

双極性障害・抑うつ障害群

A 1 ×

双極性障害は、遺伝性の高い疾患である。また、他の遺伝性の高い疾患の代表的なものに統合失調症がある。

A 2 ○

Ⅰ型は明白な躁状態を、Ⅱ型は軽躁状態を呈する。軽躁状態とは、周囲に迷惑をかけるほどではない元気な状態で、普段の様子を見ている人でないと見分けられないこともある。

A 3 ○

うつ状態の苦痛軽減のために受診し、躁状態になると病識が持てないために受診しないことから、うつ病と診断されている双極性障害の患者がいると考えられている。

A 4 ×

治療の中心は薬物療法である。気分安定薬を中心として、寛解導入、維持を目標とした治療が基本となる。

A 5 ×

気分安定薬が中心である。気分の波の振幅を小さくすることを目的に、炭酸リチウムや抗てんかん薬が投与される。

A 6 ×

抗うつ薬の服用が躁転を招く恐れがある。しかし、重度のうつ状態の場合、抗うつ薬を併用することはあり得る。

A 7 ×

うつ病では心気妄想や罪業妄想などの妄想や、思考制止などの思考障害が出現することがある。

A 8 ×

抑うつ気分と、活動への興味・喜びの減退のいずれかが必須である。

A 9 ×

１カ月で５％以上の体重変化が要件の一つとなる。

A 10 ×

うつ病は再燃・再発しやすい。最低でも、６カ月の維持期のあいだは再燃防止のための治療継続が必要である。

Q11 □□□

うつ病から、慢性うつ病や持続性抑うつ障害（気分変調症）に遷延することもある。

Q12 □□□

SDSは、Beck, A. T. が開発したうつ症状を測定する全20項目からなる質問紙である。

Q13 □□□

うつ病で用いられる薬物には、SSRIやSNRIのように、比較的副作用の少ないものが開発されている。

Q14 □□□

うつ病の発症率について、女性の方が男性よりも高い。

Q15 □□□

出産後から母体が非妊娠時の状態に回復するまでの期間を産褥期と呼び、精神疾患の発症が多いことが知られている。

Q16 □□□

産後うつ病は、マタニティブルーズとも呼ばれる。

Q17 □□□

月経前不快気分障害は、DSM-5においては抑うつ障害群に含まれている。

Q18 □□□

ほとんど一日中続く抑うつ気分が、少なくとも2年間、存在しない日よりも存在する日の方が多いのは、気分循環性障害である。

Q19 □□□

7～18歳の子どもに対して診断される、慢性的で激しい持続的な易怒性を示す重篤気分調整症は、双極性障害群に含まれる。

A11 ○

慢性うつ病はうつ病の病状が6カ月以上遷延する病態を指し、持続性抑うつ障害は軽うつ・気分変調が2年以上遷延する病態を指す。

A12 ×

SDS は Zung, W. W. K.（ツァン）が開発した質問紙法である。

A13 ○

SSRI や SNRI には、これまでの抗うつ剤でみられた抗コリン作用が少ないという特徴がある。

A14 ○

うつ病の発症率について、女性は男性の約2倍である。

A15 ○

出産後から母体が非妊娠時の状態に回復するまでの期間を産褥期と呼び、うつ病（産後うつ病）などの精神疾患の発症が多いことが知られている。

A16 ×

産後うつ病の症状は、一般的なうつ病と同様である。マタニティブルーズとは、出産後1週間以内に始まる軽度の抑うつ状態である。涙もろさを特徴とし、経過は数日～2週間程度であり、特に治療をしなくても寛解する。

A17 ○

気分の不安定性、易怒性、不快気分、不安が月経周期における月経前期に出現し、月経開始前後に回復する月経前不快気分障害は、DSM-5 においては抑うつ障害群に含まれている。

A18 ×

ほとんど一日中続く抑うつ気分が、少なくとも2年間、存在しない日よりも存在する日の方が多いのは、持続性抑うつ障害である。気分循環性障害とは、少なくとも2年間にわたって軽躁状態と抑うつ状態が慢性的に変動する気分の障害をいう。

A19 ×

7～18歳の子どもに対して診断される、慢性的で激しい持続的な易怒性を示す重篤気分調整症は、抑うつ障害群に含まれる。

7 不安症群

①社交不安症

社交不安症とは、他者から見られる可能性のある状況について過度な恐怖や不安を感じる状態をいう。この過度の恐怖や不安を感じる状況には、他者と関わる状況や他者から見られる状況などさまざまなものがある。社交不安症の病因としては、双生児研究や家族研究などによって、遺伝的要因がある程度関与していることが指摘されているが、他の精神疾患と同様に、環境的要因との相互作用によると考えられている。

社交不安症の治療は、ベンゾジアゼピン系抗不安薬、モノアミン酸化酵素阻害薬（MAIO）、選択的セロトニン再取り込み阻害薬（SSRI）などの薬物療法が有効である。また、認知再構成法とエクスポージャー法（曝露療法）を組み合わせたり、ソーシャル・スキル・トレーニング（SST）などの認知行動療法を行うこともある。また、自助グループに参加することもある。

②パニック症

パニック症とは、パニック発作が予期せずに繰り返し生じるだけでなく、発作後のさらなる発作やその結果について過度な心配が続いたり、発作のために日常生活に支障をきたす状態をいう。

■パニック発作の症状

①動悸、心悸亢進、または心拍数の増加
②発汗
③身震いまたは震え
④息切れ感または息苦しさ
⑤窒息感
⑥胸痛または胸部の不快感
⑦嘔気または腹部の不快感
⑧めまい感、ふらつく感じ、頭が軽くなる感じ、また気が遠くなる感じ
⑨寒気または熱感
⑩異常感覚（感覚麻痺またはうずき感）
⑪現実感消失（現実ではない感じ）または離人感（自分自身から離脱している感じ）
⑫抑制力を失うまたは“どうかなってしまう”ことに対する恐怖
⑬死ぬことに対する恐怖

パニック症のきっかけとなるパニック発作は、貧血や低血糖などの身体的要因や、カフェインやアルコールなどの物質によって生じている可能性がある。また、ストレッサーが発症に関与していることも明らかにされている。パニック症の治療では、SSRIを第一選択とする薬物療法、認知行動療法、自助グループへの参加が行われている。

③広場恐怖症

広場恐怖症とは、公共交通機関、広い空間や狭い空間、混雑したところや外出先で一人でいるときといった状況のうち、２つ以上の状況で過度の恐怖や不安を体験している状態である。パニック症患者の多くが広場恐怖症を併発しているとされている。パニック症は強い恐怖体験であるため、その後パニック発作が起きそうな場所を回避したり、行けたとしても過剰な恐怖を抱き続けたりする可能性がある。広場恐怖症の治療は、パニック症と同様に、薬物療法や認知行動療法などが用いられる。

④分離不安症

分離不安症とは、家または愛着を持っている人物からの分離について、発達的に過剰で不適切な恐怖や不安を抱いている状態をいう。愛着を持っている人物から分離させられた際に、その人の健康や死について心配したり、分離の恐怖のために一人で出かけたり、一人でいることを拒否したりする。そのため、本人または家族の日常生活に支障をきたす。

分離不安症は、喪失体験のような大きなストレッサーの後に発症することがある。また、双生児研究から遺伝的要因の影響も指摘されている。

⑤選択性緘黙

選択性緘黙とは、家族のいる自宅では話すが、学校や職場など特定の社会的状況において発話に困難がある状態をいう。発症は小学校入学前であることが多い。

選択性緘黙の発症は、もともと口数が少なく、発言に対する不安を持ちやすい傾向の子どもにおいて、発言をしたことによる傷つき体験の後に続いて起こるとされている。ただし、明確なきっかけがなく発症する場合もある。選択性緘黙の支援では、非言語的なアプローチを中心とした遊戯療法が行われる。また、安心して話すことができるような環境調整も重要である。

3-7 不安症群

Q 1

日本における不安症は、12 カ月有病率で 5.5%、生涯有病率で 9.2% と、うつ病よりも有病率が高い。

Q 2

パニック症の患者のごく一部が抑うつ障害を併発することがある。

Q 3

パニック症は、脳機能異常が関与しているといわれている。特に大脳皮質の病変が特徴的で、萎縮が見られるため、判断力が低下する。

Q 4

パニック症の診断は、1 度でもパニック発作が起こることが基準とされている。

Q 5

パニック発作とは、自分にとって嫌なことや不安なこと、予想もつかないようなことが起きた時に、泣いたり暴れたりするなどの混乱を呈することである。

Q 6

パニック症では、選択的セロトニン再取り込み阻害薬（SSRI）や長時間型抗不安薬を中心とした薬物療法と、認知行動療法の組み合わせが標準治療である。

Q 7

社交不安症をアセスメントする代表的な尺度としては LSAS-J がある。

Q 8

社交不安症の標準治療として、曝露療法が用いられる。

Q 9

全般性不安症の発症率は、年齢や性別にほとんど差がみられていない。

Q10

選択性緘黙の支援として、曝露療法は禁忌とされている。

A 1 ○

日本でのうつ病の12カ月有病率は1～2％、生涯有病率は3～7％である。不安症は複数の障害が併存することも知られている。

A 2 ×

パニック症の患者のおよそ半数が抑うつ障害を併発している。その他の不安症でも併存疾患が多いことが特徴である。

A 3 ×

パニック症では大脳辺縁系、特に扁桃体の機能異常がある。そのため、恐怖に対する反応が強く出てしまうと考えられている。

A 4 ×

パニック症は、2回以上のパニック発作、予期不安や、外出などの回避が1カ月以上続くことなどをもって診断される。

A 5 ×

パニック発作は、激しい恐怖や強烈な不安感が突然生じ、数分以内にピークに達する。泣いたり暴れたりするような混乱状態とは異なる。

A 6 ○

パニック症に対する認知行動療法の有効性についてはエビデンスがある。

A 7 ○

社交不安症の軽度から重度までの重症度を客観的に数字で表すことが可能な検査である。

A 8 ○

曝露療法とは、不安な状況に曝しながら、次第にそれに慣らしていく治療法である。一般的に、不安階層表に基づいて不安の程度の低いものから段階的に実際の刺激場面に曝していく。

A 9 ×

どの年齢層でも発症のリスクはあるとされているものの、男性より女性の方が罹患しやすいとされている。

A10 ×

必ずしも禁忌ではないが、発症の背景には高い不安などが存在する場合があるため、逆効果となる場合がある。不安を軽減するための環境調整や非言語的アプローチなども考慮した上で、段階的に実施していくことが求められる。

8 強迫症

①定義

強迫症とは、侵入的で不適切なものとして強い不安や苦痛を引き起こす反復的な思考やイメージである強迫観念や、強迫観念による不安や苦痛を予防したり中和したりするために反復的に行われる強迫行為によって、日常生活に支障をきたす状態をいう。強迫行為は、1日1時間以上の時間を消費することで、適応的な生活習慣や、職業や学業の機能、他者との人間関係を著しく阻害し、強い苦痛が生じる。強迫観念と強迫行為のどちらかしかみられない場合もある。

本人がひとりで悩んだり、不適切な対処行動をとったりすることで症状が維持・強化されている場合を自己完結型、家族や友人などの重要な他者との関わりによって維持・強化されている場合を巻き込み型という。巻き込み型では、他者に強迫行為を肩代わりさせることで安心を得ようとする。

3-8 強迫症

Q 1 □□□

●●● 強迫症の症例として、Freud, S. の「ねずみ男」や「狼男」が挙げられる。

Q 2 □□□

●●● 強迫症における強迫行為は、本人が強迫観念に対して不合理であるという認識を持てばすぐに自分でコントロールできる。

Q 3 □□□

●●● 強迫観念や強迫症状は非常に奇異であり、健常者にはまったくみられない。

Q 4 □□□

●●● 強迫症は子どもには発症しない。

Q 5 □□□

●●● 強迫症の症状は、レスポンデント条件づけによる不安の獲得と、オペラント条件づけによる不安からの逃避や回避に基づく症状の持続というように、学習理論から捉えることが可能である。

②治療

かつては精神分析的なアプローチも行われていたが、現在では、行動療法による治療が中心となっている。つまり、学習理論から強迫観念の発生や強迫行為の維持の機序を捉えている。具体的には曝露反応妨害法を適用するのが標準的である。近年では、アクセプタンス&コミットメントセラピー（ACT）が研究によって支持されている。また、SSRIなどの薬物療法も用いられる。

■強迫観念・強迫行為の種類の例

強迫観念・強迫行為の種類の例
汚染についての観念と洗浄強迫
不完全さについての観念と確認強迫
縁起恐怖など特にきっかけがなく起こる強迫観念
正確さや対称性、物の配置、順序へのこだわりや儀式行為

強迫症

A 1 ……………………………… □□□

○ また、Freud, S. による恐怖症の症例としては「少年ハンス」が有名である。

A 2 ……………………………… □□□

× 強迫観念に対してばかばかしさや、過剰であることを自ら認識してやめたいと思いつつも、強迫行為は反復されることがある。

A 3 ……………………………… □□□

× 家の鍵を閉め忘れたのではないかと不安になるなど、健常者も同様のことを体験している。

A 4 ……………………………… □□□

× 強迫症は子どもにも発症し得る。小児期では男児の方が多く発症するが、成人期では女性の方が多い。

A 5 ……………………………… □□□

○ 強迫症の症状は、何らかのきっかけで思い浮かんで不安を喚起する強迫観念（レスポンデント条件づけ）と、その不安を軽減・制御しようとする強迫行為（オペラント条件づけ）から説明され得る。

Q 6 ●●● □□□

強迫症は、生物学的要因として、ドーパミン系の関与が想定されている。

Q 7 ●●● □□□

強迫症は、手を洗い続ける、何度も確認するといった強迫行為のみが中核的な症状である。

Q 8 ●●● □□□

強迫症に対する治療として、一般的に曝露反応妨害法が用いられる。

Q 9 ●●● □□□

強迫症は、うつ病の発症後二次的に出現することが一般的とされている。

Q10 ●●● □□□

強迫観念及び強迫行為があるときには、社会生活の中で何も支障がない場合であっても強迫症の診断を受け得る。

Q11 ●●● □□□

強迫症は病識が必ずある疾患であるため、DSM-5 では病識を特定する必要はないとされている。

Q12 ●●● □□□

強迫症についての生物学的要因は現在のところ、指摘されていない。

Q13 ●●● □□□

精神分析では、強迫症は、肛門期における親に対する葛藤によって引き起こされた攻撃的衝動を、反動形成や打ち消しなどの防衛機制を働かせることによって生じたものと理解する。

Q14 ●●● □□□

強迫症の薬物療法として、SSRI を適用することがある。

Q15 ●●● □□□

強迫行為の治療は強迫観念の治療に比べて困難であるとされている。

A 6 ……………………………………………………… □□□

×

強迫症は、セロトニン系の関与が想定されている。また、前頭葉（前頭眼窩面）一皮質下（線条体・視床）回路の機能異常も想定されている。

A 7 ……………………………………………………… □□□

×

強迫症では不安を喚起するような考えである強迫観念と、その不安を解消しようとする強迫行為がみられる。診断の際には、身体疾患や、その他の精神疾患の除外を行った上で診断される。

A 8 ……………………………………………………… □□□

○

強迫観念の元になる不安な状態に曝し（曝露）、その上で強迫行為を行わせない（反応妨害）ようにする。導入にはインフォームド・コンセントが重要となる。

A 9 ……………………………………………………… □□□

×

強迫症はうつ病との併存が多く、強迫症の発症後にうつ病が二次的に出現することが一般的とされている。

A 10 ……………………………………………………… □□□

×

強迫観念及び強迫行為によって、生活上の支障がある場合に診断される。

A 11 ……………………………………………………… □□□

×

一般的に病識のある疾患とされているが、欠如している場合もあり、DSM-5 では、病識が十分か、欠如しているかを特定している。

A 12 ……………………………………………………… □□□

×

セロトニンやドーパミン神経系の機能異常の関与などが指摘されている。

A 13 ……………………………………………………… □□□

○

精神分析では、強迫症について設問のように解釈する。反動形成とは、自我が受け入れにくい感情や思考が抑圧され、意識や行動面ではその反対のものに置き換えられることを指す。

A 14 ……………………………………………………… □□□

○

抗うつ薬の SSRI を用いることがある。

A 15 ……………………………………………………… □□□

×

強迫観念の治療が強迫行為の治療に比べて困難であるとされている。

9 PTSD（心的外傷後ストレス障害）

①定義

PTSDとは、強い心的外傷になるような出来事に、以下のようなかたちで曝露されたことにより、心理的・身体的に特有の症状がみられる疾患をいう。

■心的外傷的出来事へのいずれかの形式による曝露

① 心的外傷的出来事を直接体験する
② 他人に起こった出来事を直に目撃する
③ 近親者または親しい友人に起こった心的外傷的出来事を耳にする。家族または友人が実際に死んだ出来事または危うく死にそうになった出来事の場合、それは暴力的なものまたは偶発的なものでなくてはならない
④ 心的外傷的出来事の強い不快感をいだく細部に、繰り返しまたは極端に曝露される経験をする（例：遺体を収集する緊急対応要員、児童虐待の詳細に繰り返し曝露される警官）

※④は仕事に関連するものでない限り、電子媒体、テレビ、映像、または写真による曝露には適用されない

3-9 PTSD（心的外傷後ストレス障害）

Q1 □□□

●●●

心的外傷後ストレス障害（PTSD）は、自身が実際に体験したことに対してのみ生じる疾患である。

Q2 □□□

●●●

心的外傷後ストレス障害（PTSD）は、心的外傷的出来事を体験した直後から発症する。

Q3 □□□

●●●

心的外傷後の特有の症状が1カ月未満の場合は、PTSDの診断はされない。

症状としては、悪夢やフラッシュバックなどによる心的外傷的出来事の侵入症状、心的外傷的出来事に関連した事物からの持続的な回避症状、心的外傷的出来事を想起できなくなったり、自分や他者に対して否定的な感情を持続的に経験する認知や気分の陰性の変化、緊張や睡眠障害などをはじめとした覚醒度と反応性の著しい変化などが挙げられる。これらの症状が心的外傷的出来事の後１カ月以上続いている場合はPTSD、１カ月未満の場合にはASD（急性ストレス障害）と診断される。また、PTSD患者はしばしばアルコール依存症や薬物依存などの問題を抱えることがあるが、これはPTSD症状の耐えがたい苦痛への対処行動の結果として生じてしまうものとされている。

②治療

治療は、症状にあわせて、薬物療法と心理療法を併用する場合が多い。心理療法では、持続エクスポージャー法やEMDR（眼球運動による脱感作と再処理法）が適用される。

なお、心的外傷的出来事を体験した後すぐにそのことについて詳細に語らせるディブリーフィングは、効果がないばかりでなく、有害であることが明らかになっている。PTSDを引き起こし得るような出来事を体験した人に対する、専門家以外の人たちでも行うことができる応急処置的な援助方法として、サイコロジカル・ファーストエイドが挙げられる。

PTSD（心的外傷後ストレス障害）

A 1 ……………………………………………… □□□

×

心的外傷後ストレス障害（PTSD）は、危うく死ぬまたは重傷を負うような心的外傷的出来事を体験した後に起こるが、そのような出来事を見たり聞いたりすることでも発症することがある。

A 2 ……………………………………………… □□□

×

心的外傷的出来事を体験後、症状が１カ月以上持続し、苦痛と生活上の支障をきたす場合に診断される。

A 3 ……………………………………………… □□□

○

症状が１カ月未満の場合はASD（急性ストレス障害）の診断となる。

Q 4 □□□

心的外傷後ストレス障害（PTSD）の症状は、①再体験、②回避行動、③認知と感情の否定的変化、④慢性過覚醒状態　の４つがある。

Q 5 □□□

心的外傷後ストレス障害（PTSD）の診断には、CAPS や IES-R、MMPI が用いられることがある。

Q 6 □□□

心的外傷後ストレス障害（PTSD）は、うつ病やアルコールへの依存・濫用が問題になることがある。

Q 7 □□□

EMDR は心的外傷後ストレス障害（PTSD）の治療に有効であるといわれている。

Q 8 □□□

ICD11 において、従来の PTSD の診断に加えて複雑性 PTSD の診断が加わった。

Q 9 □□□

PTSD において心的外傷的出来事は、通常、反復的、意識的、侵入的に想起される。

Q10 □□□

PTSD では離人感や現実感の消失が経験されることはない。

Q11 □□□

PTSD では、怒りっぽくなり、言語や身体による攻撃行動がみられることがある。

Q12 □□□

PTSD は、特定の性格傾向がある人に起こりやすいとされる。

Q13 □□□

ASD（急性ストレス障害）や PTSD を引き起こすような自然災害や事故の際に行われるサイコロジカル・ファーストエイドは、研修を受けた専門家だけが実施を許される。

A 4 ○

再体験症状にはフラッシュバックや悪夢などがある。また、過覚醒症状では、神経の昂りや不眠がみられることもある。

A 5 ×

MMPIではPTSDの診断はできない。PTSDを評価するための尺度として、PTSD臨床診断面接尺度（CAPS）や、出来事インパクト尺度（IES-R）、精神的苦痛の包括的評価法（PDI）を用いられることが多い。

A 6 ○

過覚醒症状の一つである不眠を軽減するためにアルコールの量が増え、それによりアルコール依存となってしまう場合がある。

A 7 ○

EMDRとは、眼球運動による脱感作と再処理法のことである。また、PTSDの他の治療として、持続エクスポージャー法が用いられることもある。

A 8 ○

従来の単回的な事故や戦争という外傷体験に加えて、虐待などの長期的な外傷体験に起因し、慢性的な経過をたどる臨床像が報告されている。

A 9 ×

心的外傷的出来事は、通常、反復的、無意識的、侵入的に想起される。

A 10 ×

離人感や現実感の消失といった解離症状が経験されることもある。

A 11 ○

過覚醒により、怒りっぽくなり、言語や身体による攻撃行動がみられることがある。

A 12 ×

PTSDは、特定の性格は関係せず、心的外傷を負うような衝撃的な体験を経験すれば、誰でも発症し得る。

A 13 ×

サイコロジカル・ファーストエイドは専門家以外の人も実施が可能な心の応急処置的な援助方法である。

Q14 □□□

PTSDの予防には、心的外傷体験後になるべく早くディブリーフィングを行うことが効果的である。

Q15 □□□

PTSDに対する心理療法である持続エクスポージャー法は、Shapiro, F. によって開発された。

Q16 □□□

心的外傷体験に関連する認知・気分の否定的な変化には、物事に対する興味や関心、社会参加の極端な減退も含まれる。

Q17 □□□

適応障害では、その原因となるストレス因が終結しても1年以上症状が続く場合がある。

Q18 □□□

適応障害を引き起こすストレス因を特定することは困難を極めることが多い。

Q19 □□□

災害時はASD（急性ストレス障害）やPTSDを未然に防ぐために、心理的支援を優先する必要がある。

Q20 □□□

適応障害の治療においては、心理社会的な支援としてストレス因の調整や対処方略の変更も有効である。

Q21 □□□

うつ病と適応障害の相違点は、症状の継続期間のみである。

A14 ……………………………………………… □□□

×

心的外傷体験後すぐにその体験を詳細に語らせるディブリーフィングは有害であることが明らかになっている。

A15 ……………………………………………… □□□

×

持続エクスポージャー法は、Foa, E. B.（フォア）らによって開発された。Shapiro, F.（シャピロ）が開発したのはEMDRである。EMDRでは、クライエントはトラウマ体験を想起しつつ、治療者の指の運動を追視しながら眼球運動を行う。

A16 ……………………………………………… □□□

○

心的外傷体験に関連する認知・気分の否定的な変化には、心的外傷的出来事の重要な側面の想起不能、自分自身や他者、世界に対する持続的で過剰に否定的な信念や予測なども含まれる。

A17 ……………………………………………… □□□

×

適応障害はストレス因から3カ月以内に発症し、そのストレス因が終結すれば、症状は6カ月以上持続することはないとされる。

A18 ……………………………………………… □□□

×

適応障害は、特定可能なストレス因に対する不安や抑うつ、自律神経症状などの身体症状が生じる疾患である。ストレス因が特定できない場合は適応障害とは診断されない。

A19 ……………………………………………… □□□

×

災害時は基本的ニーズに沿った現実的な支援を最優先で行う。

A20 ……………………………………………… □□□

○

治療として、ストレス因の除去とストレス因に対する本人の適応力を高めるという2つのアプローチがある。効果は補助的であるが薬物療法を用いることもある。

A21 ……………………………………………… □□□

×

適応障害はストレス因が特定されており、そのストレス因から離れていれば症状が緩和されるという点でうつ病とは異なる。うつ病は特定のストレスが原因の場合と、原因が特定できない場合がある。

10 解離症群

①解離症群

解離とは、意識、記憶、同一性、知覚、運動、感情などの通常は統合されている心的機能の統合性の喪失である。解離は自分の意識や知覚を自らと切り離すことで、心理的なストレスを感じないようにする防衛機制の一つである。解離は健康な人でもみられ、退屈な講義中に空想に耽っていたため講義の内容が思い出せないといった例が挙げられる。この機制が不適切にかつ頻繁に用いられているのが解離症群である。

②解離性健忘

解離性健忘とは、強いストレッサーによる記憶障害である。健忘がみられる期間によって、以下に分けられる。健忘した記憶は、時間の経過とともに次第に思い出されることが多い。

■解離性健忘の種類

全健忘	自分の生活史の全ての記憶を忘れる
限局性健忘	ある限定された期間に生じた出来事を忘れる
選択的健忘	ある限定された期間に生じた出来事の一部は想起できるが、その他の部分は忘れる

3-10 解離症群

Q 1 □□□

解離性健忘では、重要な個人情報に関する健忘が生じる。

Q 2 □□□

離人感・現実感消失症はあくまで心理的なもので、視覚領域の外界知覚が変容し、ものが大きく見える大視症、小さく見える小視症、歪んで見える、遠くに霞んで見えるようなことは起こらない。

Q 3 □□□

離人感・現実感消失症は、自分の考えや感情が非現実的に感じられたり、自分と周囲にベールがかかっているように感じたりする状態で、現実検討力も喪失している。

③解離性同一症

一人の人間の中に、2人以上の人格が存在する疾患をいう。原因は、その多くが幼少期における深刻な心的外傷体験であるとされている。つまり、本来の人格の一部が心理的に非常に大きい脅威から自己を守るために解離し、切り離された感情や記憶が別の人格として成長したものと考えられている。

④離人感・現実感消失症

離人感や現実感の消失について、持続的、反復的な体験を有する疾患である。なお、離人感・現実感消失症では、現実検討力は正常に保たれている。

■離人感、現実感消失症の定義

離人感	自分の思考、感情、感覚、身体、行為についての非現実感や親しみのなさを特徴とする。自分が自分から離れて傍観者のように感じる体験をすることがある
現実感消失	非現実感、または外界への親しみのなさを特徴とする。周囲の環境に生命がないように感じたり、視覚的に歪んで体験される場合もある

解離症群

A1 □□□

○

重要な個人情報で、通常心的外傷と関連するものの想起が不可能になり、通常の物忘れでは説明できない状態である。

A2 □□□

×

離人感・現実感消失症では大視症、小視症、歪んで見える、遠くに霞んで見えるなどの視覚的な外界知覚の変容もみられる。

A3 □□□

×

離人感・現実感消失症は、自分の考えや感情が非現実的に感じられたり、体外離脱体験が起こったりする離人感や、自分と周囲にベールがかかっているように感じたりする現実感消失を特徴としているが、現実検討力は正常に保たれている。

11 身体症状症及び関連障害群

①身体症状症

身体症状症とは、苦痛を伴う、または日常生活に混乱をきたす複数の身体症状を有する疾患をいう。病気に対する極めて高い不安を有している。

②病気不安症

病気不安症とは、重篤な身体疾患にかかっている、またはかかりつつあるというとらわれを引き起こす疾患をいう。身体症状は存在しないか、あってもごく軽度であり、その不安ととらわれは身体症状に対して過度で不釣合いである。

③変換症

変換症は、その症状は神経疾患によって説明できないにもかかわらず、麻痺や歩行障害などの運動機能や、失声や視覚障害などの感覚機能に障害がみられる疾患をいう。かつては、転換ヒステリー（転換性障害）と呼ばれていたものに相当する。精神分析的には心理的な葛藤が身体症状に転換されたと解釈される。

④心身症などに関連する概念

心身症とは、身体疾患の中で、その発症や経過に心理的・社会的要因が密接に関与し、器質的あるいは機能的な障害が認められる疾患を指す。具体的には、過敏性腸症候群や胃潰瘍、狭心症、偏頭痛、円形脱毛症などが挙げられる。ただし、これら疾患を有する個人が、必ずしも心身症であるというわけではない。

心身症などに関する概念としては、次のものが挙げられる。

3-11 身体症状症及び関連障害群

Q 1 □□□

身体症状症は難病を抱えている患者が、その不安による症状にとらわれてしまうことから発症する。

■心身症などに関連する概念

アレキシサイミア	失感情症とも呼ばれ、感情をはじめとした自身の内的状態の言語化の困難、想像力や空想力の不全を示すパーソナリティ特性である。Sifneos, P. E.（シフネオス）によって提唱された。内的状態の言語化が困難であり適切な対処行動がとれないことから、心身症を患うことが多いとされる。心身症以外にも、うつ病やアルコール依存症などとの関連も指摘されている。さらに、他者に対して自己の内的状態を適切に伝えることが難しいことから、良好な対人関係を築くのが難しく、セラピストとの間に十分なラポールを形成しづらいことも多い
タイプA行動パターン	常に時間に追われ、競争心が強く、攻撃的で、野心家であるような性格傾向をいう。休みや遊びの時間をつくらず、疲れていてもそれを訴えようとはしない。Friedman, M.（フリードマン）らが、心臓血管系の患者を調査した結果、そうした行動傾向が共通の特徴として見いだされた。常にストレス負荷が高い状態にあるため、そのような疾患にかかりやすいといわれている。また、タイプAとは反対の、大らかで競争的でない人の性格傾向をタイプBという
燃え尽き症候群	熱心に仕事に打ち込んでいた人が、突然燃え尽きたかのように意欲を失い、心身の不調を抱える現象。Freudenberger, H. J.（フロイデンバーガー）によって提唱され、バーンアウトとも呼ばれている。看護師や教師をはじめとした対人援助職者に多いとされ、長期にわたる援助活動によって心的エネルギーの消耗や感情の枯渇をきたすといわれている。正義感が強くまじめな人や、仕事以外の趣味がない人、また周囲からのサポートを受けられない人がより陥りやすいといわれている

身体症状症及び関連障害群

身体症状症は、身体疾患のみでは説明できないような身体内部感覚の増強があり、その症状にとらわれ、生活上の支障がみられる病態である。難病を抱えているかもしれないと思うほどの不安から症状にとらわれてしまっているが、難病を抱えているわけではない。

Q 2

身体症状症とは心身症のことである。

Q 3

身体症状症の治療において大切なのは、患者の苦痛や混乱は気のせいであることを理解させることである。

Q 4

病気不安症とは、重篤な身体症状を有しており、重篤な身体疾患にかかっている、またはかかりつつあるというとらわれを引き起こす疾患をいう。

Q 5

アレキシサイミアとは、患者が何も感じなくなり、無表情になることである。

Q 6

アレキシサイミアの状態では、感情が表現できないため心理療法にはまったく適さない。

Q 7

燃え尽き症候群は、特に対人援助職者が高いリスクを有しているとされている。

Q 8

燃え尽き症候群は Sifneos, P. E. によって提唱された。

Q 9

Friedman, M. は、仕事に過度に没頭するなどの行動傾向と虚血性心疾患の関連性について指摘した。

Q10

タイプ C 行動パターンは、権力に従順で自己犠牲的、忍耐強いなどの特徴を持ち、がん（悪性腫瘍）との関連が深いとされている。

A 2 ×

身体症状症とは、さまざまな苦痛を伴う身体症状が長期に持続し、その症状に対して強いとらわれを有する精神疾患である。心身症とは、その発症や経過に心理・社会的な因子が密接に関与し、器質的あるいは機能的な障害がみられる身体疾患である。

A 3 ×

患者は実際に痛みやしびれを感じているのに、「気のせいだ」と言われてきて傷ついたり、不安が高まったりした状態にある。そのため、治療においては、病態の説明とあわせて、「気のせいではない」という保証、つまり心理的問題があるということを伝えていく必要がある。

A 4 ×

病気不安症とは、重篤な身体疾患にかかっている、またはかかりつつあるというとらわれを引き起こす疾患をいう。身体症状は存在しないか、あってもごく軽度であり、その不安ととらわれは過度で不釣合いである。

A 5 ×

アレキシサイミアは、言葉で感情を表現することが困難な状態のことであり、感情がなくなるわけではない。

A 6 ×

適さないとはいえない。ただし、セラピストとのラポール関係を持ちづらいことが指摘されている。

A 7 ○

そのため、丁寧なセルフケアを行ったり、周囲からのサポートを受けたりすることが重要である。

A 8 ×

Freudenberger, H. J. により提唱された。Sifneos, P. E. が提唱したのは、自身の内的状態の言語化の困難を特徴とするパーソナリティ特性であるアレキシサイミアである。

A 9 ○

タイプ A 行動パターンのことである。Friedman, M. は、仕事に過度に没頭する、過剰な競争心、攻撃性の高さ、せっかちな行動傾向などと、心筋梗塞などの虚血性心疾患との関連について言及している。

A10 ○

C は Cancer（がん）の頭文字を取っている。

12 摂食障害群

①神経性やせ症（神経性無食欲症）

神経性やせ症は、最低限必要とされる正常な体重を維持することを拒み、明らかに体重が少ないにもかかわらず、肥満への強い恐怖を持つ疾患である。自分の体型に対するイメージの歪みから、極端に痩せていてもさらに痩せたいという願望を抱く。また、体重増加や肥満への恐怖から、絶食したり、嘔吐や下剤の使用などによる不適切な代償行動を伴うこともある。

DSM-5 における診断基準は、体重が有意に低い、それにもかかわらず体重増加や肥満への強い恐怖がある、自分の体重や体型への認識が歪んでいるなどが挙げられる。

致死率が他の精神疾患と比較して高いことから、場合によっては強制入院を行い、点滴による栄養補給を行うこともある。主な治療方法としては、認知行動療法による体型に対する歪んだイメージの修正、また家族療法によるアプローチ、自助グループへの参加などが挙げられる。

②神経性過食症（神経性大食症）

神経性過食症は、明らかに大量の食物を食べることやそのことを制御できない感覚、かつ過食による体重増加を防ぐための不適切な代償行動がみられる疾患である。ただし、BMI は正常の範疇である場合が多い。また、繰り返しの嘔吐を伴う場合は、歯のエナメル質の欠如や唾液腺の腫れなどの症状がみられる。

3-12 摂食障害群

Q 1 □□□

神経性やせ症は、過食または排出行動の反復的エピソードの有無によって病型が変わる。

Q 2 □□□

摂食障害群の好発期は、20 代から 40 代までの働く女性に多いといわれている。

Q 3 □□□

BMI において普通体重とされる値は、18.5 以上 25 未満である。

DSM-5における診断基準は、過食と不適切な代償行動を繰り返す、過食と不適切な代償行動は３カ月間にわたって週１回は起こる、自己評価が体重や体型に過度に左右される、などが挙げられる。

過食やその後の代償行動は、それらを行ってしまったことに対する自己嫌悪や敗北感を生じさせ、うつ病や不安症、最悪の場合は自殺行為を引き起こすこともある。治療としては、認知行動療法やSSRIによる薬物療法などが有効であるとされている。

③過食性障害

過食性障害は、過食は繰り返すが不適切な代償行動を伴わない疾患である。DSM-5における診断基準は、過食を繰り返す、過食は３カ月間にわたって週１回は起こる、過食に関して明らかな苦痛が存在するなどが挙げられる。

④病因

摂食障害の心理・社会的要因については、いくつか説が唱えられているが、定説となり得るものは現在のところない。クライエントと母親との心理的葛藤や家族内力動などの精神分析的な原因を重視する説は、母親との葛藤から女性性や成熟への拒否が青年期において生じ、成長を止めるために摂食障害が生じるというものである。また、やせた体型を美しいとする文化では青年期に強いやせ願望が生じるとされている。また、内因性オピオイドやセロトニンなどの生物学的要因を指摘する説もある。

摂食障害群

A１ □□□

○

過去３カ月間で、過食または排出行動の反復的エピソードがある場合は過食・排出型、ない場合は摂食制限型と分かれている。

A２ □□□

×

児童・思春期（小学校高学年頃）から青年期（大学生）にかけてが多くなるといわれている。また、男女比は１：10で女性の方が多い。

A３ □□□

○

18.5未満は低体重、25以上は肥満とされている。

Q 4 □□□

摂食障害群の患者の特徴は、自己愛が強く、他者の視点が欠けていることが挙げられる。

Q 5 □□□

DSM-5 において神経性やせ症を診断するとき、標準体重から 10% 以上低体重であることが条件となる。

Q 6 □□□

神経性やせ症の患者は、体重の増減が自己評価と直結していることが多い。

Q 7 □□□

神経性やせ症は死に至る場合があるため、まずは内科的治療による体重回復が優先される。しかし自殺に至ることはないので、自殺については考慮する必要がない。

Q 8 □□□

神経性やせ症は、体重が正常下限を下回っていることのみが身体症状であり、通常、他の身体症状はみられない。

Q 9 □□□

神経性過食症では、反復する過食エピソードとそれに対する代償行為が診断基準に含まれる。

Q10 □□□

神経性過食症の患者は自分の食事に問題があることを自覚しておらず、症状を隠すことなく誰の前でも過食をしてしまう。

Q11 □□□

神経性過食症の患者は、過食を代償するために複数の手段を用いるので、標準体重よりも有意に低い傾向にある。

Q12 □□□

摂食障害は、うつ病やアルコール依存症などの合併症が起こることはない。

Q13 □□□

1 日中少量の食物を少しずつ食べ続ける状態は、過食性障害に含まれる。

A 4 ×

摂食障害群の患者は、自己像や他者評価へのとらわれ、強迫傾向などの特徴があるとされる。

A 5 ×

神経性やせ症は、年齢、性別、成長曲線、身体的な健康状態に対して有意に低い体重に至っていることが診断基準に含まれる。具体的なパーセンテージは定められていない。

A 6 ○

体重の減少は自己鍛錬の表れ、体重の増加は自己管理の受け入れがたい失敗としている。

A 7 ×

神経性やせ症は致死率が高いといわれている。栄養失調だけでなく、自己評価と体重が結びついているために自殺の危険性も高い。

A 8 ×

神経性やせ症には、低体重による無月経や便秘、低血圧、低体温などがみられる。

A 9 ○

過食エピソードは、普通の人が同様の時間内に食べる量よりも明らかに多い量を食べることや、食べることを抑制できない感覚を伴っていることによって特徴づけられる。

A 10 ×

神経性過食症の患者は、自分の食事に問題があることを自覚していたり、恥ずかしいと思っていたりするため、過食を隠そうとする。

A 11 ×

神経性過食症では、過食を代償するために複数の手段を用いる。しかし、体重は一般的に、正常体重の範囲にある。

A 12 ×

摂食障害に伴う抑うつや自己嫌悪などが、うつ病やアルコール依存症などを引き起こす可能性がある。

A 13 ×

DSM-5 における過食エピソードとは、「他とはっきりと区別される時間帯に、ほとんどの人が同様の状況で同様の時間内に食べる量よりも明らかに多い食物を食べる」ことである。

Q14 □□□

神経性やせ症では、肥満することへの恐怖は、体重が低下することによって減じる。

Q15 □□□

摂食障害は1度寛解を迎えると再発することはない。

Q16 □□□

DSM-5 の神経性過食症の診断基準には、歯科的な異常があることが含まれる。

Q17 □□□

DSM-5 の診断基準では、神経性やせ症については無月経であることが診断基準に含まれる。

Q18 □□□

神経性やせ症と神経性過食症はそれぞれ独立した疾患であるため、神経性やせ症から神経性過食症に移行したり、その逆に移行したりすることはない。

Q19 □□□

標準体重に戻れば、摂食障害が根治したと判断される。

Q20 □□□

神経性やせ症、神経性過食症のどちらにおいても、認知行動療法はいかなるクライエントにも有効である。

Q21 □□□

神経性やせ症の場合、本人は病識を持たないことが多い。

Q22 □□□

神経性やせ症の発症要因として、家族間葛藤などの心理的要因や、痩せていることを美しいとする文化などの社会的要因のみが指摘されている。

Q23 □□□

過食性障害では、ダイエット行動はまったくみられない。

A14 ×

神経性やせ症では、肥満の恐怖は、体重が低下することによっても減じない。

A15 ×

寛解と再発を繰り返すことが多くみられるとされている。

A16 ×

診断基準には含まれないが、嘔吐が酸蝕歯といった歯科的な異常を引き起こす場合がある。

A17 ×

DSM-5 では、神経性やせ症について無月経であることは診断基準に含まれていない。

A18 ×

神経性やせ症と神経性過食症は表裏一体の関係とも考えられ、神経性やせ症から神経性過食症に移行したり、その逆もある。

A19 ×

標準体重が身体的な改善の指標の一つにはなり得るが、不適切な代償行動により標準体重が保たれている場合もある。

A20 ×

認知行動療法に限らず、特定の心理療法がどのようなクライエントにも有効であるとは限らない。

A21 ○

神経性やせ症では、自分の体重や体型についての体験や認識が歪んでいるため、自分が病気であるという認識がないことが多い。

A22 ×

内因性オピオイドやセロトニンなどの生物学的要因を指摘する説もある。

A23 ×

過食性障害では、過食エピソードと過食エピソードのあいだに体型や体重に影響を与えるような反復的で不適切な代償行動はみられない。しかし、過食性障害の患者の中にはダイエット行動を報告する人もいる。

13 睡眠―覚醒障害群

①不眠障害

不眠障害は、入眠困難、中途覚醒・睡眠維持困難、早朝覚醒のいずれか、またはその組み合わせによる睡眠の量と質に関する不満足な状態を指す。不眠障害は夜間の睡眠困難だけでなく、疲労感や気力減退、気分の障害などの日中の訴えや症状を伴うことがある。

②ナルコレプシー

ナルコレプシーは、日中に耐えがたい眠気が繰り返し起こる疾患であり、夜間に十分な睡眠をとっていても、昼間に耐えがたい眠気や居眠りが繰り返し現れる。また、一般的に、感情の大きな動きに伴って、全身あるいは体の一部の力が急に抜ける筋緊張消失が起きる情動脱力発作（カタプレキシー）がみられる。発作中は意識があることが多い。

ナルコレプシーの病因としては、神経伝達物質であるオレキシンを産生する神経細胞の障害が指摘されている。また、白血球の血液型ともいえるHLA型との関連性も挙げられている。

ナルコレプシーの治療では、過眠症状に対しては、メチルフェニデート、ペモリン、モダフィニルなど中枢神経刺激薬が適用される。また、情動脱力発作には三環系抗うつ薬やSSRI、SNRIなどの抗うつ薬が用いられる。

③概日リズム睡眠―覚醒障害群

概日リズム睡眠―覚醒障害群は、体内の概日リズムと外的生活時間のズレにより、望ましい時刻に睡眠・覚醒することが困難になる障害群である。概日リズム睡眠―覚醒障害群は、次のように分類される。

3-13 睡眠―覚醒障害群

Q 1 □□□

●●●

不眠障害とは、入眠困難、中途覚醒・睡眠維持困難、早朝覚醒のいずれか、またはその組み合わせによる睡眠の量に限定される不満足な状態を指す。

■概日リズム睡眠―覚醒障害群の分類

睡眠相後退型	睡眠開始と覚醒時間が後退しており、希望する早い時刻での入眠と覚醒ができない
睡眠相前進型	睡眠開始と覚醒時間が前進しており、希望する遅い時刻まで覚醒が維持できない
24 時間睡眠―覚醒型	睡眠と覚醒時間が 24 時間において少なくとも３つの周期に断片化されている
非 24 時間睡眠―覚醒型	24 時間の明暗周期と体内概日リズムのズレから、睡眠時間帯が毎日徐々に遅れていき、最終的には睡眠時間が日中になる
交代勤務型	夜勤など、午前８時から午後６時までの一般的な時間帯以外に仕事をする人にみられる

④睡眠時随伴症群

睡眠時随伴症群は、睡眠、特定の睡眠段階、または睡眠―覚醒の移行に関連してみられる行動異常をいう。睡眠時随伴症群は、以下のように分類される。

■睡眠時随伴症群の分類

ノンレム睡眠からの覚醒障害	不完全な覚醒状態であり、睡眠中の複雑な運動行動や、睡眠からの突然の驚愕覚醒を繰り返す。覚醒エピソードについての健忘がみられる
レム睡眠時行動障害	睡眠中に発声や複雑な運動行動が起こり、覚醒する。覚醒エピソードについての記憶があるとされている

第3章 精神疾患とその治療

睡眠―覚醒障害群

□□□

不眠障害とは、入眠困難、中途覚醒・睡眠維持困難、早朝覚醒のいずれか、またはその組み合わせによる睡眠の量と質に関する不満足な状態を指す。

Q 2 □□□

●●● 概日リズムに関する重要な役割を果たすメラトニンは、日中には分泌量が多く、夜間は低下する。

Q 3 □□□

●●● ナルコレプシーは、日中に耐えがたい眠気が繰り返し起こる疾患である。そのため、夜間に十分な睡眠をとれば、症状を抑えることができる。

Q 4 □□□

●●● ナルコレプシーは、一般的に、感情の大きな動きに伴って、全身あるいは体の一部の力が急に抜ける筋緊張消失が起きる情動脱力発作がみられる。

Q 5 □□□

●●● ナルコレプシーの治療では、過眠症状に対しては、SSRI、SNRI などの抗うつ薬が適用される。また、情動脱力発作にはメチルフェニデートなどの中枢神経刺激薬が用いられる。

Q 6 □□□

●●● 睡眠相前進型では、希望する早い時刻での入眠と覚醒ができない。

Q 7 □□□

●●● 睡眠習慣の観点から、就床時刻を厳守するために必ず定刻には床につくことが重要とされている。

Q 8 □□□

●●● ノンレム睡眠からの覚醒障害は、不完全な覚醒状態であり、睡眠中にみられる複雑な運動行動や、睡眠からの突然の驚愕覚醒を繰り返す。また、覚醒エピソードについての健忘がみられる。

Q 9 □□□

●●● 睡眠と覚醒に関わる問題の要因は、6P 分類によると理解しやすい。

Q10 □□□

●●● 不眠症状に対する睡眠薬は、酒と一緒に服用することで効果が強まるため、併用が推奨されている。

A 2 □□□

×

明るい光によってメラトニンの分泌は抑制され、日中はメラトニン分泌量が少なく、夜間は十数倍に増加する。

A 3 □□□

×

ナルコレプシーでは夜間に十分な睡眠をとっていても、昼間に耐えがたい眠気や居眠りが繰り返し現れる。

A 4 □□□

○

情動脱力発作（カタプレキシー）は、全ての患者にみられるわけではないが、診断上重要な症状である。

A 5 □□□

×

ナルコレプシーの治療では、過眠症状に対しては、メチルフェニデート、ペモリン、モダフィニルなど中枢神経刺激薬が適用される。また、情動脱力発作には三環系抗うつ薬やSSRI、SNRIなどの抗うつ薬が用いられる。

A 6 □□□

×

設問は睡眠相後退型である。睡眠相前進型では、睡眠開始と覚醒時間が前進しており、希望する遅い時刻での入眠と覚醒ができない。

A 7 □□□

×

寝つけないまま床の中にいると、眠れないことへの不安や焦りが生じ、かえって眠れなくなるため、眠くなってから床につくことが推奨されている。

A 8 □□□

○

設問の通りである。レム睡眠時行動障害は睡眠中に発声や複雑な運動行動が起こり覚醒する。また、覚醒エピソードについての記憶があるとされている。

A 9 □□□

×

5P分類である。5つのPとは、身体的（Physical)、生理学的(Physiological)、心理学的(Psychological)、精神医学的(Psychiatric)、薬理学的（Pharmacological）である。

A 10 □□□

×

予期せぬ副作用などを引き起こす危険性がある。

14 依存症

①定義

依存症は、DSM-5 における物質関連障害及び嗜癖性障害群に相当する。中でも、物質使用障害は、アルコールや薬物といった物質に関連した重要な問題が生じているにもかかわらず、物質を使用し続けていることを示す認知的、行動的、生理的な症状を指す。以下の診断基準によって定義される。

■ DSM-5 の物質使用障害の診断基準

① 意図していたよりもしばしば大量に、または長い時間にわたって使用する
② 物質の使用の制限に対する持続的な欲求や努力の不成功がある
③ 物質を得るために必要な活動、その使用、その作用からの回復に費やされる時間が大きい
④ 渇望、つまり物質使用への強い欲求、または衝動がある
⑤ 物質使用を繰り返した結果、職場、学校、または家庭で果たすべき重要な役割責任を果たすことができなくなることがある
⑥ 物質の作用によって引き起こされたり悪化したりした、社会上、対人関係上の問題が持続したり、繰り返されたりしてもなお、物質使用を続けるかもしれない
⑦ 物質使用のために、社会的・職業的・娯楽的活動を放棄、縮小する
⑧ 身体的に危険な状況で物質を繰り返し使用する場合がある
⑨ 持続的または反復的な身体的または精神的な問題が物質によって引き起こされたり、悪化したらしいとわかっていても、物質使用を続けたりすることがある
⑩ 耐性がみられる

各物質の依存性については、以下の表に示す。

物質	身体依存	精神依存
アルコール	＋＋	＋＋
あへん類（ヘロイン）	＋＋＋	＋＋＋
バルビツール類	＋＋	＋＋
大麻（マリファナ）	±	＋
アンフェタミン系	−	＋＋＋
コカイン	−	＋＋＋
幻覚薬（LSD）	−	＋

（＋−は依存の有無及び相対的な強さ）

また、DSM-5 において、ギャンブル障害は非物質関連障害に含まれる。

②治療

依存症は、家族が本人を治そうと過度な世話を焼くことで、かえって本人の依存が維持されてしまう。そのため、依存症者の生活を丸抱えして支えている家族に対して、依存対象を使用するための借金などの尻拭いや過度な世話を焼かないように指導し、本人へのこれまでの対応を変えさせることが重要である。それにより、依存症者本人に対して依存対象による身体的・心理的・社会的な問題に直面させ、治療への意欲を持たせることが大切である。

依存対象の摂取を中止したことによる身体的な離脱症状に対しては、薬物療法が行われる。また、依存症自体については、例えば、アルコール依存症に対する抗酒剤の投与などの薬物療法も行われる。しかし、一度依存症と診断されると、一生涯、その依存対象を断つ以外に治療の方法はない。長い年月依存対象を断っていたとしても、少しでも摂取すると再発してしまう。

このことから、依存症は、治療への動機づけが重要になる。そのために、同じ悩みを抱える自助グループへの参加が勧められている。

そして、多様な領域の専門家や家族、職場の関係者、自助グループなどの非専門家が連携し、共通の治療方針に基づく息の長い治療・回復支援が求められる。

3-14 依存症

Q 1 □□□

依存症は、適切な治療がなければ、量や頻度が増加していく進行性の病である。

Q 2 □□□

ICD-11 では病的賭博について定義されているが、DSM-5 ではそれに当たる障害は定義されていない。

Q 3 □□□

アルコール依存症のスクリーニングテストには、CAGE、KAST、AUDIT などがある。

Q 4 □□□

ダルクは、ギャンブル依存からの回復と社会復帰を目的としたリハビリ施設である。

Q 5 □□□

アルコール依存症では身体依存はみられるが、精神依存はみられない。

Q 6 □□□

一般的にコカイン系やアンフェタミン系の薬物では、精神依存だけでなく、身体依存もみられる。

Q 7 □□□

多くの依存性物質は、最初に体験した後の快体験が強く影響し、物質探索行動を引き起こす明らかな強化子となる。

Q 8 □□□

振戦せん妄では、重度のアルコール依存症者が禁酒することによって、悪夢や興奮、広範な混乱、見当識障害、幻覚、発熱・発汗などの自律神経系の活動亢進などの症状がみられる。

Q 9 □□□

依存症において家族のイネーブリング行動とは、一般的に依存症者の成長や自立を促す行動パターンを指す。

A 1 □□□

○

進行するにつれて、本人だけではなく周囲を巻き込んだ問題となる恐れがある。

A 2 □□□

×

DSM-5ではギャンブル障害として非物質関連障害群に含まれている。

A 3 □□□

○

CAGEは4項目、AUDITの中のCore AUDITは10項目の質問項目から構成されている。KASTは男性版と女性版がある。

A 4 □□□

×

ダルクは薬物依存からの回復と社会復帰を目的としている。

A 5 □□□

×

アルコール依存症では身体依存（離脱、耐性）も精神依存（渇望）もみられる。

A 6 □□□

×

一般的にコカイン系やアンフェタミン系の薬物では、身体依存はないとされている。

A 7 □□□

○

多くの依存性物質は、最初に体験した後の快体験が強い正の強化を与え、物質探索行動を引き起こす。

A 8 □□□

○

振戦せん妄は、大量飲酒の中止・減量から2～4日後に発症する。

A 9 □□□

×

一般的にイネーブリング行動とは、依存症者の問題の解決を手助けしようとして、結果的に本人の問題行動を継続・悪化させる行動を指す。依存症において、家族のイネーブリング行動は、依存・嗜癖の環境要因の中心であるとされている。

15 認知症

①定義

DSM-5によれば、認知機能の低下によって、日常生活の自立が阻害されている状態を認知症、日常生活の自立は困難であるが阻害されてはいない状態を軽度認知障害という。また、認知機能の低下とは、以前に獲得した機能の水準からの低下を指す。

認知症においてみられる症状としては、認知機能の低下による記憶障害や見当識障害、実行機能の障害といった中核症状の他に、BPSD（Behavioral and Psychological Symptoms of Dementia）がある。BPSDは認知症に伴う行動・心理症状を指し、周辺症状とも呼ばれる。具体的には、暴力や暴言、徘徊、拒絶、食行動異常、妄想、幻覚、抑うつ、不安、多幸感、睡眠障害などが含まれる。認知症や他の疾患に起因する神経生物学的・遺伝的要因に加えて、心理学的要因や社会的要因が絡み合って出現する。BPSDは薬物療法や非薬物治療、環境調整などによって改善することが多い。

認知症は、一般的に以下のように分類される。

■認知症の分類

アルツハイマー型	記憶をはじめとするさまざまな精神機能が漸進的に悪化していき、人格の変容、感情の平板化などを経て、最終的には寝たきりになる。発症の原因は不明であり、根本的な治療薬はいまだ存在しない。一般的に有病率は女性の方が高いとされる
血管性	症状は脳の損傷部位に依存し、進行も段階的である。また、アルツハイマー型認知症に比べ、人格は保たれやすいが感情が変わりやすい。男性に多いとされている
レビー小体型	幻視や妄想、パーキンソン症状を中核症状とする。幻視は具体的で生々しいものが現れる。初期における記憶障害は少ないとされるが、他の認知症に比べ、病気の進行により寝たきりになる確率が極めて高い。アルツハイマー型認知症に次いで多い認知症であり、男性の有病率が高い。早期の診断が難しく、アルツハイマー型認知症やパーキンソン病と診断されてしまうこともある

前頭側頭葉変性症	前頭葉と側頭葉に萎縮や変性がみられる認知症である。代表的なものにピック病がある。主な症状としては人格の変容が挙げられ、極めて自分勝手な行動や、万引きなどの反社会的行為が現れるようになる。また、病気の進行に伴い、言語機能の障害がみられるようになる。ただし、アルツハイマー型認知症と比べ、記憶障害や失見当識などの症状は軽く、認知症と判断されないこともある

また、アルコール依存症によってビタミン B1 が不足すると、脳に器質的な変化が起こり認知症に至る。アルコール依存症による認知症には、以下のものがある。

■アルコール依存症による認知症

ウェルニッケ脳症	眼球運動や歩行障害などの運動障害や、興奮状態などの意識障害がみられる
コルサコフ症候群	記銘力障害、健忘、作話、見当識障害を主症状とする。パーソナリティの変化がみられ、一般的に被暗示性が高いとされる

②治療

認知症を治癒することは困難であるが、アルツハイマー型認知症やレビー小体型認知症においては、その進行を遅らせるために、塩酸ドネペジルやガランタミン、リバスチグミン、メマンチンといった抗認知症薬による薬物療法が行われている。

Butler, R. N.（バトラー）が提唱した回想法とは、高齢者に昔のことを思い出してもらう心理療法的アプローチである。回想しやすいように、昔の玩具や生活用品、音楽などを刺激として用いることもある。回想法によって、自尊感情が高まるといった個人内効果や、対人関係を促進させる社会的効果がみられるとされる。また、Folsom, J.（フォルソン）によるリアリティ・オリエンテーション（RO）は、高齢者に対して、日常生活のさまざまな機会に「今」の状況を確認できるような言葉をかけることによって、日時や場所などの見当識を向上・維持させる方法である。

3-15 認知症

Q 1 □□□

認知症では中核症状の進行に比例して、BPSDも重篤化する。

Q 2 □□□

認知症における中核症状の中に、徘徊や暴力、せん妄が含まれている。

Q 3 □□□

認知症における認知機能障害は、中核症状と呼ばれ、その内容は複雑性注意、実行機能、学習と記憶、言語の4領域に分かれている。

Q 4 □□□

認知症は、改訂長谷川式簡易知能評価スケール（HSD-R）によって診断される。

Q 5 □□□

認知症のBPSDとは、認知症に伴う行動・心理症状のことであり、不眠、気分障害、幻覚、妄想などがしばしばみられる。

Q 6 □□□

血管性認知症は主に脳血管障害の後遺症であるため、四大認知症には含まれない。

Q 7 □□□

アルツハイマー型認知症は、脳全体の萎縮がみられ、その後海馬や側頭葉、頭頂葉が障害されていく。

Q 8 □□□

アルツハイマー型認知症は、初期から記憶障害や見当識障害が出現するが、言語機能や感覚運動統合機能は後期まで維持される。

Q 9 □□□

レビー小体型認知症は、アルツハイマー型認知症と同じく、頭頂葉の機能障害があるため幻覚が出現する。

Q10 □□□

レビー小体型認知症は、認知症の中で最も多くの割合を占めている。

A 1 ……………………………………………… □□□

×

中核症状の進行はBPSDの出現・悪化に必ずしも比例するわけではなく、初期の認知症でも周辺症状が重篤な場合もある。

A 2 ……………………………………………… □□□

×

徘徊や暴力はBPSDである。BPSDは、その他に妄想や幻覚、抑うつなどが含まれる。

A 3 ……………………………………………… □□□

×

設問の４領域に加え、知覚・運動、社会的認知を含む６領域である。

A 4 ……………………………………………… □□□

×

認知症は、病歴や認知機能評価、画像診断によって診断される。改訂長谷川式簡易知能評価スケールは、認知症のスクリーニング検査である。

A 5 ……………………………………………… □□□

○

BPSDの中でも異食や失禁、暴言・暴力行為は介護者の負担も大きい。認知症の初期であっても周辺症状が重度であれば精神科入院での管理を必要とする場合もある。

A 6 ……………………………………………… □□□

×

血管性認知症も含まれる。四大認知症とは、アルツハイマー型、レビー小体型、前頭側頭型、血管性の４つである。

A 7 ……………………………………………… □□□

×

海馬や側頭葉、頭頂葉が先に障害され、その後全般的に進行する。そのため記憶や見当識の障害が初期に発現する。

A 8 ……………………………………………… □□□

○

アルツハイマー型認知症の初期はいわゆる「もの忘れ」から始まる。

A 9 ……………………………………………… □□□

×

レビー小体型認知症は、後頭葉の機能障害があるために幻覚がみられる。なお、アルツハイマー型認知症は頭頂葉に障害があるため、道に迷うなど空間認知の問題がみられることがある。

A10 ……………………………………………… □□□

×

認知症の中で、最も多くの割合を占めているのはアルツハイマー型認知症である。次いでレビー小体型認知症が多いとされている。

Q11 □□□

ピック病は前頭側頭型認知症の代表で、障害される脳の部位によって衝動制御障害や人格変化、失語や流暢性障害が顕著になる場合がある。

Q12 □□□

血管性は、脳梗塞や脳出血などの脳血管障害がどこで起こったかによって、症状が異なる。

Q13 □□□

初期の認知症では、改訂長谷川式簡易知能評価スケールにおける「計算」「３つの言葉の遅延再生」「野菜の名前（言葉の流暢性）」の３つの機能に低下がみられる。

Q14 □□□

認知症の種類によっては治療可能なものがある。

Q15 □□□

認知症への支援のうち、レスパイトケアは重要な支援の一つとして挙げられる。

Q16 □□□

認知症の治療には、身体管理と、家族や介護者指導を含めた介護環境調整がある。

Q17 □□□

認知症高齢者の感情に焦点を当てたコミュニケーション技法として、バリデーションがある。

Q18 □□□

回想法は、高齢の認知症患者に対して行われる、生活上の基本的な情報などを思い出すことで見当識をできるだけ保つことを目的とする心理療法的アプローチである。

Q19 □□□

回想法では、自力で記憶を想起させるため、対象者になじみのある用品などを持ち込まないことが必須である。

A11 ○

前頭葉障害が目立つ場合は、万引きなどの衝動性障害や人格変化が、側頭葉障害が目立つ場合は、言語機能に影響するため、失語や流暢性障害が顕著になることがある。

A12 ○

まだら認知症とも呼ばれるように、障害部位によって症状が異なる。

A13 ×

「日時の見当識」「３つの言葉の遅延再生」「野菜の名前（言葉の流暢性）」の３つの機能に低下がみられるとされている。

A14 ○

正常圧水頭症やうつ病による仮性認知症は治療可能である。

A15 ○

認知症により要介護状態になるケースは少なくないため、認知症者の家族への支援としてレスパイトケアは重要な支援である。

A16 ○

身体状況と患者の不安が認知症の症状悪化につながることから身体管理が必要となる。また、介護者と被介護者の共倒れを防ぐためにも介護環境調整が重要となる。行政では介護に関することは地域包括支援センターが中心となって支援している。

A17 ○

バリデーションとは、認知症高齢者の立場に立ち、尊厳と共感をもって関わることを基本とし、認知症の進行に応じた具体的なテクニックで感情表出を促すコミュニケーション法である。

A18 ×

設問はリアリティ・オリエンテーションの説明である。回想法は、過去の懐かしい思い出を語り合ったり、誰かに話してもらったりする心理療法的アプローチであり、精神状態を安定させる効果が期待される。

A19 ×

回想を助けるために、対象者にとってなじみのある用品を必要に応じて準備することがある。

16 パーソナリティ障害

パーソナリティ障害とは、その人のパーソナリティの特徴が、一般的な社会規範や常識とは著しくかけはなれており、そのために本人や周囲に困難をきたす状態を指す。

DSM-5 において、パーソナリティ障害群は3つに分けられている。

■パーソナリティ障害群の分類

A 群：奇妙で風変わりなタイプ

妄想性	他人の動機を悪意あるものと解釈する。不信と疑い深さが強い
シゾイド	社会的関係から離脱し、対人関係において感情を表すことがない
統合失調型	親密な関係を形成できない。認知や行動が風変わりで奇妙である

B 群：演技的、情緒的、移り気なタイプ

反社会性	他人の権利を無視し侵害する
境界性	対人関係や自己像、感情が不安定で、著しい衝動性を示す
演技性	過度な情緒性と、演技的で浅薄な反応で人の注意を引こうとする
自己愛性	誇大性や称賛されたいという欲求が強い。共感性の欠如を示す

3-16 パーソナリティ障害

Q 1 □□□

●●● パーソナリティ障害では、その徴候が限定的な場面でみられる。

Q 2 □□□

●●● パーソナリティ障害は、DSM-5 において、大きく4つのクラスタに分類されている。

C群：不安や恐怖を感じやすいタイプ

回避性	社会的抑制、不全感、否定的評価に対して過敏である
依存性	従属的にしがみつき、分離に対する高い不安を抱く
強迫性	秩序や完全主義、対人関係の統制にとらわれる。柔軟性や開放性、効率性が犠牲にされる

上記のパーソナリティ障害のうち、特に出題されやすい境界性パーソナリティ障害について説明する。

境界性パーソナリティ障害（境界例）は、不安定な感情や自己像、衝動性の高さ、慢性的な空虚感などを特徴とする。他者を理想化したかと思えば、逆に極端にこきおろすといった、著しく不安定な対人関係パターンがみられる。また、薬物の過剰摂取や自傷行為、自殺行為やそのそぶりを繰り返す。慢性的な空虚感にさいなまれ、見捨てられることに対する不安が非常に強い。その不安定な精神状態から、うつ病や不安症など他の精神疾患が併存しているケースが非常に多い。

原因としては、先天的なストレス脆弱性や、幼児期における虐待などの心的外傷体験、社会文化的要因などさまざまなものが関与しているとされる。パーソナリティ障害を根本から改善させるような治療は極めて困難であるが、併存するうつ病や不安症などの精神疾患に対しては薬物療法が適用可能であり、クライエントに安定した精神状態をもたらすという点においては有効であるとされる。また、最近では弁証法的行動療法やメンタライゼーション療法など、境界性パーソナリティ障害の治療として効果が認められる心理療法も開発されている。

パーソナリティ障害

A 1 ………………………………………… □□□

×

家庭や職場など、個人的・社会的場面の広い領域において徴候がみられることが特徴である。

A 2 ………………………………………… □□□

×

３つのクラスタに分かれている。奇妙で風変わりにみえることが多いA群、演技的で情緒的、移り気にみえることが多いB群、不安や恐怖を感じやすいようにみえるC群である。

Q 3 □□□

A 群のパーソナリティ障害の患者は、統合失調症を発症する予備軍とされている。

Q 4 □□□

パーソナリティ障害の B 群は、演技的、情緒的、移り気であるという特徴を持つ。

Q 5 □□□

境界性パーソナリティ障害の患者は、理想化とこき下ろしとの両極端を揺れ動くような不安定で激しい対人関係様式をとる。

Q 6 □□□

境界性パーソナリティ障害において、妄想様観念や解離症状は一切みられない。

Q 7 □□□

境界性パーソナリティ障害においては、見捨てられ不安が強いので、人の注意を引くために身体的外見を一貫して用いる。

Q 8 □□□

反社会性パーソナリティ障害は、素行症群や物質関連障害及び嗜癖性障害群とも関連している。

Q 9 □□□

境界性パーソナリティ障害の原因は、Mahler, M. S. が提唱した分離—個体化理論における再接近期の失敗にあるという説がある。

Q10 □□□

境界性パーソナリティ障害の治療は、患者と治療関係を結ぶことが困難なために精神科病院への入院が治療の中心となる。

Q11 □□□

反社会性パーソナリティ障害の特徴として、自分に対する特権意識が強いことが挙げられる。

Q12 □□□

境界性パーソナリティー障害の治療法として Linehan, M. M. が開発した弁証法的行動療法は、第二世代の認知行動療法とされている。

A 3 □□□

×

統合失調症との親和性が高いといわれているが、統合失調症を予測する障害ではない。

A 4 □□□

○

B 群には反社会性パーソナリティ障害、境界性パーソナリティ障害、演技性パーソナリティ障害、自己愛性パーソナリティ障害が含まれる。

A 5 □□□

○

境界性パーソナリティ障害の特徴として、対人関係や自己像、感情の不安定さが挙げられる。

A 6 □□□

×

一過性のストレス関連性の妄想様観念や、解離症状がみられることもある。

A 7 □□□

×

見捨てられることを避けようとなりふり構わない努力をすることは境界性パーソナリティ障害の特徴である。しかし、人の注意を引くために身体的外見を用いるのは演技性パーソナリティ障害の特徴である。

A 8 □□□

○

反社会性パーソナリティ障害は、15 歳以前に発症した素行症の証拠があることが診断基準の一つとなっている。また、放火症や窃盗症と関連しているとされる。

A 9 □□□

○

Masterson, J. F.（マスターソン）は、境界例の中核は「見捨てられ不安」であり、Mahler, M. S.（マーラー）の分離−個体期の再接近期危機の乗り越えの失敗により生じていると指摘した。

A 10 □□□

×

一般的な精神科マネジメントにおける入院も治療法の一つではあるが、それが全てではない。弁証法的行動療法やメンタライゼーションに基づく治療なども治療法として挙げることができる。

A 11 □□□

×

特権意識が強いという特徴は、自己愛性パーソナリティ障害の特徴である。反社会性パーソナリティ障害の特徴としては、重大な違法行為や良心の呵責の欠如などが挙げられる。

A 12 □□□

×

Linehan, M. M.（リネハン）が開発した弁証法的行動療法は第三世代の認知行動療法と呼ばれている。

Q13 □□□

演技性パーソナリティ障害の患者は、性的に誘惑的、または挑戦的な行動を取ることがある。

Q14 □□□

自己愛性パーソナリティ障害は、自分が注目の的になっていない状況では楽しくないと感じてしまうことが診断基準にある。

Q15 □□□

パーソナリティ障害のＣ群は、精神病概念との親和性が高いとされている。

Q16 □□□

演技性パーソナリティ障害の患者は、一貫した自己イメージが持てず、慢性的な空虚感を抱いている。

Q17 □□□

境界性パーソナリティ障害の患者は、自分は社会的に不適切である、他の人より劣っているなどと思っている。

Q18 □□□

境界性パーソナリティ障害は、他者への共感性が乏しいことが特徴である。

Q19 □□□

境界性パーソナリティ障害は、疑い深いことが特徴である。

Q20 □□□

依存性パーソナリティ障害の特徴として、その人から好かれていると確信が持てなければ、関係性を持ちたがらないことが挙げられる。

Q21 □□□

強迫性パーソナリティ障害の特徴として、不安を生じさせるような不合理な観念や思考にとらわれたり、その不安を緩和するような行為が繰り返されたりすることが挙げられる。

A13 ………………………………………………………………… □□□

○

自分が注目の的になっていられるように、自らの身体的外見を一貫して用いることがある。

A14 ………………………………………………………………… □□□

×

設問は演技性パーソナリティ障害の診断基準である。自己愛性パーソナリティ障害では、自己に対する誇大性や賛美されたい欲求、共感の欠如などが特徴である。

A15 ………………………………………………………………… □□□

×

パーソナリティ障害のＣ群は神経症概念との親和性が高いとされている。

A16 ………………………………………………………………… □□□

×

慢性的な空虚感は境界性パーソナリティ障害の特徴である。

A17 ………………………………………………………………… □□□

×

自分が社会的に不適切である、他の人より劣っていると思うのは、回避性パーソナリティ障害の特徴である。

A18 ………………………………………………………………… □□□

×

他者への共感性が乏しいのは、自己愛性パーソナリティ障害の特徴である。

A19 ………………………………………………………………… □□□

×

疑い深さは、妄想性パーソナリティ障害の特徴である。

A20 ………………………………………………………………… □□□

×

設問は回避性パーソナリティ障害の特徴である。依存性パーソナリティ障害の特徴として、面倒をみてもらいたいという過剰な欲求があり、そのために従属的でしがみつくような行動を取ることが挙げられる。

A21 ………………………………………………………………… □□□

×

強迫性パーソナリティ障害は、秩序や完璧主義、精神及び対人関係の統制にとらわれて、柔軟性や開放性、効率性が犠牲にされることが特徴である。設問は、強迫症の特徴である。

17 てんかん

①定義

てんかんとは、繰り返し起こるてんかん発作を主な症状とする、慢性的な脳の障害である。てんかんの診断は、脳波検査による所見やてんかん発作などの臨床像から行われる。脳波検査においては、脳波計上に棘波や鋭波といった鋭角的な波形が記録されるのが特徴である。

てんかんは、脳に何らかの器質的な病変を認めることができる症候性てんかんと、脳に器質的な病変を認めることができない特発性てんかんに分類される。

てんかん発作は、神経細胞の過剰な電気的興奮が原因であるとされる。てんかん発作は、電気的興奮の起こった場所や広がり方によって部分発作と全般性発作に分けられる。

■てんかんの種類

①部分発作：電気的興奮が脳の一部に限定して起こることによる発作	
単純部分発作	意識障害を伴わない。過剰な電気的興奮が起こる部位によって、症状に違いがある。視覚野で起これば光がチカチカ見える、手の運動野で起これば手がピクピク動くなどの症状が起こる
複雑部分発作	意識障害や記憶障害がみられる。急に動作を止め、顔をぼーっとさせる発作や、フラフラと歩き回る、手をたたく、口をモグモグさせるといった無意味な動作を繰り返す（自動症）などの症状がみられる

3-17 てんかん

Q 1

てんかんはストレス因で発症することが明らかとなっており、精神疾患に含まれる。

②全般性発作：大脳の広い範囲で過剰な電気的興奮が起こることによる発作。発作時にほとんど意識はない	
強直発作	突然意識を失い、口を固く食いしばり、呼吸が止まり、手足を伸ばした格好で全身を硬くする。強直したまま激しく倒れ、けがをすることもある
間代発作	手足をガクガクと一定のリズムで曲げたり伸ばしたりするけいれんが起こる
脱力発作	全身の筋肉の緊張が低下・消失して、くずれるように倒れてしまう発作
ミオクロニー発作	全身あるいは手足など、どこか一部分の筋肉が一瞬ピクッと収縮する発作。転倒したり、持っている物を投げ飛ばしてしまったりすることもある
欠神発作	数十秒間にわたり突然意識がなくなる発作であるが、けいれんを起こしたり、倒れたりはしない。注意力がない、集中力がないなどと思われて、周りの人がてんかん発作であることに気づかないことがある

②治療

治療は抗てんかん薬を継続的に服用する薬物療法が中心となる。てんかんそのものを治癒することは難しいことが多いが、薬物療法によりかなりの程度症状が抑えられ、社会生活が可能になるとされる。薬物療法以外では外科治療もある。また、治療継続やスティグマへの対応として、心理療法が補助的に用いられることもある。

てんかん

A 1 ……………… □□□

てんかんは脳の神経細胞の異常な電気活動が原因であるため、身体疾患に含まれる。

Q 2 ……………… □□□

てんかんの種類は２つあり、脳腫瘍などの明らかな原因がある症候性と原因不明の特発性がある。

Q 3 ……………… □□□

てんかんの有病率は0.5％～ 0.8％であり、特に乳幼児に多く発症する。

Q 4 ……………… □□□

てんかんの治療は、薬物療法が中心で、抗てんかん薬によって発作を抑制することが第一となる。

Q 5 ……………… □□□

抗てんかん薬の効果は高く、医師の指示に従ってしっかり飲んでいれば発作はまったく起こらない。

Q 6 ……………… □□□

脳波検査において、てんかんの特徴的な脳波として棘波や鋭波がある。

Q 7 ……………… □□□

知能の障害を伴う自閉スペクトラム症は、てんかんとの合併が多いとされている。

Q 8 ……………… □□□

てんかんの部分発作の種類には、単純部分発作と複雑部分発作がある。単純部分発作はそれまでに一度だけてんかん発作が起きた場合、複雑部分発作は複数回発作が起きた場合を指す。

Q 9 ……………… □□□

てんかん発作では、脳の一部で電気活動が留まるものを部分発作、電気活動が脳全体に及ぶものを全般性発作と呼んでいる。

Q10 ……………… □□□

てんかんの治療は、抗てんかん薬を継続的に服用することである。それにより、てんかんは完治するとされている。

Q11 ……………… □□□

わが国では、てんかん症状を持つ者は運転免許を取得することはできない。

A 2 □□□
〇
症候性てんかんは、器質的な問題があるともいえる。

A 3 □□□
×
有病率は正しい。しかし、乳幼児から高齢者までどの年代層でも発症する可能性がある。

A 4 □□□
〇
てんかんの治療は、薬物療法が中心である。薬物療法によっても発作が抑制できない場合、外科治療が行われる。

A 5 □□□
×
抗てんかん薬は、2/3 から 3/4 の患者には効果を示し、通常の生活を支障なく送ることを可能にする。しかし、一部の患者は発作抑制困難な難治性てんかんを持つ。

A 6 □□□
〇
てんかんの診断において脳波検査は重要な役割を果たしている。

A 7 □□□
〇
自閉スペクトラム症では、約 1/3 が成人するまでにてんかん発作が認められ、とりわけ知能の障害を伴う場合に多いとされている。

A 8 □□□
×
単純部分発作は意識障害を伴わないもの、複雑部分発作は意識障害を伴うものである。単純部分発作は意識障害を伴わないので、光がチカチカ見えるとか、手がぴくぴくするなど患者が自覚症状を訴えることがある。

A 9 □□□
〇
全般性発作では、意識を消失し動作が止まって応答がなくなる、倒れて全身をけいれんさせるなどの症状がみられる。

A10 □□□
×
抗てんかん薬を継続的に服用しても、完治するとはいえない。しかし、抗てんかん薬を継続的に服用することで、ある程度の発作が抑えられ、社会生活も可能となる。

A11 □□□
×
発作が過去 5 年間なく、今後も起こるおそれがないと診断された場合など、一定の条件を満たせば、運転免許の取得が可能である。

18 向精神薬による薬理作用

1 向精神薬

精神症状を示す患者に対しては、薬物療法を中心とした治療を行うことが標準的である。脳の中枢神経系に作用してさまざまな精神疾患の治療に使用される薬物の総称を向精神薬という。

向精神薬による治療は、精神疾患を治癒するものではなく、その症状を軽減する対症療法である。また、向精神薬の効果は、個人差が非常に大きく、その効果を予測することは困難である。

2 さまざまな向精神薬

①抗精神病薬

抗精神病薬は、主に幻覚や妄想、精神運動興奮などを改善するために適用される。作用機序は主にドーパミン(D2)受容体遮断作用である。抗精神病薬は、ドーパミン神経伝達を遮断することから、パーキンソン症状やアカシジア、ジストニアなどの錐体外路症状が副作用として生じることがある。適応は、主に統合失調症や躁病、器質性精神障害、物質関連障害などの精神病状態である。

抗精神病薬は、定型抗精神病薬と非定型抗精神病薬に分類される。定型抗精神病薬は、幻覚や妄想といった症状の改善のために従来から用いられてきたが、治療効果や副作用の面で欠点があり、それらを改善した非定型抗精神病薬が後に開発された。非定型抗精神病薬は、定型抗精神病薬と比べて、副作用が少なく、定型抗精神病薬では十分な効果がみられなかった陰性症状や認知機能障害に対しても有効性が示されている。そのため、現在では統合失調症の薬物療法において、非定型抗精神病薬が第一選択薬として使用されている。

定型抗精神病薬には、ハロペリドール、クロルプロマジン、スルピリドがある。また、非定型抗精神病薬には、リスペリドン、パリペリドン、オランザピン、クエチアピン、アリピプラゾールなどがある。

②抗うつ薬

抗うつ薬は、抑うつ気分、精神運動制止、不安・焦燥などの症状を緩和するために適用される。主な作用機序は、ノルアドレナリンあるいはセロトニンの再取り込みを阻害する作用である。抗うつ薬の副作用には、口渇、便秘、眠気、立ちくらみなどが挙げられる。また、一般的に、抗うつ薬を投与してから効果がみられるのに２週間程度かかる。適応は、主にうつ病であるが、一部の抗うつ薬は強迫症、パニック症、不安症、摂食障害などにも用いられている。

抗うつ薬は、三環系抗うつ薬、四環系抗うつ薬、選択的セロトニン再取り込み阻害薬（SSRI）、セロトニン・ノルアドレナリン選択的再取り込み阻害薬（SNRI）などがある。かつては三環系抗うつ薬が使用されていたが、副作用が強いことから、副作用の少ない四環系抗うつ薬、SSRI、SNRI が開発された。

③気分安定薬

気分安定薬は、気分を安定させ、躁状態やうつ状態を軽減させる作用を有する。適応は、躁状態及び双極性障害である。

代表的なものとして、炭酸リチウム、カルバマゼピン、バルプロ酸ナトリウムが挙げられる。炭酸リチウムの副作用としては、悪心や嘔吐などの消化器症状、多尿、振戦、全身倦怠感などがある。

④抗不安薬

抗不安薬には、不安や緊張の緩和、鎮静・催眠作用、筋弛緩作用、抗けいれん作用、自律神経調整作用がある。ベンゾジアゼピン系抗不安薬は、GABA 受容体と複合体を形成しているベンゾジアゼピン受容体に作用する。GABA は抗不安や、催眠・鎮静などに関わっており、ベンゾジアゼピン系抗不安薬が GABA の働きを助けることで抗不安作用や鎮静・催眠作用が現れる。ベンゾジアゼピン系抗不安薬の副作用は、眠気、疲労感、筋弛緩、注意力低下、記憶障害、運動失調などが挙げられる。また、依存や耐性が生じやすいため、常用量依存の問題が指摘されている。

適応は、不安症だけでなく、うつ病、統合失調症、心身症における不安や緊張、睡眠障害、自律神経失調症などが挙げられる。

⑤睡眠薬

睡眠薬は、睡眠を誘発し持続させる薬剤を指す。抗不安薬でもあるベンゾジアゼピン系抗不安薬が代表的である。作用時間によって、超短時間作用型、短時間作用型、中間作用型、長時間作用型に分けられ、入眠困難、中途覚醒、早朝覚醒といった症状に用いられる。使用においては、アルコールとの併用は作用を増強させるため、アルコールを摂取しないように指示する。

⑥抗認知症薬

抗認知症薬は、認知症の進行を抑える薬剤である。代表的なものに、塩酸ドネペジル、ガランタミン、リバスチグミン、メマンチンがある。適応は、一般的にはアルツハイマー型認知症であるが、レビー小体型認知症にも用いられるものもある。

抗認知症薬は、アセチルコリンエステラーゼ阻害薬と NMDA 受容体拮抗薬に分類される。アセチルコリンエステラーゼ阻害薬は、記憶障害や見当識障害の症状を抑制したり、行動や感情、言語を活発化したりする効果がある。主な副作用としては、吐き気、嘔吐、食欲不振、下痢、興奮などが挙げられる。

NMDA 受容体拮抗薬は、患者の行動や感情を安定化させる、あるいはやや抑制的に作用する効果がある。暴力や暴言、不穏、拒絶などの BPSD によって介護に困難をきたす場合に用いられることが多い。副作用としては、めまい、頭痛、傾眠などがある。

■主な副作用

錐体外路症状：主に大脳基底核が関与する	
アカシジア	足がむずむずして歩き回りたくなる症状
アキネジア	随意運動能力の低下によって動きが緩慢になる症状
振戦	主に手が震える症状
急性ジストニア	急に筋肉緊張が亢進して、眼球が上転したり、頸部が曲がったりする症状
遅発性ジスキネジア	舌を突き出す、口をもぐもぐさせるなどの口舌部の異常運動や、四肢や体幹の異常運動

3-18 向精神薬による薬理作用

Q 1 □□□

●●●

向精神薬の効果は一般的に個人差が少なく、最初の処方から種類や量を変更することはない。

Q 2 □□□

●●●

向精神薬の効果が現出する速度は薬剤によって異なる。即効性があると言われているものには、ベンゾジアゼピン系抗不安薬や睡眠薬、抗うつ薬などがある。

Q 3 □□□

●●

経口薬よりもデポ剤の方が、薬効が長期間持続する。

抗コリン作用：アセチルコリンがアセチルコリン受容体に結合するのを阻害する	
中枢神経系	記憶障害、せん妄、幻覚、失見当識
循環器系	頻脈、動悸、不整脈、めまい
泌尿器系	排尿障害
眼科	眼圧上昇、散瞳
消化器系	口渇、唾液・消化液分泌抑制、便秘

向精神薬による薬理作用

A 1 ……………… □□□

×

向精神薬の効果は個人差が大きいため、服用について医師と入念に相談することが必要である。

A 2 ……………… □□□

×

抗うつ薬は遅発性であるといわれており、10 ～ 14 日間投与しないと効果を発現しない。また、即効性のある薬剤は依存しやすいことも特徴として挙げられる。

A 3 ……………… □□□

○

デポ剤とは、注射剤の一種であり、体内に投与後、薬効成分を少しずつ放出し続けるため、作用が長時間持続する。経口薬と比べて服薬の頻度が少なくなるため、薬を飲むことを忘れがちな患者や拒薬傾向がある患者への使用に適している。

Q 4 □□□

向精神薬による治療は、その精神疾患の原因を治すことが目的であることから、例えば、抗うつ薬にカテゴリーされた場合、統合失調症などの他の疾患カテゴリーに属する疾患には適用することはできない。

Q 5 □□□

抗精神病薬の中でも、非定型抗精神病薬は、錐体外路症状や体重の増加、糖尿病の悪化などの副作用が比較的強く出てしまうことが知られている。

Q 6 □□□

体内に摂取された薬剤は、吸収、分布、代謝、排出の段階をたどる。

Q 7 □□□

血液脳関門とは、脳内に異物を通さないようにするための膜で、脳全体を覆っている。

Q 8 □□□

再取り込み阻害薬とは、シナプス間隙に放出された神経伝達物質を神経終末に再び取り込むトランスポーターを阻害する薬剤である。

Q 9 □□□

薬剤が血管を通って体内の目的組織にたどり着き、薬効を発現することを代謝という。

Q10 □□□

薬剤を長期間投与し続けると臨床効果が低下する現象を、耐性の形成という。

Q11 □□□

一般的に、抗うつ薬を投与してから効果がみられるまで２カ月程度かかる。

Q12 □□□

ベンゾジアゼピン系抗不安薬・睡眠薬は耐性や依存が生じにくいため、長期の連用が可能である。

A 4 ……………………………………………………………………………… □□□

×

SSRI のように、あるカテゴリーに属する薬剤が、他のカテゴリーに属する疾患にも有効であることが知られている。また、向精神薬はその精神疾患の原因を治すことが目的ではなく、対症療法として用いられる。

A 5 ……………………………………………………………………………… □□□

×

非定型抗精神病薬は、錐体外路症状が比較的少ない。反面、体重の増加や糖尿病の悪化などのリスクが高いことでも知られている。

A 6 ……………………………………………………………………………… □□□

○

体内に摂取された薬物は、吸収、分布、代謝、排泄の段階をたどる。この過程を体内動態という。

A 7 ……………………………………………………………………………… □□□

×

血液脳関門とは、血液と脳の間の物質交換を制御し、中枢神経系の恒常性の維持に重要な役割を果たしている機構を指す。分子の大きい物質は通りにくくなっている。また、脂溶性の高い物質を透過させやすいという性質もある。

A 8 ……………………………………………………………………………… □□□

○

選択的セロトニン再取り込み阻害薬（SSRI）や、セロトニン・ノルアドレナリン取り込み阻害薬（SNRI）などがある。

A 9 ……………………………………………………………………………… □□□

×

代謝は、薬効を発現し終わった薬剤を体外に排出されやすいかたちに変化させることである。

A 10 ……………………………………………………………………………… □□□

○

耐性は薬剤に対する身体依存とも関連が深い。また投与を急に中止すると離脱症状が出現することもあり、投薬を急に中止することはできない。

A 11 ……………………………………………………………………………… □□□

×

一般的に、抗うつ薬を投与してから効果がみられるまで2週間程度かかる。

A 12 ……………………………………………………………………………… □□□

×

ベンゾジアゼピン系抗不安薬・睡眠薬は耐性や依存が生じやすい。

Q13 □□□

中枢神経系に特異的な副作用として錐体外路症状がある。パーキンソン症状として、足がムズムズするジストニアや、身体が捻れるアカシジアがある。

Q14 □□□

向精神薬の投与は、開始時にすぐに効果がみられるようにかなり多めに投与される。

Q15 □□□

SSRI の使用によって、攻撃性や衝動性が高まることがある。

Q16 □□□

薬物療法においては、対象者が高齢であっても薬剤の投与量は通常成人量を厳守しなければならない。

Q17 □□□

向精神薬の効果には、医師と患者の治療関係は影響しないといわれている。

Q18 □□□

離脱とは、薬剤を長期にわたって摂取していた人において、血中の薬剤濃度が増加したときに起きる症状のことである。

Q19 □□□

耐性とは、望むような効果を得るために必要な薬剤などの物質の量がそれまでよりも少なくて済むようになることである。

Q20 □□□

抗認知症薬である NMDA 受容体拮抗薬は、記憶障害や見当識障害の症状の抑制に加えて、行動・感情・言語の活発化の効果が見込まれる。

Q21 □□□

向精神薬はそれぞれの症状に対して処方するので、原則的には多剤併用療法が有効であるといわれている。

A13 ×

足がムズムズするのはアカシジア、身体が捻れるのはジストニアである。非定型抗精神病薬では、錐体外路症状が比較的少ないといわれている。

A14 ×

開始時には、必要最小限の用量から開始し、効果が発現するまで徐々に増量する。

A15 ○

SSRI の使用によって、不安や焦燥、躁状態がみられたり、攻撃性や衝動性、易刺激性が高まったりするといった症状が出現することを賦活症候群という。賦活症候群は SSRI に限らず、他の抗うつ薬でも起こり得る。

A16 ×

加齢に伴う身体機能の低下などを考慮して、通常成人量より少ない量から投与し、調整していくことが推奨されている。

A17 ×

向精神薬はプラセボ(偽薬)効果も大きく、また、治療関係を反映するといわれている。

A18 ×

離脱とは、薬剤などの物質を長期にわたって大量に摂取していた人において、血中あるいは組織内の物質の濃度が減少したときに生じる現象である。

A19 ×

耐性とは、望むような効果を得るために必要な量が著明に増大すること、あるいは、通常量を摂取したときの効果が著明に減弱することである。

A20 ×

NMDA 受容体拮抗薬は、行動や感情を安定させる作用があり、BPSD の緩和を目的として使用される場合が多い。

A21 ×

単剤処方が原則である。また、治療抵抗性症例に対する増強療法として2剤併用する場合以外の多剤併用療法の有効性は、証明されていない。

「精神疾患とその治療」への対策

「精神疾患とその治療」の領域は、人体の構造・機能及び身体疾病と、精神疾患に大きく分かれると考えられます。

●人体の構造・機能及び身体疾病

これまでの出題内容から分析すると、

- Ⅱ型糖尿病やメタボリックシンドロームなどの生活習慣に関する疾病
- てんかんや認知症など脳に関連した疾病

について学習しておくとよいでしょう。身体疾患には数多くの種類がありますが、まずは、公認心理師として支援に関わる可能性がある身体疾病についておさえておきましょう。

●精神疾患

過去の試験では、統合失調症や認知症、知的発達症や自閉スペクトラム症、AD/HD、パニック症、摂食障害、パーソナリティ障害など幅広く出題されていました。また、向精神薬による副作用についても出題されていました。そのため、試験対策としては、

- 各精神疾患の特徴的な症状（診断基準）とその支援や治療のあり方
- 向精神薬による副作用

について理解しておきましょう。

第4章
心理アセスメント

1　心理アセスメント

1　心理アセスメント

心理アセスメントとは、クライエントのパーソナリティ、行動傾向、生活状況など、多角的な側面からクライエントを理解しようとすることである。それは、客観的で操作的な診断基準によってクライエントの病的側面を把握する精神医学の診断とは異なり、クライエントの病的な側面だけでなく健康で豊かな側面も把握していくことである。

アセスメントの方法としては、行動観察法、面接法、心理検査法の３つが挙げられる。それらの方法によって、クライエントに関するさまざまな情報を収集し、見立て、それを必要に応じて修正しながら、クライエントの理解や治療に役立てる。

2　心理検査法

心理検査法とは、標準化された刺激に対してどのように反応するかを調べることで、その人を理解しようとする方法である。観察法や面接法とあわせて実施することにより、それらの方法とは異なる側面からクライエントへの理解を深めることができる。

ただし、どのような心理検査も１つだけでクライエントを全体的に評価することはできない。そのため、心理検査をいくつか組み合わせて実施するテスト・バッテリーが必要になる。

3　心理検査の長所と限界

心理検査の長所と限界として、以下が挙げられる。

■心理検査の長所と限界

長所	個人のパーソナリティや能力について、目的別に、詳細かつ客観的に評価し得る
	観察や面接では評価しにくい面を明確化できる
	数値やプロフィールなどによって結果が視覚化され、他者と共有されやすい
	投映法を用いることで、そのパーソナリティを力動的に理解できる
	治療効果の評価が可能になる
	検査の結果について話し合うことで、クライエントの自己理解が促進される場合がある
	描画法では、そのプロセスによって検査者と被検者のコミュニケーションが活性化されて心理療法的な効果をもたらすことがある

限界	被検者の一側面を捉えているにすぎず、結果に対する過信は禁物である
	検査結果はあくまでも検査時点での情報でしかなく、一般的な傾向とは必ずしもいい切れない
	検査時の状況や被検者の状態が検査結果に影響する場合がある
	質問紙法では、被検者が回答を歪める可能性がある
	投映法では実施や結果の解釈に熟練を要し、客観性に疑念が生じる場合がある

4 心理検査の結果の報告

心理検査の結果を報告する際の注意点として、以下が挙げられる。

■心理検査の結果の報告

①多職種スタッフに対して報告する場合

専門性によって微妙に言葉のニュアンスが異なる場合もあるため、一般的な言葉を用いて、専門用語の多用は避ける
結果を細かくただ羅列するだけでなく、クライエントの現状と今後の見通しが分かるような報告をするように心掛ける
分からない点は事実のまま記し、分かるところと分からないところ、事実と感想を明確に分けて報告する
クライエントの病理的な側面だけでなく、健康的な面もあわせて伝える

②クライエント本人やその家族への報告

多職種スタッフへの報告以上に、分かりやすい言葉を用いる
否定的な側面であっても、肯定的な側面とあわせて伝えることにより、クライエントの潜在的なリソースに気づかせる
報告すること自体が心理的支援であるという意識を持ち、報告をきっかけにして話し合うことで、その後の治療への動機づけにつなげる

4-1 心理アセスメント

Q 1

心理アセスメントは支援方針を決定するために必要なプロセスであるため、心理的支援の導入前には完結させておくことが求められる。

Q 2

アセスメント面接においては、クライエントの心理的な負担を考慮し、閉ざされた質問のみによってクライエントの情報を収集することが望ましい。

Q 3

心理検査は、観察法や面接法では捉えることができないクライエントの側面を明らかにし得る。

Q 4

医師から事前に心理検査についての説明があれば、実施時において検査者から検査についてのインフォームド・コンセントを行う必要はない。

Q 5

心理検査は標準化された手続きを遂行することによって適切な結果が出るため、必ず決められた手続きに沿って最後まで実施する必要がある。

Q 6

心理検査の結果をフィードバックする際、クライエントの状態をより的確に表すために専門用語をなるべく多く用いるのが適切である。

Q 7

心理検査の結果をフィードバックするときは、客観性を示すために、数値やプロフィール表示のみを提示するのが望ましい。

Q 8

クライエントに対しては、今後の支援につなげるためにも、否定的側面であっても肯定的側面と組み合わせて伝えるなど、フィードバックの仕方を工夫することが望ましい。

A 1 ×

心理アセスメントは、心理的支援のさなかにおいても実施されるものであり、心理的支援の導入前に完結するものではない。その結果によって、クライエントに対する見立てや支援計画を適宜修正しながら、支援を行う。

A 2 ×

アセスメント面接においては、クライエントのさまざまな情報を収集するために、基本的には開かれた質問によって、自由にクライエントに語ってもらうのが一般的である。しかし、クライエントの状態や知る必要のある情報に応じて、閉ざされた質問を用いることもある。

A 3 ○

例えば、投映法検査は、観察法や面接法では捉えることができないクライエントの無意識的な側面を明らかにし得る。また、検査結果を数値やプロフィールとして視覚化することで、他者と共有することができる。

A 4 ×

たとえ、事前に医師から心理検査の説明があったとしても、検査者から検査についてのインフォームド・コンセントを行うことが望ましい。このことがクライエントとのラポール形成につながり、クライエントの検査に対する不安を軽減することができる。

A 5 ×

被検者の動機づけや疲労などを考慮し、状況に応じて中止することもある。心理検査の目的はあくまでもクライエントを理解することであり、最後まで実施して結果を出すことではない。

A 6 ×

フィードバックの相手が誰であっても、専門用語はなるべく避けて、分かりやすい言葉を用いることが大切である。

A 7 ×

数値やプロフィール表示を提示するだけでは、クライエントがそれらに対して過度の不安を抱く恐れがある。その数値やプロフィールが何を意味するのかについて、クライエントの現状と今後の見通しを踏まえて丁寧に説明することが必要である。

A 8 ○

検査結果のフィードバックも心理的支援の一環であることを踏まえて、今後の治療の動機づけになるようなフィードバックを行うことが望ましい。

2 質問紙法

1 質問紙法とは

調査参加者や実験参加者に自らの個人属性や行動傾向などを回答させる方法のうち、特に質問紙によって回答を求める方法をいう。「はい」「いいえ」「どちらでもない」といったあらかじめ設定された選択肢の中から選んで回答する形式と、回答を自由に記述する形式（自由記述法）とがある。長所としては、施行が容易で集団実施や統計処理が可能といったことが挙げられる。その一方で、回答は自己報告であり、社会的望ましさや言語能力の影響を受けている、回答者の置かれた状況を統制しにくいというような限界もある。

2 パーソナリティ検査

①矢田部—ギルフォード性格検査（Y-G 性格検査）

Guilford, J. P.（ギルフォード）の性格理論に基づき矢田部達郎によって作成されたパーソナリティ検査である。12 の下位尺度からなり、1 尺度 10 問の全 120 問の質問項目がある。結果は、特性論的な解釈を行うだけでなく、そのプロフィールに基づいて「平均型（A タイプ）」「情緒不安積極型（B タイプ）」「安定消極型（C タイプ）」「安定積極型（D タイプ）」「情緒不安消極型（E タイプ）」の５つのタイプから類型論的な評価も可能である。採点が比較的容易で客観的であり、かつ多面的な評価が可能である。その一方で、回答に意図的な反応歪曲が生じる恐れがあるという限界がある。

② MMPI（ミネソタ多面的人格目録）

ミネソタ大学の Hathaway, S. R.（ハサウェイ）と McKinley, J. C.（マッキンレー）によって作成されたパーソナリティ検査である。心気症、抑うつ、ヒステリー、精神衰弱などの各傾向を測定する 10 の臨床尺度と、回答者の検査に対する態度を測定するための 4 つの妥当性尺度から構成され、550 の質問項目がある。妥当性尺度には、「どちらでもない」と回答した数が多すぎると解釈の妥当性が低くなる ? 尺度、社会的に望ましい方向に答える傾向を示す L 尺度、受検態度の歪みや精神障害の程度を示す F 尺度、検査に対する防衛的態度を示す K 尺度がある。臨床尺度は健常群と臨床群のあいだで有意差が認められた質問項目で構成されているため、スクリーニング検査として有効なこと、妥当性尺度を備えていることが長所として挙げられる。その一方で、質問項目数が多いために検査時間がかかるといった限界もある。

③エゴグラム

Berne, E.（バーン）によって創始された交流分析における構造分析では、心の中に親、大人、子どもという３つの自我状態を仮定している。それらをさらにCP、NP、A、FC、ACの５つに分けてそれぞれのバランスを視覚化したものが、Dusay, J. M.（デュセイ）が考案したエゴグラムである。これを基にして東京大学医学部心療内科の石川中らによって作成されたのが東大式エゴグラムである。結果は、各尺度の高低と相互関係、及び全体のプロフィールから見いだされたパターンにより解釈される。

3 不安検査

① MAS（顕在性不安尺度）

Taylor, J. A.（テイラー）が不安の測定を目的として、MMPIの中の項目から50項目を選んで作成した検査である。日本語版は、L尺度15項目を加えた65項目から構成されている。顕在性不安とは、自分自身で身体的・心理的な不安の徴候が意識化できたものを指す。

② STAI（状態—特性不安検査）

Spielberger, C. D.（スピルバーガー）によって作成された不安を測定する検査である。「今、この瞬間に感じている不安」である状態不安と、「普段感じている不安」である特性不安を測定することが特徴である。質問項目は状態不安と特性不安についてそれぞれ20項目ずつである。

4 その他

① CMI（コーネル健康調査票）

コーネル大学のBrodman, K.（ブロードマン）によって作成された、身体的・精神的な自覚症状を短時間で把握するためのチェックリストである。原法では身体的症状が144項目、精神的症状が51項目の195項目から構成されているが、日本版では男性用は211項目、女性用は213項目である。身体的症状を縦軸に、精神的症状を横軸にとった神経症判定図を用いて、グラフの値から神経症の程度を判定する。自覚症状のチェックや神経症のスクリーニング検査として有効であるが、病識のないクライエントには適用できないといった限界がある。

② GHQ精神健康調査票

Goldberg, D. P.（ゴールドバーグ）によって作成された、主に神経症の症状把握やスクリーニングのための検査である。質問項目は、①身体症状、②不安と不眠、③社会的活動障害、④うつ状態といった因子から構成されている。原版は60項目であるが、因子分析の結果をもとに28項目版、30項目版などの短縮版が作成されている。

4-2 質問紙法

Q 1

質問紙法の特徴の一つとして、質問の順序や回答の形式を統一することが可能である。そのため一般的に、検査者の影響が大きいとされている。

Q 2

質問紙法を実施する上での注意事項として、被検者は必ず自分自身のことしか答えてはいけない。

Q 3

質問紙法の特徴の一つとして、回答は自己報告式であり、被検者の主観に依存するため、回答が虚偽や社会的望ましさの影響を受ける可能性がある。

Q 4

質問紙法は統計的な処理を行うことが可能であるため、できるだけ多くの質問項目を作成し、データを収集することが望ましい。

Q 5

質問紙法は、一般的に意識水準を捉えることができないとされている。

Q 6

質問紙法は、観察法に比べると、詳細に行動過程を記録できないことや測定精度を高めることができないといった限界がある。

Q 7

MAS はパーソナリティを測定する質問紙法検査である。

Q 8

STAI は抑うつの程度を測定する質問紙法検査である。

Q 9

MAS は MPI の尺度を一部選出した質問紙法検査である。

A 1 ……□□□

×

質問の順序や回答の形式を統一することによって、一般的に、検査者の影響が小さいとされている。その一方で、被検者の状況を統制しにくいといった限界がある。

A 2 ……□□□

×

例えば、子どものことについて養育者が回答する質問紙法検査もある。

A 3 ……□□□

○

被検者の言語能力にも依存するため、読み書き能力が十分でない被検者の回答の信頼性や妥当性が保証できない場合がある。

A 4 ……□□□

×

質問項目数が多いと被検者の負担が大きくなり、検査結果や回収率に影響が出る恐れがある。

A 5 ……□□□

×

無意識水準を捉えることができないとされている。質問紙法は、被検者の意識水準を明らかにするとされている。

A 6 ……□□□

○

アセスメント方法である質問紙法、観察法、面接法それぞれに長所と限界がある。アセスメントの目的に沿って用いることが大切である。

A 7 ……□□□

×

MAS は顕在性不安尺度のことである。被検者自身が意識化できた身体的・精神的不安の徴候を測定する。MAS は、それまで面接や行動観察から主観的に捉えることが多かった不安を客観的に測定することを可能にした。

A 8 ……□□□

×

STAI は状態－特性不安検査のことである。「今、この瞬間に感じている不安」である状態不安と、「普段感じている不安」である特性不安を測定する。

A 9 ……□□□

×

MAS は MMPI から不安を測定する 50 項目を選び出したものである。MPI はモーズレイ性格検査のことであり、Eysenck, H. J.（アイゼンク）によって作成されたパーソナリティ検査である。

Q10 □□□

Y-G 性格検査は、尺度の内的整合性に基づいており、虚偽尺度も含まれている。

Q11 □□□

Y-G 性格検査は、10 の下位尺度から構成されている。1 つの下位尺度につき 12 の質問項目から構成されており、合計 120 の質問項目がある。

Q12 □□□

Y-G 性格検査は構成されている質問項目の性質上、司法領域に限定されて用いられている。

Q13 □□□

Y-G 性格検査における A タイプは、プロフィールが回答用紙の中心に集まるように描かれており、これといった特徴がない性格とされる。

Q14 □□□

Y-G 性格検査における B タイプは、プロフィールが回答用紙の右下がりに集まるように描かれており、情緒不安定で社会的に不適応であり、外向的、活動的なパーソナリティ傾向である。

Q15 □□□

Y-G 性格検査における C タイプは、プロフィールが回答用紙の左寄りに集まるように描かれており、情緒が安定し社会的に適応的であり、非活動的で内向的なパーソナリティ傾向である。

Q16 □□□

Y-G 性格検査における D タイプは、プロフィールが回答用紙の右寄りに集まるように描かれており、情緒は安定し社会的にも適応的であり、外向的、活動的なパーソナリティ傾向である。

Q17 □□□

Y-G 性格検査における E タイプは、左下がりのプロフィールを描き、情緒不安定で社会的に不適応であり、内向的で、非活動的なパーソナリティ傾向である。

Q18 □□□

Y-G 性格検査は「はい」「いいえ」の２件法による質問紙法検査である。

Q19 □□□

Y-G 性格検査では、検査者が問題を一定の間隔で読み、それにあわせて被検者が回答する。

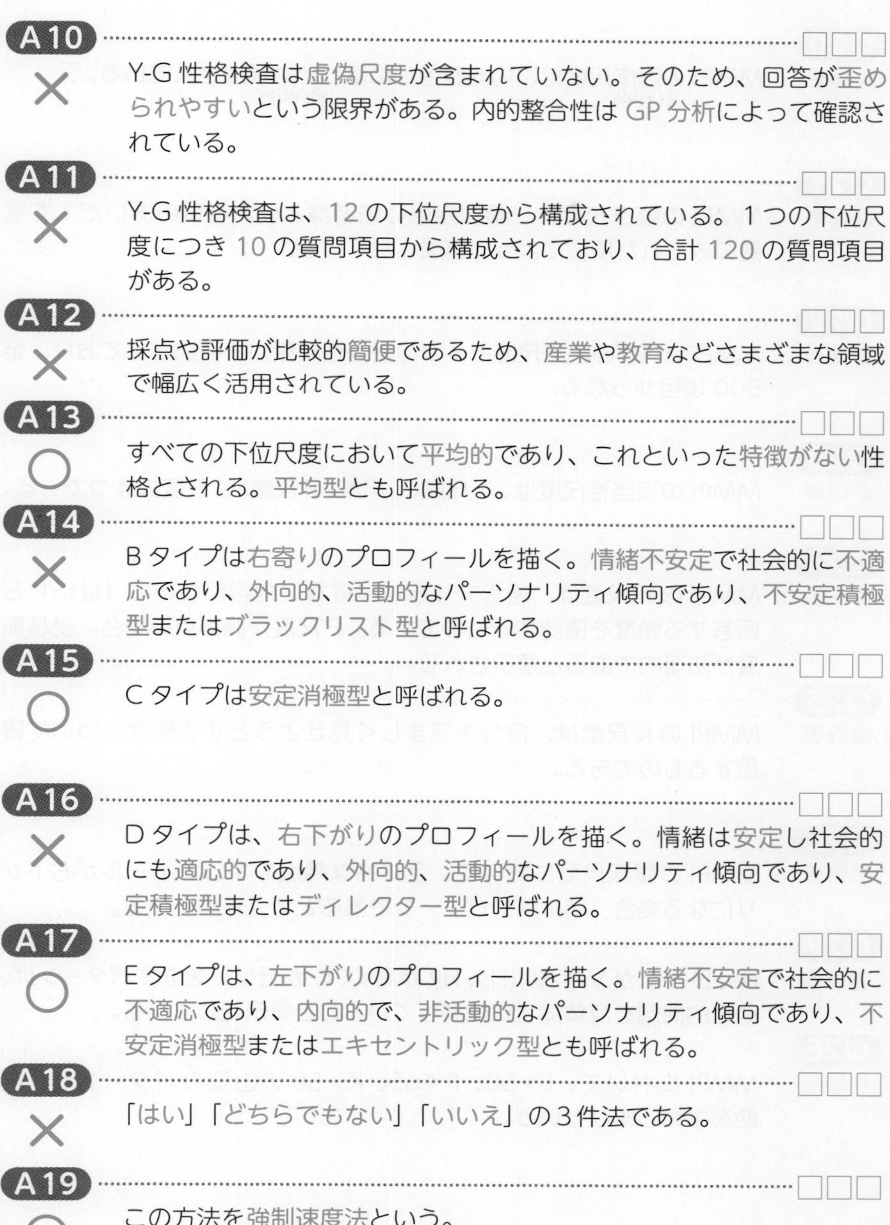

A10 □□□

×

Y-G性格検査は虚偽尺度が含まれていない。そのため、回答が歪められやすいという限界がある。内的整合性はGP分析によって確認されている。

A11 □□□

×

Y-G性格検査は、12の下位尺度から構成されている。1つの下位尺度につき10の質問項目から構成されており、合計120の質問項目がある。

A12 □□□

×

採点や評価が比較的簡便であるため、産業や教育などさまざまな領域で幅広く活用されている。

A13 □□□

○

すべての下位尺度において平均的であり、これといった特徴がない性格とされる。平均型とも呼ばれる。

A14 □□□

×

Bタイプは右寄りのプロフィールを描く。情緒不安定で社会的に不適応であり、外向的、活動的なパーソナリティ傾向であり、不安定積極型またはブラックリスト型と呼ばれる。

A15 □□□

○

Cタイプは安定消極型と呼ばれる。

A16 □□□

×

Dタイプは、右下がりのプロフィールを描く。情緒は安定し社会的にも適応的であり、外向的、活動的なパーソナリティ傾向であり、安定積極型またはディレクター型と呼ばれる。

A17 □□□

○

Eタイプは、左下がりのプロフィールを描く。情緒不安定で社会的に不適応であり、内向的で、非活動的なパーソナリティ傾向であり、不安定消極型またはエキセントリック型とも呼ばれる。

A18 □□□

×

「はい」「どちらでもない」「いいえ」の3件法である。

A19 □□□

○

この方法を強制速度法という。

Q20 □□□
●●●

MMPI の臨床尺度は、内的整合性に基づいて構成されている。

Q21 □□□
●●●

MMPI の臨床尺度は、精神疾患の患者群と健常者群のあいだに有意差のみられた項目によって構成されている。

Q22 □□□
●●●

MMPI は 10 の臨床尺度と 4 つの妥当性尺度から構成されており、全 500 項目からなる。

Q23 □□□
●●●

MMPI の妥当性尺度は、！尺度、L 尺度、F 尺度、K 尺度の 4 つである。

Q24 □□□
●●●

MMPI の F 尺度は、通常では起こり得ない内容について「はい」と回答する頻度を確認するものである。F 尺度が高得点の場合、受検態度が防衛的であると解釈される。

Q25 □□□
●●●

MMPI の K 尺度は、自分を望ましく見せようとする態度について確認するものである。

Q26 □□□
●●●

MMPI の臨床尺度において、全体的な得点のプロフィールが右下がりになる場合、精神病的パターンであると考えられている。

Q27 □□□
●●●

Hs、D、Hy が V 字型（Hs、Hy が高く、D が低い）をなすパターンは、心理的問題を身体症状に転換していることを示唆している。

Q28 □□□
●●●

MMPI において、L＞50、F＜65、K＞50 の山型のパターンを、援助を求める叫びという。

A20 ×

MMPIの臨床尺度は、内的整合性に基づいて構成されてはいない。MMPIの臨床尺度は、健常群と臨床群のあいだで有意差が認められた質問項目で構成されている。

A21 ○

MMPIは臨床上の経験的アプローチに基づいて項目が作成されている。そのため、Y-G性格検査やエゴグラムなどのような特定のパーソナリティ理論に基づいているわけではない。

A22 ×

550項目である。臨床尺度は、心気症尺度、抑うつ尺度、ヒステリー尺度、精神病質的偏奇尺度、男性性・女性性尺度、パラノイア尺度、精神衰弱尺度、統合失調尺度、軽躁尺度、社会的内向尺度である。

A23 ×

！尺度ではなく、？尺度である。？尺度は「どちらでもない」と回答した数によって、回答の妥当性を確認するものである。

A24 ×

F尺度が高得点の場合、受検態度が非協力、詐病、援助を得ようとする態度、精神障害の急性症状などと解釈される。また、青年期ではF尺度の得点が高い傾向があるとされる。

A25 ×

K尺度ではなく、L尺度である。K尺度は、防衛的な受検態度を確認するものである。K尺度の得点が高いと、検査に対して防衛的、欺瞞的であるとされる。

A26 ×

神経症的パターンであると考えられている。臨床尺度において、全体的な得点が高い傾向にある場合、社会的適応がよくないとされている。

A27 ○

Hsは心気症尺度、Dは抑うつ尺度、Hyはヒステリー尺度である。このパターンは転換Vと呼ばれている。

A28 ×

L＜50、F＞65、K＜50の山型のパターンを指す。これは、自らの問題について、援助を求めるあまりに症状を誇張して訴える傾向であるとされている。

Q29 ●●● □□□

MPI は、Eysenck, H. J. によって作成され、N 尺度と E 尺度に加えて、L 尺度と緩衝項目から構成される全 80 項目のパーソナリティ検査である。

Q30 ●●● □□□

エゴグラムは、交流分析理論における構造分析に基づいて Berne, E. が開発したパーソナリティ検査である。

Q31 ●●● □□□

エゴグラムにおける自我状態は CP、NP、A、FC、AC に分けられ、それぞれ順に養護的な親、批判的な親、大人、自由奔放な子ども、順応的な子どもを意味する。

Q32 ●●● □□□

MAS は、Taylor, J. A. が開発し、顕在性の不安を質的に測定しようとするものである。

Q33 ●●● □□□

STAI は、一時的な情緒状態である特性不安と、被検者本人がもともと持っているパーソナリティ傾向である状態不安をそれぞれ測定するもので、全 40 項目である。

Q34 ●●● □□□

CMI は、被検者の身体的・精神的な自覚症状を測定することを目的とした質問紙検査であり、精神病のスクリーニング検査としても用いられている。

Q35 ●●● □□□

GHQ 精神健康調査票は、精神的健康の状況把握や評価、精神的問題の発見に利用されている検査であり、精神的問題の重症度を判定できる。

Q36 ●●● □□□

NEO-PI-R は、Big Five モデルに基づくパーソナリティ検査である。

Q37 ●●● □□□

UPI 学生精神的健康調査は、主に問題を抱えている中学生の早期発見・早期介入を目的とした質問紙法検査である。

A29 ○

MPIは、神経症傾向を測定するN尺度と、外向性―内向性を測定するE尺度に加えて、受検者の態度を捉えるL尺度と、検査意図を分からないようにするための緩衝項目によって構成される。

A30 ×

エゴグラムを開発したのはBerne, E.ではなく、Dusay, J. M.である。Berne, E.は交流分析理論の提唱者である。エゴグラムは、構造分析における5つの自我状態を測定する。

A31 ×

CP（批判的な親）、NP（養護的な親）、A（大人）、FC（自由奔放な子ども）、AC（順応的な子ども）を意味する。

A32 ×

質的ではなく、量的である。顕在性の不安とは、心配や緊張といった精神的な徴候や、発汗や赤面などの身体的な徴候として、ある期間持続的に現れるものである。

A33 ×

一時的な情緒状態は状態不安、被検者本人がもともと持っているパーソナリティ傾向は特性不安である。

A34 ×

精神病傾向ではなく、神経症である。日本語版CMIは男性版211項目、女性版213項目からなり、身体的事項12区分、精神的事項6区分から構成されている。

A35 ×

GHQ精神健康調査票はスクリーニング検査であり、重症度は判定できない。GHQはGoldberg, D. P.によって作成された。うつや不安、身体的症状、社会的活動障害、睡眠障害など神経症の症状を測定している。原版は60項目であるが、30項目、28項目、12項目の短縮版がある。

A36 ○

NEO-PI-Rは、神経症傾向、外向性、開放性、調和性、誠実性の5因子について測定している。また、各因子は6つの下位次元を有している。

A37 ×

UPI学生精神的健康調査が対象としているのは主に大学生である。

3 投映法

1 投映法

被検者に、比較的自由度が高く、正誤や優劣の評価が難しい課題の遂行を求める方法をいう。視覚的あるいは言語的にあいまいな刺激に対する被検者の連想や、自由な空想や想像の内容、及びその生成過程を評価する。この連想や想像の中に被検者独自のパーソナリティが映し出されるという前提のもとに用いられている。長所としては、無意識水準まで捉えることが可能、被検者が意図的に結果を操作するのが難しいことが挙げられる。その一方で、施行や結果の解釈に熟練を要すること、解釈に検査者の主観が入りやすいといった限界がある。

2 主な投映法検査

①ロールシャッハ・テスト

Rorschach, H.（ロールシャッハ）によって考案されたパーソナリティ検査である。検査刺激は左右対称のインクのシミでできた 10 枚の図版で、無彩色、赤と黒の２色、複数の色彩を用いたものがある。実施には、まず、被検者がそれぞれの図版について何に見えるかを口頭で述べる自由反応段階がある。その後、検査者がその図版のどのような特徴がそのように見えたのかについて質疑を行う質問段階がある。それらの回答から、反応領域、反応決定因、反応内容、形態水準などのスコアリングを行う。解釈は、スコアリングされた反応を量的に分析する形式分析や、１枚の図版の反応を質的に分析する内容分析、各図版の反応の流れを力動的に分析していく継起分析がある。実施や解釈についてはさまざまな立場がある。日本ではこれまで形式分析や内容分析、継起分析を行う片口法が主流であったが、最近では形式分析のみを行う包括システムも用いられるようになっている。

② TAT（主題統覚検査）

人物を含んだあいまいな状況が描かれた複数枚の絵を被検者に示し、それらの絵から物語をそれぞれ自由に語らせ、それらの物語の内容から被験者のパーソナリティ傾向を明らかにする投映法性格検査である。Murray, H. A.（マレー）らによって開発された。原版であるハーバード版では、絵が描かれた図版 30 枚と白色図版 1 枚の計 31 枚からなる。解釈法として、Murray, H. A. の提唱した欲求—圧力分析があるが、十分に確立されているとはいいがたい。また、各図版は少年用（B）・少女用（G）・成人男性用（M）・成人女性用（F）に分けられる。

③ P-F スタディ

Rosenzweig, S.（ローゼンツヴァイク）によって考案されたパーソナリティ検査である。人為的・非人為的な障害によって欲求不満となっている自我阻害場面、他人から非難を受け、超自我が阻害されて欲求不満が喚起される超自我阻害場面が 24 枚のイラストで示され、被検者は空白の吹き出しが描かれている人物の発言を連想し、その中に記入することが求められる。このような欲求不満場面での反応傾向を、他責・自責・無責のアグレッションの方向と、障害優位・自我防衛・要求固執のアグレッションの型から分類し、それに基づいて解釈を行っていく。

④ SCT（文章完成法）

「私は子どもの頃…」というような未完成で多義的な文章の後半を、被検者が自由に書き加えることで完成させるパーソナリティ検査である。文章理解力と作文能力がある児童以上に用いられる。投映法に分類されるが、比較的浅い前意識水準を明らかにする検査と位置づけられている。被検者の外的・内的状況を具体的に把握できる検査として、他の心理検査とともにテスト・バッテリーに組み込まれることが多い。

⑤描画法

1）バウム・テスト

Koch, K.（コッホ）によって創始された描画法検査である。A4 用紙に鉛筆で「実のなる木を１本」描かせ、その絵を評価する。描かれた木には、描き手の自己像が投影されているとされている。解釈には、全体的な印象を捉えたり、特定の指標や全体の類型化による方法があるが、直感と方法論をうまく組み合わせながら被検者への理解を深めていくことが望ましいとされる。他の描画法と同様に、さまざまな年齢層や言語表出が困難な者にも適用可能である。一般的なパーソナリティ検査だけでなく、発達の指標や精神障害などのスクリーニング検査、心理療法の効果測定などにも用いられている。

2）HTP

Buck, J. N.（バック）によって考案された描画法検査で、被検者の知能やパーソナリティの評価を行うものである。原法では、１枚を２つ折りにした４ページからなる紙に、１ページ目に日付、２ページ目に家、３ページ目に木、４ページ目に人物を描かせる。また、解釈のための資料として、描画終了後に PDI（Post Drawing Interrogation）と呼ばれる質問もなされる。家には家庭環境、木には自己像、人物には対人関係が投影されるといわれている。解釈は、絵の比率や遠近などをスコアリングし集計する形式分析と、描かれた内容や順序、描画態度などを総合的に分析する質的分析から行われる。

3）風景構成法

もともとは統合失調症患者への箱庭療法の適否を判定するために開発された心理療法であるが、現在では描画法検査として位置づけられている。中井久夫によって開発された。被検者の目の前で枠づけされた画用紙にサインペンで、川・山・田・道の大景群、家・木・人の中景群、花・動物・石の小景群、その他描き足りないと思うものを、ひとつずつ順番に検査者が教示し、被検者に描いてもらい、最後に彩色してもらう。完成後は二人で作品を鑑賞しながら質問を行う。解釈法は確立されてはいないが、箱庭療法の観点が有用であるとされている。

4-3 投映法

Q 1 □□□

投映法の特徴の一つとして、一般的に、被検者が反応を意図的に操作することが難しいことが挙げられる。

Q 2 □□□

さまざまな投映法検査に共通する特徴として、検査刺激の多義性やあいまいさ、反応の自由さが挙げられるが、その構造化の程度は均一化されている。

Q 3 □□□

多くの投映法検査は、統計的な信頼性と妥当性が十分に備わっている。

Q 4 □□□

投映法は、被検者本人の意識されていない欲求や感情などを把握することができるが、被検者が自覚している欲求や感情を把握することはできない。

Q 5 □□□

投映法検査の特徴として、被検者の無意識水準しか捉えることができないことが挙げられる。

Q 6 □□□

投映法検査では、同一の検査をクライエントに実施して反応の変化をみることはできない。

4）動的家族画法（KFD）

Burns, R. C.（バーンズ）と Kaufman, S. H.（カウフマン）によって考案された描画法検査である。被検者に「あなたを含めて、あなたの家族が何かしているところ」を描いてもらう。教示が非動的な家族画よりも、描画に運動が加わった動的家族画の方が検査として多くの有益な情報を提示するといわれている。動的家族画法は、意識的にも無意識的にも被検者自身の立場から自らを含んだ日常の家族関係を捉えることができる。

解釈は、描画の全体的印象から被検者の家族関係やそれに対する感情や欲求などを直感的に理解する全体的印象分析、描画の様式を指標として評価する形式分析、家族画の中で強調されたり無視されたりしている部分や特殊な対象を取り上げ、それらが象徴する意味を解釈して、家族間力動やそれに対する被検者の感情や欲求を捉える内容分析がある。

投映法

A 1 …………□□□

○

一般的に、投映法は、答えたくないことは答えないなどは可能だが、無意識的反応を意図的に操作することは難しいとされている。

A 2 …………□□□

×

例えば、ロールシャッハ・テストや TAT は投映法の中でも構造化の低い検査であるとされており、その構造化の程度はさまざまである。

A 3 …………□□□

×

多くの投映法検査は、統計的な信頼性と妥当性が十分に備わっているとはいいがたい。

A 4 …………□□□

×

投映法は、被検者が意識していない欲求や感情だけでなく、本人が意識している欲求や感情を把握することも可能である。

A 5 …………□□□

×

投映法検査は、被検者の無意識水準を捉えることが可能であるが、SCT や TAT などは意識水準も捉えているとされている。

A 6 …………□□□

×

例えば、治療効果の検討を目的として、同一の検査を時間を空けて実施し、クライエントの反応の変化をみることはある。

Q 7 □□□

ロールシャッハ・テストで使用される図版は、無彩色図版 10 枚である。

Q 8 □□□

ロールシャッハ・テストの施行は、質問段階から自由反応段階へと進められる。

Q 9 □□□

ロールシャッハ・テストのある図版について、多くの人たちがそのように反応するものを P 反応という。

Q10 □□□

ロールシャッハ・テストの実施法は片口法と包括システム（エクスナー法）の２種類である。

Q11 □□□

TAT の図版は 31 枚であり、そのうち１枚は灰色図版である。

Q12 □□□

TAT の開発者である Murray, H. A. が提唱した原法では、31 枚全ての図版について物語を語ってもらう。

Q13 □□□

TAT は、ロールシャッハ・テストに比べると、個人の葛藤や現実的な対人関係の特徴を捉えやすいとされている。

Q14 □□□

TAT では、開発者である Murray, H. A. の提唱した欲求―圧力分析に基づいて結果を解釈することが標準化されている。

Q15 □□□

TAT の図版には全て人物が描かれている。

A 7
×
ロールシャッハ・テストの図版は合計10枚であり、無彩色図版が5枚、有彩色図版が5枚である。

A 8
×
自由反応段階から質問段階へと進められる。自由反応段階では、被検者に図版が何に見えるかを自由に話してもらう。質問段階では、自由反応段階で被検者の示した反応について、なぜそのように見えたのかを話してもらう。

A 9
○
例えば、Vカードにおけるコウモリや蝶が挙げられる。P反応は社会的常識や共感性、協調性を意味する。

A10
×
他にもクロッパー法や阪大法などの方法が存在する。

A11
×
白色図版である。TATはさまざまな受け取り方ができる場面が描かれた図版について、物語をそれぞれ自由に語らせ、それらの物語から被検者のパーソナリティを明らかにするものである。

A12
×
Murray, H. A.が提唱した原法では、被検者の年齢や性別にあわせて20枚の図版を選択し、それらを半分ずつ2回に分けて施行する。

A13
○
刺激図版の性質から、葛藤や対人関係の特徴を捉えやすいという指摘がある。

A14
×
TATについて標準化された解釈法は確立されていない。欲求―圧力分析では、物語の主人公はほぼ被検者を表しており、主人公の願望や意図など環境に向かって発する力である欲求と、環境から主人公に向かって発する力である圧力の関係を検討することによって、被検者のパーソナリティを理解できると考えている。

A15
×
図版12BG、16、19のような人物が描かれていない図版も存在する。

Q16 □□□

●●● P-F スタディは、Rosenzweig, S. によって開発され、被害をこうむったり、他者から非難されたりして、欲求不満が喚起される場面が描かれた 18 枚のイラストにある吹き出し部分に、イラストの中の人物の発言を連想して記入するものである。

Q17 □□□

●●● P-F スタディの対象は成人に限られる。

Q18 □□□

●●● P-F スタディにおいて、被検者の反応は、欲求不満場面において生じるアグレッションの方法と型から９分類される。

Q19 □□□

●●● P-F スタディには、人が描かれていないイラストもある。

Q20 □□□

●●● SCT は、あいまいな状況が描かれた絵を提示し、被検者が連想したことを自由に書く検査である。

Q21 □□□

●●● SCT の適用年齢は、幼児以上である。

Q22 □□□

●●● SCT は投映法の中でも、意識と無意識の中間水準をアセスメントしているとされている。

Q23 □□□

●●● SCT は、結果の整理と解釈について、明確な記号化や分類基準がなされている。

Q24 □□□

●●● SCT では、必要に応じて、検査者が刺激語を作成してもよい。

Q25 □□□

●●● SCT では、文章を完成させる項目の順番は厳守しなければならない。

A16 ×

イラストは24枚である。イラストの内容は、欲求不満の原因が自分の外にある自我阻害場面と、自分の中にある超自我阻害場面とに分けられる。

A17 ×

児童用（6歳〜15歳)、青年用（12歳〜20歳)、成人用（15歳〜）が存在する。

A18 ×

方法ではなく、方向である。他責・自責・無害のアグレッションの方向と、障害優位型・自我防衛型・要求固執型のアグレッションの型から9分類される。

A19 ×

P-F スタディのイラストには全て2人以上の人物が描かれている。

A20 ×

SCT は、未完成で多義的な語句の後に、被検者が自由に書き加えて文章を完成させる投映法検査である。

A21 ×

SCT の適用年齢は、文章理解力と作文能力がある児童以上とされている。

A22 ○

SCT における被検者の反応は、意識的なものも無意識的なものも混在しており、一般的には中間水準（前意識水準）であるとされている。

A23 ×

結果の整理と解釈について、明確な記号化や分類基準がなされていない。結果の整理と解釈には、記入された反応の長さや、未記入や後回しの回答の数、誤字脱字の数、言葉遣いなどについてどのような項目でみられたのか、検査の前半と後半で違いがないか、被検者の年齢や教育水準に見合っているかなどを検討する形式分析や、回答全体を概観してその人らしさを直感的に把握した上で、個々の項目について検討する内容分析がある。

A24 ○

被検者の性別や年齢、検査目的などにあわせて、検査者が刺激語を作成してもよい。

A25 ×

思いつかない項目は後に回すことも可能とされている。

Q26 ●● □□□

バウム・テストは、もともとは職業相談の領域で考案された描画法検査である。

Q27 ●●● □□□

日本における DAM の実施においては、被検者に人の上半身のみを描くように教示を行う。

Q28 ●●● □□□

バウム・テストでは、集団による実施は禁止されている。

Q29 ●●● □□□

バウム・テストは、A４の用紙とサインペンを用意し、「木を１本描いてください」といった教示のもとに描いていく。

Q30 ●●● □□□

バウム・テストでは、描かれた木はその人の自己像を表していると考えられている。

Q31 ●●● □□□

バウム・テストの解釈は、まず小さな特徴を各指標に当てはめてから、全体的な印象を捉えていくことが望ましい。

Q32 ●● □□□

バウム・テストにおけるヴィトゲンシュタイン指数とは、被検者の精神発達の程度を表す指標である。

Q33 ●●● □□□

HTP テストは、家、木、人を描くものであるが、木は無意識的な自己像が投影されていると考えられている。

Q34 ●●● □□□

HTP テストでは、描画終了後、検査者は先入観を持たないようにするために、各描画について被検者と話し合うことなく解釈を進めていく。

Q35 ●●● □□□

HTP テストにおいて、Buck, J. N. の原法では IQ を算出する。

A26 ○

バウム・テストは、もともとはスイスの職業コンサルタントであるJucker, E.（ユッカー）が考案し、スイスの心理学者・産業カウンセラーであるKoch, K.（コッホ）によって心理検査として体系化されたものである。

A27 ×

人を一人、全身を描くように教示を行う。

A28 ×

個人施行だけでなく、集団施行も可能である。

A29 ×

サインペンでなく、鉛筆と消しゴムである。なお、教示は「実のなる木」とする場合もある。

A30 ○

描かれた木はその人の自己像を投影していると考えられる。また、木のかたちから身体像が表れやすいとされている。

A31 ×

まずは全体的印象を捉えてから、印象を肉付けするように大きな特徴から小さな特徴の順に読み込んでいくのが望ましいとされる。

A32 ×

ヴィトゲンシュタイン指数とは、被検者が心的外傷体験を負った年齢を推定するための指標である。木の幹に傷や節穴などが描かれた場合、心的外傷体験のサインとして解釈される。具体的には、木の高さをミリメートルで測定し、被検者の年齢で割った値である。そして、木の根元から心的外傷体験のサインまでの長さをミリメートルで測定し、それをヴィトゲンシュタイン指数で割ると、その出来事が生じた年齢が算出される。

A33 ○

家は家庭環境や家族関係、木は自己像、人は対人関係あるいは被検者にとって重要な人物に対する認識を投影しているとされている。

A34 ×

HTPテストでは、描画終了後、検査者は解釈の手掛かりとして、各描画について被検者と話し合う。これをPDI(Post Drawing Interrogation)という。

A35 ○

Buck, J. N.の原法では、パーソナリティのアセスメントだけでなくIQも算出する。

Q36 □□□

HTP テストでは、さまざまな変法が開発されてきた。HTPP テストは、1 枚の画用紙に家・木・人を描いてもらう方法である。

Q37 □□□

家族画法は一般的に、被検者に自身の家族メンバーを 1 人につき 1 枚の紙に描いてもらうものである。

Q38 □□□

動的家族画法では、「あなたを含めずに、あなたの家族が何かしているところを描いてください」と教示する。

Q39 □□□

風景構成法は、1 枚の画用紙に心象風景を描いてもらうもので、河合隼雄によって開発された。

Q40 □□□

風景構成法の適用年齢はおおむね 6 歳以上である。

Q41 □□□

風景構成法では、既に枠づけがなされた画用紙を渡し、描いてもらう。

Q42 □□□

風景構成法では、描き込まれるアイテムは、川、山、田、道、家、木、人、花、動物、石であり、検査者が一度に伝える。

Q43 □□□

風景構成法では、描画終了後に彩色を行うが、その順序もアイテムの描画順序に従って行う。

Q44 □□□

風景構成法は、投影法の中でもとりわけ自由度が低く、検査者による評定の客観性は比較的高いとされている。

Q45 □□□

風景構成法の解釈は、Grünwald, M. の空間象徴図式に則って行われる。

Q46 □□□

風景構成法では、描画終了後に描かれた風景について検査者から質問はせず、沈黙のままクライエントとともに描かれた風景を味わうことが求められる。

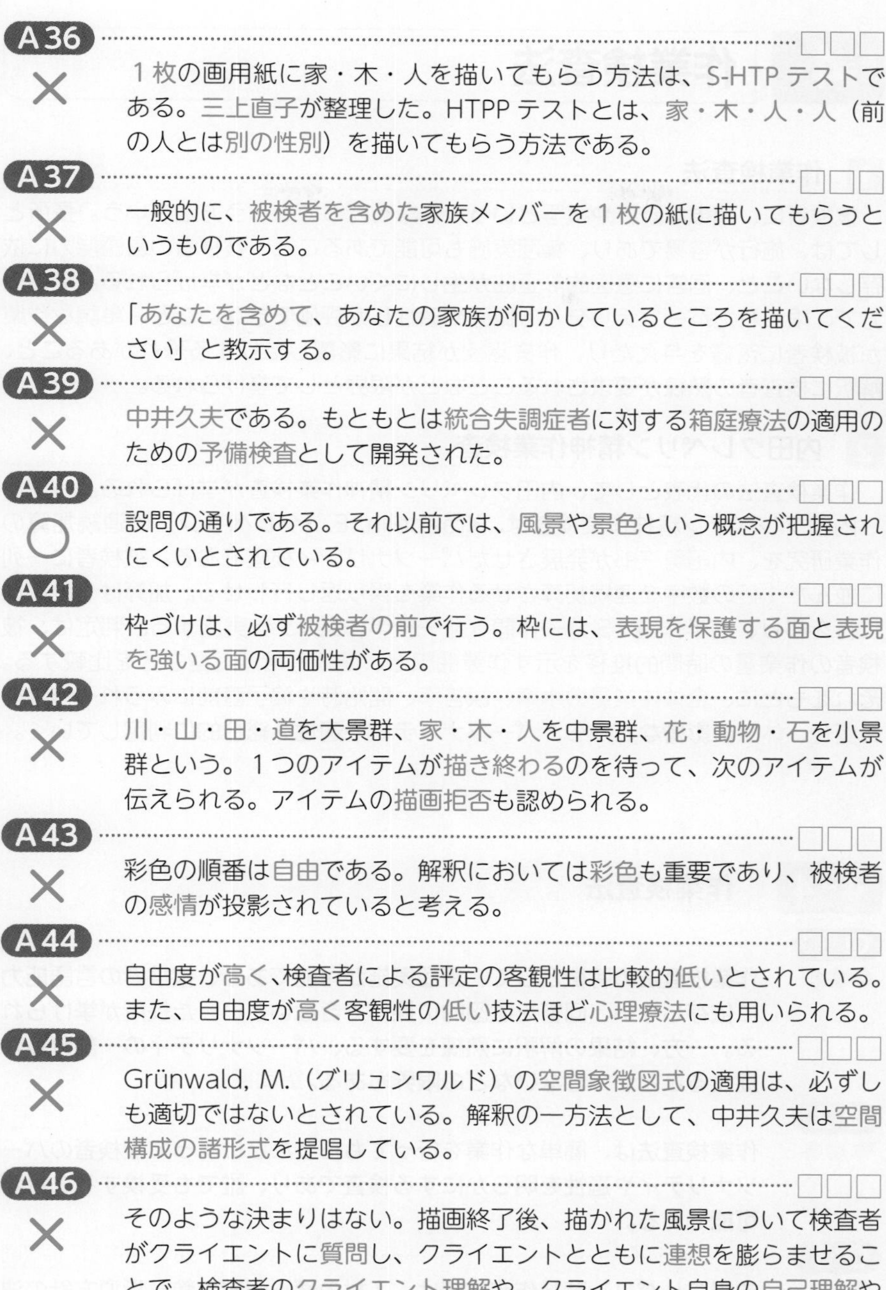

A36 ×
1枚の画用紙に家・木・人を描いてもらう方法は、S-HTPテストである。三上直子が整理した。HTPPテストとは、家・木・人・人（前の人とは別の性別）を描いてもらう方法である。

A37 ×
一般的に、被検者を含めた家族メンバーを1枚の紙に描いてもらうというものである。

A38 ×
「あなたを含めて、あなたの家族が何かしているところを描いてください」と教示する。

A39 ×
中井久夫である。もともとは統合失調症者に対する箱庭療法の適用のための予備検査として開発された。

A40 ○
設問の通りである。それ以前では、風景や景色という概念が把握されにくいとされている。

A41 ×
枠づけは、必ず被検者の前で行う。枠には、表現を保護する面と表現を強いる面の両価性がある。

A42 ×
川・山・田・道を大景群、家・木・人を中景群、花・動物・石を小景群という。1つのアイテムが描き終わるのを待って、次のアイテムが伝えられる。アイテムの描画拒否も認められる。

A43 ×
彩色の順番は自由である。解釈においては彩色も重要であり、被検者の感情が投影されていると考える。

A44 ×
自由度が高く、検査者による評定の客観性は比較的低いとされている。また、自由度が高く客観性の低い技法ほど心理療法にも用いられる。

A45 ×
Grünwald, M.（グリュンワルド）の空間象徴図式の適用は、必ずしも適切ではないとされている。解釈の一方法として、中井久夫は空間構成の諸形式を提唱している。

A46 ×
そのような決まりはない。描画終了後、描かれた風景について検査者がクライエントに質問し、クライエントとともに連想を膨らませることで、検査者のクライエント理解や、クライエント自身の自己理解や洞察につながる。

4 作業検査法

1 作業検査法

被検者に、簡単な計算や模写といった作業を行ってもらう方法をいう。長所としては、施行が容易であり、集団実施も可能であること、被検者の言語能力に依存しないこと、回答に意図的な歪曲が生じにくいことなどが挙げられる。その一方で、限られたパーソナリティの側面や適性しか評価できないこと、単調な作業が被検者に苦痛を与えたり、作業意欲が結果に影響したりする恐れがあること、解釈に検査者の熟練が要求されることなどが限界として挙げられる。

2 内田クレペリン精神作業検査

作業検査法の代表として、内田クレペリン精神作業検査が挙げられる。

内田クレペリン精神作業検査は、Kraepelin, E.（クレペリン）の連続加算の作業研究を、内田勇三郎が発展させたパーソナリティ検査である。被検者に一列に並んだ1桁の数字を連続加算させる作業を繰り返し行わせる。加算は1分ごとに行を移り、前半作業15分―休憩5分―後半作業15分実施する。判定は、被検者の作業量の時間的推移を示す作業曲線と、健康者常態定型曲線を比較する。それをもとに、全体作業量の水準、誤答率、開始時や終了直前にみられる作業率の変化、休憩の影響などから、パーソナリティや適性を総合的に判定していく。

4-4 作業検査法

Q 1 ●●● □□□

作業検査法の特徴として、集団実施が可能である、被検者の言語能力に依存しない、回答を意図的に操作できないといった長所が挙げられる。一方、結果の解釈に熟練を要する、パーソナリティの一部分しか捉えることができないなどの限界もある。

Q 2 ●●● □□□

作業検査法は、簡単な作業を行ってもらうことによって被検者のパーソナリティや適性を明らかにする検査であり、誰でも受検することが可能である。

Q 3 ●● □□□

内田クレペリン精神作業検査は、人材の適正配置や教育指導方針の決定などのために産業領域や教育領域においてのみ活用されている。

健康者常態定型曲線とは、内田が1万人のデータから割り出したものである。その特徴としては、以下が挙げられる。

■健康者常態定型曲線の特徴

健康者常態定型曲線の特徴
前半・後半ともに最初の1分目の作業量が最も多い。これを初頭努力という
前半では2分目以後作業は低下していき、6～10分頃から再び上昇する。つまり、U字あるいはV字のカーブを描く。前半15分目で1分目に次ぐ作業量を示す。これを終末努力という
後半1分目の作業量が全体で最大になる。これを休憩効果という。後半は全体にやや下降気味の曲線を描くが、前半より全体的に作業量が上回る

連続加算という単純な作業が課題であり、被検者には検査目的が分かりにくく虚偽反応が出にくい、施行や反応結果のデータ処理も容易なことから集団実施が可能である、被検者の文化的背景や経歴の影響を受けないといった長所が挙げられる。その一方で、単純作業が被検者に苦痛を与える場合がある、作業意欲に影響を受けるといった限界も挙げられる。

作業検査法

A 1 ……………………………………………… □□□

○

その他に、作業に対する被検者のモチベーションが結果に影響する、作業が単調で被検者に苦痛を与えかねないといった限界が挙げられる。

A 2 ……………………………………………… □□□

×

内田クレペリン精神作業検査では、1桁の加算作業を行うため、ある程度の計算能力が求められる。

A 3 ……………………………………………… □□□

×

内田クレペリン精神作業検査は、産業、教育、医療など幅広い領域で活用されている。

Q 4 □□□

Kraepelin, E. の連続加算の研究によれば、作業心理に働く重要な因子として、「意志緊張」「興奮」「過敏」「練習」「疲労」が挙げられる。

Q 5 □□□

内田クレペリン精神作業検査は、Kraepelin, E. と内田勇三郎が共同して開発したものである。

Q 6 □□□

内田クレペリン精神作業検査では、検査用紙に1桁の数字が横に何行にもわたって印刷されており、被検者はこの並んでいる数字を1字目と2字目、2字目と3字目という具合に加算し、その合計を印刷された数字のあいだに書き込んでいく。

Q 7 □□□

被検者は検査者の号令に従って、1分ごとに加算作業の行を変えていき、15 分間行い、5分間の休憩後にさらに 15 分行う。

Q 8 □□□

検査終了後、各行における加算作業の推移を線で結ぶことで被検者の作業曲線が得られる。この作業曲線と内田勇三郎が 10 万人のデータから割り出した健常者常態定型を比較する。

Q 9 □□□

健常者常態定型の特徴の一つとして、前半1分目の作業量が最大になる。後半は全体的にやや下降気味の曲線になり、前半の作業量が後半よりも上回っている。

Q10 □□□

健常者常態定型の特徴の一つとして、前半は2分目以降の作業量が低下していき、6～10 分頃から再び上昇し、U字またはV字のカーブを描く。

Q11 □□□

内田クレペリン精神作業検査では、パーソナリティや適性、知能、脳の器質的疾患を判定することができる。

Q12 □□□

内田クレペリン精神作業検査では、他者の存在が結果に影響を与えるため、集団での実施は禁止されている。

A 4 ×

過敏ではなく、慣熟である。Kraepelin, E. はこれらの因子が複雑に、しかし、かなり法則的なかたちで作用し合っていると考えた。

A 5 ×

Kraepelin, E. の研究を内田勇三郎が改良して開発したものである。Kraepelin, E. は1行の数字の連続加算の過程に働く精神機能の研究を行った。内田はKraepelin, E. の研究をもとに、加算作業をパーソナリティや適性を評価するための心理検査として応用することを考えた。

A 6 ×

加算した合計の一の位の数字を書き込んでいく。例えば、「6」と「8」を加算する場合、合計の「14」の一の位である「4」を書き込む。

A 7 ○

前半15分―休憩5分―後半15分の30分法で行う。

A 8 ×

健常者常態定型は1万人のデータから割り出されたものである。健常者常態定型との比較によって、作業量の安定性、誤謬率などからパーソナリティや適性を判定する。

A 9 ×

後半1分目の作業量が最大になる。これを休憩効果という。後半は全体的にやや下降気味の曲線になるが、後半の作業量が前半よりも上回っている。

A 10 ○

健常者常態定型の特徴の一つとして、前半の作業曲線はU字またはV字のカーブを描く。前半15分目で1分目に次ぐ作業量を示すが、これを終末努力という。

A 11 ×

内田クレペリン精神作業検査では、パーソナリティや適性を評価することができる。しかし、知能や脳の器質的疾患を判定することはできない。

A 12 ×

禁止はされておらず、集団実施も可能とされている。

5 知能検査

1 知能検査の歴史

1905年に知的障害の子どもの早期発見のためにBinet, A.（ビネー）とSimon, T.（シモン）が作成したビネー式知能検査が世界初の知能検査である。ビネー式知能検査は、さまざまな形式と内容を持った問題が年齢ごとに易から難の順に配列されており、全体としてどの程度の問題までできたかをもとに、精神年齢（MA）や知能指数（IQ）が算出されるようになっている。ビネー式知能検査では、基本的には、要素に分解されない一般知能を測定している。

また、Wechsler, D.（ウェクスラー）は、1939年に精神科病院での診断のために、ウェクスラー＝ベルビュー知能検査を開発した。その後、検査対象によって細分化され、幼児用であるWPPSI、児童用であるWISC、成人用であるWAISが作成された。ウェクスラー式知能検査では、偏差知能指数（DIQ）を採用している。

2 主な知能検査

①田中ビネーV

2005年に、1987年版田中ビネー式知能検査を改訂したものである。問題数は全部で113問、適用年齢は2歳～成人であり、1987年版にほぼ準拠している。結果の表示について、2歳～13歳までは従来通り精神年齢（MA）と知能指数（IQ）を算出するが、14歳以上の成人は精神年齢を算出せずに、偏差知能指数（DIQ）を用いる。また、成人の知能について、結晶性領域・流動性領域・記憶領域・論理推理領域の4つに分けて評価する。これによって、個人の知能の質的差異を評価することが可能になる。また、基底年齢が1歳以下の子どものための参考指標である発達チェックが導入されている。

②ウェクスラー式知能検査

1）WPPSI-Ⅲ

幼児用のウェクスラー式知能検査である。適用年齢は2歳6カ月～7歳3カ月である。ただし、幼い子どもの認知発達の変動性を考慮して、2歳6カ月～3歳11カ月と4歳0カ月～7歳3カ月の2部構成となっている。

2歳6カ月～3歳11カ月用では、4つの基本検査によって全検査IQ、言語理解指標、知覚推理指標を、5つの下位検査によってさらに語い総合得点を算出することができる。

4歳0カ月～7歳3カ月用では、7つの基本検査によって全検査IQ、言語理解指標、知覚推理指標を、10の下位検査によってさらに処理速度指標と語い総合得点を算出することができる。また、下位検査のプロフィール表示がされる。

■2歳6カ月～3歳11カ月

言語理解指標(VCI)	知覚推理指標(PRI)	語い総合得点(GLC)
ことばの理解 知識	積木模様 組合せ	(絵の名前) ことばの理解

■4歳0カ月～7歳3カ月

言語理解指標(VCI)	知覚推理指標(PRI)	処理速度指標(PSI)	語い総合得点(GLC)
知識 単語 語の推理 (理解) (類似)	積木模様 行列推理 絵の概念 (絵の完成) (組合せ)	符号 (記号探し)	(ことばの理解)＊ (絵の名前)＊

(下線部は基本検査、カッコ内は補助検査、＊はオプション検査)

2）WISC-Ⅳ

児童用のウェクスラー式知能検査である。適用年齢は5歳～16歳11カ月である。10の基本検査と5つの補助検査の15の下位検査から構成されている。10の基本検査によって全検査IQ、言語理解指標、知覚推理指標、ワーキングメモリー指標、処理速度指標が算出される。また、7つのプロセス得点、下位検査のプロフィール表示がされる。

言語理解指標(VCI)	知覚推理指標(PRI)	ワーキングメモリー(WMI)	処理速度指標(PSI)
類似 単語 理解 (知識) (語の推理)	積木模様 絵の概念 行列推理 (絵の完成)	数唱 語音整列 (算数)	符号 記号探し (絵の抹消)

(下線部は基本検査、カッコ内は補助検査)

3）WAIS-Ⅳ

成人用のウェクスラー式知能検査である。適用年齢は16歳～90歳11カ月である。10の基本検査と5つの補助検査の15の下位検査から構成されている。10の基本検査によって全検査IQ、言語理解指標、知覚推理指標、ワーキングメモリー指標、処理速度指標が算出される。

言語理解指標(VCI)	知覚推理指標(PRI)	ワーキングメモリー(WMI)	処理速度指標(PSI)
類似 単語 知識 (理解)	積木模様 行列推理 パズル (バランス)* (絵の完成)	数唱 算数 (語音整列)*	記号探し 符号 (絵の抹消)*

(下線部は基本検査、カッコ内は補助検査、＊は16～69歳のみ)

③ K-ABC Ⅱ心理・教育アセスメントバッテリー（K-ABC Ⅱ）

Kaufman（カウフマン）夫妻によって開発された知能検査である。適用年齢は、2歳6カ月～18歳11カ月である。K-ABC Ⅱでは、子どもの知的能力を、情報を認知的に処理して問題を解決する能力である認知処理過程と、過去に学習した知識の習得度から測定する。

K-ABC Ⅱは、Luria, A. R.（ルリア）の神経心理学理論（カウフマンモデル）と、キャッテル･ホーン･キャロル理論（CHC理論）に基づいて作成されており、結果を相補的に解釈できる。

■カウフマンモデル (Luria, A. R. の神経心理学理論) に基づいた構成

認知尺度	継次尺度：数唱、語の配列、手の動作
	同時尺度：顔さがし、絵の統合、近道さがし、模様の構成
	学習尺度：語の学習、語の学習遅延
	計画尺度：物語の完成、パターン推理

習得尺度	語彙尺度：表現語彙、なぞなぞ、理解語彙
	読み尺度：ことばの読み、文の理解
	書き尺度：ことばの書き、文の構成
	算数尺度：数的推論、計算

■ CHC 理論に基づいた構成

CHC 尺度	長期記憶と検索尺度：語の学習、語の学習遅延
	短期記憶尺度：数唱、語の配列、手の動作
	視覚処理尺度：顔さがし、絵の統合、近道さがし、模様の構成
	流動性推理尺度：物語の完成、パターン推理
	結晶性能力尺度：表現語彙、なぞなぞ、理解語彙
	量的知識尺度：数的推論、計算
	読み書き尺度：ことばの読み、文の理解、ことばの書き、文の構成

④ ITPA 言語学習能力診断検査

Kirk, S. A.（カーク）によって開発された、子どもの言語能力をアセスメントする検査である。適用年齢は3歳～9歳 11 カ月である。

ITPA は、10 の下位検査から構成されている。子どもの言語能力のうち、伝達と理解に関する能力を測定する。そして、どのような能力に優れ、どのような能力に限界があるか、といった個人内差を明らかにし、子どもの支援に役立てる。他の検査とテスト・バッテリーを組んで使用することが望ましいとされている。

⑤ DAM（グッドイナフ人物画知能検査）

Goodenough, F.（グッドイナフ）が開発した動作性知能の評価を目的とした描画法検査である。適用年齢は3歳～9歳である。男児を描かせ、その人物や部分の形、比率、明細化など 50 項目程度について採点し知的水準を評価する。人物像の描画は比較的抵抗が少なく、知能や言語発達に遅れがみられる子どもにも適用可能である。目と手の感覚運動協応や空間認知といった動作性検査であるため、子どもの知的水準をより的確に評価したい場合は他の言語性検査とのテスト・バッテリーが望ましいとされる。

4-5 知能検査

Q1 □□□

●●●

知能検査は、1905 年に Binet, A. が知的に問題のある児童を早期発見するために開発したビネー・シモン式知能検査がその始まりである。その際、知能指数も Binet, A. によって考案され、広く普及した。

Q2 □□□

●●●

WPPSI- Ⅲの適用年齢は、１歳６カ月～７歳３カ月である。

Q3 □□□

●●●

WISC- Ⅳは、適用年齢が５歳～ 16 歳 11 カ月であり、12 の基本検査と３つの補助検査の 15 の下位検査から構成されている。

Q4 □□□

●●●

WISC- Ⅳにおける言語理解指標の基本検査は、類似、単語から構成される。

Q5 □□□

●●●

WISC- Ⅳにおける処理速度指標の基本検査は符号、記号探し、絵の抹消から構成される。

Q6 □□□

●●●

WAIS- Ⅳは、適用年齢が 16 歳～ 90 歳 11 カ月であり、10 の基本検査と５つの補助検査の 15 の下位検査から構成されている。

Q7 □□□

●●●

WAIS- Ⅳにおけるワーキングメモリー指標の基本検査は、数唱、算数から構成される。

Q8 □□□

●●●

WAIS- Ⅳにおける処理速度指標は、記号探しと符号から構成される。

Q9 □□□

●●●

田中ビネーⅤにおいて２歳～ 13 歳の被検者に対して算出される IQ と、WISC- Ⅳにおける IQ は、算出方法が同じである。

知能検査

A1 □□□

×

知能指数（IQ）を考案したのは、Stern, W.（スターン）である。Binet, A. はビネー・シモン式知能検査において、精神年齢（MA）を考案した。

A2 □□□

×

２歳６カ月～７歳３カ月である。ただし、子どもの認知発達の変動性を踏まえて、２歳６カ月～３歳 11 カ月、４歳～７歳３カ月の２部構成となっている。

A3 □□□

×

10 の基本検査と５つの補助検査である。WISC- Ⅳの基本検査とは、類似、単語、理解、積木模様、絵の概念、行列推理、数唱、語音整列、符号、記号探しである。

A4 □□□

×

WISC- Ⅳにおける言語理解指標の基本検査は類似、単語、理解から構成される。補助検査は知識、語の推理である。

A5 □□□

×

WISC- Ⅳにおける処理速度指標の基本検査は符号と記号探しから構成される。絵の抹消は補助検査である。

A6 □□□

○

WAIS- Ⅳにて追加された検査は、パズル、バランス、絵の抹消である。WAIS- Ⅲにおける言語性検査、動作性検査、群指数といった結果の評価方法が廃止され、４つの指標得点と全検査 IQ によって評価されることになった。

A7 □□□

○

補助検査としては語音整列がある。ワーキングメモリーとは、聴覚を通じて入力された情報の中から、処理に必要な情報を選び、それを保持しながら処理を行う能力を指す。

A8 □□□

○

処理速度とは、知覚や意味処理をはじめとする認知的処理のスピードを指す。

A9 □□□

×

田中ビネーⅤでは、２歳～13 歳の被検者の IQ は、精神年齢÷生活年齢× 100 で算出され、生活年齢と精神年齢の比として示される。WISC- Ⅳでは、{15 ×（個人の得点－同年齢集団の平均点）÷同年齢集団の標準偏差} +100 であり、同年齢集団における位置づけとして示される。

Q10 □□□

田中ビネーⅤの適用年齢は、2～13歳である。

Q11 □□□

田中ビネーⅤでは、成人級においても精神年齢を算出する。

Q12 □□□

K-ABC Ⅱは、適用年齢が2歳6カ月～16歳11カ月であり、10の下位検査から構成されている。

Q13 □□□

K-ABC Ⅱは、Luria, A. R.の神経心理学モデルとCHC理論の2つの理論を融合した理論に基づいている。

Q14 □□□

ITPA言語学習能力診断検査は、適用年齢が2歳～9歳11カ月であり、10の下位検査から構成されている。

Q15 □□□

ITPA言語学習能力診断検査は、聴覚―音声、視覚―運動の回路、受容・連合・表出の過程、表象・自動の水準からなる臨床モデルに基づいて、子どもの言語学習能力を測定する。

Q16 □□□

DN-CAS認知評価システムは、適用年齢が5歳～17歳11カ月であり、4つの認知機能から子どもの発達を捉える。

Q17 □□□

DN-CAS認知評価システムにおける知能のPASS理論は、Luria, A. R.が提唱した。

Q18 □□□

ウェクスラー式知能検査においては、算出された全検査IQが高ければ高いほど適応的であると解釈される。

Q19 □□□

CHC理論とは、Cattell, R. B.とHorn, J. L.とCarroll, J. B.のそれぞれの知能理論を統合したものである。

A10 …………□□□

×

田中ビネーVの適用年齢は、2歳～成人である。問題が1歳～13歳級と、14歳以上の成人級に分かれている。

A11 …………□□□

×

成人級においては、精神年齢は算出しない。また、1歳～13歳級は知能指数(IQ)を算出するが、成人級は偏差知能指数(DIQ)を算出する。

A12 …………□□□

×

適用年齢が2歳6カ月～18歳11カ月であり、20の下位検査から構成されている。

A13 …………□□□

×

K-ABC Ⅱは、Luria, A. R.の神経心理学モデルとCHC理論の2つの理論それぞれに基づいている。融合した理論ではない。検査結果を2つの理論から相補的に捉えることが可能である。

A14 …………□□□

×

3歳～9歳11カ月である。ITPA言語学習能力診断検査は、子どもの言語能力のうち、伝達と理解に関する能力を測定する。

A15 …………□□□

○

結果は、3つの次元間の比較だけでなく、個人内における各下位尺度間の比較などによって、解釈が行われる。ただし、ITPA単独で用いるのではなく、他の検査とのテスト・バッテリーによって用いられるのが望ましいとされる。

A16 …………□□□

○

プランニング(P)、注意(A)、同時処理(S)、継次処理(S)の4つの認知機能に基づくPASS理論を基礎として、子どもの認知処理機能を把握し、支援に活用していく。

A17 …………□□□

×

Das, J. P.（ダス）である。Das, J. P.はLuria, A. R.の神経心理学モデルからPASS理論を導き出した。

A18 …………□□□

×

全検査IQが高くても、各指標の間に大きな差（ディスクレパンシー）があることで適応が困難になる場合がある。

A19 …………□□□

○

CHC理論は、Cattell, R. B.（キャッテル）とHorn, J. L.（ホーン）のGf-Gc理論、Carroll, J. B.（キャロル）の3層理論を統合した知能理論である。近年のウェクスラー式知能検査やK-ABCなどの知能検査の改訂に影響を与えた。

6 発達検査

1 発達検査

主に就学前の子どもを対象として、その発達をアセスメントする検査である。発達プロフィールや発達項目の通過率などにより、発達の遅れをもつ子どもを早期発見することが目的である。

心身の発達が未分化であるという乳幼児期の特徴が考慮され、検査項目は身体運動発達、認知・学習発達、言語発達、社会的行動など子どもの生活行動全般が把握できるようなものが選定されている。多くの検査は、標準化された施行方法や検査用具、判定方法があり、構造化された事態において観察された子どもの反応を評価する。また、養育者に対して子どもの様子をたずねる質問紙を用いて、その結果を評価する場合もある。

2 主な発達検査

①遠城寺式乳幼児分析的発達検査法（九大小児科改訂版）

遠城寺宗徳らによって開発された発達検査である。1977 年に改訂され、「九大小児科改訂版」として刊行された。適用年齢は 0 歳～ 4 歳 7 カ月である。0 歳児は 1 カ月ごとの 12 段階、1 歳～ 1 歳 6 カ月までは 2 カ月ごとの 3 段階というように、発達早期の年齢区分をより細かく分けている。乳幼児の発達を、運動（移動運動・手の運動）、社会性（基本的習慣・対人関係）、言語（発語・言語理解）の 3 分野 6 領域から把握する。養育者からの聴取と子どもの観察から評価していく。結果は、どの発達年齢の質問項目までできたかをもとに、プロフィールとして示される。

4-6 発達検査

Q 1 □□□

新版 K 式発達検査 2001 は、適用年齢が 0 歳～ 18 歳であり、子どもの反応や回答を直接評価するものである。

Q 2 □□□

新版 K 式発達検査 2001 においては、許容範囲内であれば、教示の仕方を変えてもよいとされている。

②新版Ｋ式発達検査 2001

京都市児童院によって開発された発達検査である。新版Ｋ式発達検査 2001 の適用年齢は０歳～成人である。姿勢―運動、認知―適応、言語―社会の３つの領域について、子どもが検査項目に反応・回答する。検査者は検査項目の合否だけではなく、子どもの反応内容を観察して記録する。また、子どもによって生活経験もさまざまなため、教示の仕方は許容範囲内であれば変えてもよいとされる。結果は、全領域について発達年齢と発達指数を算出する。

③津守・稲毛式乳幼児精神発達診断法

津守真、稲毛教子らが開発した発達検査である。適用年齢は０歳～７歳であるが、０歳児版、１歳～３歳版、３歳～７歳版の３種類に分かれている。運動、探索・操作、社会、食事・排泄・生活習慣、理解・言語の５領域に関する子どもの発達状況について、養育者に質問し回答してもらう。子どもがどの発達年齢の質問項目までできるかをもとに、発達年齢を算出し、発達輪郭表を作成する。子どもに対して直接検査を実施する方法に比べて、子どもの状態に左右されることがなく、普段の生活状況に基づいて判断できる、検査用具を必要としないので所要時間が短く、比較的容易に実施できるといった長所がある。その一方で、回答者による過大評価や過小評価の影響を受けやすいといった限界がある。

④日本版デンバー式発達スクリーニング検査

発達の遅れに関するスクリーニング検査である。適用年齢は０歳～６歳である。個人―社会、微細運動―適応、言語、粗大運動の４つの発達領域から 104 の検査項目が構成されている。子どもが検査項目に対して反応・回答するが、中には養育者への聴取によって評価してもよい項目もある。これまでの発達検査や知能検査のように、発達指数や知能指数などの数値で評価する方法はとらず、年齢水準に比べて、遅れの項目がどのくらい、どの領域にあるかによって、異常、疑問、正常、不能の判定を行う。

発達検査

A 1 ……………………………… □□□

×

新版Ｋ式発達検査 2001 は、適用年齢が０歳～成人であり、子どもの反応や回答を直接評価するものである。生活年齢と発達年齢から発達指数を算出する。

A 2 ……………………………… □□□

○

子どもによって生活経験もさまざまなため、そのような対応が認められている。

Q 3 □□□
●●●
新版K式発達検査 2001 は、子どもの発達について、姿勢―運動、認知―適応、言語―社会の３つの領域から捉える。

Q 4 □□□
●●●
津守・稲毛式乳幼児精神発達診断法は、年齢によって１カ月～ 12 カ月、１歳～３歳、３歳～７歳の３つに分かれる。子どもの養育者から聴取し、検査者が評価をする。

Q 5 □□□
●●●
津守・稲毛式乳幼児精神発達診断法は、移動運動、手の運動、基本的習慣、対人関係、発語、言語理解の６領域からとらえる。

Q 6 □□□
●●●
遠城寺式乳幼児分析的発達検査法（九大小児科改訂版）は、適用年齢が０歳～４歳７カ月であり、子どもの養育者からの聴取のみによって評価をする。

Q 7 □□□
●●●
日本版デンバー式発達スクリーニング検査は、適用年齢が０歳～６歳であり、個人―社会、粗大運動―適応、言語、微細運動の４領域から捉える。

Q 8 □□□
●●●
日本版デンバー式発達スクリーニング検査は、子どもの知的障害の有無を診断できる。

Q 9 □□□
●●●
新版 S-M 社会生活能力検査は、適用年齢が０歳～ 13 歳であり、子どもの養育者が回答する。

Q10 □□□
●●
Vineland- Ⅱ適応行動尺度は、適用年齢が０歳～ 92 歳であり、対象者の知的能力を測定する検査である。

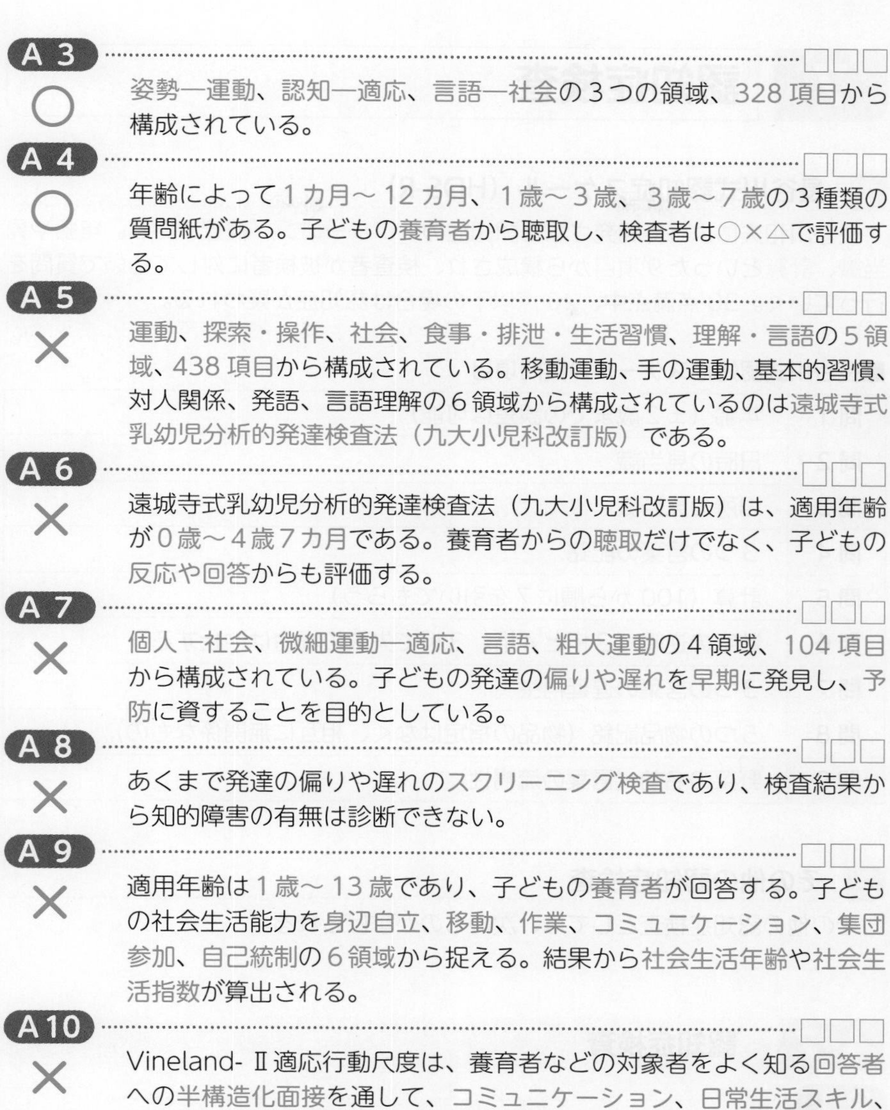

A 3 □□□
○
姿勢—運動、認知—適応、言語—社会の３つの領域、328 項目から構成されている。

A 4 □□□
○
年齢によって１カ月～ 12 カ月、１歳～３歳、３歳～７歳の３種類の質問紙がある。子どもの養育者から聴取し、検査者は○×△で評価する。

A 5 □□□
×
運動、探索・操作、社会、食事・排泄・生活習慣、理解・言語の５領域、438 項目から構成されている。移動運動、手の運動、基本的習慣、対人関係、発語、言語理解の６領域から構成されているのは遠城寺式乳幼児分析的発達検査法（九大小児科改訂版）である。

A 6 □□□
×
遠城寺式乳幼児分析的発達検査法（九大小児科改訂版）は、適用年齢が０歳～４歳７カ月である。養育者からの聴取だけでなく、子どもの反応や回答からも評価する。

A 7 □□□
×
個人—社会、微細運動—適応、言語、粗大運動の４領域、104 項目から構成されている。子どもの発達の偏りや遅れを早期に発見し、予防に資することを目的としている。

A 8 □□□
×
あくまで発達の偏りや遅れのスクリーニング検査であり、検査結果から知的障害の有無は診断できない。

A 9 □□□
×
適用年齢は１歳～ 13 歳であり、子どもの養育者が回答する。子どもの社会生活能力を身辺自立、移動、作業、コミュニケーション、集団参加、自己統制の６領域から捉える。結果から社会生活年齢や社会生活指数が算出される。

A10 □□□
×
Vineland- Ⅱ適応行動尺度は、養育者などの対象者をよく知る回答者への半構造化面接を通して、コミュニケーション、日常生活スキル、社会性、運動スキルの４つの適応行動領域から、対象者の適応行動の発達水準を明らかにする。また、オプションとして、不適応行動についても評価できる。

7 認知症検査

1 長谷川式認知症スケール（HDS-R）

長谷川和夫によって開発された認知症のスクリーニング検査である。年齢や見当識、計算といった９項目から構成され、検査者が被検者に対して口頭で質問を行っていく。30 点満点中、20 点以下の場合は認知症が疑われる。

■長谷川式認知症スケールの質問項目

問１	年齢（±２歳までの誤差は可能）
問２	日時の見当識
問３	場所の見当識
問４	３つの言葉の記銘
問５	計算（100 から順に７を引いてもらう）
問６	数字の逆唱（３桁と４桁。３桁で失敗の場合は中止する）
問７	３つの言葉の遅延再生
問８	５つの物品記銘（物品の指定はなく、相互に無関係なもの）
問９	野菜の名前（言葉の流暢性）

2 その他の認知症検査

その他の認知症検査としては、次のものが挙げられる。

4-7 認知症検査

Q 1 □□□

長谷川式認知症スケール（HDS-R）は９項目から構成され、認知症の重症度を判定できる。

Q 2 □□□

長谷川式認知症スケール（HDS-R）は、言語性の検査項目だけでなく、動作性の検査項目も含まれている。

■その他の認知症検査

国立精研式認知症スクリーニングテスト	認知症のスクリーニング検査である。記憶力や見当識、判断力、数的処理などについての20項目から構成される。20点満点中、16点以上で正常、11～15点で境界群、10点以下で問題ありと評価される
MMSE（Mini-Mental State Examination）	Folstein, M. F.（フォルステイン）によって開発された認知症のスクリーニング検査である。見当識や記憶、計算、模写などの11項目から構成される。30点満点中、23点以下で軽度認知症などの認知障害、20点以下で認知症だけでなく、せん妄や統合失調症、気分障害などによる認知機能低下、14点以下で重度の認知症の疑いがある
N式精神機能検査	認知症のスクリーニング検査である。見当識や計算だけでなく、空間認知や運動構成など幅広い知的機能をアセスメントする。12項目で構成され、5段階で評定される
ADAS-cog (Alzheimer's Disease Assessment Scale-cognitive subscale)	アルツハイマー型認知症の状態をアセスメントする検査である。単語再生、口語言語能力、言語の聴覚的理解、喚語困難、口頭命令に従う、手指及び物品呼称、構成行為、観念運動、見当識、単語再認、テスト教示の再生能力の11項目から構成される。得点範囲が0～70点であり、得点が高いほど認知機能の障害が重度であると評価される
COGNISTAT (Neurobehavioral Cognitive Status Examination)	全般的な認知機能を評価する検査である。見当識、注意、語り、理解、復唱、呼称、構成、記憶、計算、類似、判断の11項目より構成されている。その結果をプロフィール表示することで、保持されている機能と低下している機能を視覚的に捉えることができる

認知症検査

A1 □□□

×

HDS-Rは9項目から構成され、口頭で質問がなされる。認知症のスクリーニング検査として用いられる。30点満点中、20点以下で認知症の疑いがある。

A2 □□□

×

HDS-Rは言語性の検査項目のみで構成されている。検査項目として、年齢、日時の見当識、場所の見当識、3つの言葉の記銘、計算、数字の逆唱などがある。

Q 3 □□□

●●● 長谷川式認知症スケール（HDS-R）における野菜の名前の質問は、語彙力を評価する。

Q 4 □□□

●●● MMSE は、10 項目で構成される認知症のスクリーニング検査である。

Q 5 □□□

●●● MMSE には、言語性の検査項目だけでなく、動作性の検査項目も含まれている。

Q 6 □□□

●●● ADAS-cog は 11 項目から構成されており、得点が低いほど認知機能の障害が重度であると評価される。

Q 7 □□□

●●● ADAS-cog は認知症患者を対象に、認知症のタイプを分類することを目的とした検査である。

Q 8 □□□

●●● COGNISTAT は、9項目より構成されており、その結果をプロフィール表示することで視覚的に捉えることができる。

Q 9 □□□

●●● 描画時計テストは、認知症の検査にも用いられている。

Q10 □□□

●●● N 式精神機能検査は、検査者が対象者を観察して評価を行う検査である。

A 3 □□□

×

野菜の名前の質問は、語彙力ではなく、言葉の流暢性を評価する。5つまでは採点せず、6つ以上に1点ずつを加算していく。

A 4 □□□

×

MMSEは、11項目で構成されている。検査項目としては、時間の見当識、場所の見当識、物品名の復唱、計算、物品名の想起、物品名の呼称、文章の反復、3段階の口頭命令、読解、書字、図形模写である。23点以下で認知症が疑われる。

A 5 □□□

○

MMSEには、3段階の口頭命令、読解、書字、図形模写の4つの動作性の検査項目が含まれている。

A 6 □□□

×

ADAS-cogは、得点範囲が0～70点であり、得点が高いほど認知機能の障害が重度であると評価される。単語再生、口語言語能力、言語の聴覚的理解、喚語困難、口頭命令に従う、手指及び物品呼称、構成行為、観念運動、見当識、単語再認、テスト教示の再生能力の11項目から構成される。

A 7 □□□

×

ADAS-cogはアルツハイマー型認知症の進行状態を評価することに適した検査である。

A 8 □□□

×

COGNISTATは、見当識、注意、語り、理解、復唱、呼称、構成、記憶、計算、類似、判断の11項目より構成されている。その結果をプロフィール表示することで、保持されている機能と低下している機能を視覚的に捉えることができる。

A 9 □□□

○

描画時計テストは、時計の文字盤を描き、その中に文字と指定時間の長針と短針を描く。視空間認知と構成能力を評価できる簡易な検査として、認知症検査にも用いられている。

A 10 □□□

×

対象者を観察することで認知症の重症度を判定するのはN式老年用精神状態尺度である。NMスケールとも呼ぶ。N式精神機能検査は認知症のスクリーニング検査である。

8 神経心理学的検査

1 神経心理学的検査

脳器質性疾患や精神疾患などにより高次脳機能の障害が疑われる被検者に対して、さまざまな検査課題を用いて、その遂行状況を測定することによって広範な認知機能を客観的に評価する方法である。認知機能障害や残存機能の把握、認知症のスクリーニング、治療効果の確認などさまざまな目的で実施される。実際には認知機能の各領域を測定する複数の検査を組み合わせるバッテリー・アプローチが採用されることが多い。

2 主な神経心理学的検査

①ベンダー・ゲシュタルト・テスト

Bender, L.（ベンダー）によって開発された、視覚一運動ゲシュタルト機能の成熟度やその障害、器質的な脳障害、パーソナリティ傾向、知能などをアセスメントするための検査である。被検者は、まとまりやパターンの繰り返しのあるさまざまな9枚の図形を模写することを求められる。これらの図形はWertheimer, M.（ウェルトハイマー）が視知覚研究で用いたものから選択したものと、Bender, L. 自身が改作したものから構成される。その描写の正確さ、図形の相互関係、描画方法から評価される。神経心理学的検査としてだけでなく、作業検査法や投映法としても用いられている。

解釈・整理法としては、11歳以上はパスカル・サッテル法が一般的に用いられている。5歳〜10歳の児童については、コピッツ法が代表的である。

②その他の神経心理学的検査

その他の神経心理学的検査としては、次のものが挙げられる。

4-8 神経心理学的検査

Q 1 □□□

ベンダー・ゲシュタルト・テストは、簡単な図形10枚をクライエントに記銘・再生してもらうものである。

■神経心理学的検査

ベントン視覚記銘検査	Benton, A.（ベントン）によって開発された。被検者に10枚の図版を1枚ずつ一定時間提示して、その後用紙に再生させる。あるいは、直接的に模写させる場合もある。作業の全体的能力の指標である正確数や、被検者に特徴的な誤りの指標である誤謬数から評価を行う。練習効果を避け、再検査を可能にするために図版形式は3パターンある。視覚記銘だけでなく、視覚的構成能力の評価にも用いられる
レーヴン色彩マトリックス検査	Spearman, C.（スピアマン）の一般知能因子を測定するために開発された。標準図案の欠如部に合致するものを6つの選択図案の中から1つだけ被検者に選ばせる。言語を介さずに答えられることから、被検者に負担をかけずに推理能力を測定できる。WAB失語症検査の下位検査にもなっている
WAB失語症検査	検査得点からブローカ失語、ウェルニッケ失語、全失語などの分類を行うことができる。失語指数が算出できるので、失語症の回復あるいは増悪を評価しやすい。失語症の検査項目以外に失行検査、半側空間無視の検査、非言語性知能検査などを含んでおり、大脳皮質指数を算出できる
トレイル・メイキング・テスト（TMT）	注意機能や遂行機能をアセスメントする検査である。ランダムに並べられた「1～25」までの数字を1から順にたどるPart A、「1～13」までの数字と「あ～し」までのひらがながランダムに並べられており、数字とアルファベットを交互にたどるPart Bから構成されている
ウィスコンシン・カード・ソーティング・テスト（WCST）	前頭葉機能や遂行機能をアセスメントする検査である。色や形、模様が異なるいくつかのカードについて、クライエントにその分類規則を推測させながら分類させる。概念の形成と思考の柔軟性である、セット転換を評価する

神経心理学的検査

A 1 □□□

ベンダー・ゲシュタルト・テストは、簡単な図形9枚をクライエントに模写してもらうものである。視覚―運動ゲシュタルト機能（目と手の協応）をアセスメントし、脳の器質的疾患の有無を評価することができる。

Q 2 □□□

ベンダー・ゲシュタルト・テストにおける結果の解釈は、児童と成人では異なる。

Q 3 □□□

ベントン視覚記銘検査は、人物を含む絵が描かれた図版を１枚ずつ一定時間呈示して覚えてもらい、その後再生してもらう検査である。

Q 4 □□□

三宅式記銘力検査は、聴覚性言語による記銘力検査である。クライエントに 10 対の単語を聞かせて記銘してもらった後、対語の一方を提示してもう一方の語を想起してもらう。

Q 5 □□□

レーヴン色彩マトリックス検査は、１枚の画用紙を鉛筆などで自由に分割し、各分割領域に好きなように色を塗っていくものである。

Q 6 □□□

リバーミード行動記憶検査は、日常生活と同じような状況を設定し、記憶を用いる場面からクライエントの記憶力を評価する。

Q 7 □□□

TMT はランダムに並べられた１～ 25 までの数字を塗りつぶすという検査である。

Q 8 □□□

WAB 失語症検査では、失語症のタイプを明らかにできる。

Q 9 □□□

WCST は、検査者が色や形、模様が異なるカードをいくつか被検者に示し、その分類規則を推測させながら被検者に分類してもらう検査で、分類に失敗した時点で検査を終了する。

A 2 ……□□□

○

ベンダー・ゲシュタルト・テストの解釈は、5歳～10歳の児童用(コピッツ法)と11歳以降の成人用(パスカル法)に分かれている。児童用は筋肉の協応が十分に発達していない子どもに適した方法で採点していく。

A 3 ……□□□

×

ベントン視覚記銘検査は、幾何学図形が描かれた図版を1枚ずつ一定時間呈示して覚えてもらい、その後再生してもらう検査である。再生の仕方には、即時再生と遅延再生がある。

A 4 ……□□□

○

単語対は、意味的な関連の深い名詞（有関係対語）10対と、意味的に関連のない名詞（無関係対語）10対から構成されている。結果は正答数、誤答数、回答時間などから記銘力を評価する。

A 5 ……□□□

×

レーヴン色彩マトリックス検査は、模様図版の欠けている部分に合致するものを6つの図版の中からクライエントに選んでもらうものである。知能検査や認知症、失語症の検査として用いられる。1枚の画用紙を鉛筆などで自由に分割し、各分割領域に好きなように色を塗っていくものは、中井久夫の考案した色彩分割法である。

A 6 ……□□□

○

リバーミード行動記憶検査は、人の名前や顔写真の記憶、道順や用件を覚えるといった、日常生活に必要な記憶力を評価するものである。9項目から構成されているが、4種類の並行検査が用意されており、練習効果を統制することができる。

A 7 ……□□□

×

Part Aは1～25までの数字を順にたどって結ぶという課題で、Part Bでは数字とアルファベットを交互にたどるという構成である。

A 8 ……□□□

○

WAB失語症検査は、全失語やブローカ失語、ウェルニッケ失語、健忘失語の4つに分類する。また、失語指数を算出できるため、症状の変化を把握しやすい。

A 9 ……□□□

×

被検者が分類に失敗した回数も評価対象である。結果は、達成できた分類カテゴリー数や、自分で考えた分類規則に固執する保続の回数、分類規則が変更されたにもかかわらず、正解だった分類規則にとらわれたり、誤反応した分類規則にとらわれたりして誤反応する保続性誤りの回数などから評価される。

9 テスト・バッテリー

テスト・バッテリーとは、いくつかの心理検査を組み合わせて実施すること、及び組み合わされたテスト全体をいう。１種類の検査でクライエントの全ての側面を評価することはできない。クライエントを多面的に捉えるためには、複数の検査を組み合わせて実施することが望ましいとされる。

テスト・バッテリーの構成の仕方としては、主に２つある。

①パーソナリティのアセスメントとして質問紙検査と投映法検査を実施するというように、ある一つの特性に関する全体的・総合的な理解と信頼性を得るための構成

②パーソナリティ検査と知能検査、作業検査を実施するというように、いくつかの異なった特性に関する全体的・総合的な理解を得るための構成

例えば、ロールシャッハ・テストなどの投映法検査の結果と、MMPI などの質問紙法検査の結果が一致しない場合もある。それは、各心理検査がパーソナリティの異なる側面をアセスメントしている可能性があるためであり、その不一致もクライエント理解のための資料として取り上げていく。

4-9 テスト・バッテリー

Q 1 □□□

複数の心理検査を組み合わせることによって、一般的に信頼性の高い検査結果を得ることが可能である。

Q 2 □□□

テスト・バッテリーは、検査者の実施経験が多い検査を中心に構成することで、より適切な解釈が可能である。

Q 3 □□□

テスト・バッテリーの構成は、生物心理社会モデルに基づいて決めることが望ましいとされる。

Q 4 □□□

クライエントを理解するためには、心理検査を行う際に必ず複数の心理検査を組み合わせることが求められる。

また、テスト・バッテリーの構成に当たっては、医師や被検者本人などの心理検査の依頼者と検査者のあいだで検査についての理解を共有し、検査目的を明確にしておく必要がある。

検査目的に沿って検査を組み合わせることで、それぞれの検査の特徴を生かして限界を補い合い、より全体的なパーソナリティ理解が可能になってくる。

検査の組み合わせは、検査者の得意・不得意ではなく、クライエントの年齢や検査目的、検査方法、時間的制約などを考慮して決めていく。その際、検査者が各検査の特徴や限界をよく把握していることが求められる。また、被検者の負担を可能な限り軽減するために、必要最小限の組み合わせで、最大限の情報が得られるように心掛けることが大切である。

検査の実施順序も検査結果に影響を与える。そのため、例えばロールシャッハ・テストのような侵襲性の高い検査を最初に行うのではなく、質問紙法や描画法などの導入しやすい検査から始めるなどの配慮が必要である。また、疲労などによって一度に全ての検査を実施するのが難しい場合、二度に分けて実施するといった工夫が求められる。

テスト・バッテリー

A 1 ○

例えば、ある一つの心理的特性について、複数の心理検査から捉えることでより信頼性の高い結果を得ることができる。その一方で、テスト・バッテリーの結果が被検者の全体を把握しているわけではないことは十分に理解しておかなければならない。

A 2 ×

テスト・バッテリーは、検査者の実施経験や好みではなく、検査目的や対象、時間的制約などを考慮して構成することが望ましい。

A 3 ○

被検者のさまざまな側面を捉えるために、生物心理社会モデルに基づいて構成する考え方もある。また、Freud, S. の局所論的な捉え方に基づいて構成する考え方もある。

A 4 ×

必ずしもテスト・バッテリーを構成することが求められているわけではない。

Q5

テスト・バッテリーは、クライエントの経済的な状況を考慮する必要がある。

Q6

テスト・バッテリーの構成を考える際、まずは心理検査の目的を明確にする必要がある。

Q7

テスト・バッテリーの構成を考える際、各心理検査の測定内容についてだけを十分に理解して、複数の検査を組み合わせることによって、クライエントを多面的に把握することが可能になる。

Q8

テスト・バッテリーの目的として、クライエントをさまざまな側面から捉えることや、クライエントのある一つの心理的側面についての総合的な判断を得ることが挙げられる。

Q9

信頼性と妥当性が確認された心理検査であれば、検査者の技量が検査結果に影響を与えることはない。

Q10

複数の心理検査を施行する際、クライエントの疲労要因を統制するために、まずはロールシャッハ・テストから実施することが望ましい。

Q11

テスト・バッテリーは、日にちを分けて実施してしまうと、それが結果に影響するため、２～４種類の心理検査を１日で実施しなければならない。

Q12

心理検査の中には、テスト・バッテリーとして組み合わせる心理検査があらかじめ決められているものがある。

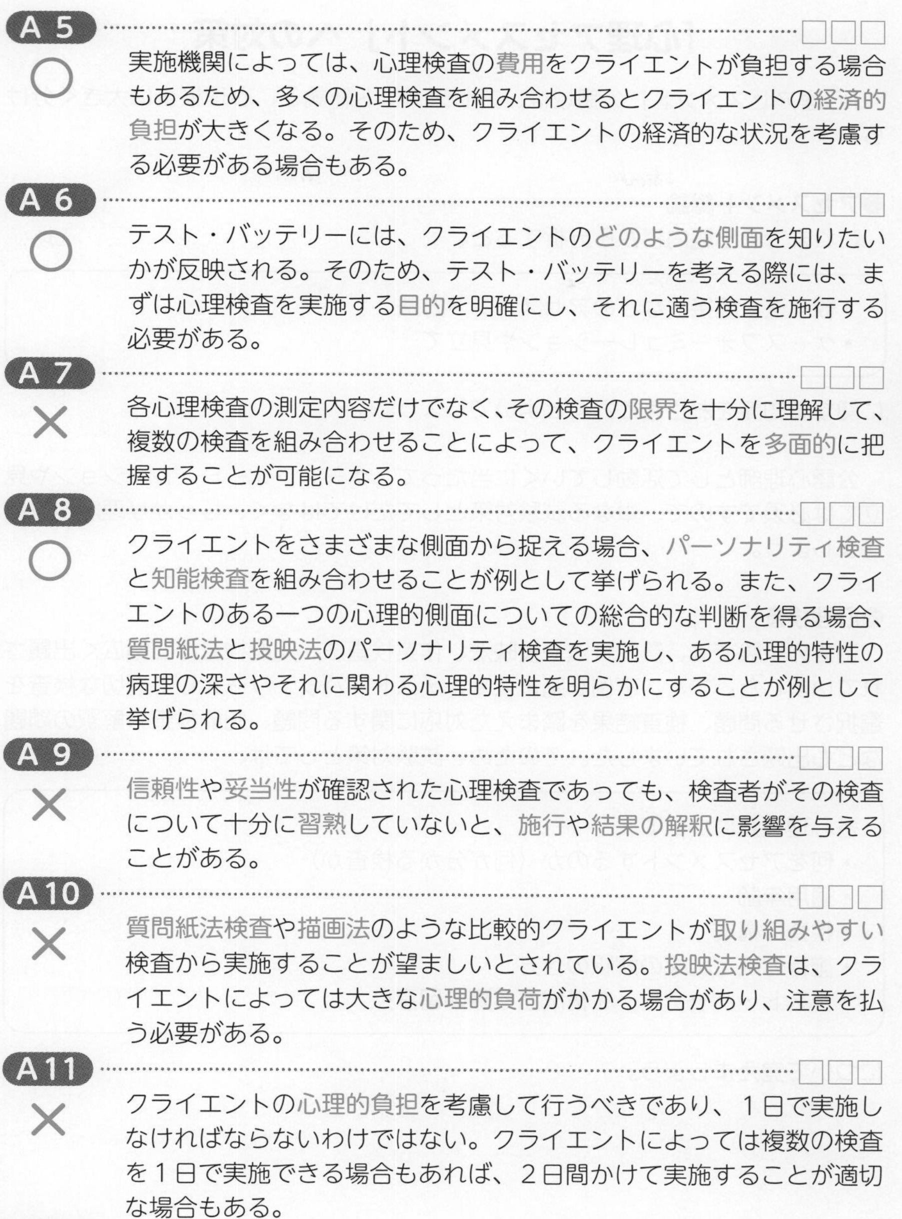

A 5 ○

実施機関によっては、心理検査の費用をクライエントが負担する場合もあるため、多くの心理検査を組み合わせるとクライエントの経済的負担が大きくなる。そのため、クライエントの経済的な状況を考慮する必要がある場合もある。

A 6 ○

テスト・バッテリーには、クライエントのどのような側面を知りたいかが反映される。そのため、テスト・バッテリーを考える際には、まずは心理検査を実施する目的を明確にし、それに適う検査を施行する必要がある。

A 7 ×

各心理検査の測定内容だけでなく、その検査の限界を十分に理解して、複数の検査を組み合わせることによって、クライエントを多面的に把握することが可能になる。

A 8 ○

クライエントをさまざまな側面から捉える場合、パーソナリティ検査と知能検査を組み合わせることが例として挙げられる。また、クライエントのある一つの心理的側面についての総合的な判断を得る場合、質問紙法と投映法のパーソナリティ検査を実施し、ある心理的特性の病理の深さやそれに関わる心理的特性を明らかにすることが例として挙げられる。

A 9 ×

信頼性や妥当性が確認された心理検査であっても、検査者がその検査について十分に習熟していないと、施行や結果の解釈に影響を与えることがある。

A 10 ×

質問紙法検査や描画法のような比較的クライエントが取り組みやすい検査から実施することが望ましいとされている。投映法検査は、クライエントによっては大きな心理的負荷がかかる場合があり、注意を払う必要がある。

A 11 ×

クライエントの心理的負担を考慮して行うべきであり、１日で実施しなければならないわけではない。クライエントによっては複数の検査を１日で実施できる場合もあれば、２日間かけて実施することが適切な場合もある。

A 12 ×

あらかじめ決められているものはなく、クライエントの特性や検査目的に沿って組み合わせを決める必要がある。

「心理アセスメント」への対策

「心理アセスメント」の領域は、アセスメント総論と、心理検査に大きく分けられます。

●アセスメント総論

これまでの出題内容から分析すると、

- 観察法、面接法などのアセスメント方法
- ケースフォーミュレーションや見立て

に関する知識をおさえておくとよいでしょう。

公認心理師として活動していくに当たって、ケースフォーミュレーションや見立ては必須ですので、単なる試験対策としてだけではなく、しっかり理解しておきましょう。

●心理検査

過去の試験では、質問紙法や投映法、作業検査法、知能検査など幅広く出題されていました。また、事例を踏まえて、テスト・バッテリーとして適切な検査を選択させる問題、検査結果を踏まえた対応に関する問題、知能検査の解釈の問題なども出題されていました。そのため、試験対策としては、

各心理検査について

- 何をアセスメントするのか（何が分かる検査か）
- 適用年齢
- 検査の構成
- 施行方法と結果の解釈の仕方
- テスト・バッテリーを構成する際の留意点

について覚えましょう。

第５章
心理的支援

1　力動的心理療法
2　学習理論・認知理論に基づく心理療法
3　人間性心理学
4　家族療法
5　日本で生まれた心理療法
6　集団療法
7　遊戯療法・箱庭療法
8　その他のアプローチ・心理教育

1 力動的心理療法

力動的心理療法とは、Freud, S.（フロイト）が創始した精神分析を基盤として、それを修正したり、応用したりすることで発展した心理療法の総称である。

1 精神分析

①精神分析とは

精神分析では、クライエントが無意識の中にある抑圧された欲求や願望などを意識化することによって症状や問題を解消していく。原法では、クライエントを寝椅子に横たわらせ、頭に浮かんでくることを包み隠さずにそのまま話させる自由連想法を用いる。自由連想法を行っていると、クライエントが途中で沈黙したり、話をそらしたりすることがある。このような行動を、クライエントの無意識への直面に対する抵抗として捉え、セラピストはそれらに対する理解として解釈を与える。

また、クライエントに、過去の重要な人物に対して抱いていた感情をセラピストに向ける転移が起こってくるが、セラピストはそれについても解釈を行う。それにより、セラピストの解釈に対する抵抗が生じてくるが、そのような抵抗についても解釈を行っていく。このような一連の過程を徹底操作と呼ぶ。このようなプロセスにより、クライエントは自分に対する洞察を深めていく。

精神分析では解釈の他にも、クライエントが認めざるを得ないような事実を指摘し、そこからみられる矛盾や不自然に向き合うように促す直面化や、はっきりと言葉で表されていない気持ちやことがらを明らかにしていくことで、クライエントが気づいていなかったそれらの重要性を明示する明確化といった言語的介入も行っていく。

また、Freud, S. は、「夢は願望の充足であり、無意識に至る王道である」と述べた。つまり、夢として表れている内容は、無意識の中にある願望が夢の仕事によって変形されたものであると考えた。そして、夢を無意識の理解に役立てようと夢解釈を行った。

現代では、寝椅子を用いず、対面式で行う精神分析的心理療法（力動的心理療法）が一般的である。

②精神分析理論

精神分析の背景にある精神分析理論には、主に次のものがある。

■精神分析理論

局所論	人のこころは意識、前意識、無意識の３層から構成されるという考え。意識とは今気づいている領域、前意識とは今は気づいてはいないが、注意を向けることで意識化できる領域、無意識とは気づくことが難しいが、自身に大きな影響を与える領域を指す
構造論	人のこころにはイド（エス）、自我、超自我の３つの働きがあるとする考え。イド（エス）とは、快楽原則に支配された本能的なエネルギーの源泉である。自我は、現実原則に従い、イド（エス）、超自我、外界の関係を調整しようとする。超自我は、幼児期に親からのしつけを通して内在化された道徳原則に従い、本能的欲動を満たそうとするイド（エス）を抑圧しようとする

2 分析心理学

もともとFreud, S. の弟子であったJung, C. G.（ユング）は、師との決別後に、分析心理学を創始した。

Jung, C. G. は、Freud, S. の提唱した無意識を、個人的無意識と集合的無意識に分けて捉えた。個人的無意識は、成長過程において抑圧されたり、忘却されたりしたものを指す。一方で、集合的無意識は、精神病患者の妄想や神話、伝説などの共通点から見いだされたもので、個人の経験を超えて、民族や人類が共通して持つ無意識であるとされている。集合的無意識の中には太母、老賢者、アニマ、アニムスといった元型が含まれている。

分析心理学では、夢分析が重要な技法とされる。Jung, C. G. は、夢は無意識の心の表現であり、夢の内容が現在の自我に欠けているものを補償していると考えた。そして、夢を理解するために、１つの夢に対していくつもの連想を尋ねたり、神話や歴史などに共通するイメージを利用したりする拡充法と呼ばれる解釈法を用いた。分析心理学では、症状や問題の解決だけでなく、個人の中にある可能性を実現し、自我をより高次の次元で統合することでこころの全体性を獲得する個性化を重視する。個性化の過程において重大な役割を担うのは自己である。

■ Jung, C. G. の提唱した心の構造

意識も無意識も含めたこころの中心が自己である	意識		自分の感情や思考が意識される領域であり、その中心が自我である
	無意識	個人的無意識	その人の経験に関連し、自我にとって都合の悪いものが存在するこころの領域
		集合的無意識	個人の経験を超えて、民族や人類に共通のこころとして存在する領域

5-1 力動的心理療法

Q 1

●●● 精神分析は、現代においても寝椅子（カウチ）を用いた自由連想法に基づく原法が主流である。

Q 2

●●● 治療者の逆転移は、たいてい治療者自身の未解決の問題が原因であるため、逆転移を起こさないように注意する必要がある。

Q 3

●●● 精神分析においては、意識に至る王道として夢を解釈することを重要視する。

Q 4

●●● Freud, S. は、無意識をさらに個人的無意識と集合的無意識に分けて捉えた。

Q 5

●●● Freud, S. は、こころを「イド」「超自我」「自我」の３つの機能からなる心的装置として捉え、それを局所論と呼んだ。

Q 6

●●● 自我の防衛機制とは、外部環境で起きていることを自分にとって都合よく理解し、心理的に安定するために行われる機能で、一般的に、誰でも意識的に行っているものである。

Q 7

●●● 原始的防衛機制のうち、投影同一視は境界性パーソナリティ障害の患者が主に用いる防衛機制とされている。

Q 8

●●● 力動的心理療法では、幼少期における養育者との関係が、後の心理的・行動的問題の重要な要因となることが強調されている。そのため、面接の中では幼少期の養育者との関係だけに焦点を当てていく。

Q 9

●●● 力動的心理療法において、転移の解釈は最も重視されるものであり、面接早期から行っていく必要がある。

A 1 ……………… □□□

×

現在では原法は主流ではなく、Freud, S. の理論や技法を応用して用いている。

A 2 ……………… □□□

×

治療者の逆転移は、患者が他者に引き起こさせる反応について適切な理解をもたらすこともあるので、うまく利用していくことが重要である。

A 3 ……………… □□□

×

夢解釈は、無意識を理解する上で役立つものとして重要視される。

A 4 ……………… □□□

×

無意識を個人的無意識と集合的無意識に分けて捉えたのは Jung, C. G. である。

A 5 ……………… □□□

×

構造論である。局所論は、こころを「意識」「前意識」「無意識」の3層からなるものとして捉える。

A 6 ……………… □□□

×

自我の防衛機制は、自我が不安や葛藤を解消して、心理的な安定を保つために無意識的に行われるものである。Freud, S. は抑圧について言及し、Freud, A.（アンナ・フロイト）が代表的な防衛機制をまとめた。また Klein, M.（クライン）が原始的防衛機制についてまとめている。

A 7 ……………… □□□

○

投影性同一視は、自らの不安や衝動を体験することを避けるために、それを相手に投影する防衛機制である。そして、自分の内側で起こっている感情や衝動は相手が引き起こしたものであり、自分のものではないとして、相手を攻撃し、支配しようとする。

A 8 ……………… □□□

×

現在抱えている問題について焦点を当てる。治療者は、患者が抱える問題の背景で働いている心理力動を理解し修正しようと努めていく。心理力動とは、発達早期に端を発する対人相互作用や体験回避のパターンのことである。

A 9 ……………… □□□

×

治療者は患者の理解が深まったり、治療関係が成立したりするまでは、転移に対して解釈を行うことを辛抱強く控える必要がある。

Q10 ●●● □□□

患者が認めざるを得ないような事実を指摘し、そこからみられる矛盾や不自然に向き合うように促す技法を明確化という。

Q11 ●●● □□□

Jung, C. G. は、集合的無意識の中にその人のコンプレックスが存在すると考えた。

Q12 ●●● □□□

Freud, S. は、夢は無意識の表現であり、夢の内容は現在の自我に欠けているものを補償していると考えた。

Q13 ●●● □□□

力動的心理療法において、転移は治療者と患者の関係が深まるまでは存在し得ない。

Q14 ●●● □□□

力動的心理療法において、患者に求められる態度として、平等に漂う注意がある。

Q15 ●●● □□□

反動形成とは、無意識への到達を妨げるような、患者のあらゆる言動のことを指す。

Q16 ●●● □□□

患者に求められる規則として、治療期間中は結婚や離婚、転職、引越などの人生における大きな決断を控えるようにする禁欲原則がある。

Q17 ●●● □□□

置き換えとは、受け入れがたい欲望や思いを、社会的に受け入れられやすいものに変えて代理満足を得ようとすることである。

Q18 ●●● □□□

知性化とは、感情や思いを意識化して表出する代わりに、論理的思考や知識、観察などに置き換えることである。

A10 □□□
×
設問は直面化である。明確化とは、はっきりと言葉で表現されていない気持ちやことがらを明らかにすることで、患者が気づいていなかったそれらの重要性を明示する技法である。

A11 □□□
×
コンプレックスとは、ある物事に関する、どちらかといえば好ましくない感情や記憶、連想などから無意識的に構成されている心的複合体を指す。コンプレックスは個人的無意識に存在すると考えられている。

A12 □□□
×
夢は無意識の表現であり、夢の内容は現在の自我に欠けているものを補償していると考えたのは Jung, C. G. である。彼は拡充法という解釈法を用いて、患者の夢の意味を個人的無意識のレベルから集合的無意識のレベルにまで広げようとした。

A13 □□□
×
治療者と患者の最初の出会いから転移は存在しているとされている。

A14 □□□
×
平等に漂う注意とは、特定のことに注意を向けずに、患者の話に耳を傾けながら、あらゆる事柄に対して、差別なく平等に注意を向けることであり、治療者に求められる態度である。

A15 □□□
×
反動形成ではなく、抵抗である。

A16 □□□
○
以前と比べて、現在では禁欲原則はそこまで厳しいものではないが、こうした規則を設けておくことで、そこから逸脱した際に、治療者と患者の双方が今起きている状況に気づきやすく、共有しやすいため、現在でも用いられている。

A17 □□□
×
受け入れがたい欲望や思いを、社会的に受け入れられやすいものに変えて代理満足を得ようとするのは、昇華である。

A18 □□□
○
例えば、自分の悲しみや無力感について抽象的、理論的に考えたり、それらに関する知識を得たりすることが挙げられる。

2 学習理論・認知理論に基づく心理療法

行動療法は、さまざまな学習理論に基づいて、問題行動を消去したり、望ましい行動を強化したりすることによりクライエントの抱える問題を解決しようとする心理療法である。行動療法においては、問題行動や症状とは不適応行動を学習したものにすぎず、不適応行動を消去し、適応的な行動を再学習することで、行動の変容が可能であると考える。

それまでの心理療法は、精神分析の影響を受け、人間の行動の背後に無意識の存在を仮定していた。しかし、無意識を科学的に実証することが難しく、治療効果も検証困難であることから、科学的に実証可能な学習理論に基づくべきであるとする行動主義の考えが広まった。

1 行動療法

①レスポンデント条件づけに基づく技法

レスポンデント条件づけの理論を応用した技法には、主に以下のものがある。

■レスポンデント条件づけに基づく技法

系統的脱感作法	恐怖・不安状態とリラックス状態を同時に経験することはできないという逆制止の原理に基づく。まず、クライエントの恐怖や不安を喚起する刺激について、その強度を順に並べた不安階層表を作成する。次に、自律訓練法などを用いて、クライエントに弛緩法を習得させる。そして、弛緩法によってクライエントに十分なリラックス状態をとらせた上で、不安階層表の最軽度のものからイメージさせる。このとき、恐怖や不安が生起したとしても、弛緩法によって拮抗的にそれを抑止するよう促す。同様の手順を用いて、不安階層表の最も重度なものまで、一段階ずつ実施していくことにより、刺激に対する恐怖・不安が消去される
エクスポージャー法（曝露療法）	不安階層表を用いて弱い刺激から徐々にクライエントを曝していく技法をいう。系統的脱感作法は、あくまでクライエントに恐怖や不安をもたらす刺激をイメージ下で呈示するものであるが、それを実際の刺激に直面するようにしたものがエクスポージャー法である
曝露反応妨害法	ある刺激によって恐怖や不安を喚起させ、それを低減するための強迫行為を他律的に妨害することで、次第に恐怖や不安が減っていくことを理解させ、強迫行為の頻度を低減させる

嫌悪療法	クライエントの不適切な行動に対して嫌悪感や不快感を与え、問題行動の抑制を図る。例えば、アルコール依存症の治療の場合、アルコールとともに嘔吐剤を処方し、アルコールに対する嫌悪感・不快感を形成させる

②オペラント条件づけに基づく技法

オペラント条件づけの理論を応用した技法には、主に以下のものがある。

■オペラント条件づけに基づく技法

シェイピング	新たな行動を獲得させるために、標的行動をスモールステップに分け、達成が容易なものから段階的に形成していく技法である。単純な行動の強化から始め、徐々に強化の基準を厳しく設定していき、最終的に複雑な行動の獲得を図る
バイオフィードバック	自らの生理的反応に関する情報を、視覚や聴覚などの知覚可能な形式で呈示し、その状態に対する意図的な自己調整を促す技法である。例えば、一定値を超える心拍数に対して、ランプやブザーなどの信号でクライエントに呈示し、意図的に心拍数を低下させるよう、心身をリラックスさせる練習を行う。最終的には、そうした信号がなくても、自らの心身の変化を察知し、自己調整ができるようになることを目標とする
トークン・エコノミー	標的となる望ましい行動が現れた際に、代用貨幣であるトークンを与えることによって、その行動の強化を図る技法である。トークンは一定数集めることにより、物品との交換や、特定の活動の許可などが与えられる。適用に当たっては、どのような行動に対してトークンが与えられ、トークンがどのような物品・活動と交換可能かを、事前にクライエントと話し合っておく必要がある
タイムアウト	主に子どもの問題行動を感覚遮断によって鎮静化させる技法である。問題行動が生じたら、子どもを近くに用意したタイムアウト室に行かせて、問題行動の鎮静化を図る
ペアレント・トレーニング	親が子どもの行動に対して適切な関わり方を学ぶ訓練である。子どもにしてほしい行動にはほめる、してほしくない行動には無視するといった対応を親が身につけることによって、子どもの望ましい行動を強化し、望ましくない行動を消去する

2 認知行動療法

行動主義の考えに基づいて行われてきた行動療法に、次第に認知という要素が重要視されるようになってきた。Beck, A. T.(ベック)が認知療法を創始した後、認知療法と行動療法を統合的に用いる流れから認知行動療法が成立した。

これまでの行動療法、認知行動療法の変遷を捉えると、「第一世代の行動療法」とは、1950 年代に発展したレスポンデント条件づけとオペラント条件づけの原理を応用した行動療法を指す。「第二世代の行動療法」とは、行動療法が 1970 年代の Beck, A. T. の認知療法と統合して認知行動療法となったものである。「第三世代の認知行動療法」とは、1990 年代からのそれまでの認知行動療法の統合性をさらに高めるもので、マインドフルネス認知療法やアクセプタンス・コミットメント・セラピー（ACT）などが挙げられる。

■行動療法・認知行動療法の変遷

	治療の目的	操作の対象	代表的な技法
行動療法	行動の変容	行動	系統的脱感作法／曝露反応妨害法
認知療法	気分や感情の変化	思考	認知再構成法
マインドフルネス認知療法	気分や感情のコントロール	注意	マインドフルネス瞑想

認知行動療法の技法には、主に以下のものがある。

■認知行動療法の技法

認知療法	Beck, A. T. が創始した。知覚や思考などの情報処理プロセスにおける、個人の常態化した認知の歪みが極端な場合に、不適応的な問題が現れると考えた。この認知の歪みは、自動思考と仮説／スキーマの２つに分けることができる。自動思考とは、個人の意思によらず瞬間的に表れる、考えやイメージである。仮説／スキーマとは、経験によって身につけられた、自己や他者、環境などに対する基本的な態度、表象である。治療においては、まず自動思考を同定し、さらにそれを生じさせている仮説／スキーマの検討を行う。その過程で、クライエントがどのような偏った思考をするのか、不適応的思考記録を通じて把握し、認知の歪みの検討に役立てる。認知の歪みに対しては、それに対する反証や別の解釈を促し、修正していく

論理療法	Ellis, A.（エリス）によって創始された。出来事そのものではなく、出来事に対する解釈こそが悩みをもたらすという考えから、個人の認知の変容を目標とする治療法である。彼によれば、人はある出来事（Activating event）についての信念（Belief）を持つことによって、悩みや否定的感情などの結果（Consequence）が生じる。そこで、それらを生じさせる信念の論駁（Dispute）を通じて、効果（Effect）のある治療を行うことができる。このような考えを、それぞれの頭文字を取って、ABCDE 理論と呼ぶこともある。治療に際しては、出来事についての非合理的な信念（irrational belief）を見いだし、それに代わる合理的な信念（rational belief）の使用を促す。クライエントが代わりの信念に抵抗を示すようであれば、クライエントと論争を行うこともある
ソーシャルスキル・トレーニング（SST）	対人場面で適切に行動するためのスキルの獲得・向上を目標とした訓練技法である。日常場面を想定した小グループによるロールプレイングの中で、会話技法や感情表現のトレーニングを行う。他のメンバーは、訓練者に対して、ほめるなどの正のフィードバックを中心に与える
アサーショントレーニング	相手の意見や立場、気持ち、権利などを尊重しながら、同じように自分の意見や立場、気持ち、権利なども大切にし、それらを押し殺すことなく、相手に上手に伝える訓練である。例えば、相手の同意が必要となる場面において、Describe（状況を描写する）、Explain（自分の気持ちを説明する）、Specify（提案をする）、Choose（選択する）の４つから表現する DESC 法がある

3 モデリング療法

行動療法の技法として、社会的学習理論に基づくモデリング療法がある。モデリング療法とは、モデルの行動を観察することによって、新たな行動を学習したり、現在の行動の修正が行われたりする技法である。クライエントはモデルの適応的な行動に対して強化が与えられる状況を観察することによって、不適応的な行動の消去と適応的な行動の獲得が行われる。クライエントが獲得すべき適応的行動が具体的に示されているため、認知的な変容も起こりやすいとされている。

5-2 学習理論・認知理論に基づく心理療法

Q 1 □□□

●●

行動療法では、問題行動は無意識の影響により引き起こされると考え、行動の背景にある無意識の解釈を行うことで、適応的な行動への変容を促す。

Q 2 □□□

●●●

機能分析とは、アセスメントの一つであり、ある状況に対して、どのように行動し、その結果何が起きているのかについて分析するものである。これはオペラント条件づけの考え方に基づいている。

Q 3 □□□

●●●

シェイピングとは、標的行動を段階的に分け、達成が困難なものから取り組んでいく方法である。

Q 4 □□□

●●●

トークン・エコノミーは、レスポンデント条件づけをベースにしていて、望ましい行動を起こしたときに代用貨幣を与え、一定量たまると何かと交換できるようにし、新しい行動を獲得できるようにしていく技法である。

Q 5 □□□

●●●

望ましくない行動の出現を抑制することを消去と呼ぶ。消去手続きを開始した直後にターゲットとなる不適応行動が高頻度で出現することがある。

Q 6 □□□

●●●

オペラント条件づけにおける負の弱化に基づくものの一つにレスポンデントコストが、負の強化に基づくものの一つにタイムアウトがある。

Q 7 □□□

●●●

回避行動は、オペラント条件づけの中でも負の強化で説明される。

Q 8 □□□

●●●

パニック症や強迫症に対して曝露療法が用いられることがある。介入方法は段階的に行う場合と集中的・持続的に行う場合があり、どちらを選択するかはセラピストの技量による。

学習理論・認知理論に基づく心理療法

A 1 ×

行動療法では、問題行動は誤学習によると捉え、適応的な行動を再学習することで行動の変容は可能であると考える。

A 2 ○

ある行動がその人にとってどのようなメリット（結果・機能）を持っているのかについて分析することで、現在の困難さや問題行動が維持されているメカニズムを理解しようとする。

A 3 ×

達成が容易なものから取り組み始めるのが原則である。

A 4 ×

オペラント条件づけに基づいている。トークン・エコノミーは、快刺激（代用貨幣）を与えるという正の強化に基づいている。

A 5 ○

消去を開始した直後に不適応行動が高頻度で出現する現象を消去バーストと呼ぶ。

A 6 ×

どちらも負の弱化に基づいている。レスポンデントコストは、トークン・エコノミーと併用されることが多く、問題行動の出現に応じて快刺激（代用貨幣）を減らされるものである。また、タイムアウトは問題行動の出現により、快をもたらす機会を一定時間制限する方法である。

A 7 ○

不快な状況を回避できたことで、その行動の頻度が上がるため、負の強化から説明される。

A 8 ×

曝露を段階的に行う場合と、集中的・持続的に行う場合があることは正しい。ただ、どちらで行うかは、リスクも含めてクライエントに説明し、クライエントと共に決める必要がある。

Q 9 □□□

Wolpe, J. の提唱した系統的脱感作法は、拮抗条件づけを用いる。

Q10 □□□

ソーシャルスキルトレーニング（SST）では、ロールプレイに対して問題点を指摘する負のフィードバックを中心に行う。

Q11 □□□

Beck, A. T. の認知療法において治療対象としているものは、自動思考や思い込みであり、Ellis, A. の論理療法において治療対象としているものは不合理な信念である。

Q12 □□□

抑うつなどで活動量が下がることで、生活の中での「快」が少なくなり、ますます非活動的になってしまうことがある。そのような悪循環を断ち切るための技法として行動活性化が挙げられる。

Q13 □□□

マインドフルネスは瞑想などを通して、リラクセーションの効果を得ることを目的とする。

Q14 □□□

バイオフィードバックは、オペラント条件づけに基づいた技法である。

Q15 □□□

漸進的筋弛緩法は、Schultz, J. H. の開発したリラクセーション法である。

Q16 □□□

認知行動療法において、セラピストがクライエントに行う質問の仕方をアリストテレス式質問法という。

Q17 □□□

認知行動療法では、クライエントとセラピストの双方が力を合わせて問題解決に取り組んでいくことが重要とされている。この関係性を協同的実証主義という。

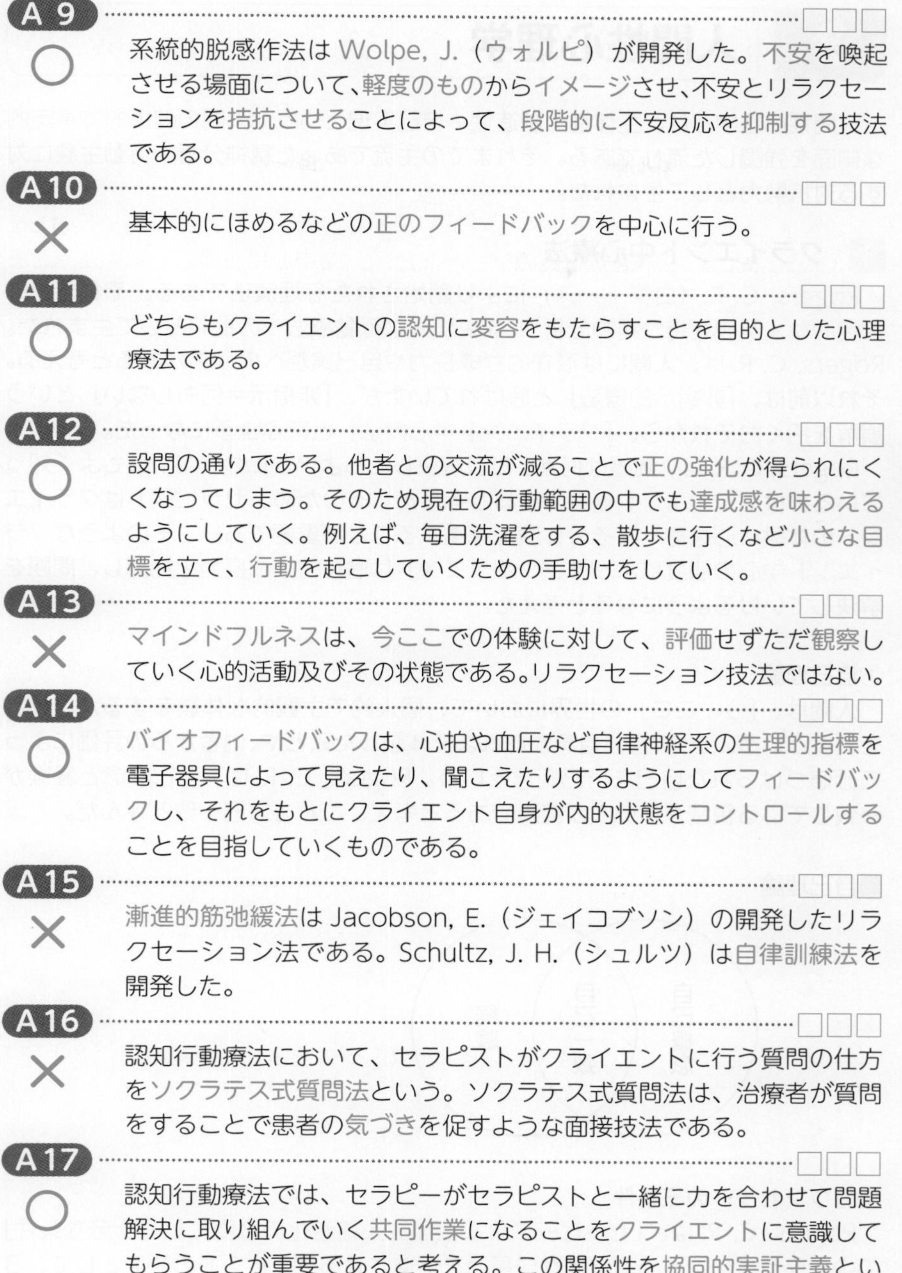

A 9 ○

系統的脱感作法はWolpe, J.（ウォルピ）が開発した。不安を喚起させる場面について、軽度のものからイメージさせ、不安とリラクセーションを拮抗させることによって、段階的に不安反応を抑制する技法である。

A 10 ×

基本的にほめるなどの正のフィードバックを中心に行う。

A 11 ○

どちらもクライエントの認知に変容をもたらすことを目的とした心理療法である。

A 12 ○

設問の通りである。他者との交流が減ることで正の強化が得られにくくなってしまう。そのため現在の行動範囲の中でも達成感を味わえるようにしていく。例えば、毎日洗濯をする、散歩に行くなど小さな目標を立て、行動を起こしていくための手助けをしていく。

A 13 ×

マインドフルネスは、今ここでの体験に対して、評価せずただ観察していく心的活動及びその状態である。リラクセーション技法ではない。

A 14 ○

バイオフィードバックは、心拍や血圧など自律神経系の生理的指標を電子器具によって見えたり、聞こえたりするようにしてフィードバックし、それをもとにクライエント自身が内的状態をコントロールすることを目指していくものである。

A 15 ×

漸進的筋弛緩法はJacobson, E.（ジェイコブソン）の開発したリラクセーション法である。Schultz, J. H.（シュルツ）は自律訓練法を開発した。

A 16 ×

認知行動療法において、セラピストがクライエントに行う質問の仕方をソクラテス式質問法という。ソクラテス式質問法は、治療者が質問をすることで患者の気づきを促すような面接技法である。

A 17 ○

認知行動療法では、セラピーがセラピストと一緒に力を合わせて問題解決に取り組んでいく共同作業になることをクライエントに意識してもらうことが重要であると考える。この関係性を協同的実証主義という。

3 人間性心理学

人間性心理学とは、主体性・創造性・自己実現といった人間の健康的で肯定的な側面を強調した流れである。それまでの主流であった精神分析や行動主義に対する対抗勢力として生まれた。

1 クライエント中心療法

Rogers, C. R.（ロジャース）により創始された心理療法である。それまでの否定的な人間観を持つ精神分析や、機械論的な行動療法への批判として生まれた。Rogers, C. R. は、人間には潜在的な成長力や自己実現への欲求があると考える。それ以前は、「非指示的療法」と呼ばれていたが、「非指示＝何もしない」という誤解を招くおそれから、「クライエント中心療法」と呼ぶようになった。

Rogers, C. R. は、問題は何か、どう解決したらよいかについて、最もよく知っているのはクライエント自身であると考えた。そのため、セラピストはクライエントの体験に心を寄せてその体験を尊重することが重要であり、そのようなクライエント中心の態度によって、クライエントは潜在的な成長力を発揮し、問題を解決していけるようになると考えた。

①自己理論

人間は、「今、ここ」の世界において、個人的で主観的な体験をするが、これを経験という。また、自分自身がこれまで体験したことや、他者からの評価によって価値づけられた自己を自己概念という。Rogers, C. R. は、自己概念と経験が一致している領域が多い人が健康であると考え、これを自己一致と呼んだ。

■自己理論

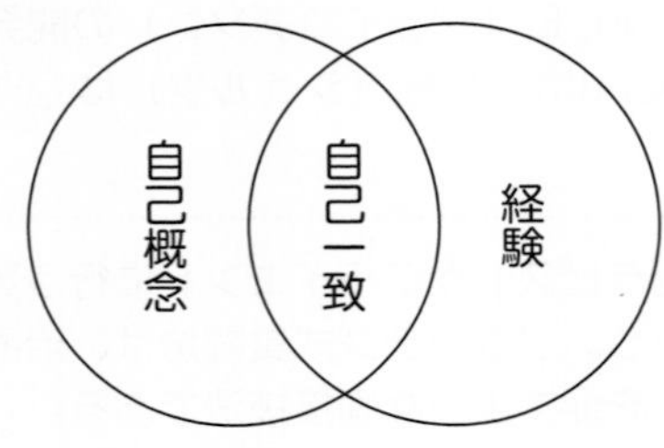

②カウンセラーの三条件

Rogers, C. R. は、「セラピーによる治療的人格変化の必要にして十分な条件」の中でクライエントの潜在的な成長力を促進させるセラピストの態度として、3つの態度を挙げている。

1）無条件の肯定的配慮

クライエントを一人の人間として無条件に認め、肯定的な側面と同じように、否定的な側面も受容することを指す。つまり、「あなたが～なら、あなたを受け入れる」といった条件つきの態度ではなく、クライエントがどのような状態であれ受け入れる態度をいう。クライエントが不適応にあるということは、クライエントが自分自身を受容できていない状態にあることを意味する。セラピストが無条件にクライエントを受容することで、クライエントは防衛することなしに、自己を見つめ直し自分自身を受容できるようになる。

2）共感的理解

「あたかもその人のように（as if）」という感覚を失わず、かつ、クライエントの感情に巻き込まれることなく、クライエントの世界をセラピスト自身も感じる状態をいう。セラピストの共感的理解によって、クライエントは「理解されている」という体験をし、それが支えとなって自分の中から生じてくる自然な感情を感じることが可能になってくる。

3）自己一致

自分自身が認識する自己である自己概念と、自分の実際の体験である経験が一致している状態を指す。つまり、セラピストがクライエントとの関わりにおいて、あるべき自分と、実際の自分に矛盾がない状態をいう。

2 フォーカシング

フォーカシングは、Gendlin, E. T.（ジェンドリン）が提唱した心理療法である。その基盤となっているのが、体験過程理論である。

①体験過程理論

体験過程とは、人間がそのときどきにおいて感じている主観的かつ漠然とした感情の流れをいう。それは、「今、ここ」で生起する感情の流れであり、いまだ言語化されない前概念的なものである。ただし、その中には豊かな意味が含まれており、クライエントの身体を通して感じることができるものである。Gendlin, E. T. は、不適応状態にある人は体験過程が滞っていると考え、それを促進する方法として、フォーカシングを開発した。

②フォーカシング

体験過程における感情の流れは、身体感覚として体験される。これを明確化する技法がフォーカシングである。身体に受動的な注意を向けて、気になる身体感覚に注意を向ける。その際に、この段階では言葉にならない不明確な意味を含んだ身体感覚をフェルトセンスという。次に、このフェルトセンスをぴったりと表現できるようなイメージや名前であるハンドルを探す。フェルトセンスとハンドルが、ぴったりと一致したときに感じられる「これだ！」という感じへの変化をフェルトシフトという。フォーカシングでは、フェルトシフトを体験し、それを受容することによって体験過程を促進させる。

3 ゲシュタルト療法

Perls, F.（パールズ）によって提唱された心理療法である。「クライエントは、過去の経験が完結されておらず、心残りとなっている未完結の問題を抱えているため、感情と身体がばらばらになって全体性を欠き、不適応に陥っている」と考える。その問題を「今、ここ」で再体験させることによって、感情と身体の再統合を図り、全体性の回復を目指す。ゲシュタルト療法の主な技法に、以下のものが挙げられる。

■ゲシュタルト療法

エンプティ・チェア（ホットシート）	誰も座っていない空の椅子を用意し、クライエントにとって重要な人物などがその椅子に座っているように想像してもらい、クライエントが普段その相手に伝えることのできない本当の感情や意見を話してもらうことで自分への気づきを深める
ファンタジー・トリップ	ファンタジーの中で、未知の自分や他者に出会う旅をする。あらかじめ、場面構成をして導入するものであり、潜在能力や問題点、生き方を発見する目的で行われる

5-3 人間性心理学

Q1 □□□

●●●

クライエント中心療法では、セラピストがクライエントに対して、適切な治療目標を指示する。

Q2 □□□

●●

クライエント中心療法の自己理論において、本当は体験しているのに自己概念に組み入れないことを否認という。

Q3 □□□

●●

クライエント中心療法の自己理論において、本当は体験していないのに、「そうだ」と思い込んで自己概念に組み入れることを歪曲という。

ドリームワーク	夢の登場人物や物になり、夢を体験する。夢の中に投影された自分の生き方に気づく
ボディワーク	身体の一部となり表現する。身体を通じて気づきを得る

4 交流分析

Berne, E. によって提唱された心理療法である。その理論的背景から精神分析の口語版と呼ばれているが、基本的には無意識を仮定せずに、「今、ここ」を重視する。こころの構造や機能を、記号や図式を使って説明するところに特徴がある。交流分析には主に、以下の分析方法がある。

■交流分析における４つの分析

構造分析	個人の中にある親、大人、子どもの３つの自我状態を分析することによって自己理解を深める
やりとり分析	２者間のコミュニケーションについてお互いの自我状態のベクトルから分析し、不適応的な交流を修正する
ゲーム分析	悪循環に陥った対人関係パターンである「ゲーム」を分析することによって、それからの脱却を図る
脚本分析	人生の早期に養育者から受け取ったメッセージに基づいて書かれた人生脚本を分析し、それを「今、ここ」で書き変える決心をすることで新しい人生を歩みだすことを目指す

人間性心理学

A 1 □□□

×

クライエント中心療法は、非指示的なアプローチである。

A 2 □□□

○

否認の領域が広いということは、自分が本当は体験していることであるにもかかわらず、それが自己概念とは合わないため、無視され、ありのままには受け入れられない領域が広いことを意味する。

A 3 □□□

○

歪曲の領域が広いということは、自分は本当は体験していないにもかかわらず、自己概念が「そうだ」と思い込んでいたり、「そうあるべきだ」と決めつけてしまっている領域が広いことを意味する。

Q 4 □□□
●●●
クライエント中心療法では、自己概念と体験が一致した「自己実現」が目標とされる。

Q 5 □□□
●●●
クライエント中心療法における無条件の肯定的配慮とは、クライエントの肯定的側面を重視し、クライエントが自身の否定的側面に囚われることがないように介入を行うことである。

Q 6 □□□
●●●
Rogers, C. R. は、精神分析や行動療法の背景にある否定的な人間観を批判した。

Q 7 □□□
●●●
Rogers, C. R. は、「セラピーのよる治療的人格変化の必要にして十分な条件」において、３つの条件が適切な期間存在していることが、クライエントの人格変容に必要だと主張した。

Q 8 □□□
●●●
クライエント中心療法では、感情の反射や感情の明確化などの技法を重視する。

Q 9 □□□
●●●
フォーカシングとは、微妙な感じやわずかな感覚を、丁寧に解釈していくプロセスである。

Q10 □□□
●●
Gendlin, E. T. は、摂食障害患者の臨床経験から体験過程の理論を打ち立てた。

Q11 □□□
●●●
フォーカシングにおいては、クライエントであるフォーカサーの感情表現を要約して伝え返すリフレクションという技法が用いられる。

Q12 □□□
●●●
フォーカシングにおけるフェルトセンスとは、抱えている悩みや問題を明確に意味している身体的象徴である。

Q13 □□□
●●●
フェルト・センスに気づくことが重要であることから、フェルト・センスは強ければ強いほどよいとされている。

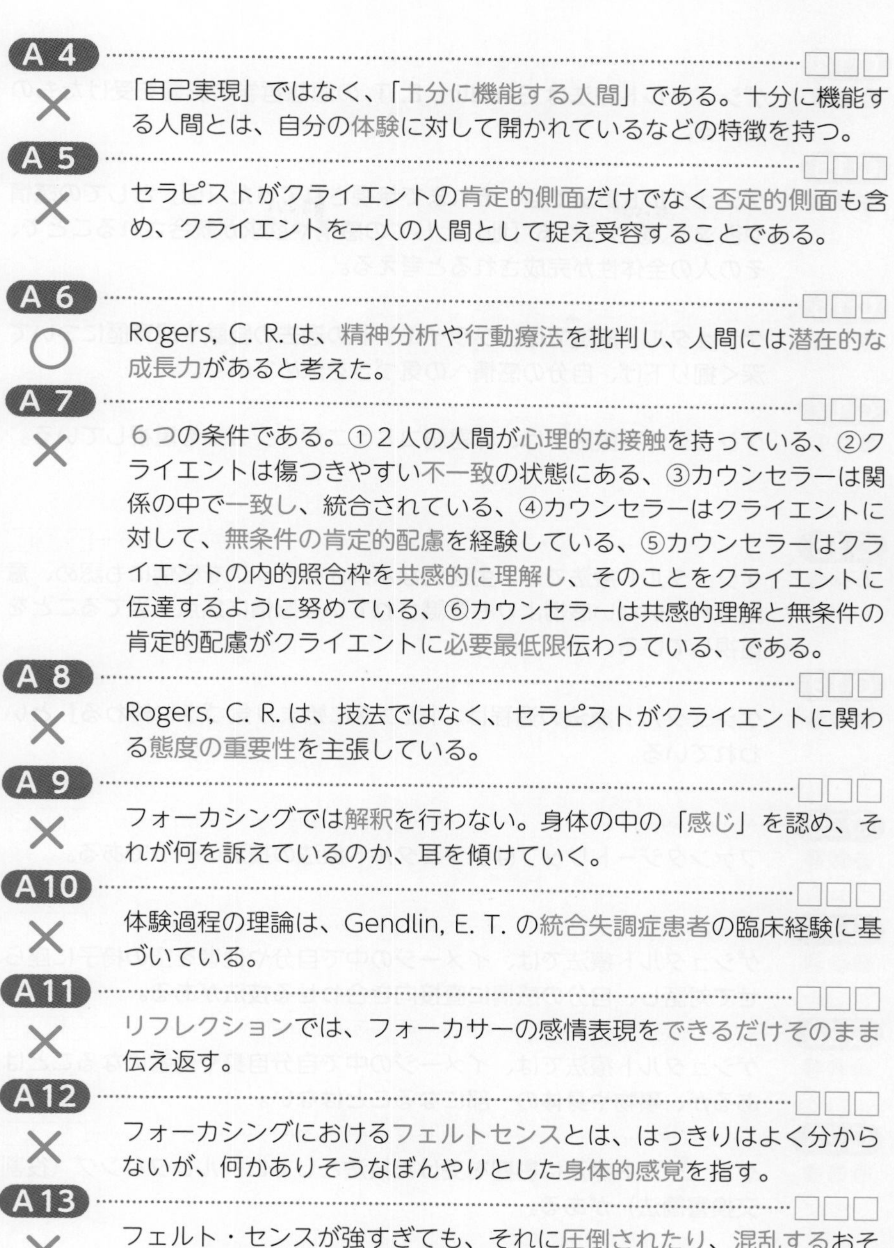

A 4

×

「自己実現」ではなく、「十分に機能する人間」である。十分に機能する人間とは、自分の体験に対して開かれているなどの特徴を持つ。

A 5

×

セラピストがクライエントの肯定的側面だけでなく否定的側面も含め、クライエントを一人の人間として捉え受容することである。

A 6

○

Rogers, C. R. は、精神分析や行動療法を批判し、人間には潜在的な成長力があると考えた。

A 7

×

６つの条件である。①２人の人間が心理的な接触を持っている、②クライエントは傷つきやすい不一致の状態にある、③カウンセラーは関係の中で一致し、統合されている、④カウンセラーはクライエントに対して、無条件の肯定的配慮を経験している、⑤カウンセラーはクライエントの内的照合枠を共感的に理解し、そのことをクライエントに伝達するように努めている、⑥カウンセラーは共感的理解と無条件の肯定的配慮がクライエントに必要最低限伝わっている、である。

A 8

×

Rogers, C. R. は、技法ではなく、セラピストがクライエントに関わる態度の重要性を主張している。

A 9

×

フォーカシングでは解釈を行わない。身体の中の「感じ」を認め、それが何を訴えているのか、耳を傾けていく。

A10

×

体験過程の理論は、Gendlin, E. T. の統合失調症患者の臨床経験に基づいている。

A11

×

リフレクションでは、フォーカサーの感情表現をできるだけそのまま伝え返す。

A12

×

フォーカシングにおけるフェルトセンスとは、はっきりはよく分からないが、何かありそうなぼんやりとした身体的感覚を指す。

A13

×

フェルト・センスが強すぎても、それに圧倒されたり、混乱するおそれがあるため、強ければよいというわけではない。フェルト・センスとのほどよい心理的距離が必要である。

Q14 □□□

ゲシュタルト療法は Gendlin, E. T. の思想哲学の影響を受けたものである。

Q15 □□□

ゲシュタルト療法では、それまで無視されてきた「図」としての感情や欲求と、感じられる「地」としての感情や欲求が統合されることで、その人の全体性が完成されると考える。

Q16 □□□

ゲシュタルト療法では、クライエントの過去の経験や成育歴について深く掘り下げ、自分の感情への気づきを深めていく。

Q17 □□□

ゲシュタルト療法では、非言語コミュニケーションを重視している。

Q18 □□□

ゲシュタルト療法では、生理的なホメオスタシスを感情にも認め、意識されていない感情よりも意識されている感情に焦点を当てることを重視している。

Q19 □□□

ゲシュタルト療法の過程は、「気づきに始まり気づきに終わる」といわれている。

Q20 □□□

ファンタジートリップはゲシュタルト療法の技法の一つである。

Q21 □□□

ゲシュタルト療法では、イメージの中で自分や他者を空の椅子に座らせて対話し、自分の感情に直接向き合わせる技法がある。

Q22 □□□

ゲシュタルト療法では、イメージの中で自分自身や他者になることはあるが、事物や身体の一部になることはない。

Q23 □□□

ゲシュタルト療法に影響を受けた技法としてロールレタリング（役割交換書簡法）がある。

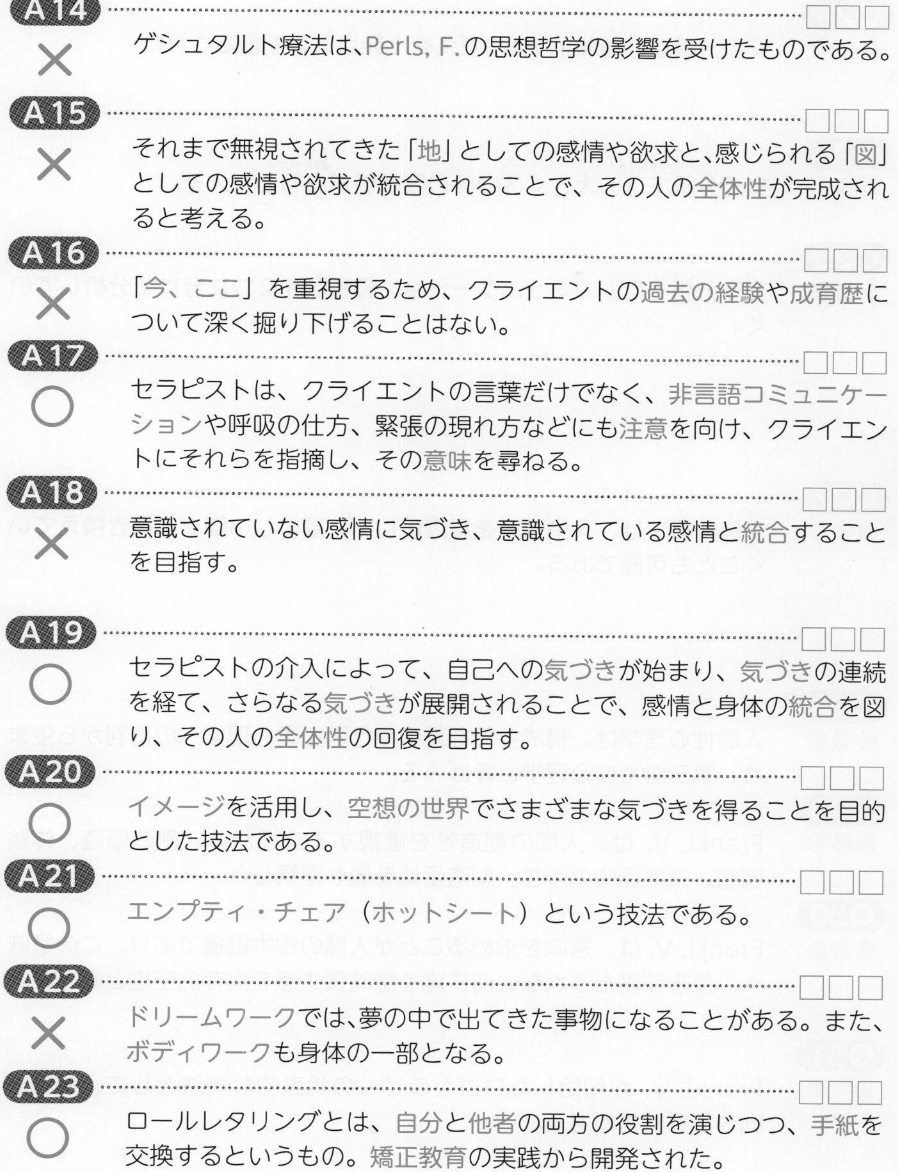

A14 ×
ゲシュタルト療法は、Perls, F.の思想哲学の影響を受けたものである。

A15 ×
それまで無視されてきた「地」としての感情や欲求と、感じられる「図」としての感情や欲求が統合されることで、その人の全体性が完成されると考える。

A16 ×
「今、ここ」を重視するため、クライエントの過去の経験や成育歴について深く掘り下げることはない。

A17 ○
セラピストは、クライエントの言葉だけでなく、非言語コミュニケーションや呼吸の仕方、緊張の現れ方などにも注意を向け、クライエントにそれらを指摘し、その意味を尋ねる。

A18 ×
意識されていない感情に気づき、意識されている感情と統合することを目指す。

A19 ○
セラピストの介入によって、自己への気づきが始まり、気づきの連続を経て、さらなる気づきが展開されることで、感情と身体の統合を図り、その人の全体性の回復を目指す。

A20 ○
イメージを活用し、空想の世界でさまざまな気づきを得ることを目的とした技法である。

A21 ○
エンプティ・チェア（ホットシート）という技法である。

A22 ×
ドリームワークでは、夢の中で出てきた事物になることがある。また、ボディワークも身体の一部となる。

A23 ○
ロールレタリングとは、自分と他者の両方の役割を演じつつ、手紙を交換するというもの。矯正教育の実践から開発された。

Q24 ●●● □□□

交流分析は、Adler, A. の考えを出発点として創始された。

Q25 ●●● □□□

交流分析では、大きく３つの自我状態があると考える。

Q26 ●●● □□□

交流分析では、コミュニケーションの種類を２つに分けて分析していく。

Q27 ●●● □□□

交流分析では、人生脚本を意識化して、望ましい脚本に書き換えていくことも可能である。

Q28 ●●● □□□

人間性心理学は、構成主義心理学や行動主義心理学への批判から生まれ、第三勢力の心理学と呼ばれる。

Q29 ●●● □□□

Frankl, V. は、人間の創造性を重視する立場から、創造価値、体験価値、態度価値のうち、創造価値を最も重視した。

Q30 ●●● □□□

Frankl, V. は、意味を求めることが人間の根本動機であり、この意味への意志が満たされない時に陥る意味喪失感を実存的空虚と呼んだ。

Q31 ●●● □□□

Frankl, V. が創始したロゴセラピーの代表的な技法として、逆説志向や反省除去がある。

Q32 ●●● □□□

現存在分析論を創始した Binswanger, L. は、統合失調症を「生産性の喪失」と表現した。

A24 ×

自我心理学派の考えを出発点とし、行動科学的、システム論的発想と、人間と人間との実存的出会いを尊重する哲学を基礎として創始された。Adler, A.（アドラー）は個人心理学を提唱した。

A25 ○

親（P）、大人（A）、子供（C）の3つである。

A26 ×

相補的交流、交叉（交差）的交流、裏面的交流の3つである。相補的交流は、自分が相手に予測・期待していた反応を相手が返してくれる円滑なコミュニケーションである。交叉的交流は、お互いの要求や意図、感情を否定・無視するようなコミュニケーションであるため、ネガティブな感情を抱きやすい。裏面的交流は、表面的なメッセージの背後に本当の要求や意図、感情が隠されているやりとりである。

A27 ○

セラピストとクライエントが共同して生活史の探索を行い、幼少期の生活場面の中に、現在の問題に関連している禁止令やドライバーを見いだす。当時の生活場面を再現し、今できる具体的な解決法を考え、最終的には今後の生活において、新たな感じ方や考え方、行動のあり方を選択することを決断していく。

A28 ×

人間性心理学は、精神分析や行動主義心理学への批判から生まれ、第三勢力の心理学と呼ばれる。

A29 ×

Frankl, V.（フランクル）は、自らの意志のもとに態度を選択するということから態度価値を最も重視した。

A30 ○

Frankl, V. は、「意味への意志」を重視し、人間は、人生から意味を問いかけられており、いかなる状況においても価値を追求する自由と責任を持つとした。

A31 ○

逆説志向は症状に敏感になっている患者に、逆説的に症状を意識的に起こさせることで症状をなくすというものである。反省除去は意味や価値あるものに注意を向け、症状から注意をそらすというものである。

A32 ×

Binswanger, L.（ビンスワンガー）は、統合失調症を「経験の首尾一貫性の喪失」と表現した。

4 家族療法

1 家族療法

家族療法では、家族を一つのまとまりを持ったシステムとみなし、その全体に働きかけようとする心理療法である。

家族療法の特徴として、クライエントの問題の原因が特定の家族メンバーにあるという直線的因果関係ではなく、全てが原因で全てが結果であるという円環的因果関係の中で家族を捉える。クライエントは家族の病理を代表してたまたま症状や問題を抱えているとし、ＩＰ（Identified Patient：みなし患者）と呼ばれる。

家族療法にはさまざまな理論的立場が存在しているが、これらは相互排他的なものではなく、①システム論に基づく、②コミュニケーションを重視している、③チーム・アプローチを用いているといった共通点がある。

■家族療法の理論的立場

コミュニケーション学派	家族をシステムとして捉え、問題をめぐる家族の相互作用に注目する。問題が発生すると、家族メンバーは解決に向けた行動を起こすが、それがかえって悪循環を生む場合もある。この悪循環を生むコミュニケーションを見つけ、それとは異なるコミュニケーションを行うことにより、家族内における全てのコミュニケーションの質的改善を目指す
構造派	Minuchin, S.（ミニューチン）によって創始された家族療法である。家族の「構造」に重点を置き、ＩＰの問題は家族構造の歪みから生じると考える。そのため、歪んだ家族構造から適切な家族構造への再構造化を目指す。セラピストが家族システムに溶け込むジョイニングを行い、サブシステムの境界に働きかけ、構造改革を促す。また、家族構造の分析と理解を行うために、実際の生活場面での家族の相互作用を治療場面で再演してもらうエナクトメントを用いたりする
戦略的家族療法	コミュニケーション学派から派生したものであり、さまざまな技法を駆使して、積極的に介入していく
多世代家族療法	ジェノグラムを用いて、家族投影過程や多世代伝達過程の情報を集めて、その情報に基づいて家族の自覚を促し、家族関係を変化させることを目指す

2 家族療法から生まれた心理療法

また、家族療法の流れから生まれたのが、ナラティブ・セラピーやソリューション・フォーカスト・アプローチである。

①ナラティブ・セラピー

ナラティブ・セラピーとは、社会構成主義に基づく心理療法である。社会構成主義では、客観的現実というものは存在せず、現実は言語を介した人々の相互作用によって構成されるものと考える。ナラティブ・セラピーでは、クライエントを支配する否定的なドミナント・ストーリーを、セラピストとの対話を通して、新しい肯定的・建設的なオルタナティブ・ストーリーへとつくり変えていく。それにより、クライエントに対して自らが持つさまざまな能力や資源に気づかせていく。セラピストは、知識や理論に基づいてクライエントの話を解釈しない「無知の姿勢」を取り、早急な理解を避けながら対話を続け、その文脈の中で理解を共同探索していく姿勢を重視する。

②ソリューション・フォーカスト・アプローチ（SFA）

ソリューション・フォーカスト・アプローチとは、解決志向アプローチやブリーフセラピーとも呼ばれる、短期による問題解決を目指した心理療法である。ソリューション・フォーカスト・アプローチでは例外に注目する。例外とは、問題が小さい場合や起きていない場合をいう。ソリューション・フォーカスト・アプローチでは、それを解決の一部と考え、この例外がどのような条件で起こるのかを明らかにし、例外の繰り返しを図ることで解決を広げていく。

ソリューション・フォーカスト・アプローチでは、以下のような技法がある。

■ソリューション・フォーカスト・アプローチにおける主な技法

技法	内容
エクセプション・クエスチョン	クライエントの抱えている問題が起こらなかったことやそれほど深刻にならなかったことがあったか、そのときはどのような状況であったかを尋ねる
スケーリング・クエスチョン	クライエントの経験や今後の見通しを数値に置き換えた評価を尋ねる
ミラクル・クエスチョン	問題が解決した後の生活がどのように変化しているかを尋ねる
コーピング・クエスチョン	これまでに苦境に立たされた時にどのような状況の中でどのような方法で切り抜けてきたかを尋ねる

第5章 心理的支援

5-4 家族療法

Q 1

家族療法の目標とは、家族システムの健全さを回復することにより、家族メンバーの人格的成長をもたらすことである。

Q 2

家族療法を行うセラピストは、家族を外側から支える専門家として、家族が求める変化への橋渡しを行う役割をとる。

Q 3

家族療法においては、面接は必ず１つの面接室に家族メンバーが集まった形式で行われる。

Q 4

家族療法では、家族の機能不全や問題の原因と考えられるメンバーをIPと呼ぶ。

Q 5

構造派によれば、家族内の境界はあいまいであるほど、機能的であるとされる。

Q 6

分化の程度が低いということは、相互の依存性も低く、各家族メンバーの自立性が高いことを意味する。

Q 7

纏綿状態とは、家族メンバー間やサブシステム間に、強固な境界を持っている状態である。

Q 8

遊離状態とは、家族メンバー間やサブシステム間に、あいまいな壁や透過性がある状態である。

Q 9

家族療法では、原因が家族関係のどこにあるかを特定する直線的因果律の考え方を重視する。

A 1 ……□□□

×　家族療法では、家族メンバーの人格的成長をもたらすことを目標にはせず、家族の相互作用に働きかけながら、家族システムの健全さを回復していく。

A 2 ……□□□

×　家族療法のセラピストは、家族を外側から支える専門家ではなく、一時的にセラピー・システムに仲間入りし、相互作用の中で影響を受けたり、与えたりしながら家族が求める変化への橋渡しを行っていく。

A 3 ……□□□

×　必要に応じて親子並行面接の形式や、１回の面接の中で個人面接と家族合同面接を時間で区切って行うなど、さまざまな形式で行われる。

A 4 ……□□□

×　家族療法では症状や問題を抱えた人を、家族の病理をたまたま症状や問題として表していると捉え「みなし患者」という意味で IP と呼ぶ。

A 5 ……□□□

×　構造派によれば、家族が機能的であるためには、境界がある程度明確で、不当な介入から守られていることが必要である。

A 6 ……□□□

×　分化とは、自分の属するシステムに対する自己の自由度を示す。分化の程度が低いとは、相互の依存性が高く、各家族メンバーの自立性が低いことである。

A 7 ……□□□

×　纏綿状態とは、家族メンバー間の境界が不明確で、自他の区別がついていないかのような状態である。

A 8 ……□□□

×　遊離状態とは、家族メンバー間の境界が極端に硬直しており、相互の交流や支持がない状態である。

A 9 ……□□□

×　家族療法では、円環的因果律の考え方を重視する。

Q10 □□□

家族療法では、家族にもシステムとしてのホメオスタシスが働いていると考える。

Q11 □□□

多世代派家族療法では、技法を戦略的に用いて積極的に介入を行う。

Q12 □□□

Minuchin, S. が代表的な人物であるコミュニケーション学派では、特に母子の共生的なサブシステムを解体し、新たに両親のあいだに連合関係をつくり上げることが治療的に有効であると考える。

Q13 □□□

ミラクル・クエスチョンとは、もしも奇跡が生じて問題が解決した場合、解決前とどのような違いがあるのかについて尋ね、その解決時の状況を詳しく尋ねる質問である。

Q14 □□□

例外探しの質問とは、問題が起こっていない状況で、問題が起こった例外を探し、その状況が生じた条件、生じた際のクライエントの行動などについて尋ねる質問である。

Q15 □□□

スケーリング・クエスチョンとは、クライエントの状況や予測、自信などさまざまなものの程度を、例えば0～10点の尺度に置き換えて、その数値を答えた根拠や数値が高くなった状態などを尋ねる質問である。

Q16 □□□

コーピング・クエスチョンとは、問題がまったく起こらなかった状況に対して、クライエントがどのように振る舞ったのかについて尋ねる質問である。

Q17 □□□

ナラティブセラピーでは、クライエントを支配する否定的なオルタナティブ・ストーリーを、新たな肯定的・建設的なドミナントストーリーへと作り替えることを目指す。

Q18 □□□

ナラティブ・セラピーは、従来の家族療法が自明視するシステムの存在や戦略的なセラピストの専門性を疑い、語りによってつくられる現実や、語りがもたらす意味を重視している。

A10 □□□

○ 家族にもシステムとしてのホメオスタシスが働いていると考える。

A11 □□□

× 多世代派家族療法では、ジェノグラムを用いて、家族投影過程や多世代伝達過程の情報を集め、家族関係の変化を目指す。

A12 □□□

× Minuchin, S. が代表的な人物である構造派では、特に母子の共生的なサブシステムを解体し、新たに両親のあいだに連合関係をつくり上げることが治療的に有効であると考える。

A13 □□□

○ ミラクル・クエスチョンによって、解決前と解決後の違いを明らかにし、その違いを生じさせるためにどう行動していけばよいかの具体的な方法を検討していくことができる。

A14 □□□

× 例外探しの質問によって、問題が起こっていない例外について、その状況が生じた条件、生じた際のクライエントの行動などを尋ねることで具体的な解決状態を明らかにしていく。

A15 □□□

○ スケーリング・クエスチョンにおける、数値の根拠や数値の示す状態とは、具体的な解決状態の一部を意味する。それらを明らかにすることが、問題解決への手がかりになる。

A16 □□□

× コーピング・クエスチョンとは、危機的な状況や深刻な状況に対して、クライエントがどのように振る舞ったのかについて尋ねることで、クライエントの持つリソースを明らかにする質問である。

A17 □□□

× 否定的なドミナントストーリーを、肯定的・建設的なオルタナティブ・ストーリーに作り替えることを目指す。

A18 □□□

○ ナラティブ・セラピーは、社会構成主義に基づく心理療法である。セラピストは「無知の姿勢」を取ることが求められる。

5 日本で生まれた心理療法

1 森田療法

森田療法とは、森田正馬（もりたまさたけ）によって開発された神経症に対する心理療法である。神経質な傾向であるヒポコンドリー性基調を基盤とし、心身の不調に注意を集中することでさらに苦悩が増大する精神交互作用により、神経症を発症するという考えに基づいている。森田療法の対象は、森田神経質と呼ばれる神経症者である。森田神経質とは、普通神経質（いわゆる神経衰弱）、強迫観念、不安神経症といったいわゆる神経症全般である。ただし、ヒステリーは対象外である。治療としては、精神交互作用を生み出す症状への「とらわれ」から抜け出し、「あるがまま」を受け入れられるように支援していく。入院治療では、以下の４つの過程がある。

■入院森田療法の過程

絶対臥褥期	個室に隔離され、食事やトイレなど以外は布団で寝ている
軽作業期	隔離はされているが、日中は外界に触れ、観察や軽作業を行う
重作業期	さまざまな作業に従事し、他者との共同作業も行う
生活訓練期	退院準備期間として、日常生活に戻る準備をする

なお、もともとは入院治療が基本であったが、入院期間の長さといった問題から、近年では日記指導を中心とした通院治療が増えてきている。

5-5 日本で生まれた心理療法

Q 1 □□□

森田療法は、森田正馬が開発した心理療法である。「あるがまま」を重視し、症状や原因の解釈をしないという特徴がある。

Q 2 □□□

森田療法は、浄土真宗の「身調べ」をもとに開発された心理療法である。

2 内観療法

内観療法とは、浄土真宗の「身調べ」をもとに、吉本伊信が開発した自己啓発法であり、心理療法としても効果が認められている。

１週間の合宿形式で行う集中内観は、内観道場の屏風で囲まれた静かな空間で、自分の母、父、夫や妻、子ども、兄弟、先生などとの関わりについて、①お世話になったこと、②して返したこと、③迷惑をかけたことの内観三問について、過去から現在まで回想していく。それを１〜２時間ごとに訪れる面接者に報告する。面接者は礼節を重んじた態度で、それを傾聴していく。

日常内観は、集中内観の効果を維持するために、日常生活の中で毎日１〜２時間内観を行う。内観三問による過去の人生の内省により、自己中心的な自分が他者の愛によって生かされてきたことを理解し、他者への感謝とともに前向きな気持ちに変化していく。

3 臨床動作法

臨床動作法とは、もともとは脳性まひ児の肢体不自由の改善を目的として、成瀬悟策が開発した動作訓練が始まりである。意図した通りの身体運動ができるように、動かしている過程の感じや力の入れ方などに焦点を当て、不適切な緊張を取り除いていくことで、自分の身体に対する自己制御の方法を学んでいく。臨床動作法では、実現すべき身体運動のパターンを課題として、クライエントにその実現を努力させながら、援助者が身体を介して、クライエントの心に働きかけ、その主体的活動を促進していく。

援助者は、より適切な課題を選び、課題の動作がよりよく容易に行えるように、全過程を通じて適切に手助けする。また、援助者は常に言葉がけを行うことが求められる。

日本で生まれた心理療法

A 1 □□□

○

森田療法では、クライエントに、不安を持ちながらも、なすべきことに取り組むことを通して、不安を克服していくことを勧める。

A 2 □□□

浄土真宗の「身調べ」をもとに開発された心理療法は内観療法である。

Q 3

精神交互作用とは、ある感覚に対して、過度に注意が集中すると、その感覚がより一層鋭敏になり、ますます注意が集中するという、注意と感覚の悪循環を指す。

Q 4

森田正馬は、森田神経症になりやすい人は、ヒポコンドリー性基調という性格傾向を持っているとした。あわせて、生の欲望から死の恐怖が強くなることで、精神交互作用が起こると考えた。

Q 5

内観療法の対象は、反社会性パーソナリティ障害に限られる。

Q 6

内観療法によって、一般的には、「反省」、「感謝」、「懺悔」、「報恩」という内的変化が順に起こるとされる。

Q 7

内観療法では、面接者との対話を重視しているため、内観した内容についてしっかり話し合うことが大切である。

Q 8

集中内観では、母親や父親、配偶者などについて、①お世話になったこと、②して返したこと、③その時感じたことについて、過去から現在に向かって区切りながら内観していく。

Q 9

内観を行う中で感じる罪悪感は、日常的な罪悪感や、うつ病などの病的な罪悪感とは異なるものである。そのため、うつ病の患者に内観療法を取り入れる場合もある。

Q10

内観研修所などで行われる集中内観を行った後に、内観者は日常生活の中で毎日１時間以上の内観を行い、その記録として日記を書くことが求められる。

Q11

内観療法は、一般的に、治療構造が堅固であるとされている。

A 3 ○

森田療法は、この悪循環を断ち切り、あるがままの状態になるように治療を進めていく。

A 4 ○

ヒポコンドリー性基調とは、自己の心身が病的状態にあるのではないかと不安に思う性格傾向のことである。

A 5 ×

アルコール依存症や薬物依存症、神経症、不登校など、適用は多岐にわたる。

A 6 ×

順に「反省」、「懺悔」、「感謝」、「報恩」という内的変化が起こるとされている。

A 7 ×

内観療法では、面接者は内観者の報告を受けるのみで、その場でのフィードバックやさらなる内省を求めることはしない。

A 8 ×

内観対象は正しい。内観の内容は、①お世話になったこと、②して返したこと、③迷惑をかけたことの３つである。

A 9 ○

内観の中で感じる罪悪感は、愛情体験と表裏一体の組み合わせで感得されるものであるため、日常的な罪悪感や病的な罪悪感とは異なるものである。

A 10 ×

日常内観において、日記を書かなければならないという決まりはない。

A 11 ○

特に、集中内観では、外部からの刺激を遮断した、静かな屏風に囲まれた空間の中で、朝から夜まで内観３問についての内観を継続的に行い、１～２時間ごと訪れる面接者にその内容を報告することから、堅固な治療構造を有しているとされている。

Q12 ●●● □□□

成瀬悟策は、肢体不自由な脳性まひ児が動けるようになったことから、リハビリテーションを兼ねたリラクセーションの技法として臨床動作法を開発した。

Q13 ●●● □□□

成瀬悟策は、動作を、「ある主たる目的のために必要なやり方で、目的的にからだを動かす主体者の心理的活動」と説明し、「意図―努力―身体運動」という一連の心理的なプロセスであると定義している。

Q14 ●●● □□□

臨床動作法の適用範囲は、子どもが中心で、加齢による身体疾患が増えてくる高齢者には適用することが難しい。

Q15 ●●● □□□

森田療法において、援助者は問題の原因や理論を追求する一貫した態度が求められる。

Q16 ●●● □□□

内観療法においては内観による反省により、自己への気づきを促す自己中心性を高めることが期待される。

Q17 ●●● □□□

内観者は、内観を通じて内観対象からの愛情と、自分の自己中心性を自覚するとされている。

Q18 ●●● □□□

集中内観において、内観者の特定の対象への怒りや恨みの感情が大きくて内観が進まない場合、面接者がそれらを十分に発散させるサポートを行うこともある。

Q19 ●●● □□□

内観者の問題行動や症状を直接扱うことは原則的にない。

Q20 ●●● □□□

動作は、面接による言葉とは異なり、虚偽がないことが利点として挙げられる。

Q21 ●● □□□

臨床動作法では、クライエントが動作課題をよりよく容易に行えるように、援助者は声がけをしない。

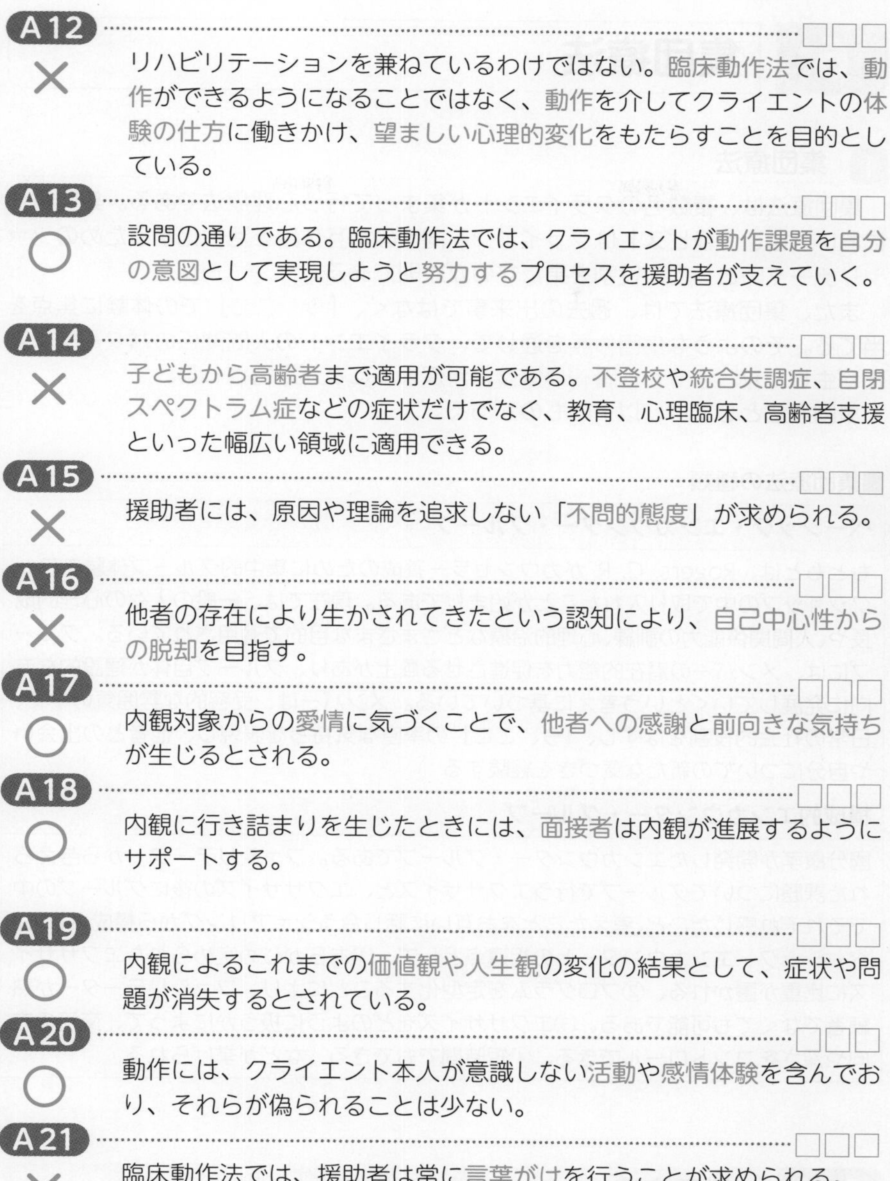

A12 ×
リハビリテーションを兼ねているわけではない。臨床動作法では、動作ができるようになることではなく、動作を介してクライエントの体験の仕方に働きかけ、望ましい心理的変化をもたらすことを目的としている。

A13 ○
設問の通りである。臨床動作法では、クライエントが動作課題を自分の意図として実現しようと努力するプロセスを援助者が支えていく。

A14 ×
子どもから高齢者まで適用が可能である。不登校や統合失調症、自閉スペクトラム症などの症状だけでなく、教育、心理臨床、高齢者支援といった幅広い領域に適用できる。

A15 ×
援助者には、原因や理論を追求しない「不問的態度」が求められる。

A16 ×
他者の存在により生かされてきたという認知により、自己中心性からの脱却を目指す。

A17 ○
内観対象からの愛情に気づくことで、他者への感謝と前向きな気持ちが生じるとされる。

A18 ○
内観に行き詰まりを生じたときには、面接者は内観が進展するようにサポートする。

A19 ○
内観によるこれまでの価値観や人生観の変化の結果として、症状や問題が消失するとされている。

A20 ○
動作には、クライエント本人が意識しない活動や感情体験を含んでおり、それらが偽られることは少ない。

A21 ×
臨床動作法では、援助者は常に言葉がけを行うことが求められる。

第5章 心理的支援

6 集団療法

1 集団療法

集団療法は、複数名のクライエントが集まって行う心理療法である。集団療法においては、セラピストはクライエント同士の相互作用を活性化するためのファシリテーターとしての役割を果たすのが原則である。

また、集団療法では、過去の出来事ではなく、「今、ここ」での体験に焦点を当てる。そのような集団体験を通じて、クライエントの人間関係のパターンに変化が生じたり、自分や他者への気づきが深まることが期待される。

集団療法としては、以下のものがある。

■集団療法の種類

ベーシック・エンカウンター・グループ
もともとは、Rogers, C. R. がカウンセラー養成のために集中的グループ体験をワークショップの中で取り入れたことが始まりである。現在では、一般の人々の心理的成長や、人間関係能力の訓練、心理的治療などさまざまな目的で適用されている。グループには、メンバーの潜在的能力を促進させる風土があり、グループ自体が建設的な方向に発展していくという考えに基づいている。メンバーは、受容的な雰囲気の中で、日常の社会的役割をはずし、「今、ここ」の率直な気持ちを表現し、他者との出会いや自分についての新たな気づきを経験する
構成的エンカウンター・グループ
國分康孝が開発したエンカウンター・グループである。ファシリテーターから与えられた課題についてグループで行うエクササイズと、エクササイズの後にグループの中でそれぞれ感じたこと、考えたことをお互いに話し合うシェアリングから構成される。ベーシック・エンカウンターとの相違点として、①あらかじめ定められたエクササイズに比重が置かれる、②プログラムを定型化することにより、ファシリテーターが熟練者でなくても可能である、③エクササイズをどのように扱うかによって、交流の方向や深さをコントロールできる、④短時間でもできる　などが挙げられる

5-6 集団療法

Q 1 □□□

●●●

集団療法においては、積極的な交流を促進するために参加者に守秘義務を課さない。

2 心理劇

心理劇とは、Moreno, J. L.（モレノ）が開発した集団心理療法である。参加者は台本のない劇の中で、ある役割を即興的かつ自発的に演じることが求められる。それによって、自分への気づきや他者への共感性を深めることができるとされている。

１回のセッションは60～90分であり、ウォーミングアップ→ドラマ→シェアリングの流れで進行していく。

また、心理劇の構成要素及び技法は、以下の通りである。

■心理劇の構成要素

監督	劇の責任者であり、場面設定、配役、進行を行う
補助自我	演者や監督のサポートを行う
演者	劇の中で実際に演じる
観客	観劇する
舞台	劇を演じる空間

■心理劇における技法

役割交換	劇の中で演者が役割を交換する
二重自我	演者が演じ切れていない部分を補助自我が補い、両者が一体であるかのように演じる
自我分割	補助自我が対立する感情の一方の役割を演じ、もう一方を演者が演じ、お互いに気持ちを言い合うことで、演者の葛藤した内面を表現する

集団療法

A 1 □□□

×

原則として守秘義務を設け、参加者が安心して話せる場となるようにすることが必要である。

Q 2

集団療法の特徴の一つとして、経済性が挙げられる。

Q 3

自助グループ（セルフ・ヘルプ・グループ）においては、原則として支援者・専門家はグループに配置されない。

Q 4

Rogers, C. R. のベーシック・エンカウンター・グループは、もともと一般の人を対象とした自己啓発のための集中的グループ体験をワークショップの中に取り入れたのが始まりである。

Q 5

ベーシック・エンカウンター・グループにおけるファシリテーターは、グループを発展させるために、グループを操作することもある。

Q 6

心理劇は、Moreno, J. L. によって開発された、あらかじめ設定されたドミナント・ストーリーを、参加者が自発的にオルタナティブ・ストーリーに変えていく集団心理療法である。

Q 7

心理劇の構成要素は、監督、演者、補助自我、舞台の４つである。

Q 8

心理劇においては、一度参加者の役割が決定すると劇の最後までその役割を担うことが求められる。

Q 9

心理劇では、参加者の役割が決まったら、すぐにドラマを開始する。そのあと、シェアリングを行う。

Q10

構成的エンカウンター・グループとは、國分康孝によって開発された、集中的なグループ体験による、参加者相互の感情交流と自己発見から参加者の行動変容や人間的成長を目的としたグループ・アプローチを指す。

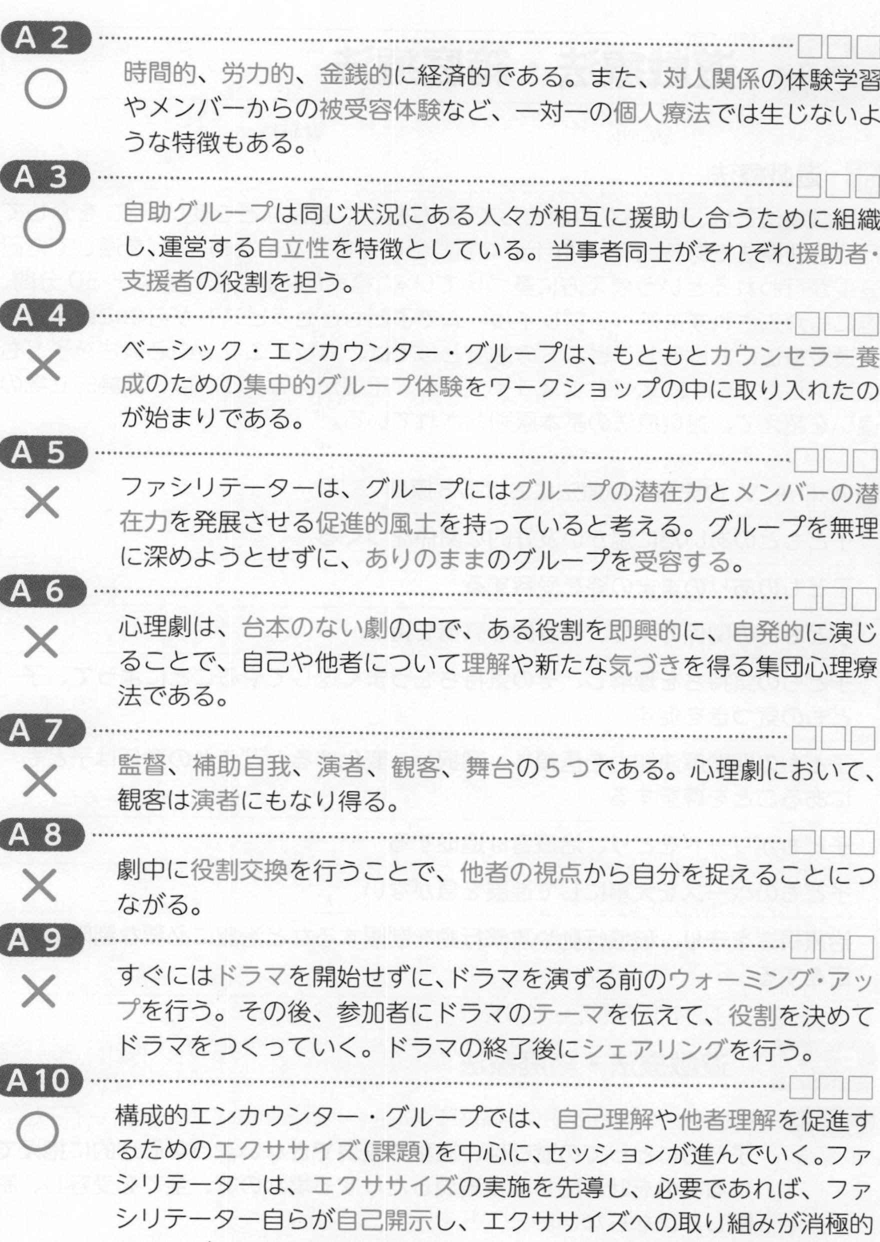

A 2 ……………………………… □□□

○

時間的、労力的、金銭的に経済的である。また、対人関係の体験学習やメンバーからの被受容体験など、一対一の個人療法では生じないような特徴もある。

A 3 ……………………………… □□□

○

自助グループは同じ状況にある人々が相互に援助し合うために組織し、運営する自立性を特徴としている。当事者同士がそれぞれ援助者・支援者の役割を担う。

A 4 ……………………………… □□□

×

ベーシック・エンカウンター・グループは、もともとカウンセラー養成のための集中的グループ体験をワークショップの中に取り入れたのが始まりである。

A 5 ……………………………… □□□

×

ファシリテーターは、グループにはグループの潜在力とメンバーの潜在力を発展させる促進的風土を持っていると考える。グループを無理に深めようとせずに、ありのままのグループを受容する。

A 6 ……………………………… □□□

×

心理劇は、台本のない劇の中で、ある役割を即興的に、自発的に演じることで、自己や他者について理解や新たな気づきを得る集団心理療法である。

A 7 ……………………………… □□□

×

監督、補助自我、演者、観客、舞台の5つである。心理劇において、観客は演者にもなり得る。

A 8 ……………………………… □□□

×

劇中に役割交換を行うことで、他者の視点から自分を捉えることにつながる。

A 9 ……………………………… □□□

×

すぐにはドラマを開始せずに、ドラマを演ずる前のウォーミング・アップを行う。その後、参加者にドラマのテーマを伝えて、役割を決めてドラマをつくっていく。ドラマの終了後にシェアリングを行う。

A 10 ……………………………… □□□

○

構成的エンカウンター・グループでは、自己理解や他者理解を促進するためのエクササイズ(課題)を中心に、セッションが進んでいく。ファシリテーターは、エクササイズの実施を先導し、必要であれば、ファシリテーター自らが自己開示し、エクササイズへの取り組みが消極的なメンバーに対して直面化させるといった積極性が求められる。

7 遊戯療法・箱庭療法

1 遊戯療法

遊戯療法とは、子どもを対象として、おもちゃや遊具などを使い、遊びを介して行う心理療法である。子どもは十分な言語活動が行えないため、遊びを通して自己表現が行われるという考え方に基づいている。標準的には、週１回40 ～50 分間、誰にも介入されずに遊べるプレイルームで子どもとセラピストが自由に遊ぶ。

遊戯療法におけるセラピストの態度としては、クライエント中心療法を子どもに適用した Axline, V.（アクスライン）の８原則がある。これは、理論的立場の違いを超えて、遊戯療法の基本原則とされている。

■ Axline, V. の児童中心療法における８原則

子どもとのあいだに温かい友好的な関係をつくる
子どものありのままの姿を受容する
子どもとの関係の中で、受容的な感情を持つ
子どもの気持ちを理解し、その気持ちをうまく返してやることによって、子どもの気づきを促す
子どもの問題解決能力を信頼し、選択し、変化するかどうかの責任は子どもにあることを尊重する
子どもがリードをとり、治療者は追従する
子どものペースを大事にして進展を急がない
治療構造を守り、破壊行動や攻撃行動を制限するなど治療に必要な制限の設定をする

5－7 遊戯療法・箱庭療法

Q 1 □□□

子どもにとっての遊びは、言葉で表現できないような心理的に抱えているものを吐き出したり表現したりする場なので、全てを受容し、制限してはならない。

Q 2 □□□

遊戯療法の際は子どもが遊びに集中できるように、子どもの感情などはセラピストが受け止めるにとどめる。

セラピーが進むにつれて、子どもの自発的な遊びが展開される。その中で、子どもの否定的感情の表出に伴い、保護者から「子どもが悪くなった」ように報告されることがある。これは、治療において必然的な現象であり、プロセスの中で起こることをあらかじめ保護者に伝えておくことが大切である。

子どもの問題は、保護者の関わりの影響が大きいため、保護者のカウンセリングを並行して行うことが一般的である。また、通常、子どもと保護者それぞれに別の担当者がつく。その際、経験を積んだセラピストが保護者の担当をすることが望ましいとされる。子どもと保護者の双方からの転移と抵抗に対処しながらセラピーを終結させるためには、担当者同士の信頼関係が重要である。

2 箱庭療法

箱庭療法とは、木箱の中に砂やミニチュアを自由に並べることによって自己の内的世界を表現する心理療法である。クライン派の Lowenfeld, M.（ローエンフェルト）の世界技法に由来し、ユング派の Kalff, D. M.（カルフ）によって発展した。その後、河合隼雄が日本に紹介し、普及した。

非言語的なアプローチであるため、自分の内面を言語化するのが困難な子どもやクライエントに対しても適用が可能である。セラピストは、クライエントに寄り添い、箱庭がつくられていく過程を一緒に味わう。それによって、箱庭の性質である「自由にして保護された空間」においてクライエントの自己治癒力が働き始め、作品から気づきが得られたりする。

その一方で、箱庭療法は、クライエントの内的イメージを深く揺さぶってしまう危険性を持つ。そのため、原則として、自我の統制力の弱い精神病水準のクライエントについては、寛解期以外は適用しない。また、作品が了解困難なほどに混乱した表現で、自我の崩壊の危険性が疑われる場合は、セラピストの判断で制作を中止させることもある。

遊戯療法・箱庭療法

A 1 □□□

×

全てを受容することは適切ではない。ある程度の攻撃行動や逸脱行動は受容されるが、人に対する身体的暴力や、器物や施設の破損などはセラピーの限界を超えるおそれがあり、制限を加える必要がある。

A 2 □□□

×

Axline, V. の８原則によれば、セラピストは子どもの感情や気持ちを伝え返すことが求められる。

Q 3 □□□

Axline, V. の８原則は、行動主義の理論に基づいて打ち立てられた。

Q 4 □□□

Allen, F. は遊戯療法において自我の強化を重視している。また、中立性を超えて積極的に介入することを主張した。

Q 5 □□□

遊戯療法では、集団による実施は子どもの表現を狭めるという理由から禁止されている。

Q 6 □□□

箱庭療法は決められた大きさの箱の中に、クライエントがおもちゃを使って自由に表現する心理療法である。

Q 7 □□□

箱庭療法は、Lowenfeld, M. の世界技法をベースに、Kalff, D. M. と Jung, C. G. がともに開発を行った。

Q 8 □□□

箱庭療法で使われるミニチュアのおもちゃにはそれぞれ意味があり、またどこにどのように置かれるのかについて厳密に解釈していく必要がある。

Q 9 □□□

箱庭療法の砂は治療的退行を起こしやすく、侵襲性が高いので、導入に注意するクライエントもいる。

Q10 □□□

遊戯療法においては、さまざまな遊びが展開されるが、戦いごっこなどは子どもの攻撃性がより高くなるため、すぐに止めさせなければならない。

Q11 □□□

遊戯療法は、自分の気持ちをうまく話せない子どもを対象としているため、10 歳までが望ましいとされている。

Q12 □□□

「子どものセラピーの内容を知りたい」という保護者からの要望に対しては、連携という視点から、その内容について詳細に伝える。

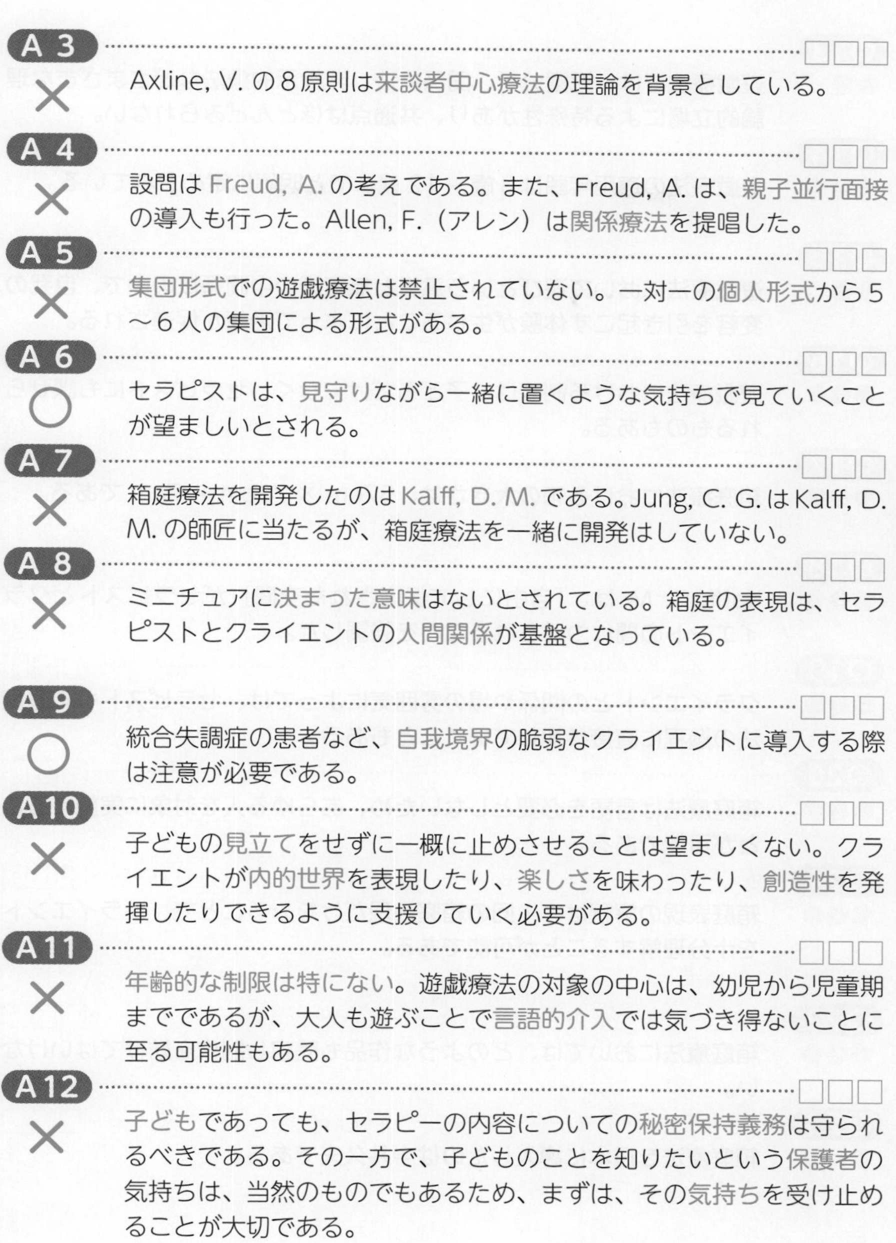

A 3 ×

Axline, V. の８原則は来談者中心療法の理論を背景としている。

A 4 ×

設問はFreud, A. の考えである。また、Freud, A. は、親子並行面接の導入も行った。Allen, F.（アレン）は関係療法を提唱した。

A 5 ×

集団形式での遊戯療法は禁止されていない。一対一の個人形式から５～６人の集団による形式がある。

A 6 ○

セラピストは、見守りながら一緒に置くような気持ちで見ていくことが望ましいとされる。

A 7 ×

箱庭療法を開発したのはKalff, D. M. である。Jung, C. G. はKalff, D. M. の師匠に当たるが、箱庭療法を一緒に開発はしていない。

A 8 ×

ミニチュアに決まった意味はないとされている。箱庭の表現は、セラピストとクライエントの人間関係が基盤となっている。

A 9 ○

統合失調症の患者など、自我境界の脆弱なクライエントに導入する際は注意が必要である。

A10 ×

子どもの見立てをせずに一概に止めさせることは望ましくない。クライエントが内的世界を表現したり、楽しさを味わったり、創造性を発揮したりできるように支援していく必要がある。

A11 ×

年齢的な制限は特にない。遊戯療法の対象の中心は、幼児から児童期までであるが、大人も遊ぶことで言語的介入では気づき得ないことに至る可能性もある。

A12 ×

子どもであっても、セラピーの内容についての秘密保持義務は守られるべきである。その一方で、子どものことを知りたいという保護者の気持ちは、当然のものでもあるため、まずは、その気持ちを受け止めることが大切である。

Q13 ●●

遊戯療法では、児童分析、関係療法、非指示的療法などさまざまな理論的立場による特殊性があり、共通点はほとんどみられない。

Q14 ●●●

遊戯療法の適用年齢は３歳～12歳までと明確に定められている。

Q15 ●●

遊戯療法において遊びという意識と無意識の中間領域の中で、自我の変容を引き起こす体験が生じることによって治療が促進される。

Q16 ●●●

遊戯療法における制限は、子どもだけでなく、セラピストにも課せられるものもある。

Q17 ●●●

箱庭療法における箱の大きさは、57cm × 72cm × 7cm である。

Q18 ●●●

Kalff, D. M. は、「自由にして保護された空間」がセラピストとクライエントの間につくられることを強調した。

Q19 ●●●

クライエントとの関係や場の雰囲気によっては、セラピストも箱庭療法の過程に直接参加していくこともある。

Q20 ●●●

箱庭療法は言語を必要としないため、あらゆる人を対象に実施することが可能である。

Q21 ●●●

箱庭表現の解釈は、１回の箱庭表現だけをみることで、クライエントを十分理解することが可能である。

Q22 ●●●

箱庭療法においては、どのような作品も受容し制作を妨げてはいけない。

Q23 ●●●

箱庭療法を日本に導入したのは中井久夫である。

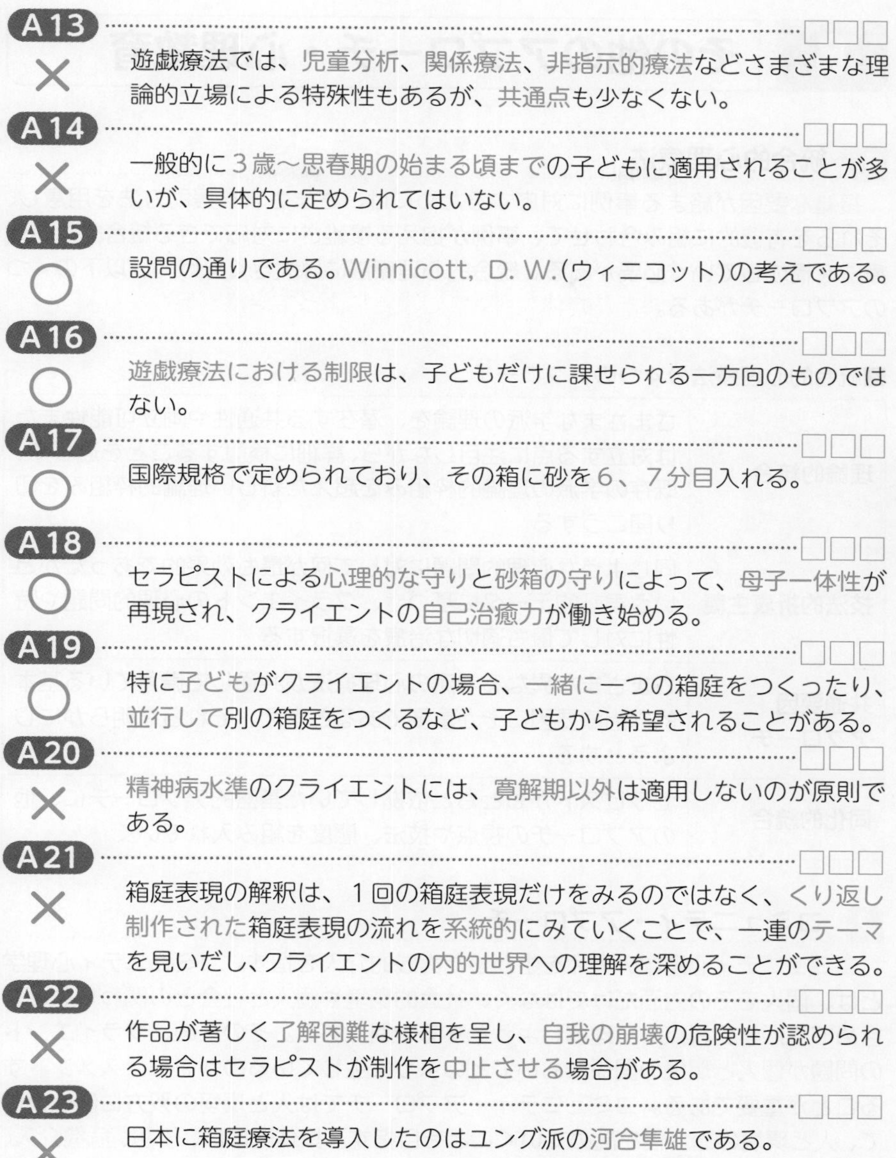

A13 ×
遊戯療法では、児童分析、関係療法、非指示的療法などさまざまな理論的立場による特殊性もあるが、共通点も少なくない。

A14 ×
一般的に3歳〜思春期の始まる頃までの子どもに適用されることが多いが、具体的に定められてはいない。

A15 ○
設問の通りである。Winnicott, D. W.（ウィニコット）の考えである。

A16 ○
遊戯療法における制限は、子どもだけに課せられる一方向のものではない。

A17 ○
国際規格で定められており、その箱に砂を6、7分目入れる。

A18 ○
セラピストによる心理的な守りと砂箱の守りによって、母子一体性が再現され、クライエントの自己治癒力が働き始める。

A19 ○
特に子どもがクライエントの場合、一緒に一つの箱庭をつくったり、並行して別の箱庭をつくるなど、子どもから希望されることがある。

A20 ×
精神病水準のクライエントには、寛解期以外は適用しないのが原則である。

A21 ×
箱庭表現の解釈は、1回の箱庭表現だけをみるのではなく、くり返し制作された箱庭表現の流れを系統的にみていくことで、一連のテーマを見いだし、クライエントの内的世界への理解を深めることができる。

A22 ×
作品が著しく了解困難な様相を呈し、自我の崩壊の危険性が認められる場合はセラピストが制作を中止させる場合がある。

A23 ×
日本に箱庭療法を導入したのはユング派の河合隼雄である。

8 その他のアプローチ・心理教育

1 統合的心理療法

複雑な要因が絡まる事例に対応するためには、さまざまな援助方法を用意し、それらを有機的に組み合わせて、事例が抱える複雑さに対応できる統合的な心理療法を構成していく必要がある。統合的心理療法には大きく分けて、以下の４つのアプローチがある。

■統合的心理療法の４つのアプローチ

理論的統合	さまざまな学派の理論を、潜在する共通性や両立可能性または対立する点に注目しながら、詳細に検討することを通して、既存の学派の理論的枠組みを超えた新しい理論的枠組みを切り開こうする
技法的折衷主義	同じような心理的問題に対して何が最も効果的であったかという実証的データに基づき、クライエントの心理的問題や特性に対して最も適切な治療を選択する
共通要因アプローチ	さまざまな異なる学派の心理療法が共通して備えている基本的な治療要因こそが重要であると考え、それらを明らかにしようとする
同化的統合	セラピストがもともと依拠していた基盤的アプローチに、他のアプローチの視点や技法、態度を組み入れていく

2 コミュニティ・アプローチ

コミュニティ心理学の考えを生かした実践的介入を指す。コミュニティ心理学とは、個人をその内面だけではなく、社会的環境や個人と社会との関わりなども含めて生態学的視点から理解しようとする学問である。そのため、クライエントの問題が個人と環境の関係においてどのように生じているのかをアセスメントすることが重要である。コミュニティ・アプローチでは人と環境の双方に働きかけて、人と環境の適合性を高めていくことを目指す。具体的には、予防、危機介入、心理教育、コンサルテーションなどが挙げられる。

Caplan, G.（キャプラン）が提唱した予防の分類は、次の通りである。

■ Caplan, G. による予防の分類

第一次予防	健康な人々に働きかけて疾病の発生を未然に防ぐことが目的である。具体的な方法としては、啓発活動や予防センターの設置などが挙げられる
第二次予防	既に罹患はしているが症状がいまだ観察されていない状態の人々を早期発見し、早期治療することが目的である。具体的な方法としては、効果的な診断技術や有効な治療方法などが挙げられる
第三次予防	発病してしまい、一通りの治療が終わった安定期もしくは回復期にある人々に対して、再発防止や社会復帰を目的とする。具体的な方法としては、退院に向けたプログラムや福祉施設や自助グループでの活動などが挙げられる

3 心理教育とは

心理教育とは、精神疾患や心理的問題を抱える人たちやその関係者に対して、その人たちの気持ちに配慮しながら正しい知識や情報を伝えることで、現在や将来における問題の対処方法を身につけ、自律的な生活が送れるように援助する方法である。

心理教育は、もともとは統合失調症者の家族に対する再発予防のための家族教室から生まれたものであるが、現在では、病気などの問題を抱えた人だけでなく、健康な人を含め、全ての人をその対象にしている。そのため、例えば、ストレスとその解消方法の理解といった一次予防的なものから、うつ病の再発防止のための家族教室のような三次予防的なものも含まれている。

心理教育で伝えられる情報としては、テーマとなっている疾患の症状や問題の状態、それが発生する仕組みや経過、予後、薬物療法や心理的・福祉的な支援などの援助方法などが挙げられる。こうした知識や情報を専門家から一方的に説明するのではなく、グループワークを用いて参加者が体験的に得ていく方法がとられることが多い。また、参加者同士がこれまで行ってきた問題についての対処方法を話し合うことも行われる。このような活動を通じて、参加者がこれまでや現在の状況に気づき、知識を手に入れ、それを必要に応じて用いることができるようにしていく。また、他の参加者と体験を分かち合うことで、ソーシャル・サポートが形成される。

また、心理教育では、専門的な知識や情報、対人関係スキルの教授という側面だけでなく、啓蒙的・自己啓発的な側面も備えている。例えば、病院や保健室などに設置された疾病に関するポスターやリーフレットなどもその例である。

5-8 その他のアプローチ・心理教育

Q 1 □□□

●●

統合的心理療法における、理論的統合とはセラピストがもともと依拠している基盤的アプローチに、他のアプローチの視点や技法、態度を組み入れていくアプローチである。

Q 2 □□□

●●

統合的心理療法における、共通要因アプローチとは、特定のクライエントの問題に対して最も効果的であると考えられる技法を折衷的に用いるアプローチである。

Q 3 □□□

●●●

IOM（米国医学研究所）は、予防を「普遍的介入による予防」、「選択的介入による予防」、「指示的介入」、「緊急介入」の４カテゴリーに分類している。

Q 4 □□□

●●●

Caplan, G. の三次予防とは、健康な人々に働きかけて、疾病の発生を予防することである。

Q 5 □□□

●●●

Caplan, G. の二次予防とは、罹患する可能性のある人たちを早期に発見し、治療することである。

Q 6 □□□

●●●

危機介入では、危機を克服できるようなパーソナリティ変容を目指すため、長期にわたる支援が必要である。

Q 7 □□□

●●●

心理教育は、うつ病の再発予防を目的とした家族教室から生まれた。

Q 8 □□□

●●●

心理教育の対象は、問題や疾病を抱えた人やその家族に限定される。

Q 9 □□□

●●●

心理教育の方法として、構成的エンカウンター・グループなどのグループ・アプローチや、ポスターやパンフレットの掲示などが挙げられる。

その他のアプローチ・心理教育

A 1 ×

設問は同化的統合である。理論的統合とは２つ以上の学派や理論を理論的に統合することで新しい理論を構築しようとするアプローチである。

A 2 ×

設問は技法的折衷主義である。共通要因アプローチとは、異なる立場にある心理臨床家が共通して用いている共通因子を心理臨床における中核要素と考え、技法として用いるアプローチである。

A 3 ×

IOMによる予防の分類は「普遍的介入による予防」、「選択的介入による予防」、「指示的介入」の３カテゴリーである。

A 4 ×

設問は一次予防である。三次予防とは、既に治療を終えて、回復や安定をしている人たちに対して、疾病の悪化や再発を防止し、社会復帰を促進することである。

A 5 ○

具体的には、効果的な診断技術と治療方法の開発が挙げられる。

A 6 ×

危機介入の目的は、パーソナリティ変容を目指さずに、身体的・心理的な不均衡状態をなるべく早く元の均衡状態に回復させることである。

A 7 ×

心理教育は、統合失調症患者の家族に向けた再発予防のための家族教室がその始まりとなっている。

A 8 ×

心理教育は、問題の予防や健康増進のために、健康な人たちもその対象に含まれる。

A 9 ○

グループ課題や体験を通じて気づきや知識を得るようなグループ・アプローチのほかに、心の健康に関するポスター掲示やパンフレット配布なども心理教育の方法に含まれる。

「心理的支援」及び「事例問題」への対策

●心理的支援

これまでの試験では、幅広く各心理療法に関する問題が出題されていました。そのため、試験対策としては、

- 精神力動療法系の理論や援助技法
- 認知行動療法系の理論や援助技法
- 人間性心理学系の理論や援助技法
- 日本で生まれた心理療法の理論や援助技法
- コミュニティ心理学の理論
- グループ・アプローチ

について理解を深めておきましょう。

●事例問題

これまでの試験の出題内容から分析すると、「事例問題」の出題傾向は、

- 基本的な知識に関する問題
- 心理面接やセラピー場面における公認心理師としての対応力や判断に関する問題
- 各法律や制度に関する知識に関する問題

に大きく分かれると考えます。

基本的な知識や法律・制度については、一般的な試験勉強と同じようにしっかり理解し、覚えましょう。

また、心理面接やセラピー場面における公認心理師としての対応力や判断力に関する問題については、各心理療法の理論に基づくセラピストの態度や、公認心理師としてあるべき支援のあり方について、理解することが大切です。具体的には、過去問題を解いて、「公認心理師の行動として、何が適切で、何が適切でないか」を確認していくことが対策になるでしょう。

第6章
基礎心理学

1　心理学における研究法
2　尺度水準・代表値と散布度・正規分布
3　統計的仮説検定・相関
4　統計解析
5　信頼性・妥当性
6　感覚・知覚
7　認知
8　学習
9　情動・動機づけ・欲求
10　パーソナリティ
11　神経系・脳
12　社会心理学
13　発達心理学

1 心理学における研究法

心理学の研究法には、実験法、観察法、面接法、質問紙調査法がある。研究を実施する際には、研究参加者に対して、研究の目的、データの取り扱い方法、研究に参加することのメリットとリスク、参加や中断の自由などについて、十分に説明し、研究参加の同意を得る必要がある。また、研究目的を偽るなどのディセプションを行った場合、研究後に本来の研究目的を説明し、研究参加者に生じた疑念を取り除くディブリーフィングを行う必要がある。研究データは、徹底した管理を行わなくてはならない。

心理学の研究は主に人間を対象としているため、その研究倫理としては、人を対象とする医学研究の倫理的原則であるヘルシンキ宣言に準じることが望ましいとされる。

1 実験法

実験法とは、実験者が意図的・計画的に条件を統制して独立変数を操作し、従属変数との因果関係について明らかにする方法である。実験法を行う際には余剰変数の統制が重要である。また、研究デザインとして、被験者間実験計画（統制群法）や被験者内実験計画が代表的である。条件の実施順序が結果に影響を与える可能性があるので、カウンターバランスをとることが必要な場合がある。

■関連用語

独立変数	実験者があらかじめ設定する条件
従属変数	独立変数の影響を受けて変化するもの
余剰変数	独立変数以外で従属変数に影響を与えるもの
被験者間実験計画（統制群法）	条件を操作した実験群と、操作しない統制群を設定し、実験参加者をどちらかの群に無作為に割り振る研究デザイン
被験者内実験計画	実験参加者に全ての実験条件を課すことで個人差を統制する研究デザイン

2 観察法

観察法とは、対象者の行動を注意深く見ることによって、その人を理解しようとする方法である。条件統制の有無や観察単位の内容によって、さまざまな分類方法がある。結果の解釈の際には、観察者が持つ対象者についての印象や研究仮説などの観察者バイアスに注意する必要がある。

■条件統制の有無による分類

自然観察法：条件を統制しないで対象者のありのままの行動を観察する

日常的観察法	明確な目標を設定せずに日常生活の中で偶然に起こった行動を観察する
組織的観察法	研究目的に沿って計画を立てた上で観察する

実験観察法：行動に影響を与えると思われる条件を系列的に変化させて、それに伴う行動の変化を観察する

■観察単位の内容による分類

時間見本法	あらかじめ定めた一定時間内、あるいは時点で生じる行動を観察する
場面見本法	対象とする行動の生起頻度が高い場面を選び、その場面で生じる行動を観察する
事象見本法	特定の行動に注目し、その生起過程を観察する
日誌法	対象者を日常的な行動の流れの中で観察し記録する

■記述方法による分類

カテゴリ・チェック法	あらかじめ決められた行動カテゴリの行動頻度を記録する
評定尺度法	あらかじめ設定した評定尺度を用いて、対象とする行動を記録する
行動描写法	観察された行動について状況を含めて詳細に記録する

3 面接法

面接法とは、比較的自由で制限の少ない状況下で、対象者と対面して話し合い、観察する方法である。構造化の程度によって、構造化面接、非構造化面接、半構造化面接に分類される。実施の際には、対象者が話しやすいと感じられるような雰囲気づくりが重要である。

■面接法の種類

構造化面接	質問内容や順序が決まっており、それに従って面接を進めていく方法である。手続きが決まっているため、面接の信頼性は高い。しかし、質問内容への説明を行うことができないため、被面接者が質問内容を誤解するおそれがあり、面接の妥当性に問題が生じる場合がある
非構造化面接	対象者に自由に語ってもらう方法である。質問内容への説明を行うことができることから、被面接者が質問内容を誤解することが避けられるため、面接の妥当性は高い。しかし、面接の進め方については面接者の技量に負うところが大きく、信頼性に問題が生じる場合がある
半構造化面接	質問内容はおおむね決まっているが、順序や尋ね方は対話の流れで変えることができる方法である

6-1 心理学における研究法

Q 1 ●●● □□□

横断的研究とは、特定の集団を長期にわたり追跡してデータを収集する方法である。

Q 2 ●●● □□□

縦断的研究とは、ある時点においての多くの人たちに対して一斉に調査を行う方法である。

Q 3 ●●● □□□

横断的研究と縦断的研究の限界を補う方法としてコホート法が挙げられる。

Q 4 ●●● □□□

実験法とは、統制された環境を用いてある事象の因果関係を検証していく方法である。

Q 5 ●●● □□□

調査法は質問紙調査法とも呼ばれることもあり、最近ではインターネットを用いたものも多くなっている。

4 質問紙調査法

質問紙調査法とは、人間の意識や行動に関するデータを、質問紙や調査票を用いた回答者の自己報告によって収集する方法である。回答方法としては、「まったく思わない」～「とても思う」などの評定尺度法を用いるのが一般的である。一度に多くのデータを収集することができる長所がある一方で、回答者の言語能力や自己評価能力への依存が高く、回答者が回答を意図的に歪めることも可能であるといった限界がある。

5 研究倫理

事前に、研究計画について研究倫理審査委員会の承諾を得ることが重要である。その上で、研究の目的や内容、方法、期間、研究参加によって期待されるベネフィットとリスク、参加や参加中断の自由などについて、研究参加者からインフォームド・コンセントを得る必要がある。また、研究者が研究参加者との間に、研究以外の関係を持つことは控えなくてはならない。

心理学における研究法

A 1 □□□

×

横断的研究は、ある一時点において多くの人たちのデータを集める方法であり、長期にわたって調査する方法ではない。

A 2 □□□

×

横断的研究法である。縦断的研究とは、特定の集団を長期にわたって調査する方法である。

A 3 □□□

○

コホート法とは、ある特定の要因や背景を持った人たちを対象に、一定期間にわたって調査を行う方法である。

A 4 □□□

○

実験者がある事象について、条件を統制して独立変数を操作し、従属変数との因果関係を検証する方法を実験法という。研究デザインとして、被験者間実験計画（統制群法）や被験者内実験計画が代表的である。

A 5 □□□

○

調査法（質問紙調査法）はこれまで訪問や郵送など人手を介して行われてきたが、最近ではその利便性を生かしたインターネットによる調査研究も増えてきている。

Q 6 □□□

●●●

観察法は、観察者が観察対象を注意深く観察することによってその対象を理解しようとする方法である。その結果は、観察者の主観によるところが大きく、信頼性を保証することが難しい。

Q 7 □□□

●●●

面接法とは、面接者が被面接者との対話を通じてデータを収集する方法である。その種類としては、構造化面接と非構造化面接の２つに大きく分かれる。

Q 8 □□□

●●●

質的研究とは、実験法や質問紙調査法などを用いて、調査データの性質の向上を追求する研究法である。

Q 9 □□□

●●●

KJ 法やグラウンデッド・セオリー・アプローチといった質的研究法は、既出の仮説の妥当性を検証するために用いられる。

Q10 □□□

●●●

事例研究法では、一つの事例を詳細に検討し、その結果や解釈を他の事例に援用したり、一般化を試みたりする。

Q11 □□□

●●

研究を行う際には、一般的に、法則性を見いだすために可能な限り同じような背景を持つ人々を意図的に参加者に選ぶことが望ましい。

Q12 □□□

●●

研究の仮説を立てる際には、先入観を持たずに研究の独自性を出すために、先行研究を調べる前に仮説を立てることが望ましい。

Q13 □□□

●●●

実験法では、操作される従属変数と、それによって変動する独立変数の関係を検討していく。

Q14 □□□

●●●

実験や質問紙調査によって収集したデータを解析する際には、必ずパラメトリック検定を用いなければならない。

Q15 □□□

●●

量的研究の結果は詳細に記述すると難解なため、統計的数値などは記載せずに、平易な言葉で説明することが望ましい。

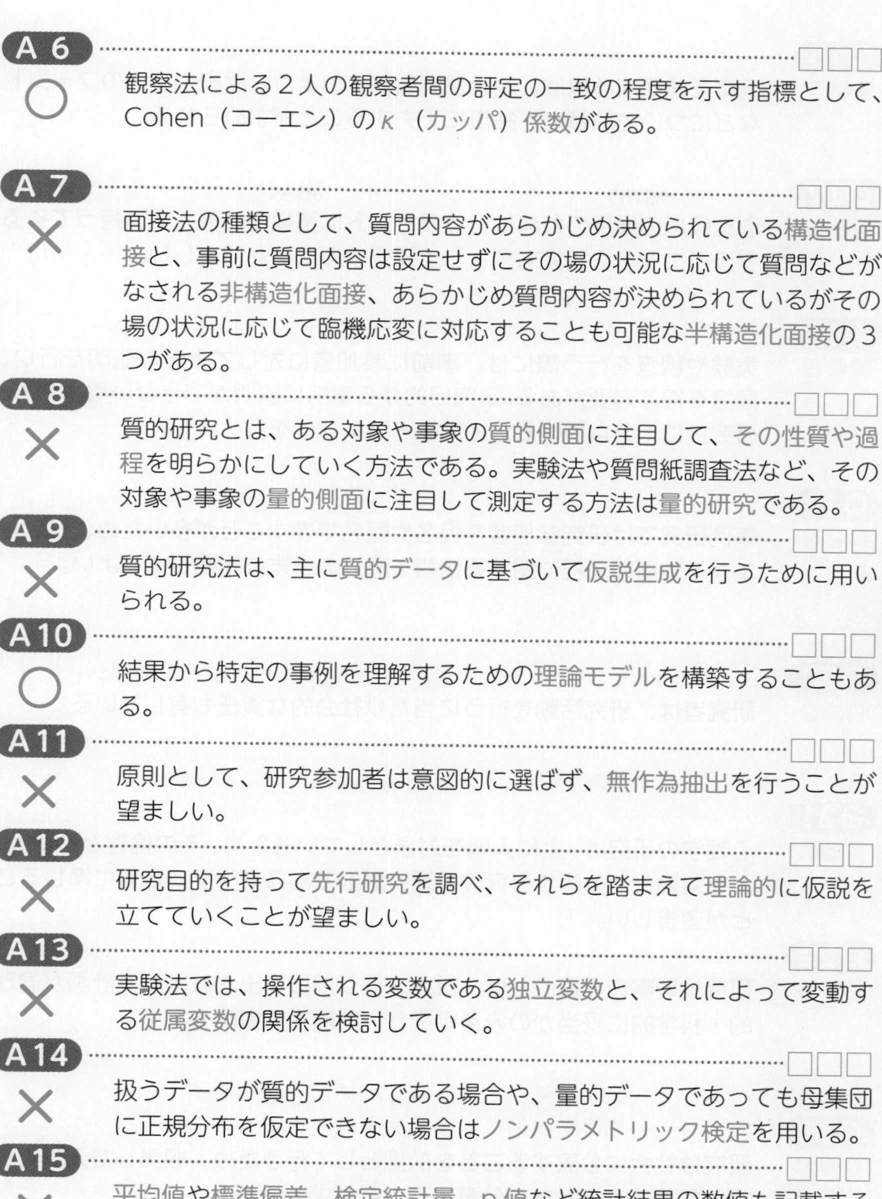

A 6

○

観察法による２人の観察者間の評定の一致の程度を示す指標として、Cohen（コーエン）の κ（カッパ）係数がある。

A 7

×

面接法の種類として、質問内容があらかじめ決められている構造化面接と、事前に質問内容は設定せずにその場の状況に応じて質問などがなされる非構造化面接、あらかじめ質問内容が決められているがその場の状況に応じて臨機応変に対応することも可能な半構造化面接の３つがある。

A 8

×

質的研究とは、ある対象や事象の質的側面に注目して、その性質や過程を明らかにしていく方法である。実験法や質問紙調査法など、その対象や事象の量的側面に注目して測定する方法は量的研究である。

A 9

×

質的研究法は、主に質的データに基づいて仮説生成を行うために用いられる。

A10

○

結果から特定の事例を理解するための理論モデルを構築することもある。

A11

×

原則として、研究参加者は意図的に選ばず、無作為抽出を行うことが望ましい。

A12

×

研究目的を持って先行研究を調べ、それらを踏まえて理論的に仮説を立てていくことが望ましい。

A13

×

実験法では、操作される変数である独立変数と、それによって変動する従属変数の関係を検討していく。

A14

×

扱うデータが質的データである場合や、量的データであっても母集団に正規分布を仮定できない場合はノンパラメトリック検定を用いる。

A15

×

平均値や標準偏差、検定統計量、p 値など統計結果の数値も記載することが適切である。

Q16 ●●

論文を執筆する際は、読者が読みやすいように図表や文字のフォントなどについて執筆者が独自に工夫することが求められる。

Q17 ●●●

心理臨床の発展のために、セラピストは積極的に現在受け持っているクライエントを研究対象として研究することが望ましい。

Q18 ●●●

実験や調査を行う際には、事前に参加者に対して十分な説明を行い、同意を得る必要がある。研究目的から事前に説明ができない場合でも、研究後に十分な説明とディブリーフィングを行う。

Q19 ●●●

事例研究では研究参加者を仮名や匿名で表すことが多いため、クライエントや援助過程に関する情報をありのままに記載してもよい。

Q20 ●●●

研究者は、研究活動を行うに当たり社会的な責任も有している。

Q21 ●●●

心理学の研究は、主に人間を対象としているため、その倫理としては、人を対象とする医学研究の倫理的原則であるタラソフ宣言に準じることが望ましい。

Q22 ●●●

研究倫理審査委員会とは、研究を行う前に提出された研究計画が倫理的・科学的に妥当かのみを審議し、判断する機関である。

Q23 ●●●

研究は社会に公表することを前提として行うため、収集した元のデータも加工することなく公表することが求められる。

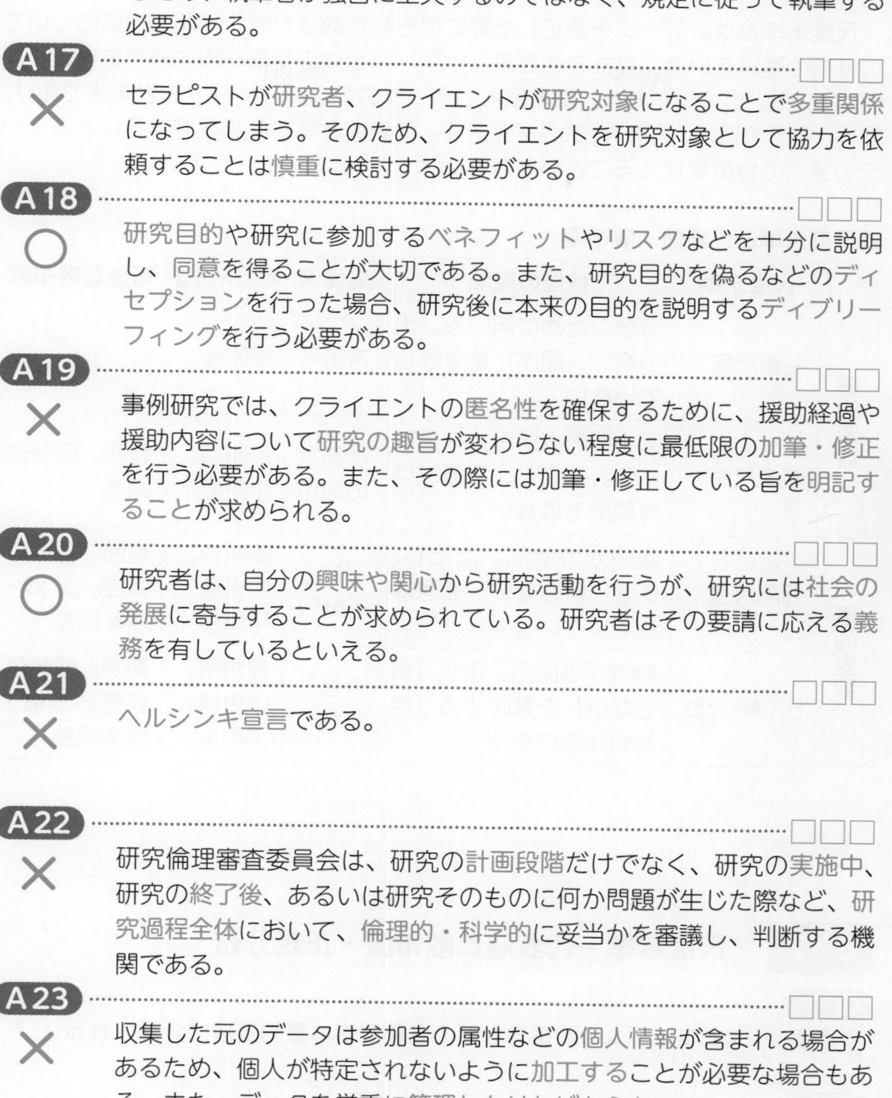

A16 ×

論文は投稿先によって文字数やフォント、図表の形式などの規定があるため、執筆者が独自に工夫するのではなく、規定に従って執筆する必要がある。

A17 ×

セラピストが研究者、クライエントが研究対象になることで多重関係になってしまう。そのため、クライエントを研究対象として協力を依頼することは慎重に検討する必要がある。

A18 ○

研究目的や研究に参加するベネフィットやリスクなどを十分に説明し、同意を得ることが大切である。また、研究目的を偽るなどのディセプションを行った場合、研究後に本来の目的を説明するディブリーフィングを行う必要がある。

A19 ×

事例研究では、クライエントの匿名性を確保するために、援助経過や援助内容について研究の趣旨が変わらない程度に最低限の加筆・修正を行う必要がある。また、その際には加筆・修正している旨を明記することが求められる。

A20 ○

研究者は、自分の興味や関心から研究活動を行うが、研究には社会の発展に寄与することが求められている。研究者はその要請に応える義務を有しているといえる。

A21 ×

ヘルシンキ宣言である。

A22 ×

研究倫理審査委員会は、研究の計画段階だけでなく、研究の実施中、研究の終了後、あるいは研究そのものに何か問題が生じた際など、研究過程全体において、倫理的・科学的に妥当かを審議し、判断する機関である。

A23 ×

収集した元のデータは参加者の属性などの個人情報が含まれる場合があるため、個人が特定されないように加工することが必要な場合もある。また、データを厳重に管理しなければならない。

2 尺度水準・代表値と散布度・正規分布

尺度水準とは、データを測定した際に得られた数値が表す情報の性質についての分類の基準をいう。また、代表値とはデータ全体の特徴を表す値であり、平均値、中央値、最頻値がある。散布度とはデータの散らばりの程度を表す値であり、範囲、四分位偏差、分散・標準偏差がある。代表値と散布度を把握することでデータの分布の特徴を捉えることができる。

■尺度水準と代表値・散布度

	尺度水準	数値の意味	具体例	可能な代表値	可能な散布度
質的変数	名義尺度	分類のために用いる。大小関係（順序）を意味していない	背番号	最頻値	
質的変数	順序尺度	大小関係（順序）を意味する。ただし、目盛りは等間隔ではない	徒競走の順位	最頻値、中央値	範囲、四分位偏差
量的変数	間隔尺度	数値が等間隔。ただし、0は「何もない」を意味していない	温度（摂氏）	最頻値、中央値、平均値	範囲、四分位偏差、分散・標準偏差
量的変数	比(率)尺度	数値が等間隔。0が「何もない」を意味する（絶対的な原点を持つ）	身長、時間	最頻値、中央値、平均値	範囲、四分位偏差、分散・標準偏差

6-2 尺度水準・代表値と散布度・正規分布

Q 1 □□□

ユニフォームの背番号などの名義尺度は量的変数に分類される。

Q 2 □□□

名義尺度、順序尺度では平均値を算出することはできない。

■代表値の種類

平均値	データの値の合計をデータ数で割った値	データを全て用いるため、データの持つ情報を有効に使っている反面、外れ値の影響を受けやすい
中央値（メディアン）	大きい（小さい）順に並べた時に真ん中に位置する値	外れ値の影響を受けにくい反面、真ん中の値であるという意味しかなく、それ以外の値がどのような値であっても中央値に反映されない
最頻値（モード）	度数が最も多い値	外れ値の影響を受けにくい反面、最頻値が分布の端に位置した場合など、データを適切に代表しているとはいえないこともある

■散布度の種類

範囲（レンジ）	データの最大値と最小値の差。範囲＝最大値－最小値
四分位偏差	四分位数を用いた散布度。（第３四分位数－第１四分位数）÷２
標準偏差	各データの偏差を２乗して平均した値（分散）の平方根（√）をとった値

正規分布とは、平均値を中心に左右対称に分布する釣鐘型の分布をいう。データの分布が正規分布になる場合、①平均値±１標準偏差の範囲にデータ全体の約68%が含まれる、②平均値±２標準偏差の範囲にデータ全体の約95%が含まれることが決まっています。

尺度水準・代表値と散布度・正規分布

A 1 ………… □□□

×

名義尺度は質的変数に分類される。名義尺度は分類のために用いられ、最頻値を求めることができる。

A 2 ………… □□□

○

平均値を求めることができるのは間隔尺度、比率尺度である。

Q 3

時間は間隔尺度、時刻は比率尺度である。

Q 4

気温 20℃は気温 10℃の２倍の温度である。

Q 5

運動会での徒競走の順位は順序尺度に分類される。

Q 6

名義尺度と順序尺度では、パラメトリック検定は適用できない。

Q 7

代表値とはデータ全体の特徴を表す値のことである。平均値や中央値がそれに当たり、最頻値は代表値には当てはまらない。

Q 8

散布度とは、データの散らばり具合を示すものであり、代表的なものに分散や標準偏差がある。

Q 9

分散や標準偏差ではマイナスの値をとることもある。

Q10

身長や体重などは標本数を限りなく多く集めると、その分布は正規分布に近づいていくことが知られている。

Q11

正規分布においては、平均値・中央値・最頻値は等しい値にはならない。

Q12

データが正規分布をした場合、±１標準偏差の範囲にはデータ全体の約 2/3 が含まれる。

Q13

データが正規分布をした場合、±２標準偏差の範囲にはデータ全体の約 5/6 が含まれる。

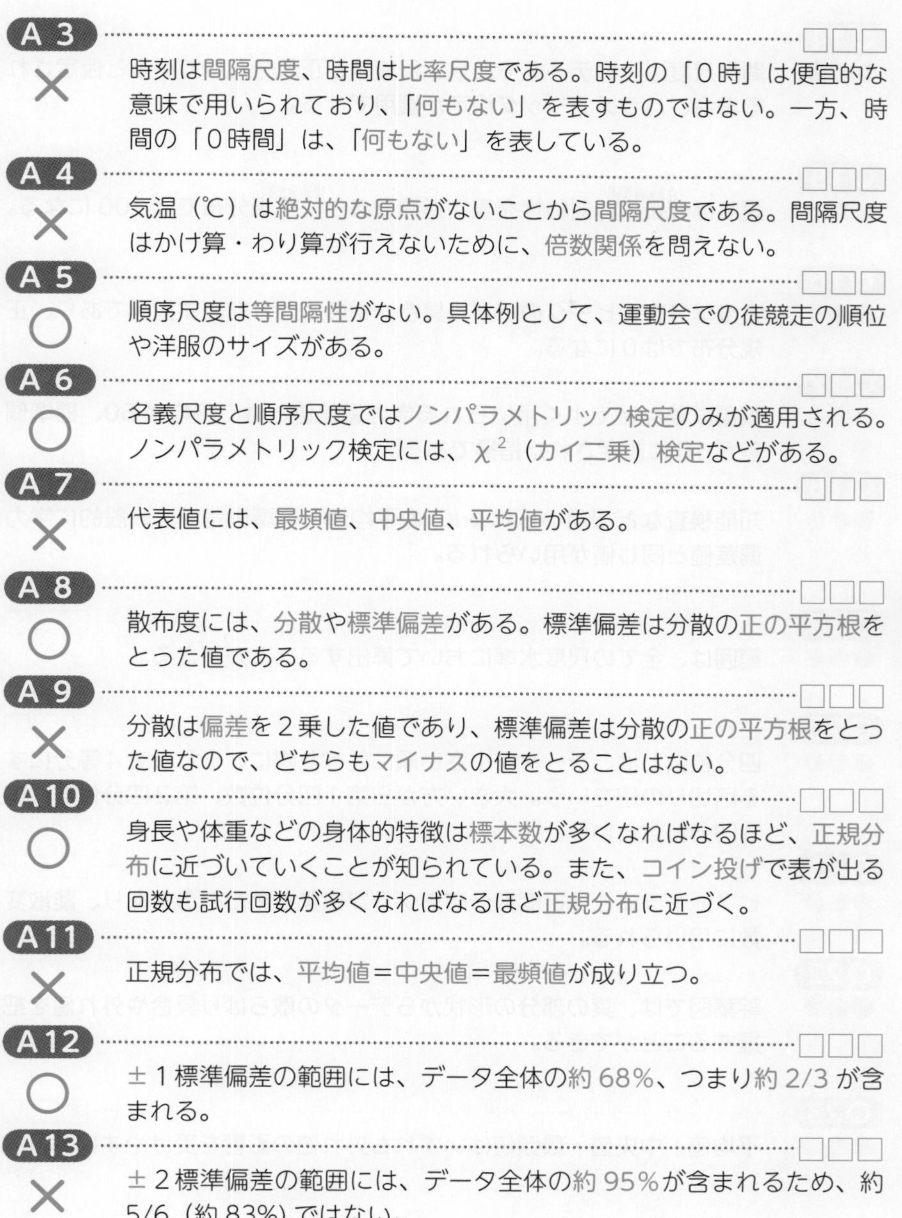

A 3 ×

時刻は間隔尺度、時間は比率尺度である。時刻の「0時」は便宜的な意味で用いられており、「何もない」を表すものではない。一方、時間の「0時間」は、「何もない」を表している。

A 4 ×

気温（℃）は絶対的な原点がないことから間隔尺度である。間隔尺度はかけ算・わり算が行えないために、倍数関係を問えない。

A 5 ○

順序尺度は等間隔性がない。具体例として、運動会での徒競走の順位や洋服のサイズがある。

A 6 ○

名義尺度と順序尺度ではノンパラメトリック検定のみが適用される。ノンパラメトリック検定には、χ^2（カイ二乗）検定などがある。

A 7 ×

代表値には、最頻値、中央値、平均値がある。

A 8 ○

散布度には、分散や標準偏差がある。標準偏差は分散の正の平方根をとった値である。

A 9 ×

分散は偏差を２乗した値であり、標準偏差は分散の正の平方根をとった値なので、どちらもマイナスの値をとることはない。

A10 ○

身長や体重などの身体的特徴は標本数が多くなればなるほど、正規分布に近づいていくことが知られている。また、コイン投げで表が出る回数も試行回数が多くなればなるほど正規分布に近づく。

A11 ×

正規分布では、平均値＝中央値＝最頻値が成り立つ。

A12 ○

±１標準偏差の範囲には、データ全体の約 68%、つまり約 2/3 が含まれる。

A13 ×

±２標準偏差の範囲には、データ全体の約 95%が含まれるため、約 5/6（約 83%）ではない。

第6章 基礎心理学

Q14 ●●●

間隔尺度以上のデータであり、母集団が正規分布していると仮定される場合、パラメトリック検定が適用できる。

Q15 ●●

歪度は分布の非対称性を表す指標であり、正規分布では 100 になる。

Q16 ●●

尖度は分布のピークのとがり具合や裾の広がりを表す指標であり、正規分布では 0 になる。

Q17 ●●●

模擬試験などでよく用いられる学力偏差値とは、平均が 50、標準偏差が 10 に設定された指標である。

Q18 ●●●

知能検査などで用いられる IQ の平均値や標準偏差は、一般的に学力偏差値と同じ値が用いられる。

Q19 ●●●

範囲は、全ての尺度水準において算出することができる。

Q20 ●●●

四分位数とは、データを小さい順に並べた際に、それらを４等分にする区切りの値をいう。大きい方から第１四分位数、第２四分位数、第３四分位数という。

Q21 ●●●

ヒストグラムとは、度数分布をグラフにまとめたものであり、離散変数に用いられる。

Q22 ●●●

幹葉図では、葉の部分の形状からデータの散らばり具合や外れ値を把握することができる。

Q23 ●●●

平均値・中央値・最頻値はいずれも外れ値の影響を受けやすい。

A14 ○

データが間隔尺度あるいは比例尺度であり、かつ母集団が正規分布していると仮定できる場合、パラメトリック検定を用いることができる。パラメトリック検定には t 検定や分散分析などがある。

A15 ×

歪度は分布の非対称性を表す。正規分布のような左右対称の分布における歪度は0になる。

A16 ○

尖度は、正規分布よりピークのとがった分布では正の値、正規分布より扁平な分布では負の値になる。

A17 ○

標準得点に10をかけて、50を足したものが学力偏差値である。

A18 ×

一般的に、IQの平均値や標準偏差は学力偏差値とは異なった値が用いられる。ウェクスラー式知能検査では平均が100、標準偏差が15である。学力偏差値では平均が50、標準偏差は10である。

A19 ×

範囲とは、最大値－最小値で算出される散布度である。大小関係のない名義尺度では適用できない。

A20 ×

データの小さい方から第1四分位数、第2四分位数、第3四分位数という。四分位偏差＝（第3四分位数－第1四分位数）÷2である。

A21 ×

度数分布とはデータの値とその個数を対応させたものであり、それをグラフにしたものがヒストグラムである。量的変数に用いられる。

A22 ○

幹葉図とは、「幹」である左側の桁と、「葉」である右側の桁に分けて数値を並べたものをいう。データの数値そのものを用いて作成するヒストグラムに似た図である。

A23 ×

平均値は外れ値の影響を受けやすいが、中央値と最頻値は外れ値の影響を受けにくい。

3 統計的仮説検定・相関

1 統計的仮説検定

統計的仮説検定とは、ある事象についての仮説が「正しいか」、「正しいとはいえないか」を統計的に検討することをいう。統計的仮説検定は、以下の手順によって行われる。また、対立仮説の内容によって、分布の両裾の部分を棄却域とする両側検定、右または左の片裾だけを棄却域とする片側検定がある。

■統計的仮説検定の手順

①仮説を立てる

帰無仮説	棄却（否定）されることを目的として初めに設定する。主張したい内容（仮説）とは逆の内容になる。一般的に「A と B に差がない」と設定される
対立仮説	帰無仮説が棄却された際に、採択される仮説である。本来主張したい内容である。一般的に「A と B に差がある」と設定される

②仮説が正しいか間違っているかの判断の基準になる確率を設定する

有意水準（α）	帰無仮説の棄却を判断する基準となる確率。任意で決められるが、5%（$\alpha = .05$）あるいは 1%（$\alpha = .01$）が慣習的である
臨界値	帰無仮説を棄却して、対立仮説を採択する境目になる値であり、有意水準の設定によって求められる

③実際のデータから検定統計量の実現値を計算する。その値が棄却域の中にあれば、帰無仮説は棄却されて対立仮説が採択される

有意確率（p）	帰無仮説が正しいと考えた場合に、実際のデータから検定統計量の実現値が得られる確率

6-3 統計的仮説検定・相関

Q 1 □□□

●●● 相関係数は－100 ～＋100 までの値をとる。

統計的仮説検定で導き出された結論は真実とはいいきれない。帰無仮説を棄却する、棄却しない、どちらの判断も誤りの可能性があり、2種の誤りという。

■2種の誤り

		本当のところ、帰無仮説は	
		正しい	誤り
検定の結果、帰無仮説を	棄却する	第1種の誤り α（有意水準・危険率）	正しい判断 1－β（検定力）
	棄却せず	正しい判断 1－α	第2種の誤り β

2 相関

相関とは、2つの変数のあいだで、一方の変数の変動に伴い、もう一方の変数がどのように変動するのかの関連をいう。相関係数とは、2つの変数のあいだの関連性の向き（正：+／負：－）と大きさ（－1.0～1.0）についての指標である。

■相関の種類

正の相関	一方の変数の値が大きくなれば、もう一方の変数の値も大きくなる
負の相関	一方の変数の値が大きくなれば、もう一方の変数の値は小さくなる
無相関	一方の変数の値が変化しても、もう一方の変数の値が動く方向がはっきりしない

相関係数を用いる際の注意点としては、相関があるからといって因果関係までは言及できないこと、外れ値の影響を受けやすいこと、2つの変数のあいだに共通した第3の変数の影響によって、見かけ上相関があるようにみえる擬似相関の場合があることなどが挙げられる。

統計的仮説検定・相関

□□□

相関係数は－1.0～1.0の範囲である。

Q 2 □□□
●●● 相関係数が高いと、その２変数のあいだには因果関係があるといえる。

Q 3 □□□
●●● Pearson の積率相関係数（ r ）は正規分布を仮定している。

Q 4 □□□
●●● 相関係数（ r ）は外れ値の影響を受けにくい。

Q 5 □□□
●●● 相関係数（ r ）が０に近いと、その２変数にはまったく関連がないといえる。

Q 6 □□□
●●● 統計的仮説検定では「差がある」という仮説を証明するために、まずは「差がない」という対立仮説を立て、その後で「差がある」という帰無仮説を設定する。

Q 7 □□□
●●● 検定統計量の実現値が絶対値で臨界値よりも小さい場合、帰無仮説は棄却されない。

Q 8 □□□
●●● 帰無仮説が棄却された場合、第２種の誤りを犯している可能性がある。

Q 9 □□□
●●● 両側検定と片側検定では、両側検定の方が有意差がみられやすい。

Q10 □□□
●●● 第１種の誤りが起きる確率は有意水準（ α ）と等しくなる。

A 2 □□□

×

相関係数が高いことは、「2変数に関連がある」ことを示すだけであり、因果関係があるとは言いきれない。

A 3 □□□

○

Pearson（ピアソン）の積率相関係数（r）はパラメトリック検定である。パラメトリック検定とは、母集団について正規分布などの特定の分布を仮定する検定である。

A 4 □□□

×

相関係数（r）は外れ値の影響を受けやすいため、算出する前に散布度を確認する必要がある。

A 5 □□□

×

相関係数（r）が0に近いということは、2変数に「直線的な関係がない」ということである。場合によっては、曲線的な関係があることもあり、散布図からも確認していく必要がある。

A 6 □□□

×

統計的仮説検定では「差がある」という仮説を証明するために、まずは「差がない」という帰無仮説を立て、そのあとで「差がある」という対立仮説を設定する。

A 7 □□□

○

臨界値とは、帰無仮説を棄却して対立仮説を採択する境目になる値をいう。検定統計量の実現値が絶対値で臨界値よりも小さい場合、帰無仮説は棄却されない。検定統計量の実現値が絶対値で臨界値よりも大きい場合、帰無仮説は棄却され、対立仮説が採択されることになる。

A 8 □□□

×

第1種の誤りとは、帰無仮説が正しいにもかかわらず棄却してしまうことをいう。帰無仮説が棄却された場合、第1種の誤りを犯している可能性がある。帰無仮説が誤っているにもかかわらず棄却されないことを第2種の誤りという。

A 9 □□□

×

両側検定では検定統計量の分布の両裾を棄却域とし、片側検定では検定統計量の分布の片裾を棄却域とする。両側検定よりも片側検定の方が有意差がみられやすい。

A 10 □□□

○

ゆえに、有意水準（α）は危険率とも呼ばれる。

4 統計解析

1 ノンパラメトリック検定とパラメトリック検定

母集団について、特定の分布を仮定しない検定をノンパラメトリック検定といい、特定の分布を仮定する検定をパラメトリック検定という。

■ノンパラメトリック検定とパラメトリック検定

	尺度水準	適用できる統計解析
ノンパラメトリック検定	名義尺度、順序尺度	χ^2 検定（名義尺度）、U 検定、順位相関（順序尺度）
パラメトリック検定	間隔尺度、比(率)尺度	t 検定、分散分析、（積率）相関、因子分析、回帰分析

■主な統計手法

χ^2 検定	名義尺度間の連関（関連）について検定する手法
t 検定	２群の平均値の差の検定に用いられる手法
分散分析	３群以上の平均値の差の検定に用いられる手法。また、２つ以上の要因（独立変数）の効果やそれらの交互作用の検討に用いられる

2 多変量解析

多変量解析とは、３つ以上の変数を同時に扱う統計手法の総称である。ある変数が他の変数に影響を与える場合、影響を与える変数を説明変数（独立変数）、影響を受ける変数を目的変数（従属変数、基準変数）という。目的変数を設定する、しないによって、次のように分けることができる。

■多変量解析

①説明変数（独立変数）と目的変数（従属変数）を設定する→説明変数から目的変数を予測する、説明する

説明変数	目的変数	主な統計解析
量的	量的	回帰分析、重回帰分析
量的	質的	判別分析

②目的変数を設定しない→データをまとめる、分類する

説明変数	主な統計解析
量的	主成分分析、因子分析、クラスター分析

■主な統計手法

回帰分析	1つの説明変数によって1つの目的変数を予測・説明する手法。2つ以上の説明変数によって1つの目的変数を予測・説明するのは重回帰分析である。説明変数間の相関が高すぎると、正しく分析されなくなる多重共線性の問題が生じる
因子分析	複数のデータの背後にある潜在的な共通因子を抽出する手法。因子を解釈しやすくするための因子軸の回転には、バリマックス回転（直交回転）とプロマックス回転（斜交回転）がある
主成分分析	多くのデータの情報を損なわずに、要約することで新たな合成変数を作る手法
判別分析	説明変数が量的変数で、目的変数が質的変数（グループ、カテゴリ）の場合に、2つ以上の説明変数によって目的変数を分類する手法

6-4 統計解析

Q 1

χ^2 検定はパラメトリック検定の手法である。

Q 2

多変量解析の中では、従属変数（目的変数）を設定しない手法もある。

Q 3

因子分析は、複数の変数の関係性に基づいて、データの内部構造を確認する手法であり、尺度作成にも用いられている。

Q 4

因子分析では、主因子法、最小二乗法、最尤法などの因子の回転方法がある。

Q 5

因子分析において、バリマックス回転は斜交回転、プロマックス回転は直交回転に当たる。

Q 6

因子寄与とは、その因子が観測された全ての変数に対してどれくらい説明しているかの程度を指す。因子ごとの因子負荷量の二乗和で算出される。

Q 7

因子分析の因子軸回転における斜交回転は、因子間相関が「ない」ことを前提とした方法である。

Q 8

主成分分析とは、複数の変数の情報を損なうことなく、縮約する手法である。

Q 9

主成分分析では、主成分得点を算出することができる。

Q10

重回帰分析とは、複数の独立変数から１つの従属変数を予測・説明する手法である。

Q11

重回帰分析は間隔尺度以上のデータに適用されることから、名義尺度のデータを用いることはまったくできない。

A 1 ×

χ^2 検定は、母集団に特定の分布を仮定しないノンパラメトリック検定の手法である。

A 2 ○

主成分分析や因子分析では、従属変数（目的変数）は設定されない。

A 3 ○

変数の背後にあるいくつかの共通因子を抽出することで、データの因子構造を明らかにする手法である。

A 4 ×

主因子法や最小二乗法、最尤法などは因子抽出法である。

A 5 ×

因子の回転方法には、因子軸が直角のまま回転する直交回転、それぞれの因子軸を別々に回転させる斜交回転がある。バリマックス回転は直交回転、プロマックス回転は斜交回転である。

A 6 ○

因子寄与を観測変数の数で割ったものを因子寄与率といい、パーセンテージで算出される。因子寄与率によって、その因子が観測された変数全体に対してどれくらいの割合を説明しているかが明らかになる。

A 7 ×

因子間相関が「ない」ことを前提としているのは直交回転である。斜交回転は、因子間相関が「ある」ことを前提としている。

A 8 ○

例えば、国語、算数、理科、社会のテスト得点を、「総合学力」に縮約する。

A 9 ○

主成分分析では、平均が０、分散（標準偏差）１の主成分得点を算出することができる。

A 10 ○

例えば、模擬試験と学習意欲の程度といった複数の独立変数から、従属変数である入学試験の得点を予測・説明する。

A 11 ×

例えば、性別のような名義尺度をダミー変数として独立変数に含めることもある。

Q12 □□□

●●● 決定係数（R^2）は、0に近づくほど回帰式が実際のデータに当てはまることを示す。

Q13 □□□

●●● 重回帰分析では、独立変数間同士の相関は高い方が望ましく、それを多重共線性と呼ぶ。

Q14 □□□

●● 判別分析とは、複数の量的な独立変数から、1つの質的な従属変数を予測・説明する手法である。

Q15 □□□

●● クラスター分析においては、データの分類が階層的になされる階層的手法と、データの分類を特定のクラスター数に分類する非階層的手法に大別される。

Q16 □□□

●● クラスター分析は、間隔尺度や比例尺度には適用できない。

Q17 □□□

●●● 構造方程式モデリングとは、まず帰納的に仮説モデルを記述し、データとの当てはまりのよさを検討していく手法である。

Q18 □□□

●●● 構造方程式モデリングにおいて、χ^2値は有意であると適合度が高いと判断される。

Q19 □□□

●●● 構造方程式モデリングでは、GFIやAGFIの値は1に近い方が適合度が高いと判断される。

Q20 □□□

●● *U*検定は、3群の平均値の差の検定に用いられるノンパラメトリック検定である。

Q21 □□□

●●● メタ分析とは、複数の研究の結果を統合し、より総合的に捉える研究やそのための手法をいう。

A12 □□□

×

決定係数は0～1までの値をとり、1に近づくほど回帰式が実際のデータに当てはまることを示している。

A13 □□□

×

独立変数のあいだに高い相関がみられることを多重共線性と呼ぶ。多重共線性があると、結果が正しく分析されないおそれがある。

A14 □□□

○

例えば、おこづかいや友人数といった量的変数から、質的変数であるスマートフォン所有の有無を予測・説明する。

A15 □□□

○

クラスター分析とは、データの中から類似性の高いものをグループ(クラスター）にまとめて分類する手法である。データの類似性やクラスターの階層構造を図示したものをデンドログラム（樹形図）という。階層的手法ではデンドログラムが作成される。データを特定のクラスター数に分類する非階層的手法ではデンドログラムは作成されない。

A16 □□□

×

クラスター分析は、順序尺度にも適用することができるが、間隔尺度や比例尺度に用いることが望ましい。

A17 □□□

×

構造方程式モデリングは、帰納的ではなく、演繹的に仮説モデルを立てて、データとの当てはまりのよさを検証していく。構造方程式モデリングでは、直接観察できない潜在変数（構成概念）を扱うことができる。

A18 □□□

×

構造方程式モデリングにおいて、χ^2値は有意でない方が適合度が高いと判断される。

A19 □□□

○

GFIやAGFIは0～1の値をとり、0.9以上が望ましいとされている。

A20 □□□

×

*U*検定は2群の平均値の差の検定に用いられるノンパラメトリック検定である。

A21 □□□

○

メタ分析の長所は、多くの研究結果を統合することで新たな知見が明らかになり得ることである。また、研究を相互に比較することで新たな視点が得られ、将来の研究の方向づけにつながる。その一方で、メタ分析は他の研究者の研究データを利用するため、研究データを誤解し、誤った結論を導くおそれがある。

5 信頼性・妥当性

心理学の研究や心理アセスメントにおいて、測定内容の信頼性と妥当性は重要である。妥当性が高ければ、信頼性も高い。しかし、信頼性が高いからといって、妥当性が高いとはいえない。

1 信頼性

信頼性とは、測定された内容が安定性と一貫性を有していることをいう。また、信頼性を確認するための方法には、以下がある。

■信頼性

①安定性：同じ人に同じ質問をして、常に同じ結果が得られること

再検査法	同じ対象に同じ検査を一定の時間をおいて２回行い、それらの得点の相関係数を指標とする。１回目の測定が２回目の測定結果に影響するおそれがある
平行検査法	同じ対象に等質の２つの検査を同時に行い、それらの得点の相関係数を指標とする。まったく等質の検査を２つ作成することが、現実的に困難である
Cohen（コーエン）のκ係数	同一対象に対する２名の評定者の評定結果の一致度をみる。名義尺度、順序尺度のデータに適用できる

②一貫性：同じ人に同じような内容の質問をして、同じような結果が得られること

折半法	１つの検査を等質に２つに分けて、それらの得点の相関係数を指標とする。１つの検査を完全に等質に分けることが、現実的に困難である
α係数	全ての可能な折半法から算出した信頼性係数の平均値

6-5 信頼性・妥当性

Q 1 □□□

●●●

信頼性が高いテストでは、同じ人に対して何回測定しても同じ結果が得られる可能性が高い。

2 妥当性

妥当性とは、測定したい内容を適切に測定している程度をいう。妥当性は、内容的妥当性、基準関連妥当性、構成概念妥当性に大きく分かれる。ただし、近年では全て構成概念妥当性に収束されるという考えもある。

■妥当性の種類

内容的妥当性：質問項目が測定したい内容を偏りなく測定しているかどうかによって評価される

表面的妥当性	質問項目が見た目上、測定したい内容を測定しているように見えるかを被検者が判断する
論理的妥当性	質問項目が測定したい内容を適切に測定しているかを専門家が判断する

基準関連妥当性：外的基準との関連によって評価される

併存的妥当性	ほぼ同時に測定された外的基準との関連によって確認される
予測的妥当性	将来測定された外的基準との関連によって確認される

構成概念妥当性：測定したい構成概念に関する仮説と実際の測定結果との整合性によって評価される

収束的妥当性	同じ概念を測定している他の尺度との相関が高いことで確認される
弁別的妥当性	異なる概念を測定している他の尺度との相関が低いことで確認される
因子的妥当性	因子分析の結果の因子構造が仮説と一致しているかによって確認される

信頼性・妥当性

A 1 □□□

○

信頼性とは、測定内容の安定性と一貫性を表す指標である。安定性とは、同じ人に対して何度測定しても常に同じ結果が得られることである。一貫性とは、同じ人に対する同じような内容の測定項目に対して、同じような結果が得られることである。

Q 2 □□□
●●●
信頼性における安定性とは、再検査法によって求められる。

Q 3 □□□
●●●
折半法とは、測定値によって調査対象を高群と低群に分けて、両群の相関係数を信頼性の指標とする方法である。

Q 4 □□□
●●●
内的整合性を表す指標として、Cronbachのα係数がある。

Q 5 □□□
●●●
Cohenのκ係数は、間隔尺度や比例尺度のデータに適用できる。

Q 6 □□□
●●●
妥当性とは、そのテストが測定しようとしているものをどの程度的確に測定しているかを示す指標である。

Q 7 □□□
●●●
妥当性は、安定性と一貫性に大きく分けられる。

Q 8 □□□
●●●
収束的妥当性とは、理論的に異なる概念との高い関連性によって確認できる。

Q 9 □□□
●●●
信頼性が高ければ、妥当性も常に高いことが知られている。

Q10 □□□
●●●
古典的テスト理論において、信頼性係数とはテストから得られた得点の分散における真の得点の分散の割合を指す。

Q11 □□□
●●
近年では、さまざまな種類の妥当性は、全て内容的妥当性に収束されると考えられている。

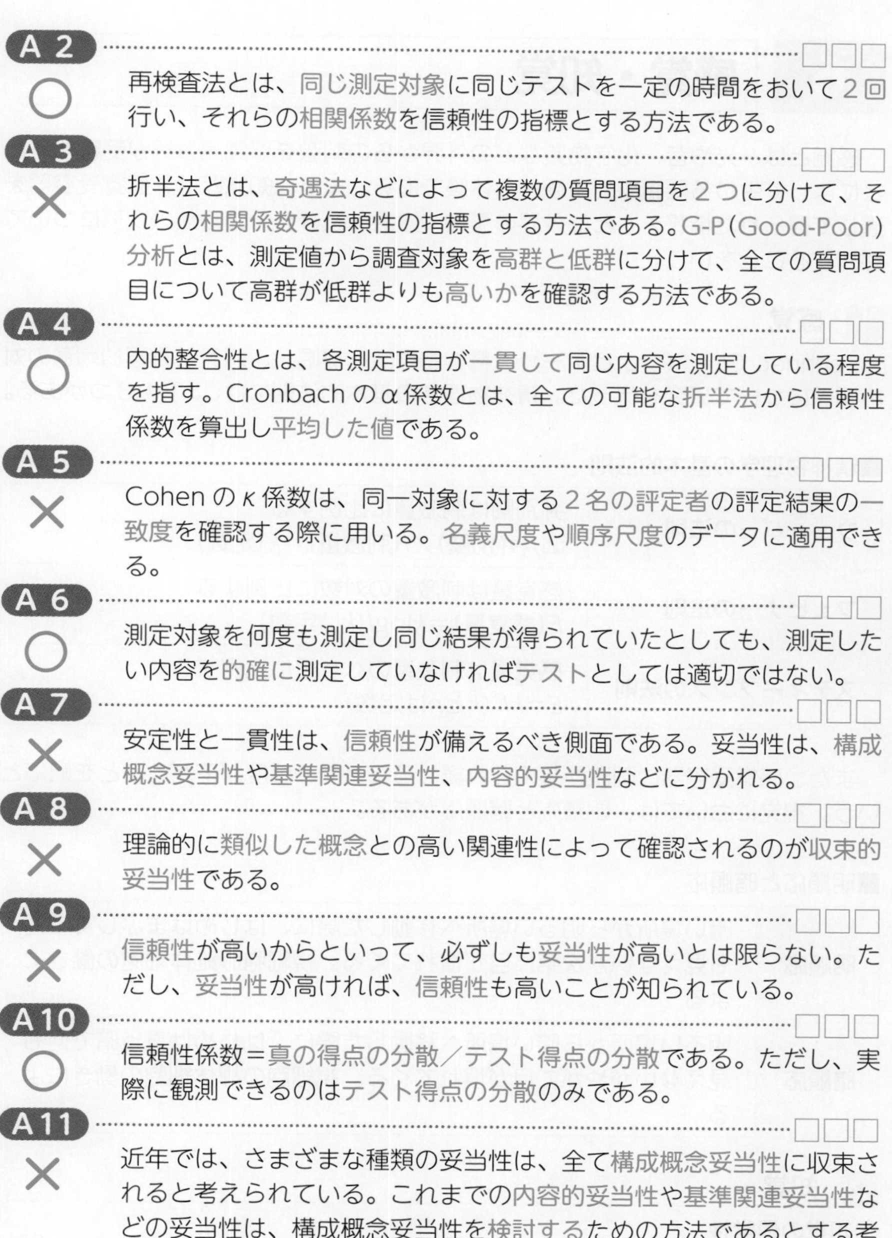

A 2 □□□

○

再検査法とは、同じ測定対象に同じテストを一定の時間をおいて２回行い、それらの相関係数を信頼性の指標とする方法である。

A 3 □□□

×

折半法とは、奇遇法などによって複数の質問項目を２つに分けて、それらの相関係数を信頼性の指標とする方法である。G-P(Good-Poor)分析とは、測定値から調査対象を高群と低群に分けて、全ての質問項目について高群が低群よりも高いかを確認する方法である。

A 4 □□□

○

内的整合性とは、各測定項目が一貫して同じ内容を測定している程度を指す。Cronbachのα係数とは、全ての可能な折半法から信頼性係数を算出し平均した値である。

A 5 □□□

×

Cohenのκ係数は、同一対象に対する２名の評定者の評定結果の一致度を確認する際に用いる。名義尺度や順序尺度のデータに適用できる。

A 6 □□□

○

測定対象を何度も測定し同じ結果が得られていたとしても、測定したい内容を的確に測定していなければテストとしては適切ではない。

A 7 □□□

×

安定性と一貫性は、信頼性が備えるべき側面である。妥当性は、構成概念妥当性や基準関連妥当性、内容的妥当性などに分かれる。

A 8 □□□

×

理論的に類似した概念との高い関連性によって確認されるのが収束的妥当性である。

A 9 □□□

×

信頼性が高いからといって、必ずしも妥当性が高いとは限らない。ただし、妥当性が高ければ、信頼性も高いことが知られている。

A 10 □□□

○

信頼性係数＝真の得点の分散／テスト得点の分散である。ただし、実際に観測できるのはテスト得点の分散のみである。

A 11 □□□

×

近年では、さまざまな種類の妥当性は、全て構成概念妥当性に収束されると考えられている。これまでの内容的妥当性や基準関連妥当性などの妥当性は、構成概念妥当性を検討するための方法であるとする考えもある。

6 感覚・知覚

感覚とは、光や音、化学物質などの外界からの刺激を感覚受容器が受容することによって生じる要素的で主観的な体験である。また、知覚とは、感覚受容器を通して得られた情報をもとに外界の事物や事象、及び自分の身体の状態について感知することをいう。

1 感覚

Fechner, G. T.（フェヒナー）は精神物理学を提唱し、感覚と物理的刺激の対応関係について研究を行った。精神物理学の基本的法則には、以下の３つがある。

■精神物理学の基本的法則

ウェーバーの法則	弁別閾は刺激量に比例する ΔI（弁別閾）／I（刺激量）＝k（定数）
フェヒナーの法則	感覚量は刺激量の対数に比例する E（感覚量）＝$k\log I$（kは定数）
スティーブンスの法則	感覚量は刺激量のべき乗に比例する $E=kI^n$（kとnは定数）

また、感覚受容器に刺激が与えられ続けることで、感度が下がることを順応という。視覚においては、明順応と暗順応がある。

■明順応と暗順応

明順応	暗い場所から明るい場所へ移動した際に、はじめはまぶしくて何も見えないが次第に目が慣れてくる。視細胞の錐体細胞の働きによる
暗順応	明るい場所から暗い場所へ移動した際に、はじめは真っ暗で何も見えないがやがて目が慣れてくる。視細胞の桿体細胞の働きによる

2 知覚

①知覚の恒常性

感覚受容器に与えられる物理的刺激が変化したにもかかわらず、その刺激に対する知覚が比較的安定していることを知覚の恒常性という。このような性質によって、人間は世界を安定的に捉えることができる。

②プレグナンツの法則

ゲシュタルト心理学者であるWertheimer, M.は、視野の中の多数の刺激はバラバラに知覚されるのではなく、まとまりを持ったかたまりとして知覚されるとし、これを群化と呼んだ。群化の要因には、近くに配置されているものがまとまって見える近接の要因や、同じようなものがまとまって見える類同の要因などがある。群化のように、視野に与えられた刺激が、全体として最も簡潔で規則的なよいかたちにまとまろうとする傾向をプレグナンツの法則という。

③錯覚

錯覚とは、感覚受容器に異常がないにもかかわらず、物理的な刺激の性質とは異なる知覚が生じる現象をいう。錯覚はそれが錯覚だと分かっていても、それを修正できない。主な錯覚として、以下のものが挙げられる。

■錯覚

錯視：視覚における錯覚

主観的輪郭	周囲の刺激の配置によって物理的には存在しない輪郭線を知覚する
幾何学的錯視	平面図形の大きさや長さ、角度、方向などの性質を実際に描かれている性質とは異なって知覚する
仮現運動	物理的な運動が生じていないにもかかわらず、見かけ上の運動を知覚する
自動運動	暗所で静止した光点を凝視し続けた時に、実際には動いていないにもかかわらず光点が不規則に動いて見える
誘導運動	２つの対象が囲むものと囲まれるものの関係にある時、実際には前者が動いているにもかかわらず、後者が動いているように知覚される
運動残効	一定方向に動く対象をしばらく見た後、静止した対象を見ると、その静止対象が動く対象とは逆方向に動いて見える

錯聴：聴覚における錯覚

マガーク効果	特定の音節を発音する口の動きに、別の音声を重ねた映像を呈示した場合に、視覚情報・聴覚情報のどちらでもない第３の聞こえ方をする

6-6 感覚・知覚

Q 1 □□□

●●● 感覚受容器に異常がないのにもかかわらず、対象物について実際とは異なる感覚や認識が得られてしまうことを共感覚という。

Q 2 □□□

●●● 弁別閾が基準となる刺激の刺激量に比例することをフェヒナーの法則という。

Q 3 □□□

●●● Stevens, S. S. は、調整法を開発した。

Q 4 □□□

●●● 明るい屋外から急に暗い部屋に入ると、はじめは何も見えないが、だんだんと目が慣れてくることを明順応という。

Q 5 □□□

●●● 外界にあって知覚を生じさせる対象を遠刺激、遠刺激を感覚受容器で受け取ったことにより生じる神経活動を近刺激という。

Q 6 □□□

●●● 知覚の恒常性とは、対象が同じでも、見る方向や距離、照明などが異なれば網膜に映る像もそれに合わせて変化するが、対象は比較的一定のものとして知覚されることをいう。

Q 7 □□□

●●● 視野の中にある複数の刺激は、バラバラのものとしてではなく、まとまったものとして知覚される。このような知覚の作用を群化という。

Q 8 □□□

●●● 特定の音節を発音する口の動きに、別の音声を重ねた映像を呈示した場合に、視覚情報と聴覚情報のどちらでもない第 3 の聞こえ方をすることをサッチャー効果という。

Q 9 □□□

●●● カクテルパーティー効果は、ストループ効果の具体的な一例として捉えられる。

A 1 ×

共感覚とは、ある刺激によって本来生じる感覚の他に、異なる感覚が生じることをいう。例えば、音を聞くと色が見える色聴や、文字を見ると色が見える色字などがある。

A 2 ×

ウェーバーの法則である。フェヒナーの法則とは、感覚量が刺激量の対数に比例することである。

A 3 ×

Stevens, S. S.（スティーブンス）は、ある刺激について基準刺激と比較して感覚量を回答させるマグニチュード推定法を開発した。調整法とは、被験者自身が刺激量を調整しながら感覚量を判断する方法であり、Fechner, G. T. が開発した。

A 4 ×

暗順応である。明順応とは、暗い場所から明るい屋外へ出ると、はじめはまぶしく感じられるが次第に目が慣れてくる現象をいう。明順応では錐体細胞が、暗順応では桿体細胞が作用する。

A 5 ○

例えば、視知覚であれば、外界にある物理的対象を遠刺激、網膜に投影された像を近刺激という。

A 6 ○

知覚の恒常性により、人間は外界を安定的に知覚することができる。知覚の恒常性には、大きさや色、明るさ、速さなどがある。

A 7 ○

視野の中にある複数の刺激を、まとまったものとして知覚することを群化という。群化については、ゲシュタルト心理学者であるWertheimer, M. が研究した。

A 8 ×

マガーク効果という。例えば、「ガ」と発音している映像と「バ」という音声を合わせて呈示した場合、「ダ」のように聞こえる。

A 9 ×

カクテルパーティー効果は選択的注意の一例であり、騒がしい状況の中で特定の人の話を聞くことができる現象を指す。ストループ効果とは、色名が書かれた文字についてその文字が意味するものとは異なる色で書かれた場合に、色名の呼称が困難になる現象をいう。

7 認知

認知とは、外界にある対象を知覚した上で、あらかじめ持っている情報に基づいてそれが何かを判断する過程である。

1 記憶

①記憶のプロセス

記憶には、ある情報を覚える（記銘・符号化）、頭の中に入れておく（保持・貯蔵）、必要に応じて思い出す（想起・検索）の３つの段階がある。

■記憶の種類

感覚記憶	各感覚受容器によって得られた全ての情報を符号化せずに瞬間的に保持する。注意を向けられた情報のみが短期記憶へ送られる。視覚に関するアイコニックメモリーは約１秒、聴覚に関するエコーイックメモリーは約数秒保持される
短期記憶	保持時間は 15 ～ 20 秒程度、容量は７±２チャンクといった限られた情報を一時的に保持することができる記憶である。必要な情報は、情報を何度も反復して想起するリハーサルによって、長期記憶へ転送される
長期記憶	保持時間は半永久的で、容量に限界がないとされる記憶である。長期記憶内の情報は失われることはないとされているが、適切な検索手がかりがないと情報の想起ができない

また、単語のリストを呈示して記憶させ、自由再生を行ってもらった場合に、リストの順序によって想起成績に影響がみられることを系列位置効果という。リストの冒頭部分の想起成績がよい初頭効果、末尾部分の想起成績がよい新近（性）効果がある。

②ワーキングメモリー

情報の一時的な貯蔵庫である短期記憶について、その情報処理の機能に注目したのがワーキングメモリーという考え方である。Baddeley, A. D.（バッデリー）は、視覚的・空間的な情報を処理するための視空間スケッチパッド、音声的な情報を処理するための音韻ループ、長期記憶へのアクセスを行うエピソード・バッファ、これらを制御する中央実行系から構成されるモデルを提唱している。

③長期記憶の分類

長期記憶は、記憶の内容によって、以下のように分類される。

宣言的記憶：言葉で説明することが可能な記憶である。想起意識を伴うことから顕在記憶とも呼ばれる

意味記憶	一般的な知識についての記憶
エピソード記憶	特定の出来事に関する記憶

非宣言的記憶：言葉で説明することが難しい記憶である。想起意識を伴わないことから潜在記憶とも呼ばれる

手続き的記憶	ある行動に関する手順についての記憶
プライミング	先行する事柄の記憶が、無意識的に後続する事柄に影響すること

また、意味記憶における概念の構造化については、意味ネットワーク理論と活性化拡散理論などの考え方がある。

意味ネットワーク理論	概念はノード（点）、概念同士の関係はリンク（線）によって連結される階層的なネットワークである。それぞれの概念には上位概念と下位概念があり、上位概念は下位概念のカテゴリーとして機能する。ただし、異なる下位概念同士は結びついていない
活性化拡散理論	意味ネットワーク理論の考えを引き継いでいるが、概念同士は上位ー下位といった階層性ではなく、意味的な類似性の高いものほど近くに配置されるネットワークをなす

2 問題解決

問題解決とは、初期状態を目標状態に変えていくための思考プロセスをいう。Thorndike, E. L.（ソーンダイク）はネコの問題箱の実験から、問題解決とは試行と失敗を繰り返しながら、試行錯誤によって次第に解決に至ると主張した。一方、Köhler, W.（ケーラー）はチンパンジーを被験体とした実験から、問題解決とはその状況や過去経験などの情報を統合して、一気に解決への見通しを立てる洞察によって解決に至ると主張した。

問題解決が困難な場合、問題の難易度が高すぎることだけが原因ではない。人が既存の知識によって、問題解決場面に置かれた対象の機能を習慣的なものに限定してしまう機能的固着が原因となっている場合もある。

6-7 認知

Q 1 □□□
●●●
記憶において、最も保持時間が短いのは短期記憶である。

Q 2 □□□
●●●
長期記憶は宣言的記憶と手続き的記憶に分けられ、さらに手続き的記憶はエピソード記憶と意味記憶に分けられる。

Q 3 □□□
●●●
プライミングとは、先に経験したことが後の刺激の情報処理に影響を及ぼす現象である。

Q 4 □□□
●●
自分の記憶の状態について自ら認識する能力をメタ記憶という。

Q 5 □□□
●●●
系列学習において、呈示順序によって想起成績に影響がみられることを系列位置効果という。系列の冒頭部分の成績がよい新近性効果、末尾部分の成績がよい初頭効果がある。

Q 6 □□□
●●●
先に学習した内容が、後に学習した内容の想起を妨げることを逆向抑制という。

Q 7 □□□
●●●
毎日の通勤の際に見かける人を、海外旅行先で見かけても気づかないのは気分一致効果のためである。

Q 8 □□□
●●
Baddeley, A. D. は、ワーキングメモリーを視空間スケッチパッド、音韻ループ、エピソード・バッファからなるモデルとして提唱した。

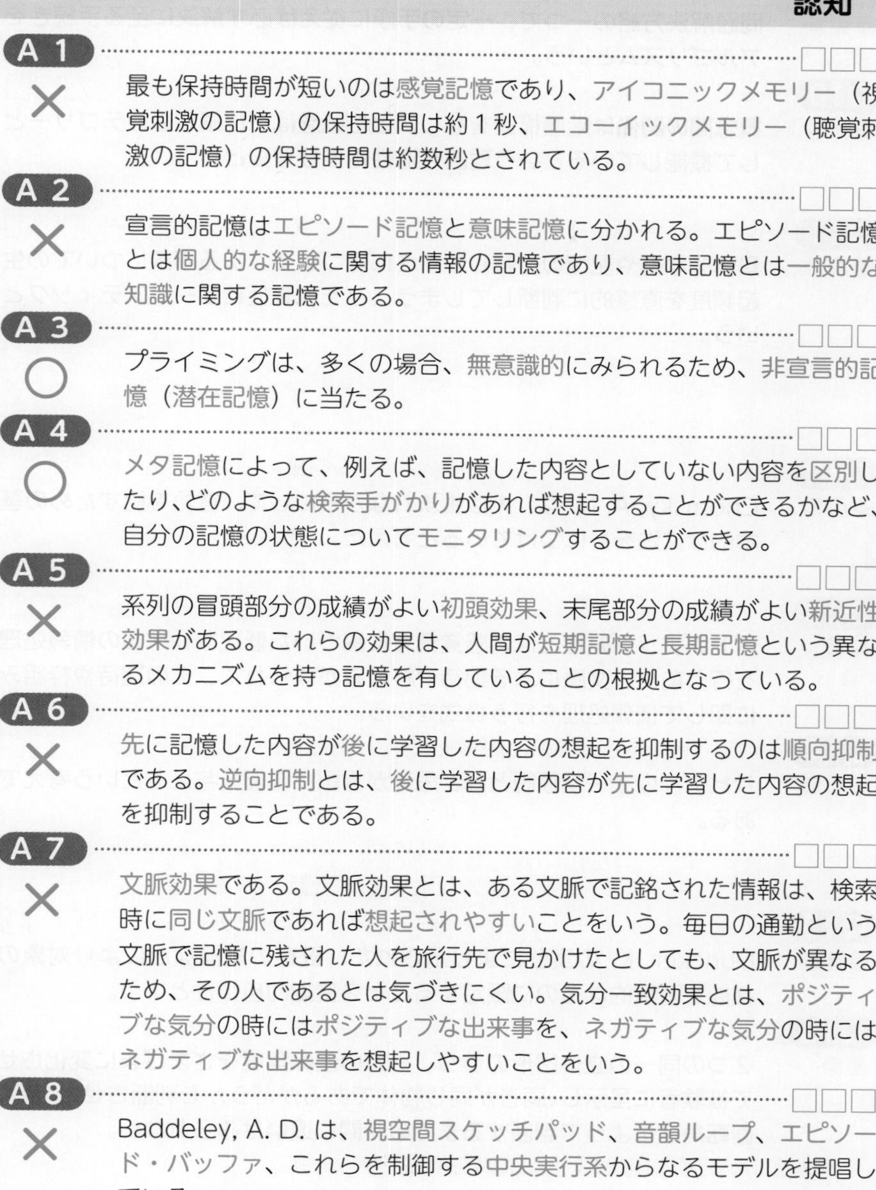

A 1 ……………………………………………… □□□

×

最も保持時間が短いのは感覚記憶であり、アイコニックメモリー（視覚刺激の記憶）の保持時間は約１秒、エコーイックメモリー（聴覚刺激の記憶）の保持時間は約数秒とされている。

A 2 ……………………………………………… □□□

×

宣言的記憶はエピソード記憶と意味記憶に分かれる。エピソード記憶とは個人的な経験に関する情報の記憶であり、意味記憶とは一般的な知識に関する記憶である。

A 3 ……………………………………………… □□□

○

プライミングは、多くの場合、無意識的にみられるため、非宣言的記憶（潜在記憶）に当たる。

A 4 ……………………………………………… □□□

○

メタ記憶によって、例えば、記憶した内容としていない内容を区別したり、どのような検索手がかりがあれば想起することができるかなど、自分の記憶の状態についてモニタリングすることができる。

A 5 ……………………………………………… □□□

×

系列の冒頭部分の成績がよい初頭効果、末尾部分の成績がよい新近性効果がある。これらの効果は、人間が短期記憶と長期記憶という異なるメカニズムを持つ記憶を有していることの根拠となっている。

A 6 ……………………………………………… □□□

×

先に記憶した内容が後に学習した内容の想起を抑制するのは順向抑制である。逆向抑制とは、後に学習した内容が先に学習した内容の想起を抑制することである。

A 7 ……………………………………………… □□□

×

文脈効果である。文脈効果とは、ある文脈で記銘された情報は、検索時に同じ文脈であれば想起されやすいことをいう。毎日の通勤という文脈で記憶に残された人を旅行先で見かけたとしても、文脈が異なるため、その人であるとは気づきにくい。気分一致効果とは、ポジティブな気分の時にはポジティブな出来事を、ネガティブな気分の時にはネガティブな出来事を想起しやすいことをいう。

A 8 ……………………………………………… □□□

×

Baddeley, A. D. は、視空間スケッチパッド、音韻ループ、エピソード・バッファ、これらを制御する中央実行系からなるモデルを提唱している。

Q 9 ●●● □□□

問題解決方略の一つで、一定の手順に従えば必ず解決に至る手続きをアルゴリズムという。

Q10 ●●● □□□

概念間の関係は階層構造をなし、上位概念は下位概念のカテゴリーとして機能しているという理論を活性化拡散理論という。

Q11 ●●● □□□

具体的な例や記憶の想起しやすさに基づいて、ある事象についての生起頻度を直感的に判断してしまうことを代表性ヒューリスティックという。

Q12 ●●● □□□

Chomsky, A. N. は、人は生まれながらにして、言語を話すための基本的な文法を身につけていると考えた。

Q13 ●● □□□

ボトムアップ処理とは、感覚情報に基づいた低次なレベルの情報処理を行う前に、文脈による期待や枠組みが作られて、その期待や枠組みに即して情報処理を行う様式をいう。

Q14 ●●● □□□

サピア＝ウォーフ仮説とは、思考が言語に影響を与えるという考えである。

Q15 ●●● □□□

Duncker, K. の実験により示された、既存の知識などにより対象の機能を習慣的なものに限定することを機能的自律性という。

Q16 ●● □□□

２つの同一の立体図形のうち、一方の回転角度をさまざまに変化させて被験者に呈示し、両者が同じ物体であるかどうかを判断させた場合、回転角度によって判断するまでの時間に違いはみられない。

A 9 ……□□□

○

アルゴリズムは時に膨大な時間や労力を必要とすることがデメリットとして挙げられる。

A 10 ……□□□

×

意味ネットワーク理論である。活性化拡散理論は、概念同士は意味の類似性が高いものほど近くに配置され、ネットワークモデルを形成するという理論である。

A 11 ……□□□

×

利用可能性ヒューリスティックである。例えば、大きな飛行機事故が起こると、電車や車を利用する人が増え、飛行機の利用者が減少する。飛行機が事故を起こす確率は電車や車より低いにもかかわらず、飛行機事故はその被害が甚大なため、記憶に残りやすく、その生起頻度は実際よりも大きく見積もられる。代表性ヒューリステックとは、典型的な例と同じような事象の生起確率を過大評価しやすいことをいう。

A 12 ……□□□

○

Chomsky, A. N.（チョムスキー）は、人は生まれながらにして普遍文法を有していると考えた。この普遍文法を基盤として、どのような言語であっても子どもは数年でその言語を習得できるとした。

A 13 ……□□□

×

トップダウン処理である。ボトムアップ処理とは、低次なレベルでの感覚情報に基づいた部分処理がまず行われ、より高次なレベルへと情報処理が進んでいく様式をいう。

A 14 ……□□□

×

サピア＝ウォーフ仮説とは、言語の形式が思考の形式に影響を与えるという考えである。例えば、英語で「雪」を表す言語は“snow”だけであるが、イヌイットの人々の言葉では雪の状態によってさまざまな表現がある。言語相対性仮説ともいう。

A 15 ……□□□

×

既存の知識などにより対象の機能を習慣的なものに限定することを機能的固着という。

A 16 ……□□□

×

２つの物体の回転角度の差が大きくなればなるほど、判断時間が長くなる。このことは、頭の中で物体イメージが作られ、それを回転させて、もう一方の物体イメージと一致するかどうかを判断していることを示唆する。頭の中で思い描いたイメージを回転させることを心的回転という。

8 学習

学習理論は、レスポンデント条件づけとオペラント条件づけに大きく分かれる。

1 レスポンデント条件づけ

レスポンデント条件づけとは、生理的な反射を引き起こす無条件刺激と、もともとは中性的な刺激である条件刺激を対呈示することによって、条件刺激に対しても生理的な反射と同様の条件反応を形成させる手続きを指す。Pavlov, I. P.(パブロフ）のイヌを被験体とした実験や、Watson, J. B.（ワトソン）のアルバート坊やの実験が代表的である。

ある刺激に対して条件づけられた反応が、他の刺激に対しても生じることを般化という。反対に、ある刺激に対してのみ反応が生じるようになることを弁別という。

2 オペラント条件づけ

オペラント条件づけとは、ある状況での自発的な行動であるオペラント行動に対して、報酬や罰となる刺激を与えることによって、その行動頻度を変容させる手続きを指す。Skinner, B. F.（スキナー）のスキナー箱の実験が代表的である。

①三項強化随伴性

Skinner, B. F. は、スキナー箱によってさまざまな実験を行い、オペラント条件づけとは、弁別刺激―オペラント行動―強化子の三項強化随伴性によって成立すると主張した。

②強化と弱化

オペラント条件づけにおいて、オペラント行動の後に起こった結果によって、

6-8 学習

Q 1 □□□

●●● レスポンデント条件づけとは、刺激によって引き出される反応の学習である。

その行動の生起頻度が増加することを強化、減少することを弱化という。強化と弱化の関係は、以下のようになる。

■強化と弱化

	快刺激	嫌悪刺激
刺激呈示	正の強化	正の弱化
刺激除去	負の弱化	負の強化

刺激呈示：正　刺激除去：負
強化：反応数の増加　弱化（罰）：反応数の減少

3 社会的学習理論

Bandura, A.（バンデューラ）は、学習者が直接経験したり強化を受けたりせずに、モデルである他者の行動を観察することによって、その行動を学習する観察学習を提唱した。学習者がモデルを観察している際に、モデルの行動に対して与えられる強化を代理強化という。また、観察学習は、以下の４つのプロセスによって成立する。

■観察学習のプロセス

注意過程	モデルに対して注意を向ける
保持過程	モデルの行動を覚える
行動再生過程	覚えたことを行動として再生する
動機づけ過程	上記の３過程の生起を動機づける

第6章

基礎心理学

学習

レスポンデント条件づけとは、生理的な反射を引き起こす無条件刺激と、もともとは中性的な刺激である条件刺激を対呈示することによって、条件刺激だけで無意志的に引き出される反応の学習である。

Q 2 □□□
●●●

レスポンデント条件づけが成立した後に、無条件刺激を呈示し続けても、条件刺激を呈示しないと条件反応は次第にみられなくなっていく。

Q 3 □□□
●●●

アルバート坊やの実験を行ったのは Pavlov, I. P. である。

Q 4 □□□
●●●

条件反応を消去した後に、しばらく休止期間をはさんでから再び条件刺激を呈示すると、一時的に条件反応が多少生起することを自発的回復という。

Q 5 □□□
●●●

Seligman, M. E. P. が行ったイヌを被験体とした実験において、電撃から逃れられない状況を繰り返し経験した実験群は、電撃から逃れられる状況になっても、その場から動かずに電撃の苦痛に耐え続けるだけであった。このように、逃避や回避を学習することができない状態を実験神経症と呼ぶ。

Q 6 □□□
●●●

Thorndike, E. L. はネコの問題箱の実験から、ハインリッヒの法則を提唱した。

Q 7 □□□
●●●

オペラント条件づけにおいて学習される反応とは、生体が自発的に生起させ、かつ、その後に続く結果によってその反応の生起頻度が増加したり、減少したりするものである。

Q 8 □□□
●●●

オペラント条件づけは、中性刺激—オペラント行動—随伴子の三項随伴性によって成立する。

Q 9 □□□
●●●

オペラント条件づけにおいて、反応が起こるたびに強化を与えるよりも、反応に対してときどき強化を与える方が、反応が消去されにくいことが知られている。

A 2 ×

レスポンデント条件づけにおいて、条件反応がみられなくなる消去の手続きは、無条件刺激を呈示せずに条件刺激のみを呈示し続けることによって生じる。

A 3 ×

アルバート坊やの実験を行ったのはWatson, J. B. であり、Pavlov, I. P. はイヌを被験体にした実験で有名である。

A 4 ○

消去は、刺激と反応の結合を消失させるのでなく、抑制するだけである。刺激の休止によってその抑制が一時的に緩んだところに、再び条件刺激が呈示されることにより自発的回復が生じるとされている。

A 5 ×

学習性無力である。実験神経症とは、Pavlov, I. P. がイヌを被験体として見いだした、学習することが困難な極めて類似性の高い刺激の弁別課題に対して、被験体が見せる異常な興奮・混乱状態をいう。いったんその状態になると、以前は学習可能だった課題についても弁別が困難になってしまう。

A 6 ×

Thorndike, E. L. はネコの問題箱の実験から、試行錯誤によって学習が成立する原理として効果の法則を提唱した。ハインリッヒの法則とは、ある人物の起こした 1 件の大きな事故の背後には、同一人物による軽度、重度の事故が 29 件発生しており、さらにその背後には、事故にはならなかった危ない状況が 300 件あるという考えをいう。

A 7 ○

オペラント条件づけにおいて、学習される反応とは、生体が自発的に生起させたオペラント反応のうち、それが起こった結果によって、その生起頻度が制御されるものを指す。

A 8 ×

オペラント条件づけは、弁別刺激—オペラント行動—強化子の三項随伴性によって成立する。

A 9 ○

オペラント条件づけにおいて、反応が起こるたびに強化を与える連続強化よりも、反応に対してときどき強化を与える部分強化の方が消去されにくいことが知られている。これをハンフリーズ効果(強化矛盾)という。

Q10 □□□

オペラント条件づけにおける正の弱化の具体例として、子どもがいたずらをしておやつを取り上げられると、いたずらをしなくなるということが挙げられる。

Q11 □□□

オペラント条件づけにおける負の強化の具体例として、ネズミがレバーを押して電気ショックが止まると、レバーを押すようになるということが挙げられる。

Q12 □□□

学習性無力は、自分の行動が結果と結びつかないという随伴性の認知が成立することによって生じるとされる。

Q13 □□□

観察学習における代理強化とは、報酬としてのみ機能するが、罰としては機能しない。

Q14 □□□

Bandura, A. によれば、モデルの行動を単に見るだけでなく、モデルに対する強化がないとその行動を学習することができない。

Q15 □□□

Tolman, E. C. によれば、学習とは刺激と手段の関係の認知の成立である。

Q16 □□□

Hull, C. L. は、行動は動因や欲求により喚起され、これらを低減・解消させた行動が弱化されるという動因低減説を提唱した。

Q17 □□□

集中学習と分散学習では、一般的に、集中学習の方が効率的であるとされている。

Q18 □□□

Skinner, B. F. が提唱したプログラム学習では、振り返りの時間をとるためにフィードバックは一定時間空けてから行う。

Q19 □□□

運動学習において、右手や右足を用いた先行学習が、左手や左足を用いた学習に促進的な作用をすることを片側性転移という。

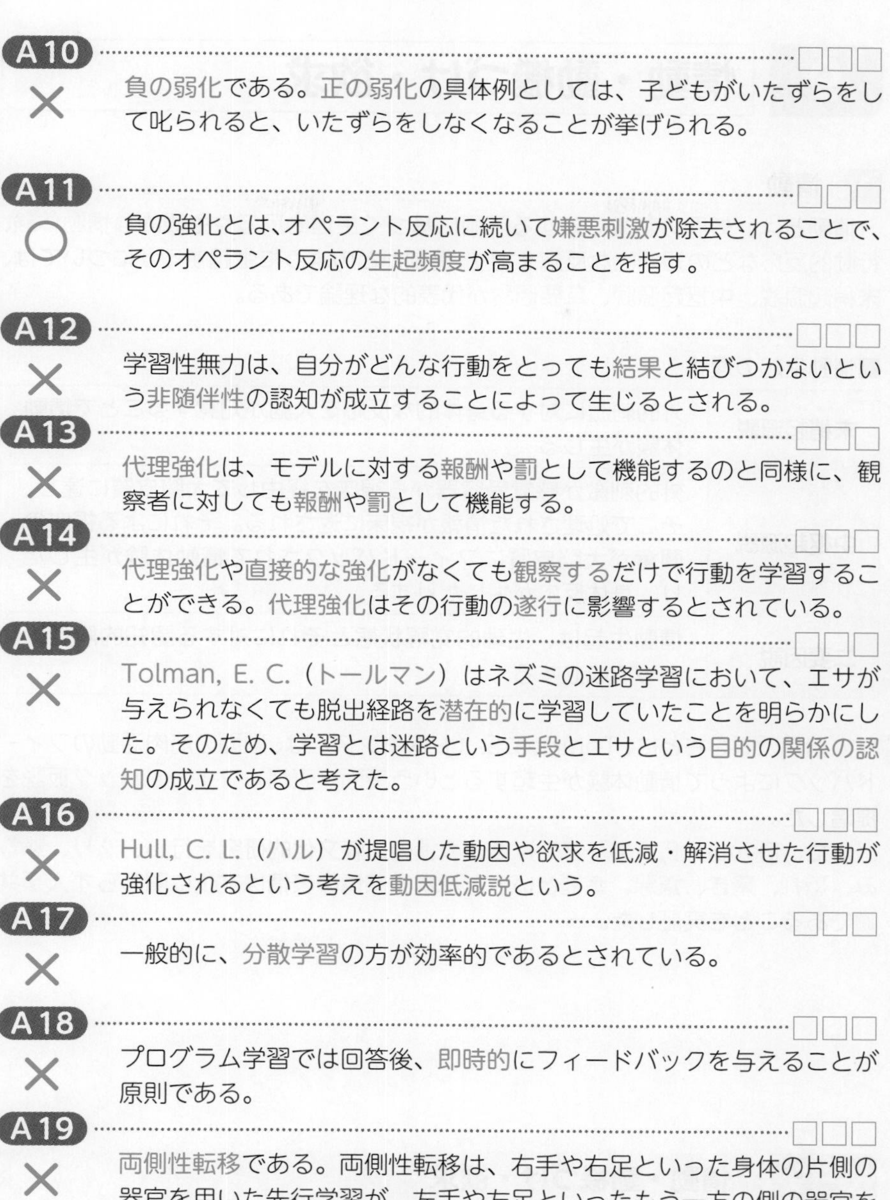

A10 ……………………………… □□□

×

負の弱化である。正の弱化の具体例としては、子どもがいたずらをして叱られると、いたずらをしなくなることが挙げられる。

A11 ……………………………… □□□

○

負の強化とは、オペラント反応に続いて嫌悪刺激が除去されることで、そのオペラント反応の生起頻度が高まることを指す。

A12 ……………………………… □□□

×

学習性無力は、自分がどんな行動をとっても結果と結びつかないという非随伴性の認知が成立することによって生じるとされる。

A13 ……………………………… □□□

×

代理強化は、モデルに対する報酬や罰として機能するのと同様に、観察者に対しても報酬や罰として機能する。

A14 ……………………………… □□□

×

代理強化や直接的な強化がなくても観察するだけで行動を学習することができる。代理強化はその行動の遂行に影響するとされている。

A15 ……………………………… □□□

×

Tolman, E. C.（トールマン）はネズミの迷路学習において、エサが与えられなくても脱出経路を潜在的に学習していたことを明らかにした。そのため、学習とは迷路という手段とエサという目的の関係の認知の成立であると考えた。

A16 ……………………………… □□□

×

Hull, C. L.（ハル）が提唱した動因や欲求を低減・解消させた行動が強化されるという考えを動因低減説という。

A17 ……………………………… □□□

×

一般的に、分散学習の方が効率的であるとされている。

A18 ……………………………… □□□

×

プログラム学習では回答後、即時的にフィードバックを与えることが原則である。

A19 ……………………………… □□□

×

両側性転移である。両側性転移は、右手や右足といった身体の片側の器官を用いた先行学習が、左手や左足といったもう一方の側の器官を用いた学習に促進的な作用をもたらすことから、正の転移に当たる。

9 情動・動機づけ・欲求

1 情動

情動とは、外界の刺激に対する評価に基づく生理的反応や主観的な情動体験、行動的反応などの短期的な反応を指す。情動がどのように生起するかについては、末梢起源説、中枢起源説、二要因説が代表的な理論である。

■情動生起の理論

末梢起源説	外的刺激に対する身体的な反応を大脳が知覚することで情動体験が生じる
中枢起源説	外的刺激が感覚受容器から視床を経由して大脳皮質に達し、そこで処理された情報が視床に返される。それによる視床の興奮が大脳皮質にフィードバックされて情動体験が生じたり、身体反応が生じたりする
二要因説	情動生起は、生理的覚醒状態とそれに対する認知的解釈によって成立する

末梢起源説をもとに、Tomkins, S.（トムキンス）は、顔面の筋肉活動のフィードバックによって情動体験が生起するという顔面（表情）フィードバック仮説を提唱した。

また、Ekman, P.（エクマン）は、表情の比較文化的研究を行い、怒り、悲しみ、恐れ、驚き、嫌悪、幸福といった基本的感情の表情は文化に関わらず人類共通であることを実証した。

6-9 情動・動機づけ・欲求

Q 1 □□□

●●●

情動の生起について、「泣くから悲しい」と表現される末梢起源説を提唱したのは、Cannon, W. B. と Bard, P. である。

2 動機づけ・欲求

動機づけとは、行動を一定の方向へ生起させ、目標に向かって維持、調整する過程や機能をいう。動機づけは、空腹や渇水などの内的要因である動因(欲求)と、食物や水などの外的要因である誘因に分けられる。

①アンダーマイニング効果

動機づけには、報酬などの何かを得るための手段として機能する外発的動機づけと、行動自体が目的となる内発的動機づけがある。内発的動機づけによる行動に対して、外的報酬を与えることによって内発的動機づけが低下することをアンダーマイニング効果という。

②欲求階層説

Maslow, A. H.（マズロー）は、人間の欲求はピラミッド型の5つの階層構造であると考える欲求階層説を提唱した。

■欲求階層説

成長欲求	第５層(最高層)	自己実現欲求	自分の可能性を引き出し、自己実現を求める
欠乏欲求	第４層	承認と自尊の欲求	他者からの尊敬や承認を求める
	第３層	所属と愛情の欲求	集団への所属や他者との親密な関係を求める
	第２層	安全欲求	安全や安心を求める
	第１層(基底層)	生理的欲求	食欲や睡眠欲求といった身体的な基盤を持つ

情動・動機づけ・欲求

A 1 □□□

×

末梢起源説を提唱したのは、James, W.(ジェームズ)とLange, C.(ランゲ）である。Cannon, W. B.（キャノン）とBard, P.（バード）が提唱したのは中枢起源説である。

Q 2

●●●

Darwin, C. は、人間の基本的な感情の表現やその認知は文化を超えて共通であると考えた。

□□□

Q 3

●●●

Maslow, A. H. の欲求階層説において、最高層にある自己実現欲求は欠乏欲求とも呼ばれる。

□□□

Q 4

●●●

生体が自らの内的状態を比較的安定した状態に保とうとする機能をレジリエンスという。

□□□

Q 5

●●

Yerkes, R. と Dodson, J. D. は、覚醒レベルとパフォーマンスの関係は逆 U 字であると考えた。

□□□

Q 6

●●●

何かを得るための手段として、ある行動をすることを内発的動機づけという。

□□□

Q 7

●●●

内発的に動機づけられた行動に対して、外的な報酬を与えることによって内発的動機づけが高まることをアンダーマイニング効果という。

□□□

Q 8

●●●

情動は、生理的な喚起とその原因に対する認知的な解釈の相互作用によって生じるという二要因説は Ekman, P. により提唱された。

□□□

Q 9

●●

Atkinson, J. W. の考えによれば、達成動機の高い人は難度の高い課題を好むとされている。

□□□

A 2 ×

Darwin, C.（ダーウィン）ではなく、Ekman, P. である。彼は、怒り、悲しみ、恐れ、驚き、嫌悪、幸福の６つの基本的な感情が、複数の異なる文化においてもその判断の一致率が高いことから、人間の基本的な感情の表現とその認知は文化を超えて共通であることを明らかにした。

A 3 ×

Maslow, A. H. が提唱した、５つの階層構造をなす欲求階層説における最高層の欲求は自己実現欲求であるが、成長欲求と呼ばれる。欠乏欲求とは、基底層の生理的欲求、第２層の安全欲求、第３層の所属と愛情の欲求、第４層の承認と自尊の欲求である。

A 4 ×

ホメオスタシスである。例えば、多くの哺乳類の体温が一定に保たれているのはホメオスタシスの働きによる。Cannon, W. B. が提唱した。レジリエンスとは、困難な状況に遭遇したにもかかわらずうまく適応する能力を指す。

A 5 ○

ヤーキーズ・ダッドソンの法則とは、覚醒レベルとパフォーマンスは逆Ｕ字の関数関係が成立するという説である。リラックスしすぎると注意力が散漫になりミスが多くなる。逆に緊張や興奮が高すぎると力んでしまい、よいパフォーマンスを発揮できない。つまりは、最良のパフォーマンスは、最適な覚醒レベルによって生じる。

A 6 ×

外発的動機づけである。例えば、食物や金銭、賞賛などを期待して行動する場合が当てはまる。内発的動機づけとは、その行動によって満足や喜びが得られるように、その行動自体が目的であるものを指す。

A 7 ×

アンダーマイニング効果とは、内発的に動機づけられた行動に対して、外的な報酬を与えることによって内発的動機づけが低下することを指す。例えば、興味があって自ら勉強していた子どもに対して、おこづかいを与えてしまうと、おこづかいを与えないと勉強しなくなることがある。

A 8 ×

情動の二要因説はSchachter, S.（シャクター）とSinger, J.（シンガー）によって提唱された。

A 9 ×

Atkinson, J. W.（アトキンソン）は、達成動機の高い人は中程度の難度の課題を好むことを明らかにした。

10 パーソナリティ

パーソナリティの捉え方には、類型論と特性論がある。

1 類型論

類型論とは、ある原理に基づいて典型的なパーソナリティのタイプをいくつか設定し、個人をそれに当てはめることでその人を理解しようとする考えである。代表的なものとして、以下が挙げられる。

■類型論

Kretschmer, E.（クレッチマー）：精神病患者の観察から精神疾患と体型、気質の関連性を見いだす

体型	気質	特徴
細長型	分裂気質	神経質、非社交的、過敏と鈍感
肥満型	循環気質	社交的、親切、陽気と陰気
筋骨（闘士）型	粘着気質	粘り強い、几帳面、融通が利かない

Sheldon, W. H.（シェルドン）：統計的手法を用いて、体格とパーソナリティの関連性を見いだす

体型	型	特徴	Kretschmer, E. における
外肺葉型	頭脳緊張型	控えめ、非社交的、内向的	細長型
内胚葉型	内臓緊張型	安楽、食欲旺盛、社交的	肥満型
中胚葉型	身体緊張型	活動的、権力欲、大胆、攻撃的	筋骨（闘士）型

6-10 パーソナリティ

Q 1 □□□

●●

パーソナリティは加齢に伴い、外向性には増加傾向が、誠実性・協調性・情緒的安定性には減少傾向が認められる。

Jung, C. G.：心のエネルギー（リビドー）の２方向と４つの精神機能の組み合わせによって分類する

●心のエネルギーの方向

外向性	エネルギーが外界に向かう
内向性	エネルギーが自分の内に向かう

●４つの精神機能

判断機能	思考機能	論理的に考えて判断する
	感情機能	快（好き）—不快（嫌い）によって判断する
知覚機能	感覚機能	五感を使ってものごとを知覚したままに捉える
	直観機能	ものごとの背後にあるものを直感的に捉える

2 特性論

特性とは、個人が他者と比べて一貫して持続している行動傾向をいう。特性論は、さまざまな特性を個人がどのくらい持っているかを量的に捉えることで、その人を理解しようとする考え方である。代表的なものとして、以下が挙げられる。

■特性論

Cattell, R. B.（キャッテル）	観察可能な 35 の表面特性から因子分析によって 16 の根源特性を見いだす
Eysenck, H. J.	最下層から特殊的反応、習慣的反応、特性、類型の４つの水準からなる階層的パーソナリティ理論を提唱した。類型としては、外向性—内向性、神経症傾向、精神病傾向の３つを挙げている
Big Five（５因子モデル）	外向性、神経症傾向、開放性、調和性、誠実性の５つの特性によって説明する

第6章 基礎心理学

パーソナリティ

A 1 □□□

×　多少の文化差はあるが、パーソナリティは加齢に伴い、誠実性・協調性・情緒的安定性は増加傾向が、外向性は減少傾向が認められる。

Q 2 □□□

●●

パーソナリティは遺伝により全て決定されることが明らかになっている。

Q 3 □□□

●●●

精神科医であるKretschmer, E.は男子学生の身体部位を計測し、体格による性格の分類を行い、内胚葉型、外胚葉型、中胚葉型に分類した。

Q 4 □□□

●●●

リビドーの向かう方向によって、パーソナリティを内向型と外向型に分類したのはFreud, S.である。

Q 5 □□□

●●●

Spranger, E.は、人生における価値の置き方に焦点を当て、理論型、経済型、芸術型、権力型、宗教型、社会型の６類型に分類した。

Q 6 □□□

●●●

Cattel, R. B.はクラスター分析により16の根源特性を見いだした。

Q 7 □□□

●●●

Eysenck, H. J.は、５つの階層構造のパーソナリティ理論を提唱した。

Q 8 □□□

●●●

Big Fiveでは、パーソナリティを外向型、神経症型、開放型、調和型、誠実型の５つに分類する。

Q 9 □□□

●●●

Mischel, W.は、類型論を批判し、人―状況（一貫性）論争が起こる契機となった。

Q10 □□□

●●●

人格の特性論では、典型例に当てはめることで直感的に理解がしやすいという長所がある。

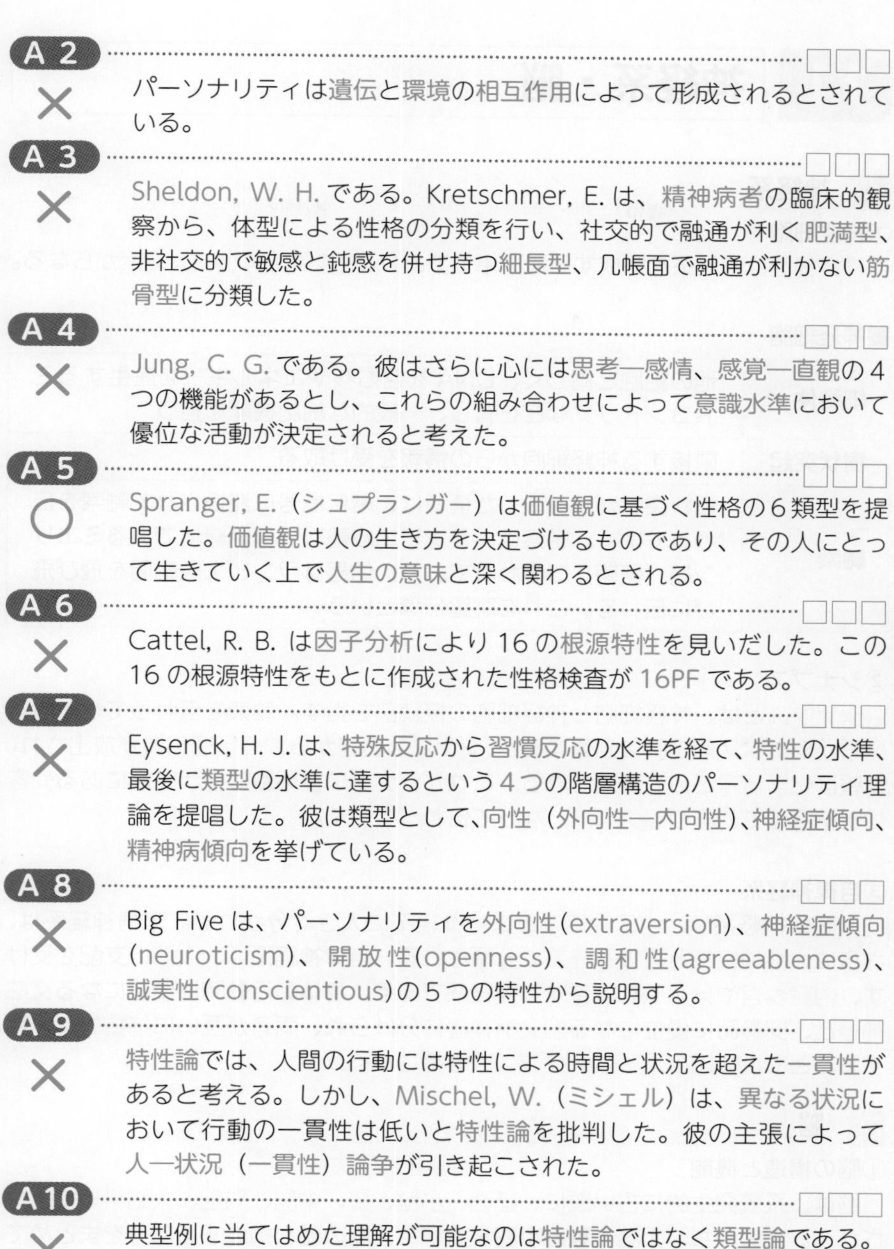

A 2 ×

パーソナリティは遺伝と環境の相互作用によって形成されるとされている。

A 3 ×

Sheldon, W. H. である。Kretschmer, E. は、精神病者の臨床的観察から、体型による性格の分類を行い、社交的で融通が利く肥満型、非社交的で敏感と鈍感を併せ持つ細長型、几帳面で融通が利かない筋骨型に分類した。

A 4 ×

Jung, C. G. である。彼はさらに心には思考—感情、感覚—直観の４つの機能があるとし、これらの組み合わせによって意識水準において優位な活動が決定されると考えた。

A 5 ○

Spranger, E.（シュプランガー）は価値観に基づく性格の６類型を提唱した。価値観は人の生き方を決定づけるものであり、その人にとって生きていく上で人生の意味と深く関わるとされる。

A 6 ×

Cattel, R. B. は因子分析により 16 の根源特性を見いだした。この 16 の根源特性をもとに作成された性格検査が 16PF である。

A 7 ×

Eysenck, H. J. は、特殊反応から習慣反応の水準を経て、特性の水準、最後に類型の水準に達するという４つの階層構造のパーソナリティ理論を提唱した。彼は類型として、向性（外向性—内向性）、神経症傾向、精神病傾向を挙げている。

A 8 ×

Big Five は、パーソナリティを外向性(extraversion)、神経症傾向(neuroticism)、開放性(openness)、調和性(agreeableness)、誠実性(conscientious)の５つの特性から説明する。

A 9 ×

特性論では、人間の行動には特性による時間と状況を超えた一貫性があると考える。しかし、Mischel, W.（ミシェル）は、異なる状況において行動の一貫性は低いと特性論を批判した。彼の主張によって人—状況（一貫性）論争が引き起こされた。

A 10 ×

典型例に当てはめた理解が可能なのは特性論ではなく類型論である。

11 神経系・脳

1 神経系

①神経細胞

神経細胞は神経系を構成する最小単位であり、細胞体、樹状突起、軸索からなる。

■神経細胞

細胞体	他の細胞と同じく、DNA を含む核やエネルギーを産生するミトコンドリアなどを有し、一般的な細胞機能を担う
樹状突起	隣接する神経細胞からの情報を受け取る
軸索	樹状突起が受け取った情報は、電気信号に変換されて軸索を伝わっていく。軸索は、ランビエ絞輪以外は絶縁体であるミエリン鞘（髄鞘）で覆われており、信号はランビエ絞輪間を飛び飛びに伝わる。これを跳躍伝導という

②シナプス

シナプスとは、神経細胞と神経細胞の接続部を指す。軸索を伝わってきた電気信号がシナプス前細胞に到達すると、シナプス小胞から神経伝達物質が放出され、情報は化学信号として伝達される。これがシナプス後細胞の樹状突起にある受容体と結合して、再び電気信号となって伝わっていく。

③自律神経系

人間の神経系は、中枢神経系と末梢神経系に大きく分かれる。末梢神経系は、さらに体性神経系と自律神経系に分類される。自律神経系は、大脳の支配を受けず、内臓器官や分泌腺を調整する神経系である。身体の活動時に優位になる交感神経と、安静時に優位になる副交感神経に分けられ、両者が互いに拮抗的に作用することで、体内のホメオスタシスは維持される。

2 脳

①脳の構造と機能

脳は、系統発生的に古い順に、延髄、小脳、橋、中脳、間脳、大脳半球に区分される。このうち、大脳半球と小脳を除いた、脳の軸を構成する部分をまとめて脳幹と呼ぶ。脳は、下層ほど本能的・反射的行動に関与し、上層ほど高度な精神機能に関与する。

■脳の構造と機能

	部位	主な機能
大脳半球	新皮質	認知機能・遂行機能
	旧皮質・古皮質（大脳辺縁系）	記憶（海馬）・情動（扁桃体）・動機づけ（側坐核）
	大脳基底核	運動機能
脳幹*	間脳（視床・視床下部）	生命維持
	中脳	
	橋	
	延髄	
小脳		運動・姿勢

＊脳幹を中脳、橋、延髄とする考え方もある。

大脳皮質は中心溝と外側溝と呼ばれる深い溝を目印にして４つの領域に分けることができる。また、領域によって機能が分化しており、これを機能局在という。

■大脳皮質の領域

	主な機能	損傷による症状
前頭葉	高次精神機能	意欲や判断力、計画立案、遂行機能の低下、（左半球の損傷による）運動性失語
頭頂葉	体性感覚、空間認知	失行、（右半球の損傷による）左側半側空間無視
側頭葉	聴覚、嗅覚	（左半球の損傷による）感覚性失語
後頭葉	視覚	視覚失認、相貌失認

②大脳辺縁系

大脳辺縁系は、新皮質の内側にある、大脳基底核や間脳を取り巻く部位である。情動や動機づけ、記憶、本能行動、自律神経系の活動に関わる。特に、扁桃体は快・不快といった生物学的価値判断、海馬は一時的な記憶の保管場所であると考えられている。

③間脳

左右の大脳半球に挟まれるように位置する部位で、視床と視床下部に分けられる。最も大きい部位である視床は感覚・運動神経の中継核として機能する。また、視床にある松果体は、睡眠や概日リズムに関与するメラトニンを分泌する。

視床の下方に位置する視床下部は、自律神経系や内分泌系を制御し、体内のホメオスタシスを維持している。視床下部は下垂体からホルモンを分泌させる。

④脳波と睡眠段階

人間の脳波は周波数によって、次のような4つの段階に分かれる。

■脳波

	周波数	振幅	状態
β（ベータ）波	14Hz 以上	速波	覚醒時、精神活動時
α（アルファ）波	8 〜 13Hz	—	閉眼安静時
θ（シータ）波	4 〜 7Hz	徐波	まどろみ状態
δ（デルタ）波	3Hz 以下	徐波	深睡眠時

なお、てんかんのある人の脳波には、棘波や鋭波と呼ばれる脳波がみられ、診断に用いられる。

また、睡眠は、その質から REM（Rapid Eye Movement）睡眠と non-REM 睡眠に分けられる。

6-11 神経系・脳

Q 1 □□□

●●● グリア細胞の中には、情報を効率よく伝達するために、ミエリン鞘を形成するアストロサイトがある。

Q 2 □□□

●●● ミエリン鞘は絶縁体であるため、電気信号に変換された情報はミエリン鞘を通じて伝わっていく。

■睡眠段階

		特徴	
REM		低振幅脳波、急速眼球運動、交感神経の活動亢進、抗重力筋の緊張の消失、夢の想起率が高い	
non-REM	睡眠段階 1	入眠状態。α 波は減り、θ 波が混入する。頭頂部鋭波もみられる	
	睡眠段階 2	浅い睡眠。睡眠紡錘波、K 複合体がみられる	
	睡眠段階 3	中程度睡眠。δ 波が 20 ～ 50%	徐波睡眠
	睡眠段階 4	深睡眠。δ 波が 50%以上	

3 失語

失語とは、構音器官や運動機能に障害がないにもかかわらず、言語に関わる障害がみられる状態をいう。失語は言語野の損傷によって起こる。

代表的な失語として、前頭葉のブローカ野の損傷によって起こる運動性失語（ブローカ失語）がある。これは、言語理解は比較的良好であるが、発話が困難である。また、側頭葉のウェルニッケ野の損傷によって起こる感覚性失語（ウェルニッケ失語）がある。これは、多弁であるが錯語も多く、特に言語理解が困難になる。

頭頂葉の側頭葉境界にある角回は読み書きや、意味・暗喩の理解に関わっているとされており、そこを損傷することによって、失書や失算、手指失認、左右失認を主症状とするゲルストマン症候群がみられる。なお、ゲルストマン症候群には縁上回も関連しているとされている。

神経系・脳

A 1 □□□

×

オリゴデンドロサイトである。アストロサイトは、神経細胞に栄養を与えたり、過剰なイオンや神経伝達物質を速やかに除去したりといった役割を担っている。

A 2 □□□

×

ミエリン鞘は絶縁体であるため、電気信号に変換された情報はランビエ絞輪を通じて伝わっていく。

Q 3 □□□

神経細胞同士の情報伝達は、化学信号として軸索を伝わったあと、シナプスで電気信号に置き換えられることで行われていく。

Q 4 □□□

副交感神経はリラックスした状況で優勢になり、血圧の上昇や消化液の分泌の減少などの反応が生じる。

Q 5 □□□

大脳の中心溝は、前頭葉と側頭葉を上下に分けている。

Q 6 □□□

交感神経・副交感神経の機能を司るのは小脳に位置する延髄である。

Q 7 □□□

ある特定の機能が左右の大脳半球のどちらかに偏っていることを半球優位という。例えば、言語はほとんどの人が右半球にその機能を有していることが知られている。

Q 8 □□□

視覚野は頭頂葉に位置している。

Q 9 □□□

左半球の視覚野が損傷されると、右視野が失われることになる。

Q10 □□□

外部の対象が自分にとって有益か有害なのかといった快・不快に関わる生物学的な価値判断を司るのは海馬である。

Q11 □□□

海馬は、アルツハイマー型認知症における後期の病変部位である。

Q12 □□□

視床にある松果体からはメラトニンが分泌される。

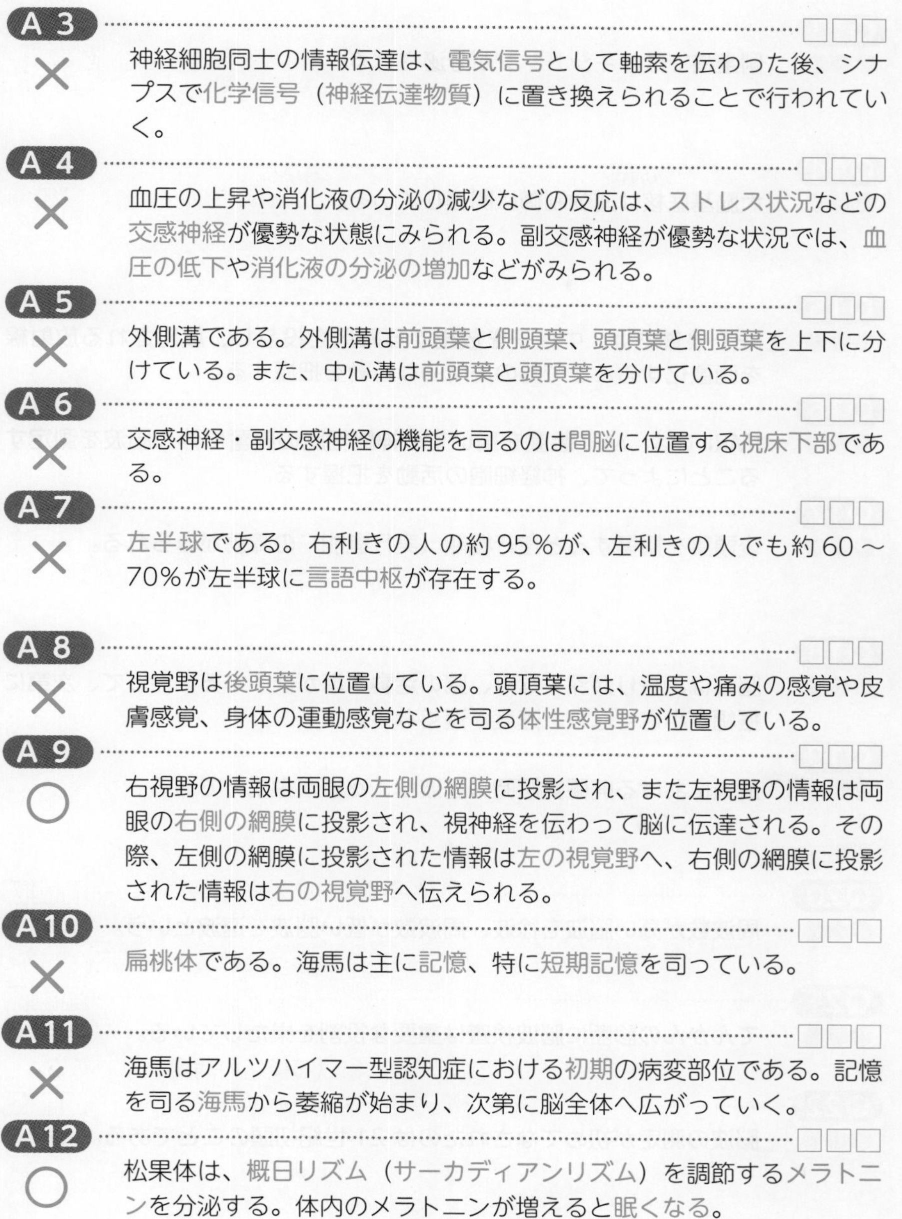

A 3 □□□

×

神経細胞同士の情報伝達は、電気信号として軸索を伝わった後、シナプスで化学信号（神経伝達物質）に置き換えられることで行われていく。

A 4 □□□

×

血圧の上昇や消化液の分泌の減少などの反応は、ストレス状況などの交感神経が優勢な状態にみられる。副交感神経が優勢な状況では、血圧の低下や消化液の分泌の増加などがみられる。

A 5 □□□

×

外側溝である。外側溝は前頭葉と側頭葉、頭頂葉と側頭葉を上下に分けている。また、中心溝は前頭葉と頭頂葉を分けている。

A 6 □□□

×

交感神経・副交感神経の機能を司るのは間脳に位置する視床下部である。

A 7 □□□

×

左半球である。右利きの人の約 95％が、左利きの人でも約 60 ～70％が左半球に言語中枢が存在する。

A 8 □□□

×

視覚野は後頭葉に位置している。頭頂葉には、温度や痛みの感覚や皮膚感覚、身体の運動感覚などを司る体性感覚野が位置している。

A 9 □□□

○

右視野の情報は両眼の左側の網膜に投影され、また左視野の情報は両眼の右側の網膜に投影され、視神経を伝わって脳に伝達される。その際、左側の網膜に投影された情報は左の視覚野へ、右側の網膜に投影された情報は右の視覚野へ伝えられる。

A10 □□□

×

扁桃体である。海馬は主に記憶、特に短期記憶を司っている。

A11 □□□

×

海馬はアルツハイマー型認知症における初期の病変部位である。記憶を司る海馬から萎縮が始まり、次第に脳全体へ広がっていく。

A12 □□□

○

松果体は、概日リズム（サーカディアンリズム）を調節するメラトニンを分泌する。体内のメラトニンが増えると眠くなる。

Q13 □□□
●●● 側坐核ではオキシトシンが分泌される。

Q14 □□□
●●● 大脳基底核は運動制御に関連している。

Q15 □□□
●●● PET 検査では、中性子を放出する薬剤を投与し、放出される放射線を画像化することで脳の局所的な活動を把握する。

Q16 □□□
●●● fMRI では、MRI 装置を用いて、神経細胞の興奮に伴う脳波を測定することによって、神経細胞の活動を把握する。

Q17 □□□
●●● 後頭葉を損傷すると遂行機能（実行機能）の障害がみられる。

Q18 □□□
●●● 脳波は、眠りが深くなり、脳の活動水準が低下するに伴って、次第に振幅が小さくなり、速度が遅くなる。

Q19 □□□
●●● 成人における開眼覚醒時の脳波は、α波が主成分である。

Q20 □□□
●●● 周波数が高い脳波を徐波、周波数が低い脳波を速波という。

Q21 □□□
●●● てんかんの診断に脳波検査は重要な役割を果たしている。

Q22 □□□
●●● 脳波の測定が初めてなされたのは 21 世紀初頭のことである。

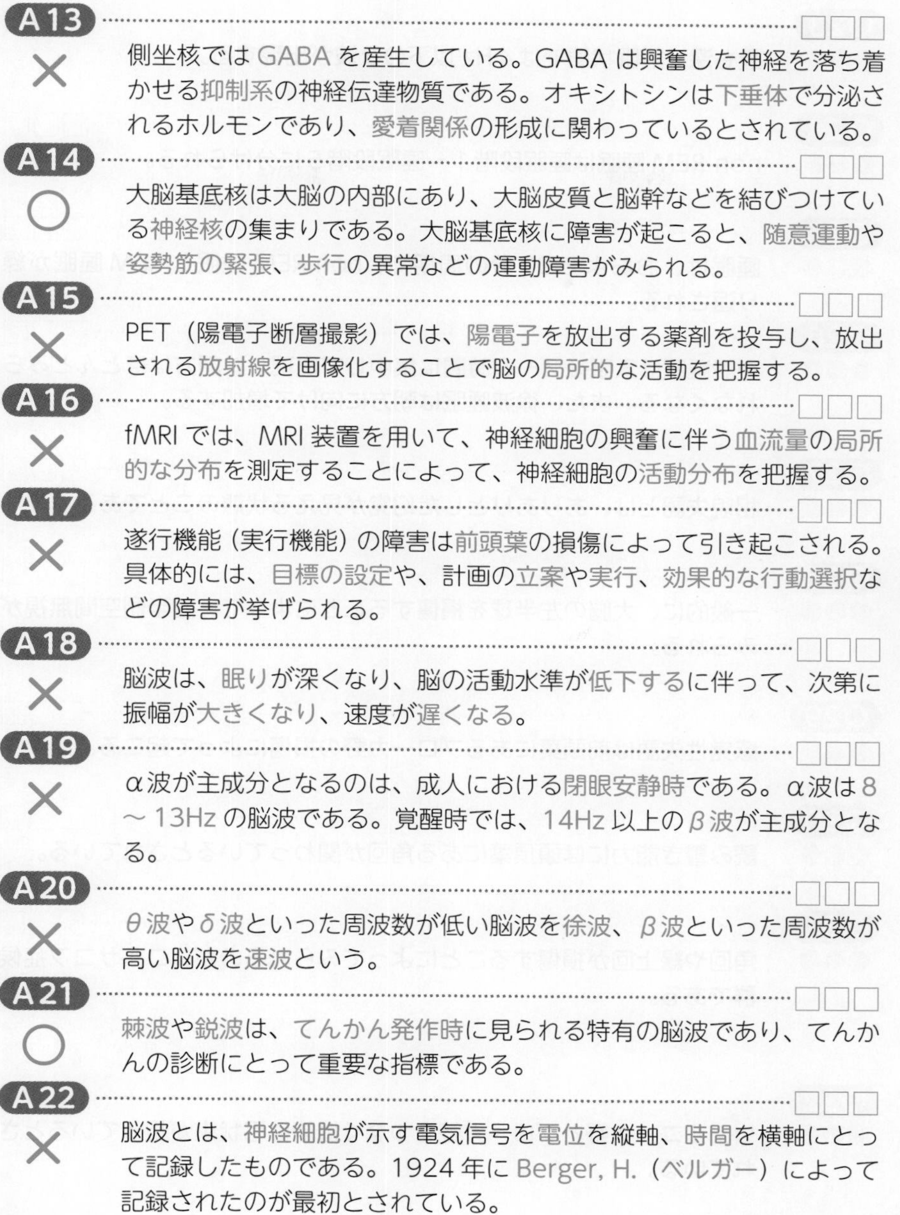

A13 …………□□□

×

側坐核ではGABAを産生している。GABAは興奮した神経を落ち着かせる抑制系の神経伝達物質である。オキシトシンは下垂体で分泌されるホルモンであり、愛着関係の形成に関わっているとされている。

A14 …………□□□

○

大脳基底核は大脳の内部にあり、大脳皮質と脳幹などを結びつけている神経核の集まりである。大脳基底核に障害が起こると、随意運動や姿勢筋の緊張、歩行の異常などの運動障害がみられる。

A15 …………□□□

×

PET（陽電子断層撮影）では、陽電子を放出する薬剤を投与し、放出される放射線を画像化することで脳の局所的な活動を把握する。

A16 …………□□□

×

fMRIでは、MRI装置を用いて、神経細胞の興奮に伴う血流量の局所的な分布を測定することによって、神経細胞の活動分布を把握する。

A17 …………□□□

×

遂行機能（実行機能）の障害は前頭葉の損傷によって引き起こされる。具体的には、目標の設定や、計画の立案や実行、効果的な行動選択などの障害が挙げられる。

A18 …………□□□

×

脳波は、眠りが深くなり、脳の活動水準が低下するに伴って、次第に振幅が大きくなり、速度が遅くなる。

A19 …………□□□

×

α波が主成分となるのは、成人における閉眼安静時である。α波は8～13Hzの脳波である。覚醒時では、14Hz以上のβ波が主成分となる。

A20 …………□□□

×

θ波やδ波といった周波数が低い脳波を徐波、β波といった周波数が高い脳波を速波という。

A21 …………□□□

○

棘波や鋭波は、てんかん発作時に見られる特有の脳波であり、てんかんの診断にとって重要な指標である。

A22 …………□□□

×

脳波とは、神経細胞が示す電気信号を電位を縦軸、時間を横軸にとって記録したものである。1924年にBerger, H.（ベルガー）によって記録されたのが最初とされている。

Q23 □□□

最も深い睡眠状態では４Hz 以下のθ波が出現する。

Q24 □□□

non-REM 睡眠は睡眠段階１～睡眠段階５に分けられる。

Q25 □□□

睡眠は、おおよそ 90 分の周期で、non-REM 睡眠と REM 睡眠が繰り返される。

Q26 □□□

逆説睡眠は入眠後２～３時間に集中して出現し、朝方はほとんどみられなくなる。また、徐波睡眠は朝方に向けて増加する。

Q27 □□□

相貌失認とは、ありありとした幻覚が見える状態のことである。

Q28 □□□

一般的に、大脳の左半球を損傷することによって、左半側空間無視がみられる。

Q29 □□□

感覚性失語は前頭葉にあるブローカ野の損傷によって起こる。

Q30 □□□

読み書き能力には頭頂葉にある角回が関わっているとされている。

Q31 □□□

角回や縁上回が損傷することによってみられるのが、コルサコフ症候群である。

Q32 □□□

ウェルニッケ野とブローカ野をつなぐ機能は弓状束が担っているとされている。

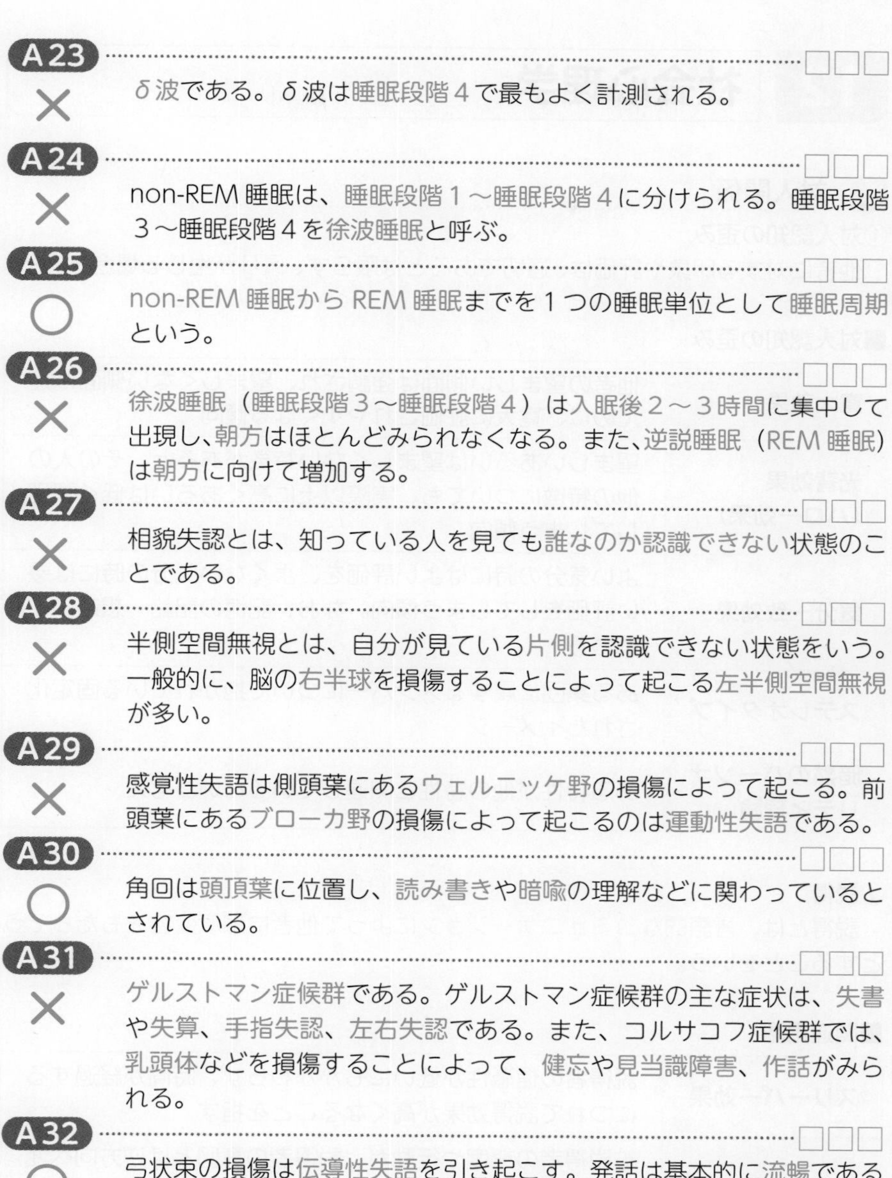

A23 ×

δ波である。δ波は睡眠段階４で最もよく計測される。

A24 ×

non-REM 睡眠は、睡眠段階１～睡眠段階４に分けられる。睡眠段階３～睡眠段階４を徐波睡眠と呼ぶ。

A25 ○

non-REM 睡眠から REM 睡眠までを１つの睡眠単位として睡眠周期という。

A26 ×

徐波睡眠（睡眠段階３～睡眠段階４）は入眠後２～３時間に集中して出現し、朝方はほとんどみられなくなる。また、逆説睡眠（REM 睡眠）は朝方に向けて増加する。

A27 ×

相貌失認とは、知っている人を見ても誰なのか認識できない状態のことである。

A28 ×

半側空間無視とは、自分が見ている片側を認識できない状態をいう。一般的に、脳の右半球を損傷することによって起こる左半側空間無視が多い。

A29 ×

感覚性失語は側頭葉にあるウェルニッケ野の損傷によって起こる。前頭葉にあるブローカ野の損傷によって起こるのは運動性失語である。

A30 ○

角回は頭頂葉に位置し、読み書きや暗喩の理解などに関わっているとされている。

A31 ×

ゲルストマン症候群である。ゲルストマン症候群の主な症状は、失書や失算、手指失認、左右失認である。また、コルサコフ症候群では、乳頭体などを損傷することによって、健忘や見当識障害、作話がみられる。

A32 ○

弓状束の損傷は伝導性失語を引き起こす。発話は基本的に流暢であるが、錯語が多い。また、復唱が困難である。

12 社会心理学

1 対人関係

①対人認知の歪み

他者に対する印象や評価は、適切であるとは限らず、偏りが生じる場合もある。

■対人認知の歪み

寛大効果	他者の望ましい側面は強調され、望ましくない側面は控えめに、寛大に評価されやすくなる傾向
光背効果（ハロー効果）	望ましいあるいは望ましくない特徴があると、その人の他の特徴についても、実際以上に高くあるいは低く評価してしまう傾向
気分一致効果	よい気分の時にはよい評価を、よくない気分の時には悪い評価をしてしまう傾向。なお、記憶の記銘・想起にも関わる
ステレオタイプ	ある集団に属するメンバーについて抱かれている固定化されたイメージ
暗黙のパーソナリティ理論	ある特性が他の特性と関連しているという考え

②説得

説得とは、言語的なコミュニケーションによって他者に態度変容をもたらそうとすることをいう。

■関連用語

スリーパー効果	説得者の信憑性が低いにもかかわらず、時間が経過するにつれて説得効果が高くなることを指す
ブーメラン効果	被説得者の態度や行動が、説得者の意図とは逆方向へ変わってしまうことを指す。説得されることで自分の自由が制限されるのを回避しようと心理的リアクタンスが喚起されることによって起こるとされる

また、説得的コミュニケーションとしては、フット・イン・ザ・ドア・テクニッ

ク（段階的要請法）とドア・イン・ザ・フェイス・テクニック（譲歩的誘導法）がある。

■説得的コミュニケーション

フット・イン・ザ・ドア・テクニック	初めに相手に受け入れてもらいやすい小さな要請をして、相手がそれを受諾した後に、本当の目的を要請して相手に承諾してもらう方法
ドア・イン・ザ・フェイス・テクニック	初めに相手が受け入れにくい要請をして相手が拒否した後、譲歩したように見える本当の目的を要請して相手に承諾してもらう方法

2 集団

①集団遂行

人が何らかの作業を行う際に、一人のときと比較して、他者がいる場合の方がその遂行成績が変わることがある。社会的促進とは、他者がいることで、一人のときと比べて遂行成績が高まる現象である。社会的手抜きとは、他者がいることで、一人のときと比べて遂行成績が低下する現象である。

また、集団による討議が、愚かで誤った意思決定になる場合がある。これを集団浅慮という。

②内集団びいき

内集団びいきとは、自分が所属していない外集団よりも、自分の所属している内集団に対して、より高く評価したり、優遇したりすることである。人は他者と比較して望ましい自己評価を行うように動機づけられている。このことは、自分が所属する内集団についても同様であり、内集団を外集団よりも優位に位置づけようとする結果、内集団びいきが起こるとされている。

3 リーダーシップ

リーダーシップとは、集団の目標や維持のためにもたらされるメンバーによる影響力を指す。

① PM 理論

三隅二不二が提唱した理論。リーダーシップを集団の目標達成に関する P 機能（Performance）と、集団の維持に関する M 機能（Maintenance）に分ける。また、それぞれの機能の強弱によって 4 つの類型に分類される。

②状況即応モデル

Fiedler, F. E.（フィードラー）が提唱した、リーダーの特性と集団の状況の相互作用を考慮したモデルである。まず、リーダーの特性として、最も苦手な仕事仲間についての評価であるLPC得点の高低によって、リーダーのタイプを人間関係志向型と課題志向型に分ける。また、集団の状況として、リーダーとメンバーの関係性、課題の構造、リーダーの地位勢力からリーダーの状況統制力を捉える。Fiedler, F. E.によれば、状況の統制力が高いあるいは低い場合は課題志向型が、状況の統制力が中程度の場合は人間関係志向型が効果的であるとされている。

③変革型リーダーシップとサーバント・リーダーシップ

変革型リーダーシップとは､大規模な環境変化や不確実性の高い環境において、フォロワーの行動変化を促し、組織変革を引き起こすためのリーダーシップ・スタイルである。明確なビジョンを示し、フォロワーに変化の必要性を理解させ、動機づけることにより組織に利益をもたらす。

サーバント・リーダーシップとは、フォロワーに奉仕し、フォロワーの成長を助け支えることで組織目的を達成するリーダーシップ･スタイルである｡単にフォロワーに尽くすのではなく、明確なビジョンを持って、能動的にフォロワーを成長へと導いていく。

4 原因帰属

原因帰属とは、起こった出来事や自分や他者の行動についてその原因を推論することを指す。

Heider, F.（ハイダー）は、原因帰属を、パーソナリティや能力といった個人の内部に原因があるとする内的帰属と、状況や運などの外部環境に原因があるとする外的帰属に分類した。

6-12 社会心理学

Q 1 □□□

Asch, S. E. によれば、例えば「温かい」や「冷たい」といった印象形成に大きな影響を与える中心的特性は常に変わることがない。

Q 2 □□□

ある人物に対して、その人が属している社会的カテゴリーに対する固定化したイメージからその人を評価することをハロー効果という。

■代表的な原因帰属の理論

基本的な帰属のエラー（対応バイアス）	他者の行動の原因を考える際に、外的な原因よりも内的な属性に原因を求める傾向
行為者―観察者バイアス	他者の行動はその人の内的属性に、自分の行動は状況などの外的要因に帰属される傾向
セルフ・サービング・バイアス	自分の成功は自分の内的要因に、失敗は外的要因に帰属する傾向
対応推論理論	他者の行動の原因を考える際に、行動と内的属性を結びつける必然性がどれほどあるか（対応性）は外部からの圧力の有無や社会的望ましさなどによって異なる。外部からの圧力が低い状況や社会的に望ましくない行動は個人の内的属性の現れと見なされやすい
共変（ANOVA）モデル	Kelley, H. H.（ケリー）が提唱。他者の行動の原因を考える際に、その原因を内的に帰属させるか、外的に帰属させるかは、①弁別性、②一貫性、③合意性の３つの要因の組み合わせによって規定される
成功と失敗の帰属	Weiner, B.（ワイナー）が提唱。成功や失敗の原因として、①原因の所在（内的か外的か）、②安定性（時間的に変化するかしないか）、③統制可能性（コントロールできるかできないか）の３次元で捉える。３次元それぞれがどのように帰属されるかによって、生じる感情や達成への期待が異なり、行動が規定される

社会心理学

A 1 □□□

×

Asch, S. E.（アッシュ）によれば、印象形成に大きな影響を与える中心的特性は、常に一定ではなく、他の特性語との組み合わせによる。そのため、常に同じ特性語が中心的特性として機能するわけではない。

A 2 □□□

×

ハロー効果（光背効果）とは、その人が持つ好ましいあるいは好ましくない特徴が、他の特徴にまで影響し、その人全体について好ましいあるいは好ましくないと評価してしまうことをいう。また、ある社会的カテゴリーに対する固定化したイメージをステレオタイプという。

Q 3

Zajonc, R. B.（ザイアンス）は、繰り返し経験する事象や人に対して好意が低くなる単純接触効果を提唱した。

Q 4

自己呈示とは、ありのままの自分に関する情報を言語的コミュニケーションによって伝えることである。

Q 5

自分の失敗が予想される状況において、自己評価が下がることを回避するために、不利な状態であることを主張したり、自らその状態をつくり出したりすることを下方比較という。

Q 6

自らへの期待を意識するしないに関わらず、その期待が成就されるように機能することをピグマリオン効果という。

Q 7

説得者が強く説得すればするほど、被説得者が反発を感じ、説得内容とは正反対の態度を示すことをブーメラン効果という。

Q 8

説得的コミュニケーションにおいて、まず最初に誰もが承諾するような小さな要請をし、これを承諾してもらった後に、本来の目的である大きな要請を行う方法をドア・イン・ザ・フェイス・テクニックという。

Q 9

被説得者が説得内容についてしっかり考えることができれば、その後の態度は比較的、安定的で堅固であるとされる。

Q10

相手が説得内容についてあらかじめさまざまな知識や情報を持っている場合は、説得したい方向に関連する情報だけを呈示する一面的コミュニケーションによる説得効果が最も高いことが知られている。

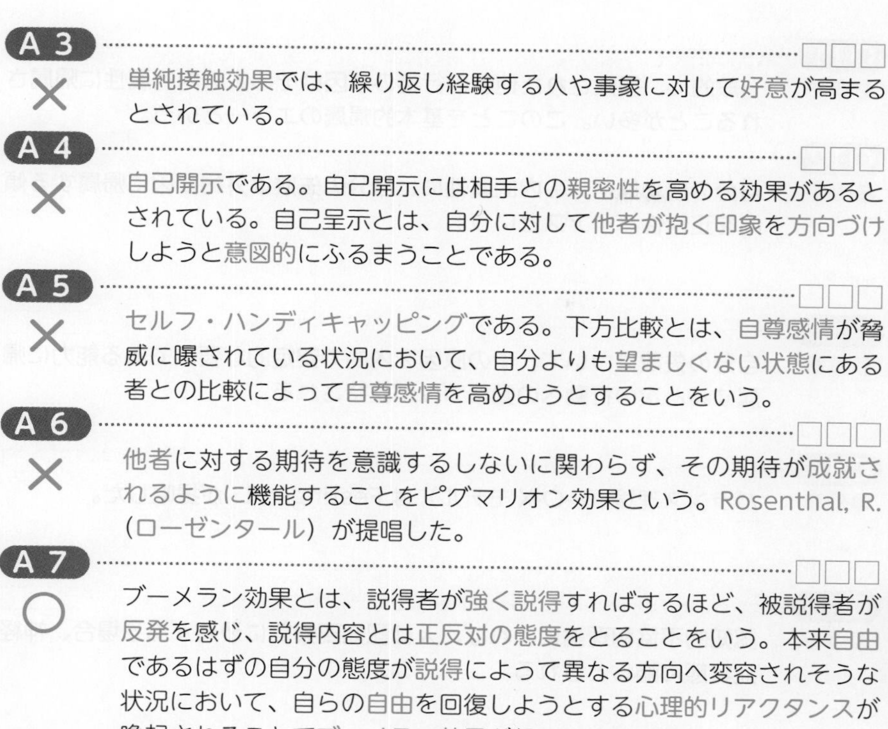

A 3 □□□

×

単純接触効果では、繰り返し経験する人や事象に対して好意が高まるとされている。

A 4 □□□

×

自己開示である。自己開示には相手との親密性を高める効果があるとされている。自己呈示とは、自分に対して他者が抱く印象を方向づけしようと意図的にふるまうことである。

A 5 □□□

×

セルフ・ハンディキャッピングである。下方比較とは、自尊感情が脅威に曝されている状況において、自分よりも望ましくない状態にある者との比較によって自尊感情を高めようとすることをいう。

A 6 □□□

×

他者に対する期待を意識するしないに関わらず、その期待が成就されるように機能することをピグマリオン効果という。Rosenthal, R.（ローゼンタール）が提唱した。

A 7 □□□

○

ブーメラン効果とは、説得者が強く説得すればするほど、被説得者が反発を感じ、説得内容とは正反対の態度をとることをいう。本来自由であるはずの自分の態度が説得によって異なる方向へ変容されそうな状況において、自らの自由を回復しようとする心理的リアクタンスが喚起されることでブーメラン効果が起こるとされる。

A 8 □□□

×

フット・イン・ザ・ドア・テクニックである。ドア・イン・ザ・フェイス・テクニックとは、まず最初に誰もが拒否するような大きな要請をし、断られた後に、本来の目的である相対的に小さな要請を行う方法である。

A 9 □□□

○

精緻化見込みモデルによれば、被説得者の理解力や動機づけが高い場合などメッセージについて精緻化する（考える）ことができる中心ルートでは、認知構造の変化に対応する方向への態度変容が生じ、比較的、安定的に維持される。

A 10 □□□

×

相手が説得内容について既に知識や情報を持っている場合は、一面的コミュニケーションよりも、説得したい方向とは逆の内容もあわせて呈示する両面的コミュニケーションの方が説得効果が高いことが知られている。

Q11 □□□

一般的に、観察された他者の行為の原因はその人の内的属性に帰属されることが多い。このことを基本的帰属のエラーという。

Q12 □□□

自分の成功は自分の内的属性に、自分の失敗は外的要因に帰属する傾向を正常性バイアスという。

Q13 □□□

自分の失敗について、その原因を内的で安定的な要因である能力に帰属すると次の行動への動機づけが維持される。

Q14 □□□

バランス理論（P-O-X モデル）は Festinger, L. が提唱した。

Q15 □□□

認知的不協和理論によれば、人は認知要素間に矛盾がある場合、神経症状態に陥るとされる。

Q16 □□□

他者が自分と同じ作業を一緒に行うことで、単独作業状況よりも作業成績が高まることをフリーライダー効果という。

Q17 □□□

外集団均質化効果は、外集団のメンバーに対して多様性・複雑性を認める知覚の傾向である。

Q18 □□□

集団による意思決定が、個人の決定よりもより極端になることを集団浅慮という。

Q19 □□□

集団の凝集性が低く、外部との接触が多い状態にあるとき、指示的で強力なリーダーがいないと、集団浅慮に陥る可能性がある。

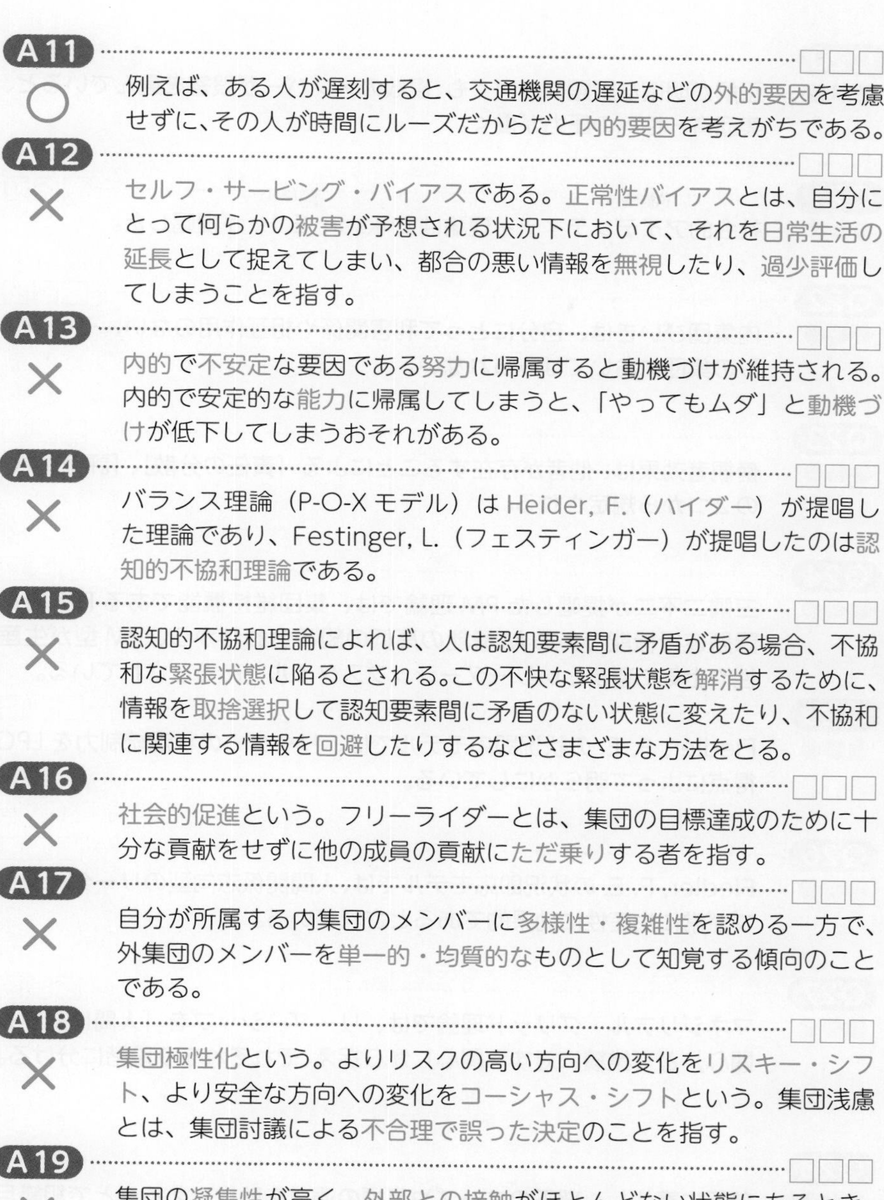

A11 ○

例えば、ある人が遅刻すると、交通機関の遅延などの外的要因を考慮せずに、その人が時間にルーズだからだと内的要因を考えがちである。

A12 ×

セルフ・サービング・バイアスである。正常性バイアスとは、自分にとって何らかの被害が予想される状況下において、それを日常生活の延長として捉えてしまい、都合の悪い情報を無視したり、過少評価してしまうことを指す。

A13 ×

内的で不安定な要因である努力に帰属すると動機づけが維持される。内的で安定的な能力に帰属してしまうと、「やってもムダ」と動機づけが低下してしまうおそれがある。

A14 ×

バランス理論（P-O-X モデル）は Heider, F.（ハイダー）が提唱した理論であり、Festinger, L.（フェスティンガー）が提唱したのは認知的不協和理論である。

A15 ×

認知的不協和理論によれば、人は認知要素間に矛盾がある場合、不協和な緊張状態に陥るとされる。この不快な緊張状態を解消するために、情報を取捨選択して認知要素間に矛盾のない状態に変えたり、不協和に関連する情報を回避したりするなどさまざまな方法をとる。

A16 ×

社会的促進という。フリーライダーとは、集団の目標達成のために十分な貢献をせずに他の成員の貢献にただ乗りする者を指す。

A17 ×

自分が所属する内集団のメンバーに多様性・複雑性を認める一方で、外集団のメンバーを単一的・均質的なものとして知覚する傾向のことである。

A18 ×

集団極性化という。よりリスクの高い方向への変化をリスキー・シフト、より安全な方向への変化をコーシャス・シフトという。集団浅慮とは、集団討議による不合理で誤った決定のことを指す。

A19 ×

集団の凝集性が高く、外部との接触がほとんどない状態にあるとき、指示的で強力なリーダーが存在すると、集団浅慮に陥る可能性がある。

Q20 □□□

●●● 正解が明確な課題においても、複数のメンバーが誤答を選んでいると、集団斉一性への圧力が働く。

Q21 □□□

●●● 社会的アイデンティティ理論は Erikson, E. H. が提唱した。

Q22 □□□

●●● 内集団びいきは、自分にとって利害関係や相互作用のない、その場限りの集団においてはみられない。

Q23 □□□

●●● 傍観者効果は、他者が存在することによる「責任の分散」、「評価懸念」の２つから規定される。

Q24 □□□

●●● 三隅二不二が提唱したPM理論では、集団維持機能であるP機能と課題遂行機能であるM機能の高低の組み合わせから、PM型が生産性や士気に望ましいリーダーシップスタイルであるとされている。

Q25 □□□

●●● Fiedler, F. E. の状況即応モデルでは、リーダーの状況統制力をLPC得点によって明らかにしている。

Q26 □□□

●●● Fiedler, F. E. の状況即応モデルでは、人間関係志向型のリーダーシップが常に生産性に効果的であるとされている。

Q27 □□□

●●● マネジリアル・グリッド理論では、リーダーシップを「人間に対する関心」と「業績に対する関心」から捉え、それぞれを９段階に分ける。

Q28 □□□

●●● 部下に奉仕し、部下のニーズや目標の達成を助け支えることで組織目的を達成するリーダーシップ・スタイルをサーバント・リーダーシップという。

A20 ○

Asch, S. E. の実験によれば、線分の長さを比較判断するという単純な課題についても、被験者の多くが多数派であるサクラにならって誤答を選んだことが明らかにされている。

A21 ×

社会的アイデンティティ理論は、集団間葛藤の生起過程を説明するために Tajfel, H.（タジフェル）らによって提唱された理論である。

A22 ×

内集団びいきは、自分にとって利害関係や相互作用のない、その場限りの集団や、メンバーの顔さえ知らないような状況においてもみられることが知られている。

A23 ×

傍観者効果とは「責任の分散」、「評価懸念」に加え、周囲の他者が消極的な対応をしていることにより状況を楽観視する「多元的無知」から規定される。援助行動が抑制される現象を指す。

A24 ×

課題遂行機能が P 機能で、集団維持機能が M 機能である。

A25 ×

リーダーの状況統制力は、リーダーとメンバーの関係、課題の構造、リーダーの地位勢力から明らかにされる。LPC 得点は、リーダーシップの特性を明らかにしている。

A26 ×

リーダーの状況統制力が高いあるいは低い状況では課題志向型のリーダーシップが、状況統制力が中程度の状況では人間関係志向型のリーダーシップが生産性に有効であるとされている。

A27 ○

Blake, R. R.（ブレイク）と Mouton, J. S.（ムートン）の提唱したマネジリアル・グリッド理論では、１・１型、１・９型、９・１型、９・９型、５・５型の５つの類型に分類され、９・９型が最も望ましいとされる。

A28 ○

サーバントとは「使用人」や「召使い」を意味する。強い意思のもとで部下を引っ張っていくようなこれまでの支配型リーダーシップとは異なる、支援型リーダーシップである。

13 発達心理学

1 発達の規定因

発達の規定因については、遺伝などの持って生まれた素質によって決定されるという生得説と、生まれ育った環境が決定するという環境説がある。ただし、現在では、素質も環境もどちらも影響するという相互作用説が一般的である。

■発達の規定因に関する諸理論

成熟説	Gesell, A.（ゲセル）が提唱した、遺伝によって特性や能力が自然と発現するという考え方である
環境優位説	Watson, J. B. が提唱した、特性や能力は環境によって形成されるという考え方である
環境閾値説	Jensen, A. R.（ジェンセン）が提唱した、ある特性が遺伝的に発現するためには、一定水準の環境条件が必要であり、その条件はそれぞれの特性によって異なるという考え方である

2 愛着

愛着とは、乳児が主に養育者といった特定の対象と結ぶ情緒的な結びつきを指す。

① Bowlby, J.（ボウルビィ）の愛着理論

Bowlby, J. は、施設で育った子どもに発達の遅れや社会的不適応の問題がみられるというホスピタリズムの研究から、母性的な養育が欠如した状態をマターナル・ディプリベーション（母性剥奪）と名づけた。

また、発達早期の養育者との相互的な対人関係によって確立され、その後の対人関係や自己のパーソナリティに影響を及ぼす心理的な枠組みを内的作業モデルと呼んだ。

②ストレンジ・シチュエーション法

Ainsworth, M. D.（エインスワース）は、乳児の愛着の質を調べるための実験方法として、乳児と母親、見知らぬ人が部屋に入り、母親や見知らぬ人が部屋を出入りする際の乳児の反応を観察するストレンジ・シチュエーション法を開発した。

■ストレンジ・シチュエーション法による愛着の質の分類

回避型	Aタイプ	母親がいなくなっても泣かずに、戻ってきても歓迎もせず、むしろ回避するような行動をとる
安定型	Bタイプ	母親がいる時には活発な探索行動を行うが、母親がいなくなると泣き、探索行動は減少する。母親が戻ると喜び、また活発な探索行動を始める
アンビバレント型	Cタイプ	母親にくっついていることが多いため探索行動はあまりしない。母子分離時には激しく抵抗し、再会時には怒りや反抗的な態度を示す
無秩序・無方向（分類不能）型	Dタイプ	顔をそむけながら母親に近づくという接近と回避行動が同時に見られる。不自然でぎこちない動きや怯えた表情をすることがある

3 発達理論

① Piajet, J.（ピアジェ）の認知的発達段階説

感覚運動期	およそ 0～2歳	原始反射によって外界への働きかけを行う。単純な動作を試行錯誤しながら何度も繰り返す循環反応がみられる。2つの動作を合わせて目的をスムーズに達成できるようになる
前操作期	およそ 2～7歳	自分の立場から見た関係であれば理解できるが、他者の立場からの見方を理解できない自己中心性が特徴である。見た目で惑わされて判断し、論理的に考えることが難しい。物の保存の概念が不十分である
具体的操作期	およそ 7～11歳	保存の概念が成立し、見た目ではなく論理的に考えられるようになる。物事をカテゴリーによるひとつのまとまりとして捉えることもできるようになる
形式的操作期	およそ 11歳～	抽象的な概念であっても、仮説を立てて系統的にみていくことで、論理的に考えられるようになる

② Erikson, E. H.（エリクソン）の心理社会的発達理論

		心理社会的危機			重要な人物	徳（活力）
Ⅰ	乳児期	基本的信頼	vs	基本的不信	母親	希望
Ⅱ	幼児前期	自律性	vs	恥・疑惑	親的な人物	意思
Ⅲ	幼児後期（遊戯期）	自主性	vs	罪悪感	基本的家族	目的
Ⅳ	児童期	勤勉性	vs	劣等感	近隣、学校	有能感
Ⅴ	青年期	自我同一性	vs	同一性拡散	仲間集団、リーダーシップのモデル	忠誠
Ⅵ	成人前期	親密性	vs	孤立	友情、性、競争・協力の相手	愛
Ⅶ	成人後期	生殖性	vs	停滞	分業と共同の家庭	世話
Ⅷ	老年期	統合	vs	絶望	人類	英知

③ Bronfenbrenner, U.（ブロンフェンブレナー）の生態学的システム理論

Bronfenbrenner, U.（ブロンフェンブレナー）は、人は、①個人が直接生活するマイクロ・システム、②２つ以上のマイクロ・システムが交わるメゾ・システム、③個人に間接的に影響するエクソ・システム、④個人を大きく取り囲むマクロ・システムの４つのシステムの中で生活し、発達すると主張した。

④ Jung, C. G. の発達理論

Jung, C. G. は人生を、少年期、成人前期、中年期、老年期の４つに分けた。また、人間の発達を太陽の運行になぞらえて、40 歳頃を「人生の正午」と呼んだ。彼はこの時期を人生の前半から後半に差しかかる転換期と捉え、危機の時期であると考えた。

6-13 発達心理学

Q 1 □□□

●●

DOHaD 仮説とは、出生前の胎児期から出生後早期の環境が、成人期以降の疾患のリスク要因になるという考えである。

⑤サクセスフルエイジングに関する理論

活動理論	Havighurst, R. J.（ハヴィガースト）が提唱。職業は、成人期の個人生活の多くを占めており、個人に役割を与え、対人交流や能力を発揮する機会を与えてくれる重要な生活の場である。そのため、職業において得ていた活動を引退後も継承・継続することが高齢期の幸福感を維持させると考える
離脱理論	Cumming, E.（カミング）と Henry, W. E.（ヘンリー）が提唱。引退のもたらす個人の活動量の低下と人間関係の減少は、高齢者にとって加齢に伴う自然で避けられない現象である。それは産業上の世代交代や社会機能を保つという意味で必然であるばかりでなく、高齢者自身の内なる世界、個人的な価値や目標の達成のために費やすための時間でもあると考える
継続性理論	Neugarten, B. L.（ニューガーテン）や Atchley, R. C.（アチュリー）が提唱。中高年者は、変化に適応するための方法や手段を選択する際に、現在の内的・外的構造を維持しようと試み、その実現のために馴染みの方法を好んで用いる傾向がある。中高年者は、過去の経験に基づいて、そうした方法を加齢に伴う変化に適応する主たる方法として用いている。変化があっても、その変化が過去の経験に積み重ねられるものであったり、過去の経験に結びつくものであれば、その変化は継続性の一部とされると考える
補償を伴う選択的最適化理論（SOC 理論）	Baltes, P. B.（バルテス）が提唱。高齢期は、加齢に伴いさまざまな資源が喪失するため、資源をいかに選択的に有効活用し、また喪失する資源を補償するかにより適応が決定されると考える

発達心理学

 A 1 ……………………………… □□□

設問の通りである。DOHaD（ドーハッド）仮説は、Barker, D.（バーカー）が提唱した。

Q 2 □□□
●●●
発達は遺伝要因と環境要因との加算的な作用により規定されるという理論を輻輳説という。

Q 3 □□□
●●●
双生児研究においては、ある特性や能力の類似性について一卵性双生児よりも二卵性双生児の方が高ければ、それは遺伝的影響によるものとみなす。

Q 4 □□□
●●●
環境閾値説は、遺伝的な特性は環境からの影響が一定の水準以上あれば発現するが、その水準は特性によって異なるとする考えである。

Q 5 □□□
●●●
レディネスは、Watson, J. B. が提唱した成熟優位説に基づいている。

Q 6 □□□
●●●
ヒトの乳児は身体が成熟した状態まで胎内にいると難産になるおそれがあるため、他の動物と比べると極めて無力な状態で生まれてくることを生理的早産という。

Q 7 □□□
●●●
Thomas, A. と Chess, S. は、乳児の気質について縦断的研究を行い、乳児の気質を５タイプに分けた。

Q 8 □□□
●●●
バビンスキー反射とは、乳児をあお向けにして頭を少し起こした後に、急に頭を下げると、両手を広げて抱きつくような動作を指す。

Q 9 □□□
●●●
ルーティング反射とは、生後まもない新生児のわきの下を支えて、両足を軽く床に触れるようにし、前かがみにさせると、新生児が足を交互に動かして歩くような動作のことを指す。

Q10 □□□
●●●
乳児の大脳皮質の発達に従って、原始反射は徐々に消失していく。

A 2 …………………………………………………… □□□

○ 輻輳説はStern, W.（シュテルン）が提唱した。

A 3 …………………………………………………… □□□

× 一卵性双生児は遺伝的に100％同じであるため、ある特性や能力の類似性について二卵性双生児よりも一卵性双生児の方が高ければ、遺伝的影響によるものとみなす。

A 4 …………………………………………………… □□□

○ Jensen, A. R. が提唱した。例えば、身長は環境が適切でなくても発現するが、絶対音感は十分に整った環境でなければ発現することが難しい。

A 5 …………………………………………………… □□□

× 成熟優位説を提唱したのはGesell, A. である。レディネスとは、学習が成立するための個体の内的な準備状態を指す。

A 6 …………………………………………………… □□□

○ Portmann, A.（ポルトマン）は、動物を、生まれてすぐに成体と同じような行動がとれる離巣性と、未成熟な状態で養育を必要とする就巣性に分けた。ヒトは高等動物であり、本来離巣性であるにもかかわらず、運動機能が未成熟の状態で生まれる。このことについて、Portmann, A. は、ヒトは生理的早産による二次的就巣性の動物であるためであると考えた。

A 7 …………………………………………………… □□□

× 扱いやすい子、気難しい子、順応が遅い子の３タイプである（平均的な子を入れて４つとする場合もある）。Thomas, A.（トーマス）とChess, S.（チェス）は、乳幼児の行動特徴を９つのカテゴリーに分け、その組み合わせから気質の分類を行った。

A 8 …………………………………………………… □□□

× モロー反射である。バビンスキー反射とは、乳児の足の裏を、とがったものでかかとからつま先に向けて刺激すると、足の親指が反り返り、他の指も扇のように開くものである。

A 9 …………………………………………………… □□□

× 自動歩行反射である。ルーティング反射とは、乳児のほおをつつくと、刺激された方向に顔を向けるものである。

A 10 …………………………………………………… □□□

○ 大脳皮質の発達に従って、随意運動がみられるようになると、原始反射は徐々に消失していく。

Q11 □□□

乳児の視覚能力や興味の方向性を研究する選考注視法を開発したのはGibson, E. J. である。

Q12 □□□

子どもの言語発達の過程では、生後６～８週間頃になると、例えば「クー」や「アー」というような喃語を発するようになる。

Q13 □□□

一般的に、１歳頃になると「マンマ」や「ワンワン」のように音と意味が結びついた一語文を発するようになる。

Q14 □□□

ホスピタリズム（施設症）を提唱したのは Bowlby, J. である。

Q15 □□□

Bowlby, J. によれば、生まれたばかりの乳児は、母親と他の人を区別し、母親を目で追いかけたり、母親に対して笑ったりする。

Q16 □□□

Harlow, H. F. は、ストレンジ・シチュエーション法を開発し、母子の分離・再会場面を観察することで、子どもの愛着のタイプを研究した。

Q17 □□□

内的作業モデルは、子どもが愛着対象との具体的な経験を通じて、愛着対象のみについて内在化し表象を形成していく。

Q18 □□□

母親の情緒的応答性は、子どもの愛着形成や情動の発達に影響を与えるとされている。

A11 □□□

×

選考注視法を開発したのはFantz, R. L.(ファンツ)である。Gibson, E. J.(ギブソン)は子どもの奥行き知覚を調べるために視覚的断崖を開発した。

A12 □□□

×

クーイングである。喃語とは、生後6～8カ月に発するようになる、例えば「ダーダー」や「バブバブ」というような複数の音節を持ち、各音節が子音＋母音の構造を持つ音声を指す。

A13 □□□

○

その後、2歳頃になると「マンマ タベル」や「ワンワン イタ」のような名詞と動詞を用いた二語文を発するようになる。

A14 □□□

×

ホスピタリズム（施設症）を提唱したのはSpitz, R. A.（スピッツ）である。Bowlby, J. はホスピタリズムの研究からマターナル・ディプリベーションを提唱した。

A15 □□□

×

Bowlby, J. によれば、生まれたばかりの乳児は、母親と他の人を区別せずに、周りの人を目で追いかけたり、笑ったりする。

A16 □□□

×

Ainsworth, M. D. である。Harlow, H. F.（ハーロウ）は、針金製と布製の代理母模型をつくり、子ザルの行動を観察したところ、哺乳の有無に関係なく、子ザルは布製の代理母模型と過ごす時間が長かったことを明らかにした。このことにより、愛着形成におけるコンタクト・コムフォート（接触の快）の重要性が示された。

A17 □□□

×

内的作業モデルは、子どもが愛着対象との具体的な経験を通じて、愛着対象だけでなく自己に関する表象も形成していく。例えば、母親が支持的で応答的であるとき、子どもは母親をよいものとして内在化し、それに応じて、自分自身を価値ある存在として内在化していく。

A18 □□□

○

情緒的応答性とは、母親が子どもの情緒を適切に読みとり、応答することをいう。例えば、子どもは不快な状況であることを泣いて知らせるが、泣くというシグナルに対して、親がどのように応答するかが、親子の愛着形成にとって重要である。

Q19 □□□

ストレンジ・シチュエーション法において、A タイプは母親と再会したときに、接近や接触を求めて一緒に遊ぼうとするか、離れたところから笑顔を見せたり、話しかけたりするなどの相互作用を求める行動がみられる。

Q20 □□□

Piaget, J. によれば、感覚運動期では、身体的な対象への関わりが認知的な働きを示す。

Q21 □□□

人には、自分ひとりで解決できる知的活動領域と、大人や友だちと一緒であれば解決できる知的活動領域があり、両者の差のことを発達の最近接領域という。

Q22 □□□

エディプス・コンプレックスが生じ始めるのは、Freud, S. の発達理論における性器期とされている。

Q23 □□□

Erikson, E. H. は、Piaget, J. の発達理論をもとに、人間は生涯にわたって発達すると考えて、8 段階からなる発達理論を提唱した。

Q24 □□□

Erikson, E. H. が自ら提唱した発達段階で特に重視したのは老年期である。

Q25 □□□

40歳頃の時期を「人生の正午」と呼んだのは、Levinson, D. J. である。

Q26 □□□

継続性理論とは、高齢期においても、成人期での活動の継続がサクセスフル・エイジングをもたらすという考えである。

A19 ×

Bタイプ（安定型）である。Aタイプは回避型であり、母親との再会時に無視したり、避けたりするなど相互作用を求めない行動がみられる。Cタイプはアンビバレント型であり、母親と再会したときに、接近や接触を求める一方で怒りや拒否を示す行動がみられる。

A20 ○

生後約２年間の感覚運動期における認知的な活動とは、頭の中の思考によるものというより、対象への身体的な関わりを通じた感覚と運動の連合の形成によるものとされる。

A21 ○

Vygotsky, L. S.（ヴィゴツキー）が提唱した。自分ひとりで解決できる知的活動領域を「今日の発達水準」、大人や友だちと一緒であれば解決できる知的活動領域を「明日の発達水準」という。

A22 ×

エディプス・コンプレックスが生じ始めるのは３歳～６歳くらいの男根期とされている。

A23 ×

Erikson, E. H. は、Freud, S. の発達理論をもとに、乳児期、幼児前期、幼児後期（遊戯期）、児童期、青年期、成人前期、成人後期、老年期の８段階の発達理論を提唱した。Freud, S. は人の発達についてリビドーの発達から捉えていたが、Erikson, E. H. の発達理論は心理的、社会的な側面を重視している。

A24 ×

Erikson, E. H. はとりわけ青年期を重視した。そして、青年期の発達課題としてアイデンティティ（自我同一性）の確立を提唱した。

A25 ×

Jung, C. G. である。彼は、「人生の正午」以降は個性化が人生の目的になるとした。Levinson, D. J.（レビンソン）は、面接調査から、人生には四季のような４つの時期があるとした。そして、各時期には生活構造が安定している安定期と、生活構造の見直しをせまられる過渡期があるとした。

A26 ×

Havighurst, R. J. が提唱した活動理論である。継続性理論とは、人は加齢に伴う変化に適応する際に、これまでの経験に基づいて自分が慣れた方法を用いているという考えである。

「基礎心理学」への対策

●統計・研究法

これまでの試験では、統計に関する問題よりも、研究法に関する問題が多く出題されていました。そのため、試験対策としては、

- 実験法、観察法の種類や手続き
- 心理学部卒レベルの基本的な統計手法

を理解しておくとよいでしょう。

●基礎心理学

これまでの出題傾向を踏まえると、試験対策として、まずは以下の項目をおさえておきましょう。

知覚及び認知	• 心理物理学的研究法 • 系列位置効果や長期記憶などの記憶に関する重要項目 • ヒューマンエラーや推論などの認知心理学の基本概念
学習及び言語	• レスポンデント条件づけやオペラント条件づけなどの学習理論に関する重要項目 • 言語発達 • 失語症
感情及び人格	• 基本的感情に関する理論や感情生起説 • 感情発達 • 類型論や特性論などの人格理論
脳・神経の働き	• 脳の各部位とその機能 • 神経系とその機能 • 脳波と睡眠
社会及び集団	• 対人認知バイアス • 原因帰属 • 援助行動などの向社会的行動 • 集団 • リーダーシップ
発達	• Piaget, J. や Erikson, E. H. などの発達理論 • 子どもの発達 • 愛着 • 高齢者の心理的適応

【主な参考文献】

氏原寛他編『心理臨床大事典[改訂版]』(培風館)
藤永保編『心理学事典』(平凡社)
鑪幹八郎他編著『新版　心理臨床家の手引』(誠信書房)
小此木啓吾他編『心の臨床家のための精神医学ハンドブック』(創元社)
無藤隆他著『心理学』(有斐閣)
氏原寛他編『心理査定実践ハンドブック』(創元社)
田川晧一編『神経心理学評価ハンドブック』(西村書店)
松原達哉編著『心理テスト法入門』(日本文化科学社)
髙橋三郎他監訳『DSM-5　精神疾患の診断・統計マニュアル』(医学書院)
森則夫他編著『臨床家のためのDSM-5虎の巻』(日本評論社)
融道男他監訳『ICD-10　精神および行動の障害』(医学書院)
上野一彦他著『日本版WISC-Ⅳによる発達障害のアセスメント』(日本文化科学社)
日本心理臨床学会編『心理臨床学事典』(丸善出版)
下山晴彦編『よくわかる臨床心理学』(ミネルヴァ書房)
心理学専門校ファイブアカデミー著『一発合格!公認心理師対策テキスト&予想問題集』(ナツメ社)
心理学専門校ファイブアカデミー著『臨床心理学　頻出キーワード&キーパーソン事典』(ナツメ社)
一般財団法人日本心理研修センター監修『公認心理師現任者講習会テキスト[2019年版]』(金剛出版)
坂井建雄他著『ぜんぶわかる人体解剖図』(成美堂出版)
丹野義彦他著『臨床心理学』(有斐閣)
杉原一昭監修『はじめて学ぶ人の臨床心理学』(中央法規出版)
開一夫他編『ベーシック発達心理学』(東京大学出版会)
長尾博著『ヴィジュアル精神分析ガイダンス』(創元社)
小塩真司著『SPSSとAmosによる心理・調査データ解析』(東京図書)
京都大学心理学連合編『心理学概論』(ナカニシヤ出版)

MEMO

著者
心理学専門校ファイブアカデミー

心理系大学院入試、臨床心理士資格試験、公認心理師資格試験対策など「こころの専門家」を養成することに特化した心理学専門校。3,500名以上の合格者・資格取得者を輩出してきた実績があり、経験豊富な講師陣、分かりやすい授業と丁寧なサポート体制に定評がある。2017年にZ会グループの一員となる。講座などの詳しい情報はHPにて。
URL: https://www.5academy.com/
TEL：03-6458-5451
執筆者:喜田智也、後藤佳子、須賀知美、津田太一他（心理学専門校ファイブアカデミー講師陣）

これで合格！ 公認心理師 一問一答 1091 <改訂版>

初版第1刷発行………2019年3月20日
初版第2刷発行………2019年3月30日
初版第3刷発行………2019年4月20日
改訂版第1刷発行……2020年2月20日
著者…………………心理学専門校ファイブアカデミー
発行人………………藤井孝昭
発行…………………Z会
〒411-0033　静岡県三島市文教町 1-9-11
TEL 055-976-9095
https://www.zkai.co.jp/books/
本文制作・装丁……株式会社エディット
印刷・製本…………シナノ書籍印刷株式会社

ISBN978-4-86290-296-2　C3011